NIETZSCHE
PAR-DELÀ LES ANTINOMIES

BIBLIOTHÈQUE D'HISTOIRE DE LA PHILOSOPHIE

Fondateur : Henri GOUHIER   Directeur : Jean-François COURTINE

Monique DIXSAUT

NIETZSCHE
PAR-DELÀ LES ANTINOMIES

Deuxième édition revue et augmentée

PARIS

LIBRAIRIE PHILOSOPHIQUE J. VRIN

6, Place de la Sorbonne, V e

2012

pour la première édition © *Les Éditions de La Transparence,* 2006

© *Librairie Philosophique J. VRIN,* 2012

Imprimé en France

ISBN 978-2-7116-2426-3

www.vrin.fr

à Jeanne Delhomme

PRÉALABLES

Deuxième édition de *La Naissance de la tragédie*, qui prend pour sous-titre : *Hellénité et pessimisme* ; l'*Essai d'autocritique* se substitue à la *Préface* de la première édition. Rédaction des *Préfaces* de la deuxième édition d'*Aurore* et du *Gai Savoir*, auquel Nietzsche ajoute un cinquième livre et les *Chansons du Prince Hors-la-loi*.

1887   *Eléments pour une Généalogie de la morale*.

1888   *Le Cas Wagner*.

        Le Crépuscule des idoles.

        L'Antéchrist (publié en 1895).

        Ecce Homo (publié en 1906).

        Nietzsche contre Wagner.

        Les Dithyrambes de Dionysos.

ÉDITIONS ET TRADUCTIONS

On dispose à présent d'une édition critique des *Œuvres complètes* (y compris les fragments posthumes classés par ordre chronologique, et à l'exception des écrits philologiques) établie d'après les manuscrits par G. Colli et M. Montinari : *Historisch-kritische Gesamtausgabe*, Berlin, De Gruyter, 1967-1977 (1988, 2e édition révisée). En format de poche : *Kritische Studienausgabe*, 1980.

La traduction française de cette édition (dont la subdivision en volumes ne correspond pas exactement à l'édition allemande) est *Nietzsche, Œuvres philosophiques complètes*, Paris, Gallimard, « nrf », 14 tomes (1967-1997) auxquels s'ajoute la *Correspondance*, 3 tomes parus à ce jour (juin 1850-décembre 1879), Paris, Gallimard, t. I et II, 1986, t. III, 2008.

Les œuvres publiées ont paru séparément dans la collection « Folio Essais », ainsi qu'un volume rassemblant des écrits posthumes : *La Philosophie à l'époque tragique des Grecs, Sur l'avenir de nos établissements d'enseignement, Cinq préfaces à cinq livres qui n'ont pas été écrits* et *Vérité et mensonge au sens extra moral*.

Les deux volumes de la collection « Bouquins » (Paris, Robert Laffont, 1993) se limitent aux œuvres publiées ; ils comportent des introductions et des notes utiles, ainsi qu'un index fait sur la traduction française.

Le volume I de la Pléiade (Paris, 2000) comprend *La Naissance de la tragédie*, *Autour de* La Naissance de la tragédie (*Le Drame musical grec*, *Socrate et la tragédie*, *La Vision dionysiaque du monde*), *Sur l'avenir de nos établissements d'enseignement*, *Cinq préfaces à cinq livres qui n'ont pas été écrits*, *Un mot de nouvel an...*, *La Philosophie à l'époque tragique des Grecs*, *Vérité et mensonge au sens extra moral*, *Appel aux Allemands*, *Considérations inactuelles*, *Écrits de jeunesse*.

Pour la Correspondance, voir :

Lettres à Peter Gast, trad. L. Servicen, Paris, Bourgois, 1981.

Nietzsche, Rée, Salomé, Correspondance, trad. J. Lacoste et O. Hansen-Løve, Paris, P.U.F., 1979.

Dernières Lettres, Préface de J.-M. Rey, trad. C. Perret, Paris, Rivages poche, « Petite Bibliothèque », 1989.

Lettres choisies, choix et présentation de M. de Launay, textes établis par G. Colli et M. Montinari, trad. d'H.-A. Baatsch, J. Bréjoux, M. de Gandillac et M. de Launay, Gallimard, folio, 2008.

Dernières Lettres, Hiver 1887-Hiver 1889, De La volonté de puissance à L'Antichrist, présentation, trad. et notes de Y. Souladié, Paris, Éditions Manucius, 2011.

Les traductions citées sont en général celles de l'édition Gallimard, à l'exception des suivantes, parues en GF-Flammarion :

L'Antéchrist, trad. inédite, introduction, notes, bibliographie et index par É. Blondel, 1994.

Crépuscule des idoles, trad. de P. Wotling, Paris, GF-Flammarion, 2005.

Ecce Homo, suivi de Nietzsche contre Wagner, trad. inédite, introduction, notes, bibliographie et index par É. Blondel, 1992.

Le Cas Wagner, trad. d'E. Blondel, Paris, GF-Flammarion, 2005.

Eléments pour une généalogie de la morale, traduction de P. Wotling, Paris, Librairie Générale Française, Livre de poche, 2000.

Le Gai Savoir, présentation, trad. inédite, notes, bibliographie et chronologie par P. Wotling, 1997.

Le Livre du philosophe. Études théorétiques, traduction, introduction et notes par A. Kremer-Marietti, Paris, Aubier, 1969, GF-Flammarion, 1991.

Par-delà Bien et Mal, trad. inédite, introduction, notes et bibliographie par P. Wotling, 2000.

Pour *Ainsi parlait Zarathoustra*, outre la traduction de G. Bianquis, présentation par P. Mathias, Paris, GF-Flammarion, 1996, j'ai consulté celle de G.-A. Goldschmidt, Paris, Librairie Générale Française, 1972.

À cela il faut ajouter quelques traductions des *Écrits Philologiques* :

Les Philosophes préplatoniciens (textes établis à partir des manuscrits, présentés et annotés par P. D'Iorio et F. Fronterrota, Combas, L'Éclat, « Polemos », 1994), rédaction préparatoire complète pour *La Philosophie à l'époque tragique des Grecs* (laquelle est resté inachevée et s'arrête à Anaxagore).

Les traductions suivantes sont faites à partir de l'édition Naumann-Kröner (Leipzig, 1894) :

Sur Démocrite, traduit de l'allemand et présenté par Ph. Ducat, postface de J.-L. Nancy, Paris, Métaillé, 1990.

Le Service divin des Grecs, traduction, introduction et notes d'E. Cattin, Paris, L'Herne, 1992.

Introduction aux leçons sur l'Œdipe-Roi *de Sophocle*, Introduction aux études de philologie classique, traduit par Fr. Dastur et M. Haar, présenté par M. Haar, Fougères, Encre Marine, 1994.

Introduction à la lecture des Dialogues de Platon, traduit et présenté par O. Berrichon-Sedeyn, Combas, L'Éclat, « Polemos », 1991 ; le texte est celui de l'édition incomplète de Kröner (il manque une centaine de pages) et la traduction est peu satisfaisante. Une édition critique et complète du texte allemand existe désormais : *Einfürhung in das Studium des platonischer Dialoge*, dans KGW, hrsg. von G. Colli et M. Montinari, Abt. II, Bd 3 : Vorlesungenaufzeichnungen (SS 1870-11 1871), bearb. von F. Bormann u. M. Carpitella, Berlin-New York, de Gruyter, 1993.

Sur Internet :

La totalité des œuvres et des posthumes est consultable en allemand :

– http : //gutenberg.spiegel.de/autoren/nietzsch.htm

– http : //www.geocities.com/thenietzschechannel/ (avec système de recherche)

Des extraits de la correspondance sont accessibles en français :

– http ; //perso.wanadoo fr/nietzsche_a_la_lettre/sommaire.htm

La Société Nietzsche a un site, utile pour ses liens :

– http : //www.nietzsche-gesellschaft.de [en allemand]

– http : //www.nietzsche-gesellschaft.de/englisch/englisch.htm [en anglais]

Le baryton Dietrich Fischer-Dieskau a enregistré « Friedrich Nietzsche. Lieder. Piano Works. Melodrama », © 1995 Philips Classics Prod. (426863-2).

BIBLIOGRAPHIE SOMMAIRE

Ouvrages d'initiation

BLONDEL Éric, *Introduction à Nietzsche, Crépuscule des idoles*, Paris, Hatier, « Profil Philosophie », 1983.

DELEUZE Gilles, *Nietzsche*, Paris, P.U.F., « Philosophes », 1965, repr. 2005.

DELHOMME Jeanne, *Nietzsche ou le Voyageur et son ombre*, Paris, Seghers, « Philosophes de tous les temps », 1969.

HAAR Michel, « Nietzsche », dans *Histoire de la Philosophie*, Paris, Gallimard, « Bibliothèque de la Pléiade », 1974, tome III.

LEFRANC Jean, *Comprendre Nietzsche*, Paris, Armand Colin, 2003, 2ᵉ édition 2009.

WOTLING Patrick, *La Philosophie de l'esprit libre. Introduction à Nietzsche*, Paris Flammarion, 2008.

– *Idées reçues. Nietzsche*, Paris, Le Cavalier bleu, « Idées reçues », 2009.

Ouvrages portant sur l'ensemble de l'œuvre

BLONDEL Éric, *Nietzsche. Le Corps et la Culture*, Paris, P.U.F., « Philosophie d'aujourd'hui » 1986.

DELCOMMINETTE Sylvain et Antonino MAZZÙ (dir.), *L'Idée platonicienne dans la philosophie contemporaine. Jalons*, Paris, Vrin, 2012.

DELEUZE Gilles, *Nietzsche et la philosophie*, Paris, P.U.F., « Bibliothèque de philosophie contemporaine », 1962.

FINK Eugen, *La Philosophie de Nietzsche*, trad. H. Hildenbrand et A. Lindenberg, Paris, Minuit, « Arguments », 1965.

FRANCK Didier, *Nietzsche et l'ombre de Dieu*, Paris, P.U.F., « Épiméthée », 1998.

GRANIER Jean, *Le Problème de la vérité dans la philosophie de Nietzsche*, Paris, Seuil, « L'Ordre philosophique », 1966.

HAAR Michel, *Nietzsche et la métaphysique*, Paris, Gallimard, « Tel », 1993.

HEIDEGGER Martin, *Nietzsche*, trad. P. Klossowski, 2 vol., Paris, Gallimard, « Bibliothèque de Philosophie », 1971.

Interprétation de la Deuxième considération intempestive *de Nietzsche*, trad. A. Boutot, Paris, Gallimard, 2009.

JASPERS Karl, *Nietzsche, Introduction à sa philosophie*, trad. H. Niel, Paris, Gallimard, [1950], « Tel », 1978.

KAUFMANN Walter, *Nietzsche. Philosopher, Psychologist, Antichrist*, Princeton, Princeton University Press, [1950] 4th ed. 1974.

MÜLLER-LAUTER Wolfgang, *Nietzsche, Physiologie de la Volonté de Puissance*, textes réunis et introduits par P. Wotling, trad. de J. Champeaux, Paris, Allia, 1998.

WOTLING Patrick, *Nietzsche et le problème de la civilisation*, Paris, P.U.F., « Questions », 1995.

—, *La Pensée du sous-sol. Statut et structure de la psychologie dans la philosophie de Nietzsche*, Paris, Allia, 1999.

WOTLING Patrick et Jean-François BALAUDÉ (dir.), *« L'art de bien lire ». Nietzsche et la philologie*, Paris, Vrin, 2012.

Recueils d'articles

Nietzsche aujourd'hui ?, 2 vol., Paris, UGE, « 10 / 18 », 1973.

Lectures de Nietzsche, sous la dir. de J.-F. Balaudé et P. Wotling, Paris, LGF, Le Livre de poche, « Références », 2000.

Nietzsche et la philologie, sous la dir. de J.-F. Balaudé et P. Wotling, Paris, Vrin, 2011.

J. Delhomme, *Nietzsche et Bergson*, Avant-propos de C. Bayet-Salomon, Paris, DeuxTemps Tierce, 1992.

PROBLÈMES

Quand on a affaire à un philosophe de l'Antiquité, on rencontre deux problèmes : celui de l'authenticité des œuvres qui ont été transmises sous son nom, et celui de leur chronologie. Ces problèmes ne se posent généralement pas pour des auteurs modernes. On peut pourtant lire ceci sous la plume du philologue R. Roos : « Les problèmes d'authenticité, déjà graves pour les derniers livres achevés par Nietzsche, *L'Antéchrist* et *Ecce Homo*, devenaient angoissants pour tout ce qui touchait les notes et fragments posthumes[1]. » Aux erreurs de lecture s'ajoutent en effet suppressions, manipulations et falsifications, en particulier quand Élisabeth Forster-Nietzsche, aidée de Peter Gast, fabriqua la prétendue « *Volonté de puissance* » pour imposer de son frère une image nationaliste et raciste[2].

L'utilisation des fragments posthumes

Ces problèmes ont été réglés par l'édition critique de Colli et Montinari, et pour les fragments posthumes c'est elle qu'il faut consulter. Mais, avec ces fragments, la question de l'authenticité prend un autre aspect. Selon Heidegger, « le véritable Nietzsche se trouve dans le Nachlass [dans les fragments posthumes] ». Je ne peux m'empêcher de voir un rapprochement avec la dite « nouvelle interprétation de Platon », ou interprétation ésotérique, qui pense que sa vraie

---

[1]. R. Roos, « Règles pour une lecture philologique de Nietzsche », dans *Nietzsche aujourd'hui*, Paris UGE poche (10/18), t. 2, p. 287-288.

[2]. Voir le petit livre tonique de M. Montinari, « *La Volonté de puissance* » *n'existe pas*, texte établi et postfacé par P. D'Iorio, Paris, L'Éclat, 1996.

philosophie n'est pas à chercher dans ses Dialogues mais dans son enseignement oral, que nous ne pouvons connaître que par un petit nombre de passages... écrits par Aristote et surtout par ses commentateurs. Rapprochement d'autant plus justifié que les raisons avancées sont les mêmes : l'auteur aurait réservé à quelques disciples, et, dans le cas de Nietzsche, à lui seul, des pensées trop difficiles ou trop scandaleuses. Les œuvres jugées « exotériques » des deux auteurs me semblent contenir suffisamment de difficultés et de scandales pour mettre en doute une telle hypothèse. Dans les deux cas, on a affaire à un même malentendu, pour ne pas dire à un même contresens : Platon aurait condamné l'écriture et confié sa véritable pensée à son enseignement oral ; Nietzsche aurait critiqué la « communication » et se serait imposé un silence public. C'est, dans les deux cas, méconnaître le caractère sélectif de leur écriture et le fait que c'est en elle que se joue le jeu de l'ésotérique et de l'exotérique. Estimer que ce qu'un philosophe a écrit, corrigé, recorrigé et, dans le cas de Nietzsche, publié ne reflète pas ce qu'il pensait vraiment est une curieuse aberration, et on ne peut que soupçonner qu'elle s'explique par le fait que les textes qu'il a écrits ne correspondent pas, ou pas exactement, à la doctrine qu'on veut prêter au philosophe en question.

Pour ne prendre qu'un exemple : selon Heidegger, la philosophie de Nietzsche est essentiellement un renversement du platonisme. Il s'agit de ce qu'il nomme lui-même une « remarque » de Nietzsche, un fragment non publié datant des années 1870-1871, unique remarque qui ne sera jamais reprise ni dans les textes publiés par Nietzsche ni dans les fragments posthumes :

> Ma philosophie, *platonisme inversé* : plus on s'éloigne de l'étant vrai, plus pur, plus beau, meilleur c'est. La vie dans l'apparence comme but [1].

Heidegger fait de cette expression le centre [2] et le leitmotiv de son interprétation (dans son *Nietzsche* et de même dans *La Tâche de*

1. FP I-1, 7[156].
2. Heidegger, *Nietzsche*, trad. P. Klossowski, 2 vol., Paris, Gallimard, 1971, t. I, p. 142.

la pensée), estimant que c'est dans l'inversion du platonisme que « s'accomplit la pensée proprement dite de Nietzsche » [1]. Outre qu'il faudrait réfléchir au fait que cette inversion est définie comme un « éloignement » et non comme une manière de mettre le platonisme la tête en bas – en tenant le sensible pour le monde réel et vrai, et le monde suprasensible pour un monde apparent [2] –, il faut bien dire qu'il y a là une base textuelle assez mince pour construire toute une interprétation.

L'utilisation de l'énorme masse des fragments posthumes pose donc un problème. Sur ce point, l'analyse de W. Kaufmann me paraît conserver toute sa valeur [3]. Il faut, dit-il, distinguer entre les notes que Nietzsche n'a pas retenues parce qu'elle n'avaient pas été suffisamment pensées ou lui avaient paru être de fausses pistes, et celles qui seront utilisées dans une rédaction définitive. Toutes offrent l'intérêt de nous montrer une pensée en mouvement, avec ses tâtonnements, reprises, repentirs et projets avortés, mais les secondes « fournissent incontestablement un arrière-plan permettant de mieux comprendre les œuvres publiées ». On y trouve le travail préparatoire, les plans et les titres successifs ainsi que les différentes versions essayées par Nietzsche de passages ou de phrases du livre en cours ; on apprend également quelles étaient les lectures faites par lui à l'époque. Mais ces fragments ont été exagérément surestimés : « Il semble parfaitement absurde de dédaigner ce qu'un philosophe a publié, de prétendre qu'au fond il ne voulait pas dire ce qu'il y a dit et de préférer les gribouillis épars qu'il notait au cours de ses promenades [4]. »

Ce que Nietzsche n'a pas retenu dans ses œuvres publiées est ce qu'il n'a pas voulu publier, et d'autre part c'est le tableau fini qui justifie l'intérêt porté aux esquisses, non l'inverse :

> En vérité, l'imagination du bon artiste, ou penseur, ne cesse pas de
> produire, du bon, du médiocre et du mauvais, mais son jugement,
> extrêmement aiguisé et exercé, rejette, choisit, combine ; on voit ainsi

1. *Ibid.*, p. 143.
2. *Ibid.* et II, p. 21.
3. W. Kaufmann, *Nietzsche. Philosopher, Psychologist, Antichrist,* Princeton, Princeton University Press, [1950] 4th ed. 1974, p. 76-78.
4. *Ibid.*, p. 78.

aujourd'hui, par les Carnets de Beethoven, qu'il a composé ses plus magnifiques mélodies petit à petit, les tirant pour ainsi dire d'esquisses multiples. (…) Tous les grands hommes étaient de grands travailleurs, infatigables quand il s'agissait d'inventer, mais aussi de rejeter, de trier, de remanier, d'arranger [1].

Le problème de l'évolution

Si la chronologie des œuvres ne pose pas de problème et si celle des posthumes n'en pose plus, l'interprétation de cette chronologie en termes d'évolution, en revanche, en pose un. Le classement en trois périodes, souvent tenu pour évident, correspond par exemple chez Charles Andler à trois « philosophies » : « le pessimisme esthétique » (*La Naissance de la tragédie* et les *Considérations inactuelles*), « le transformisme intellectualiste » (*Humain trop humain*, *Aurore*, *Le Gai Savoir*) et « la dernière philosophie » (à partir d'*Ainsi parlait Zarathoustra*). Or, dans la Préface d'*Humain trop humain* II (§ 1), Nietzsche précise : « certains écrits, comme les trois premières *Considérations inactuelles*, remontent encore plus haut que le temps de la conception et de l'élaboration d'un livre précédemment publié (*La Naissance de la tragédie* dans ce cas, comme cela ne saurait échapper à qui observe et compare avec exactitude) ». En outre, dans quelle période faut-il inclure *Le Gai Savoir* dont le livre V paraît en 1887, soit cinq ans après les quatre premiers[2] ? L'évolution n'est jamais que la solution paresseuse du problème de la cohérence d'une œuvre. Lequel se pose de façon particulièrement aiguë chez Nietzsche, qui marque lui-même les ruptures qu'il opère ou plutôt les distances prises d'avec ses œuvres antérieures, l'exemple le plus évident étant l'« *Essai d'autocritique* » (1886) placé en tête de la seconde édition de la *Naissance de la tragédie*. Nietzsche procède par essais et tentatives, et il faut se garder de prendre ce qu'il énonce pour des verdicts ou des « vérités ». Les métamorphoses de sa pensée s'expliquent par le fait que cette pensée est la « biographie involontaire d'une âme ». Puisqu'il

---

1. *HH* I, IV, § 155.
2. Voir J. Lefranc, *Comprendre Nietzsche*, Paris, Armand Colin, 2009, p. 26.

s'agit d'une pluralité d'expériences et non de la logique d'une mutation intellectuelle, on peut économiser l'hypothèse d'une évolution. Si la pensée se transforme, se radicalisant sur certains points, devenant plus complexe ou nuancée sur d'autres, mieux vaut, me semble-t-il, plutôt que la scinder en périodes, se référer à *Ecce Homo* pour voir comment Nietzsche lui-même comprend ces transformations, sans jamais renier aucun de ses « si bons livres », et marque à la fois la continuité et la discontinuité de sa pensée, ou plus exactement sa croissance « dans tous les sens » :

> On nous prend pour d'autres – c'est un fait que nous-mêmes croissons, changeons continuellement, rejetons nos vieilles écorces, muons à chaque printemps (…). Nous croissons comme des arbres – cela est difficile à comprendre, comme toute vie ! – non pas en un seul endroit, mais partout, non pas dans une seule direction, mais tout autant vers le haut, vers l'extérieur, que vers l'intérieur et vers le bas [1].

1. *GS*, V, § 371.

ABRÉVIATIONS

A	*Aurore*
Ant	*L'Antéchrist*
APZ	*Ainsi parlait Zarathoustra*
Cid	*Le Crépuscule des idoles*
CIn suivi de I, II, III et IV	*Considérations inactuelles*
CW	*Le Cas Wagner*
Dith	*Les Dithyrambes de Dionysos*
EA	*Essai d'autocritique*
EGM	*Éléments pour la généalogie de la morale*
EH	*Ecce Homo*
GM	*La Généalogie de la morale*
GS	*Le Gai Savoir*
HH I	*Humain trop humain I*
HH II	*Humain trop humain II*, et dans *HH II* :
OS	*Opinions et sentences mêlées*
VO	*Le Voyageur et son ombre*
Introd. aux études …	*Introduction aux études de philologie classique*
Introd. à la lecture …	*Introduction à la lecture des Dialogues de Platon*
La Philosophie …	*La Philosophie à l'époque tragique des Grecs*
Le Livre …	*Le Livre du philosophe*
NT	*La Naissance de la tragédie*
NW	*Nietzsche contre Wagner*
PBM	*Par-delà Bien et Mal*
Sur l'avenir …	*Sur l'avenir de nos établissements d'enseignement*
Sur la vérité …	*Sur la vérité et le mensonge au sens extra moral*

Pour les Fragments Posthumes, les références sont à l'édition Gallimard et donnent le numéro du tome en chiffres romains, puis celui du cahier et enfin, entre crochets, celui du fragment, par exemple : V, 11[292].

Introduction

ANTINOMIES ET CONTRADICTIONS

> *On est en effet en droit d'avoir des doutes sur la question de savoir, en premier lieu s'il y a des oppositions en général, et en second lieu, si ces évaluations et oppositions populaires sur lesquelles les métaphysiciens ont apposé leur sceau ne seraient pas de simples appréciations de surface, de simples perspectives provisoires, peut-être, de surcroît, obtenues à partir d'un angle particulier.*
>
> Par-delà Bien et Mal

> *On sait ce que j'exige du philosophe : de se placer par-delà le bien et le mal, – de placer au-dessous de lui l'illusion du jugement moral.*
>
> Le Crépuscule des idoles

Par-delà les antinomies : le titre de ce livre se veut évidemment l'écho d'un titre de Nietzsche (*Par-delà Bien et Mal*). Mon intention n'est pas en effet d'exposer les grands thèmes de la philosophie de Nietzsche – d'excellents ouvrages le font mieux que je ne saurais le faire –, mais d'essayer de montrer en quoi Nietzsche est éducateur. Il l'est en ce qu'il nous force à apercevoir les origines illogiques de notre logique, immorales de notre morale, les origines humaines et trop humaines de valeurs que nous tenons pour éternelles et sacrées. Il ébranle notre confiance en la raison, nous rend méfiants envers toute garantie et toute condition de possibilité,

désarticule nos schèmes habituels de pensée, bref rend problématiques nos plus chères certitudes. Comme le fait tout philosophe ? Oui, mais un peu plus radicalement dans la mesure où
les mensonges et les falsifications qu'il dénonce, de façon à la
fois patiente et violente, sont justement des mensonges et des
falsifications et non pas des erreurs. Il ne suffit donc pas d'en
prendre conscience pour les éliminer ou les rectifier, il faut
inventer d'autres moyens d'en sortir. Mon but est d'examiner
quelques-uns de ces moyens, de voir, sur des exemples précis,
ce que signifie pour Nietzsche dépasser ou surmonter, laisser
derrière soi ou au-dessous de soi – ce n'est probablement pas
pareil.

« La croyance fondamentale des métaphysiciens est la
croyance aux oppositions (*Gegensätze*) de valeurs. » Tous les
montages grâce auxquels et sur lesquels la pensée s'est
construite reposent sur ces oppositions. Or on peut mettre en
question leur validité et se demander si les évaluations et
oppositions populaires « sur lesquelles les métaphysiciens ont
apposé leur sceau » ne seraient pas des jugements superficiels
et de remarquables contresens[1]. Quoi qu'elle pense, la pensée
l'affecte d'un coefficient de bien et de mal, ne serait-ce que
parce qu'elle pense qu'il est bien de penser et qu'elle ne
cherche à penser que parce qu'elle a cette conviction. Tout ce
qui vit évalue positivement ou négativement en fonction de soi,
et l'esprit, qui est une forme sublimée de la vie, qui est de la vie
qui s'est incisée elle-même, juge bonnes ses propres conditions
d'existence, mauvaises ce qui menace cette existence ou y
fait obstacle. Lorsqu'elles s'expriment dans des jugements
moraux, – tout jugement impliquant une contrariété de valeurs
est un jugement moral –, ces valeurs se donnent pour absolues
et inconditionnées, en sorte que toute expérience (*Versuch*)

1. *PBM*, I, § 2.

de pensée semble avoir pour limites infranchissables le Bien et ses manifestations, Vérité et Beauté. Ces valeurs ont été nécessaires à un certain type d'existence mais elles font obstacle à tout autre mode d'existence possible.

Se situer par-delà bien et mal, ce n'est donc pas seulement opposer un immoralisme, un amoralisme ou une autre morale à la morale, c'est-à-dire à ce qui jusque-là a été tenu pour tel. Le texte du monde, comme ceux de la nature, de l'histoire ou de l'homme ont été « jusqu'ici » – lorsque Nietzsche emploie ce terme, et il l'emploie souvent, il veut dire « jusqu'à lui » – inter-prétés moralement. Au principe de toute antinomie, méta-physique, logique, épistémologique ou esthétique se trouve un jugement moral. Une nouvelle interprétation parle à propos de ces jugements de contresens et de symptôme, et, parce qu'elle est consciente d'être une interprétation, elle « place au-dessous » d'elle toutes celles qui ignoraient en être et se prenaient pour des vérités. Elle emprunte la plus grande partie de son langage et de ses méthodes à ces deux « sémiotiques » que sont la philologie et la médecine : elle retient de la première le couple texte-interprétation, de la seconde les couples maladie-santé et diagnostic-remède. Nietzsche utilise ces instruments pour imprimer à sa pensée un autre style et lui conférer d'autres modalités, celles de l'interrogatif, de l'hypo-thétique, du possible, car *il se pourrait* que ce qui constitue la valeur des anciennes tables de valeurs

> tienne précisément au fait qu'elles sont apparentées, liées, entrelacées insidieusement à ces choses mauvaises qui leur sont en apparence opposées, à ce qu'elles sont peut-être même d'essence identique. Peut-être ! – Mais qui est disposé à se soucier de tels dangereux peut-être [1] !

---

1. *Ibid.*

Nous contraindre à nous en soucier est la manière nietzschéenne de nous réveiller de notre sommeil dogmatique.

ANTINOMIES

Pourquoi cependant parler d'antinomies et non de contradictions, alors que le terme est très rarement employé par Nietzsche (mais souvent utilisé par ses traducteurs) ?

Comme l'indique son étymologie, le terme « antinomie » a une origine juridique : il s'agit d'une contradiction entre des lois telle que deux parties en présence peuvent prétendre toutes deux avoir le droit de leur côté. Pour dissiper cette contradiction apparente ou surmonter cette contradiction réelle (cela dépend des cas), il faut un arbitrage qui se situe à la fois en dehors et au-dessus des deux parties, et qui fera jurisprudence. Antinomie n'est donc pas synonyme de contradiction, l'antinomie est une espèce de contradiction jouant entre des textes promulgués ou des valeurs instituées par une instance législatrice.

Le terme acquiert son droit de cité dans la langue philosophique avec Kant et sa Dialectique transcendantale. Il lui sert à définir une certaine situation de la raison pure : les antinomies sont les contradictions dans lesquelles se trouve prise la raison pure spéculative lorsque, cherchant à dépasser un donné subjectivement conditionné par les conditions a priori de la sensibilité et les catégories de l'entendement, elle rapporte ce conditionné à de l'inconditionné. Les contradictions qui en découlent ne sont pas de simples oppositions logiques soumises au principe de non-contradiction, le conflit est transcendantal : deux propositions antithétiques peuvent être toutes deux vraies ou toutes deux fausses. Le conflit est inévitable car les antinomies ne naissent ni d'une insuffisance de l'expérience ni d'un vice de raisonnement mais d'une nécessité spontanée et subjective, d'un besoin inhérent à la raison pure. Ce besoin est légitime car la raison ne trouve pas de satisfaction dans le sensible et tend à s'élever au-dessus de ce qu'il peut lui fournir : la chose en soi, la réalité effective, absolue, fondement de tous les phénomènes, telle qu'elle existe indépendamment de toute possibilité d'expérience. Mais dans son usage « transcendant » la raison pure spéculative ne fournit aucune connaissance et ne conduit qu'à des hypothèses. Kant peut donc parler d'une « antinomie de la raison », antinomie qui est à la source de toutes les autres, tout en faisant de la raison le seul tribunal apte à juger les antinomies qu'elle produit, à en comprendre les causes et à découvrir le chemin capable de la conduire à la certitude. La conscience de ses limites est pour elle le seul moyen d'échapper au scepticisme : « il ne reste aucune autre issue pour accorder la raison avec elle-même. »

Trois emplois nietzschéens du terme antinomie

L'unique occurrence du terme dans les œuvres publiées par Nietzsche fait justement référence à Kant. À propos de D. Strauss et de l'incompréhension dont celui-ci fait preuve à l'égard de la philosophie kantienne, Nietzsche écrit :

> Il ne soupçonne rien de l'antinomie fondamentale de l'idéalisme, ni des caractères (*Sinne*) extrêmement relatifs de toute science et de toute raison. Ou encore : la raison elle-même devrait lui dire combien la raison est impuissante devant l'en-soi des choses [1].

Éduqué par Schopenhauer, Nietzsche a toujours jugé décisive la révolution kantienne qui fait de tout objet connu un phénomène. La critique kantienne a rendu la science entièrement relative à un pouvoir législateur subjectif ; Nietzsche rejettera par la suite le caractère transcendantal de la subjecti-

1. *CIn* I, § 6.

vité, donc la possibilité d'une objectivité transcendantale, mais il portera toujours au crédit de Kant l'affirmation de la nature inconnaissable de la chose en soi. Kant a donc vu « l'antinomie fondamentale de l'idéalisme ». La chose en soi ne peut en effet être représentée par la sensibilité ; il faut donc qu'elle le soit par l'entendement, d'où l'équation : suprasensible = intelligible. Le substrat inconditionné posé en nous et hors de nous est ainsi à la fois intelligible et inconnaissable. La raison pose ainsi une entité intelligible qu'elle se découvre être impuissante à connaître, et c'est « la raison elle-même » qui devrait enseigner à D. Strauss son impuissance. Ce qui laisse supposer qu'elle jouirait encore pour Nietzsche de son statut kantien de tribunal suprême de tous les droits et de toutes les prétentions de notre spéculation, et être seule à même de reconnaître dans l'illusion transcendantale une illusion.

Cependant, si Kant lui refuse le pouvoir de connaître la chose en soi, fait-il pour autant de la raison quelque chose « d'extrêmement relatif » ? On peut aller jusqu'à admettre que la subjectivité et la spontanéité dont elle fait preuve en posant la chose en soi s'apparentent plus à l'imagination qu'à la démarche d'une raison rationnelle et raisonnable, mais, selon Kant, ce que la raison ne peut connaître elle peut le penser ; ses Idées ne sont pas seulement celles de réalités inconnaissables, ce sont des problèmes pour la raison pure pratique. Son impuissance devant l'en soi ne rend pas relative toute raison, thèse que Nietzsche prête ici à Kant et rectifiera plus tard, quand il regrettera que ce grand critique ne l'ait pas été assez et ait fini « tel un renard qui retourne par erreur dans sa cage : et c'étaient sa force et sa perspicacité qui avaient brisé cette cage ! »[1]. Car ce n'est pas seulement son « empire moral » que Kant a voulu rendre invulnérable à la raison en posant un

1. *GS*, IV, § 335.

monde « au-delà de la logique », c'est la foi en la raison qu'il a voulu mettre hors d'atteinte de la raison[1]. La croyance en la raison, forme de la croyance en la vérité, serait la croyance morale qui est au fond de la croyance de Kant en la morale. Celui-ci a vu clairement l'antinomie de l'idéalisme mais il ne l'a pas dépassée, dans la mesure où la raison n'est justement pas pour lui « extrêmement relative » puisque qu'elle garde son pouvoir de fonder, catégoriquement et en raison, la morale. C'est pourquoi, finalement, Kant s'est lui-même enfermé selon Nietzsche dans la cage de l'idéalisme.

Les fragments posthumes offrent quelques autres occurrences du terme « antinomie ». Celui de mars 1875 (II-2, 3[62]), sur lequel je reviendrai[2], définit ainsi « l'antinomie de la philologie » : « on n'a jamais compris l'Antiquité qu'à partir du présent – le présent doit-il être compris maintenant à partir de l'Antiquité ? » Je me contenterai également de mentionner pour l'instant un fragment daté de l'automne 1887 où figure la formule de l'antinomie la plus fondamentale :

> Voici l'antinomie : pour autant que nous croyons à la morale, nous condamnons l'existence (*verurtheilen wir das Dasein*)[3].

Il s'agit là, non d'une antinomie, mais de l'antinomie par excellence, celle que Nietzsche, après l'avoir découverte, n'a jamais cessé de tenter de surmonter.

Antinomie de l'idéalisme, de la philologie, de la morale : dans ces trois expressions, « antinomie » signifie que le résultat contredit le but que chacun de ces trois termes prétend poursuivre ; l'idéalisme prétend rendre intelligible ce qui est en le référant à du suprasensible et ne débouche que sur de l'incon-

---

1. *A*, Avant-propos, § 3, cf. *CId*, « La "raison" dans la philosophie », § 5.
2. Voir p. 118-121.
3. FP XIII, 10[192] ; voir p. 351-354.

naissable et de l'imaginaire; la philologie se définit comme la science d'une Antiquité dont elle méconnaît la différence et l'étrangeté; la morale, enfin, se donne pour tâche de déterminer les fins de l'existence humaine et de lui conférer de la valeur alors qu'elle constitue le moyen le plus efficace de calomnier et condamner cette existence. Dépasser ces antinomies ne consiste pourtant pas à restituer à ces termes leur sens véritable, mais à en faire des problèmes, à voir des problèmes là ou les mots semblaient précisément exclure tout problème.

> quel sens aurait tout notre être, si en nous cette volonté de vérité ne venait à prendre conscience d'elle-même *comme problème*? Cette prise de conscience de la volonté de vérité – n'en doutons pas – signifie la *mort* de la *morale* [1].

Ne doutons pas non plus que cela signifie également la mort de la métaphysique, et probablement de toute connaissance et de toute logique, du moins sous la forme qu'elles ont «jusque-là» prise. Car toutes ont jugé incontestable la contrariété du bien et du mal, du vrai et du faux, du beau et du laid, et toutes ont construit un monde, leur monde, leur autre monde, à l'aide des prédicats qu'elles déniaient au nôtre.

Au nom de quoi, cependant, prendre le risque de dépasser des antinomies que l'humanité n'a produites que parce qu'elles lui étaient indispensables et qu'elle les jugeait rassurantes?

« Un homme de la conscience »

Celui qui s'assigne cette tâche ne le fait pas en vertu d'un décret arbitraire : s'il est devenu un individu souverain ce n'est ni par mutation biologique, ni au terme d'une évolution histo-rique. N'est pas libre de connaître qui veut; connaître, dire oui à la réalité sont le fait d'un excès de force, cela requiert du

---

1. *EGM*, III, § 27.

courage et de la lucidité. C'est en cela que celui qui cherche la connaissance est, en un double sens, un «homme de la conscience». La conscience n'est qu'un phénomène super-ficiel et surévalué, mais pour pouvoir le dire et descendre jusqu'aux instincts, pulsions, affects et passions qui la débor-dent infiniment et la sous-tendent, encore faut-il que cette conscience distende ses limites jusqu'à prendre conscience avec précision de ce qui la déborde et la sous tend. La conscience (*Bewußtsein*) ne s'étend à ce qui en avait toujours été exclu, ne se risque à explorer les domaines de l'«irration-nel» mais aussi ceux de l'erreur, du mensonge et du mal, que parce que l'homme souverain est animé d'une autre conscience, de la conscience (*Gewissen*) de sa responsabilité et de sa liberté. Ce qui philosophe en un tel homme s'est fait instinct dominant, mais il ne peut donner à cet instinct d'autre nom que «conscience»:

> La fière connaissance du privilège extraordinaire de la responsabilité, la conscience (*Bewußtsein*) de cette rare liberté, de cette puissance sur soi-même et sur la destinée s'est enracinée jusqu'en son tréfonds et s'est faite instinct, instinct dominant: comment l'appellera-t-il, cet instinct dominant, à supposer qu'il lui faille un mot pour le désigner? Mais il n'y a aucun doute: cet homme souverain l'appelle sa *conscience* (*Gewissen*)[1]...

L'individu souverain est l'héritier d'une conscience qui s'est affinée et ouverte jusqu'à percevoir les «mauvais» comme les «bons» instincts qui sont les conditions de toute vie, l'héritier également d'une moralité qui a progressivement élevé et intériorisé ses exigences jusqu'à devenir incapable de croire à tout ce qui est caduc, «invraisemblable». *Aurore*, écrit

---

1. *EGM*, II, § 2.

Nietzsche, « représente en effet une contradiction et ne craint pas cette contradiction : on s'y dédit de la confiance en la morale – pourquoi donc ? Par moralité ! » Cette contradiction n'a pas seulement lieu dans un livre : « En nous s'accomplit, – pour le cas où vous désireriez une formule, – l'autodépassement (*Selbstaufhebung*) de la morale [1]. » Les grandes choses périssent par elles-mêmes, mais elles ne s'autodépassent (pour dire cet autodépassement Nietzsche emploie aussi *Selbstüberwindung*) qu'en celui qui ne craint pas la contradiction, brise le cercle des tautologies où s'enfermait toute espèce de connaissance, et devient responsable de ses contradictions.

Étant donc entendu désormais que Nietzsche ne rompt avec la morale que par moralité, avec la vérité qu'au nom de la vérité, et avec la philosophie qu'au nom de la philosophie, encore faut-il comprendre que tous ces mots deviennent alors lourds d'un avenir qui n'est pas un futur mais un dangereux possible. Ils cessent ainsi de désigner des réalités qui ne sont devenues réelles que parce qu'elles se sont prétendues éternelles et nécessaires. À condition, encore, de ne pas oublier que la remontée à leurs douteuses et troubles origines et que la patiente mise en évidence des étapes de la falsification qui les a constituées s'accompagnent d'admiration envers l'ingéniosité de la construction et son incroyable efficacité. Aller par-delà les oppositions sur lesquelles et par lesquelles non seulement la philosophie, mais l'humanité elle-même et toutes les formations culturelles se sont construites, ce n'est pas les détruire ou les « déconstruire », c'est refuser d'y voir des antinomies. L'antinomie est exclusive de toute ambivalence, et la dépasser, c'est dépasser l'évaluation unilatérale, « hémiplégique », d'un des termes en présence afin de l'ériger en loi ainsi que tout ce qui résulte de lui.

1. *A*, Avant-propos, § 4.

On pourrait cependant objecter que, si Nietzsche cherche à surmonter certaines antinomies solidifiées, déposées dans notre langage et notre culture, lui-même en pose d'autres, opposant par exemple le fort au faible (il faudra évidemment regarder de près cette opposition-là), le lourd, le pesant, le sérieux, au léger, au rire, à la danse, ou encore le rapide au lent, et même le féminin de ces femmes que sont selon lui la sagesse, la vérité et la vie à la virilité du guerrier, du conquérant, de l'aventurier, du voyageur. Or, s'il y a bien là des termes qui s'opposent, ils ne procèdent pas d'évaluations contraires et ne suscitent pas de jugements de valeur contraires, car aucun de ces opposés ne dévalorise l'autre. Il n'est pas toujours « bon » d'être léger, par exemple : « Suis-je seulement un chercheur ? Je ne suis que pesant : je tombe et tombe sans cesse – jusqu'à ce que je trouve le fond », pas plus qu'il n'est toujours bon d'être rapide ou lent, et le génial bien que dangereux et corrupteur Wagner est une femme… Il faut être tantôt l'un et tantôt l'autre. Les couples nietzschéens qualifient des qualités, des styles : ils peuvent valoriser également des qualités contraires, alors que derrière toute antinomie se cachent le bien et le mal, autrement dit la morale, baptisée selon les cas religion, métaphysique, logique ou esthétique. Chacune de ces disciplines est morale en ce que toute valorisation positive entraîne selon elle la dévalorisation de son contraire.

Les antinomies comme oppositions morales

En utilisant le terme antinomie, j'ai donc souhaité renvoyer :

1) aux contrariétés entre deux valeurs, l'une positive et l'autre négative, qui donnent lieu à des jugements moraux même si ces valeurs ne nous semblent pas être des valeurs morales (comme vrai / faux ou beau / laid) ;

2) et aux contradictions immanentes aux instances qui ont « consacré » et imposé ces couples de contraires, de telle sorte que chacune de ces instances inclut en elle une antinomie entre son but et son résultat et que son nom est toujours équivoque (d'où l'un des usages nietzschéens des guillemets[1]). L'équivocité de la « morale » entraîne celle de la raison, de la connaissance, de la science historique, politique ou esthétique, de la logique, de la psychologie. Toutes prétendent légiférer dans leur domaine mais elles sont toutes transies d'un « moralisme » qui leur interdit l'accès à une réalité qu'elles se donnent pourtant comme but d'expliquer ou de régler (ou les deux à la fois).

Je parlerai dans ces deux cas d'antinomies pourindiquer qu'il s'agit d'oppositions morales que Nietzsche s'est donné pour tâche de surmonter. Il ne le fait pas toujours de la même façon. Aller par-delà n'est pas forcément aller au-delà, aller plus haut : cela peut vouloir dire creuser sous la surface pour aller au fond. Dépasser une antinomie peut signifier « tenir son pour et son contre », mais aussi se retenir d'être pour ou contre en multipliant les regards, seule manière désormais de redonner au regard son innocence (non pas sa naïveté, mais sa capacité de ne pas nuire, de ne pas avoir le « mauvais œil »). L'histoire et la généalogie sont les moyens les plus propres à

---

1. Voir É. Blondel « Les guillemets de Nietzsche : philologie et généalogie », dans *Nietzsche aujourd'hui ?* Paris, UGE poche (10/18), t. 2, 1973, repris dans *Lectures de Nietzsche*, choix de textes établi par J.-F. Balaudé et P. Wotling, Paris, Le Livre de poche, 2000, p. 70-101, p. 83 : « Nietzsche, avec une constance inopinée, enveloppe systématiquement de guillemets les termes clefs du discours moral » ; c'est très juste, mais ce n'est pas le seul usage des guillemets chez Nietzsche.

mettre en question la valeur des valeurs[1], mais ce ne sont pas les seuls moyens de surmonter leurs antinomies : on peut y ajouter la conscience de l'ambivalence, la multiplication des perspectives et leur hiérarchie, le *pathos* de la distance, le recours au « grand individu » en lequel une antinomie particulière s'est surmontée. Pour être employés, ces moyens supposent des vertus, ce qui suffit à distinguer le « par-delà » nietzschéen du dépassement dialectique hégélien, bien que Nietzsche utilise souvent les termes *aufheben* et *Aufhebung*. Il faut en effet de l'audace mais aussi de la méfiance, faire preuve de justice envers ce que l'on dénonce mais aussi être capable d'indignation et même de nausée, avoir le courage d'affirmer mais aussi la probité de parler au conditionnel, avoir le sens de la distance, de la grandeur, voir de haut, hiérarchiser, assigner des rangs, mais avoir aussi l'humilité, la modestie de scruter les choses médiocres et petites car la règle est souvent plus intéressante que l'exception. Si l'on peut parler de catégorie chez Nietzsche, « aussi » est sans doute une des catégories fondamentales de sa pensée, et c'est en tout cas un des traits marquants de son style.

CONTRADICTIONS

J'emploie donc le terme « antinomies » pour les distinguer des contradictions que Nietzsche ne redoute ni ne veut surmonter. Toute force, tout instinct rencontre nécessairement une force ou un instinct qui leur est ennemi et dont ils cherchent à triompher. Ces contradictions ne sont ni logiques ni morales et, loin de devoir être dépassées, elles doivent être recherchées car

---

1. Comme l'a montré M. Foucault, « Nietzsche, la généalogie, l'histoire », dans *Hommage à Jean Hyppolite*, Paris P.U.F., 1971, repris dans *Lectures de Nietzsche*, *op. cit.*, p. 102-130.

la lutte est le seul moyen pour une force d'apprécier correctement sa force. De plus, elle offre aux forts – en l'occurrence
«les solitaires de l'esprit», ceux qui n'ont pas l'instinct
grégaire – la possibilité de s'associer, et ils ne le font «qu'en
vue d'une action agressive commune et d'une satisfaction
commune de leur volonté de puissance»[1]. La joute, l'agôn, est
pour eux la seule occasion de se trouver des alliés, vivants ou
morts – mais certains morts sont bien plus vivants que les
vivants. D'où les alliances variables de Nietzsche avec des
philosophes qu'à d'autres moments il combat, d'où ses
appréciations dites contradictoires sur Platon, Spinoza, Kant ou
Schopenhauer. Ce ne sont pas des verdicts ou des vérités. Non
seulement chacune de ces affirmations relève d'une perspective différente mais elles font image, or les images n'obéissent
pas au principe d'identité et ne sont pas soumises au principe de
contradiction : elles se configurent. Nietzsche peut par conséquent se rencontrer avec l'un ou l'autre philosophe sur un
problème (par exemple avec Spinoza sur le problème de la
finalité), et l'attaquer sur un autre (parler du «charlatanisme
des démonstrations mathématiques» de l'*Éthique*). Comme les
Grecs, Nietzsche ne se connaît pas de prochains, seulement
des alliés ou des adversaires. Dans la lutte des instincts, des
individus, des peuples et des philosophes, il voit le signe d'une
vie vivante, d'une santé, d'une surabondance de force, et dans
le vœu d'une paix perpétuelle le symptôme d'une vie épuisée.

Aristote, Kant, Nietzsche et le principe de contradiction

Comment cependant échapper au verdict d'Aristote : celui
qui ne respecte pas le principe de contradiction n'est pas un
homme puisque ce qu'il articule n'est pas un *lógos* ; ce n'est

---

1. *EGM*, III, § 18.

même pas un animal, car lorsqu'il profère des sons il n'exprime rien, il fait du bruit, bref c'est tout au plus une plante. Le principe de non-contradiction est pour Aristote une *dóxa* première, puisqu'il est impossible de démontrer le principe supposé par toute démonstration[1]. Cette première croyance, qui permet à la pensée de penser ainsi qu'aux êtres d'être pensés et pensables, est aux yeux de Nietzsche moins un principe logique qu'un principe qui décide *de ce que doit être la logique*.

La critique la plus détaillée du principe de contradiction (*Satz des Widerspruchs*) est exposée dans un fragment de l'automne 1887[2].

Nietzsche commence par énoncer sa propre thèse : le principe de contradiction est un principe subjectif qui exprime une incapacité psychologique – «affirmer et nier une même chose, nous n'y saurions parvenir» – et nullement une nécessité logique.

Mais, poursuit-il, admettons avec Aristote que ce principe soit le plus certain de tous : il convient alors d'examiner avec une extrême rigueur tout ce qu'il «*présuppose* au fond d'affirmations préalables». Car ou bien il a une portée ontologique et signifie que des prédicats contradictoires *ne peuvent pas* être attribués à l'étant; or pour pouvoir dire qu'un principe logique est adéquat au réel, on doit avoir de ce réel une connaissance préalable et indépendante de ce principe.

Ou bien le principe énonce qu'on *ne doit pas* attribuer des prédicats contradictoires : dans ce cas «la logique serait un impératif, non pour la connaissance du vrai, mais pour poser et accommoder un monde *censé s'appeler pour nous le monde vrai*».

1. *Métaphysique*, Δ, 3.
2. FP XIII, 9[97].

Donc, pour pouvoir affirmer que le réel est non contradictoire et que la logique est conforme à la réalité (ou la réalité à la logique), il faudrait avoir une connaissance du réel qui ne soit pas déjà soumise au principe de non-contradiction. C'est évidemment exclu si l'on pose que ce principe est le principe premier et dernier de toute connaissance. Par conséquent, « ce principe contient non pas un *critère de vérité*, mais un *impératif* quant à *ce qui* DOIT *valoir pour vrai* ».

Comme toujours, la prudence des philosophes est prise en défaut, elle s'arrête prématurément devant de pseudo-évidences. Ce qui est tenu par eux pour premier ne l'est pas véritablement, le principe de non-contradiction n'est pas un principe car il dérive d'une croyance plus originaire. Sa formulation ultime n'est pas en effet que A ne puisse être, en même temps et sous le même rapport, A et non-A : elle est que A est A. L'identité logique repose sur la croyance à l'identité de chaque chose avec elle-même, donc finalement sur la croyance qu'*il y a* des choses : notre croyance aux choses est la présupposition de notre croyance à la logique. Chose, substance, être sont nos concepts les plus anciens et les plus faux parce qu'ils contredisent le monde du devenir. Une archi-croyance, une archi-affirmation est donc au principe de toute affirmation. Elle consiste à dire oui à l'être, à l'identité, et à dire non au devenir et à la contradiction : « les actes de pensée les plus originels » sont l'affirmation et la négation. Notre concept d'être a pour signification l'identité et la non-contradiction, il implique consistance et permanence. Notre vie n'est durablement possible que dans un tel monde, non dans un devenir chaotique, l'ontologie est plus favorable à la conservation du vivant que le devenir imprévisible qui ne cesse de nous menacer. Aristote est assurément « le grand homme de l'intellect », à ceci près que notre intellect n'est pas un organe de connaissance mais un appareil de simplification, de stabilisation et d'assimilation

« qui n'est pas axé sur la connaissance mais sur la *maîtrise* des choses »[1]. Si par principe d'identité on entend la « croyance aux cas identiques », falsification nécessaire pour accommoder le monde à nos exigences de vie et de connaissance, alors le principe d'identité est bien le premier de tous les principes. Il est la forme de toute connaissance possible, et plus encore la forme de toute forme, il donne naissance au « monde des concepts, des espèces, des formes, des fins, des lois », à un monde « de choses identiques, de sujets, de prédicats ». La logique est une tentative « *pour comprendre le monde réel selon un schème de l'être posé par nous-mêmes* » : Aristote n'a fait que théoriser les croyances nécessaires à la survie de notre espèce, croyances immanentes à notre connaissance et à notre langage. Logique et ontologie ont la même origine et le même âge, elles sont aristotéliciennes, et sont des arrangements grossiers destinés à masquer le caractère contradictoire de l'existence.

Quand il réfère le principe de contradiction à des nécessités subjectives et affirme qu'à la différence du principe d'identité il n'a qu'une portée logique, Nietzsche se situe dans la droite ligne de l'analyse kantienne. Selon Kant, le principe de contradiction n'est pas premier puisqu'il implique le concept de temps (une chose ne peut pas, *en même temps*, être A et non-A). Les concepts de possible et d'impossible se trouvent ainsi soumis aux conditions de la connaissance sensible, à savoir aux rapports temporels auxquels l'entendement humain est assujetti. Or le principe de contradiction ne fournit qu'une définition de l'impossible et ne permet pas de passer de l'impossibilité d'un terme à la vérité nécessaire de son opposé, car son énoncé devrait alors être : est vrai tout ce dont l'opposé est faux. Une telle formule ne peut régir que des jugements dans lesquels le prédicat ne peut être sans contradiction nié du sujet car il y est

1. FP X, 26[61].

implicitement contenu. Le principe de contradiction n'a donc de signification positive que pour les jugements analytiques, car c'est seulement à leur propos qu'il est correctement formulé et est indépendant de tout rapport de temps[1]. C'est un principe logique, non un principe transcendantal : dans le cas des jugements synthétiques, la contradiction logique n'est qu'un critère négatif servant à éliminer l'erreur. Il vaut donc pour le penser en général mais n'est pas le principe universel et absolument premier de toutes les vérités. C'est le principe d'identité qui est véritablement premier, et il se dédouble selon qu'on a affaire à des vérités affirmatives (« tout ce qui est est ») ou à des vérités négatives (« tout ce qui n'est pas n'est pas »)[2].

Cependant, si le principe de contradiction est pour Nietzsche l'expression d'une nécessité subjective de l'entendement humain, cette nécessité est elle-même l'expression de nécessités vitales. De sorte que, se séparant de Kant, il donne finalement raison à Aristote : l'ontologie est logique de part en part, tout ce qui est doit obéir à cette *dóxa* première qu'est le principe d'identité ; la distinction du logique et du transcendantal, condition de l'« objectivité » kantienne, est elle-même une distinction fictive, donc – conséquence celle-là peu aristotélicienne – toute notre connaissance est une falsification, une falsification nécessaire.

La nécessité de la logique

Nier la soumission de la réalité au principe d'identité donc au principe de contradiction, y voir un jeu incessant de forces qui se combattent et s'opposent, une série de triomphes et de défaites que s'imposent les instincts, bref d'oppositions

---

1. *Critique de la raison pure*, Analytique transcendantale, Pemière section.
2. Kant, *Nouvelle explication des premiers principes d la connaissance*, Section I, prop. 2 et 3.

(*Gegensätze*), cela conduit-il Nietzsche à user d'un langage repoussant toute forme de rationalité, soit parce qu'il accumulerait les contradictions (*Widerspruchen*), soit parce que, tout entier imagé et symbolique, il échapperait au principe de contradiction? On pourrait répliquer que l'abandon de la logique aristotélicienne ou kantienne n'implique pas qu'on abandonne toute logique, et que la logique hégélienne est une logique de la contradiction. Mais toute logique est pour Nietzsche une fiction. Faut-il donc estimer qu'il ne raisonne, ne démontre, ne prouve jamais, et plus encore qu'il se refuse à le faire? Comment qualifier alors, par exemple, sa critique du principe de non-contradiction? Est-ce autre chose qu'un raisonnement? Faut-il vraiment reculer d'horreur devant qui prétend qu'il y a aussi chez Nietzsche une exigence de rationalité? Sur ce point, il faut lui laisser la parole :

> et nous autres modernes sommes si bien habitués et entraînés par notre éducation à la nécessité de la logique que notre langue lui trouve un goût normal et que, forcément, elle déplaît aux jouisseurs et aux prétentieux. (…) Mais avant tout, ils veulent être des «natures artistes», ayant le génie dans la tête et le diable au corps, ayant aussi des droits exceptionnels dans l'un et l'autre monde, et surtout celui d'être incompréhensibles. – Et *tout ça* fait maintenant de la philosophie! Je crains qu'ils ne remarquent un jour qu'ils se sont trompés – ce qu'ils veulent c'est une religion[1] !

Dans son «Essai d'autocritique» (1886), Nietzsche dit de ce «livre impossible» qu'est *La Naissance de la tragédie* qu'il lui paraît à présent «hérissé d'images forcenées, incohérentes (…), manquant de l'exigence d'une logique impeccable, très convaincu et, pour cette raison, se dispensant de fournir

1. *A*, V, § 544.

des preuves, doutant même qu'il convienne de prouver »[1]. Ajoutons, pour faire bonne mesure, cette attaque contre « les philosophes » :

> le christianisme (…) a cru montrer à l'humanité le chemin le plus court vers la perfection, tout comme les philosophes croyaient pouvoir se soustraire aux peines et aux lenteurs de la dialectique et du rassemblement des faits rigoureusement contrôlés en renvoyant à « une voie royale de la vérité »[2].

Fait néanmoins exception la nature d'un philosophe où se rencontrerait

> cette coexistence authentiquement philosophique d'une spiritualité audacieuse et exubérante (…) et d'une rigueur et nécessité dialectiques qui ne commettent pas le moindre faux pas[3].

Pourquoi cette défense de la logique, cette exigence d'une logique impeccable ? Si on les trouve sous la plume de Nietzsche, il y a peu de chances que ce soit pour en affirmer le triomphe inconditionné. Mais la logique (y compris sous sa forme dialectique) est pour le philosophe un des meilleurs moyens de sortir de ces « prisons » que sont les convictions, une des meilleures armes pour les combattre. Le style singulier de la pensée de Nietzsche tient à ce qu'elle conjugue, sans en exclure *a priori* aucun comme « mauvais », tous les moyens, logiques et illogiques, rationnels et irrationnels, dont un penseur a besoin :

> Le penseur a besoin de l'imagination, de l'élan, de l'abstraction, de l'élévation au-dessus des sens, de l'invention, du pressentiment, de l'induction, de la dialectique, de la

1. EA, § 3.
2. *A*, I, § 59.
3. *PBM*, VI, § 213.

déduction, de la critique, de la réunion des matériaux, de la pensée impersonnelle, de la contemplation et de la vision synthétique, et, dernier point mais non le moindre, de justice et d'amour envers tout ce qui est [1].

Un penseur a donc autant besoin d'abstraction, d'induction, de dialectique, de déduction, que d'imagination, d'élan, de pressentiment et d'invention, autant besoin de critique que de justice et d'amour : à la lecture de cette phrase, les commentateurs devraient se sentir instamment priés de se situer par-delà bien et mal et de se garder de diaboliser la logique, l'abstraction et la rationalité. Continuons : Nietzsche déplore dans *Le Gai Savoir* le manque de « conscience intellectuelle » (*intellectuale Gewissen*) de la majorité des hommes, même les plus doués, et des femmes les plus nobles :

> *la plupart des hommes* ne trouvent pas méprisable de croire à telle ou telle chose et de vivre en fonction de cette croyance sans avoir au préalable pris conscience (*bewusst worden*) des ultimes et plus sûres raisons (*Gründe*, fondements, raisons, motifs) relatives au pour ou au contre et sans non plus se donner la peine de chercher ces raisons après coup (…). J'ai découvert chez certains hommes pieux une haine envers la raison (*gegen die Vernunft*) et leur en fus reconnaissant : elle trahissait encore à tout le moins la mauvaise conscience intellectuelle [2] !

Le christianisme a au moins cela de bon que toute haine, y compris la haine de la raison, s'accompagne de mauvaise conscience. Mais les derniers hommes n'ont même plus mauvaise conscience d'être ce qu'ils sont et de vivre « sans se poser de question ». « Cela dit en faveur du christianisme … »

1. *A*, I, § 43.
2. *GS*, I, § 2.

Pouvoir contredire

Il y a au moins un point sur lequel Nietzsche reste platonicien (à mon avis il y en a beaucoup d'autres, pas ceux pourtant que relève Heidegger), et ce point semble difficilement contestable : son refus de croire, d'être convaincu sans raison. Or ne pas croire, ne pas croire avoir raison trop vite, ne pas croire être seul à avoir raison, tout cela suppose d'abord de pouvoir supporter la contradiction, mieux encore, d'être capable de la souhaiter, et surtout de pouvoir contredire :

> *Pouvoir contredire* (*Widersprechen können*). – Chacun sait aujourd'hui que pouvoir supporter la contradiction (*Widerspruch*) est un signe élevé de culture. Certains savent même que l'homme supérieur souhaite et suscite la contradiction à son égard afin d'obtenir un indice de sa propre injustice, inconnue de lui jusqu'alors. Mais le fait de *pouvoir* contredire, l'accession à la bonne conscience (*Gewissen*) dans l'hostilité envers l'habituel, le transmis par la tradition, le consacré, – c'est plus que les deux choses précédentes et c'est ce qu'il y a de vraiment grand, nouveau, étonnant dans notre culture, le pas de géant de l'esprit libéré : qui sait cela[1] ? –

On assiste ici au déplacement du problème de la contradiction : il quitte la sphère logique pour se situer dans l'horizon de la culture. Il y a d'abord un savoir possédé par tous : « chacun sait », puis possédé seulement par « certains », enfin réservé à celui qui se demande qui le possède, et qui le possède forcément puisqu'il pose cette question. À cette première articulation du texte se superpose celle marquée par les différents verbes. Les premiers – « supporter », puis « souhaiter » et « susciter » – désignent deux attitudes, l'une passive et l'autre active, face à la contradiction ; la première s'interprète

---

1. *GS*, IV, § 297.

en référence à un degré de culture, la seconde en référence à l'homme supérieur. Mais avec la troisième on fait un pas de plus : « pouvoir contredire » est une puissance de l'esprit libéré qui n'a plus affaire aux contradictions qu'il rencontre ou qu'on lui adresse mais qui exprime sa liberté en contredisant, avec bonne conscience, ce dont il a hérité.

Pouvoir supporter la contradiction

En quoi pouvoir *supporter* la contradiction est-il un signe élevé de culture ? Celui qui n'est pas passé par diverses convictions et s'en tient à une seule croyance « est dans tous les cas, à cause justement de cet immobilisme, le représentant de civilisations *arriérées* ». La passion mise à imposer ses opinions et à prétendre détenir la vérité « a maintenant perdu presque toute valeur au regard de cette autre, plus modeste et moins retentissante, il est vrai, avec laquelle on la cherche, sans se lasser de réviser et réexaminer ses connaissances »[1]. Supporter la contradiction, c'est appartenir à une culture qui a traversé trop de croyances et de convictions pour pouvoir croire encore à l'absolu de la vérité : elle n'y *croit* plus mais la *cherche* et la soumet à examen – elle est devenue, en ce sens, scientifique. Elle a cessé de se figer dans un ensemble de croyances, elle est animée du mouvement de la critique et de la connaissance. Une culture élevée ne peut être fanatique et celui qui appartient « à un stade antérieur de civilisation » est assimilé par elle à une bête sauvage qui « se démène et hurle sa rage »[2]. Cela ne signifie cependant pas être tolérant ou démocrate, car tolérance et démocratie reconnaissent à chacun le droit à ses opinions et ses croyances, en vertu de quoi on estime que si des contradictions se manifestent, il faut arriver à des conciliations et des

1. *HH* I, IX, § 632 et 633.
2. *Ibid.*, § 614.

compromis. Or une culture de la conciliation, accueillante à tout ce qui la contredit, est une culture décadente, non une culture élevée. Dire que celle-ci supporte d'être contredite veut dire qu'elle ne répond pas à la contradiction par la violence et au fanatisme par le fanatisme et que chacun de ses membres agit de même. Il appartient à une culture élevée dans la mesure où *il dénie toute vérité à la croyance* : il ne peut donc combattre pour la vérité d'aucune et ne peut pas davantage vouloir détruire ceux qui sont animés de croyances opposées à la sienne. Il a acquis la dose de scepticisme suffisant à lui interdire toute participation à une croisade.

Ce ne sont pas seulement les contradictions entre les croyances régnant dans d'autres cultures et les siennes propres que chacun doit aujourd'hui pouvoir supporter. Les «bons Européens» sont les «héritiers à la fois riches et comblés mais aussi infiniment redevables de plusieurs millénaires d'esprit européen : comme tels aussi à la fois issus du christianisme et hostiles à lui»[1]. Tout bon Européen porte en lui ses croyances et ses refus de croire, ses libérations et ses servitudes, son nationalisme et son universalisme, son conservatisme et sa volonté de progrès, et ainsi de suite. Elles naissent toutes d'un devenir qui n'avance pas continûment en ligne droite mais à des vitesses inégales, avec des progressions et des régressions, d'où des résistances et des résidus qui s'opposent à des sauts et des bonds. Aucune culture un peu ancienne n'est harmonieuse et sans dissonances mais il y a des degrés de complexité, la culture la plus complexe étant celle où cohabitent le plus d'éléments contradictoires : «Notre époque donne une impression d'état intérimaire ; les anciennes conceptions du monde, les vieilles

---

1. *GS*, V, § 377 ; cf. *PBM*, IX, § 260, sur les deux types de morale, morale des maîtres et morale des esclaves, qui «coexistent parfois à l'intérieur d'un même individu et d'une même âme».

civilisations subsistent encore en partie; les nouvelles ne sont pas encore affermies par l'habitude, manquent par suite d'unité et de cohérence[1]. » Pouvoir supporter les contradictions, c'est alors pouvoir supporter les incohérences du devenir, et c'est ce que les Allemands ont enseigné aux Européens : « Nous, Allemands, sommes des hégéliens, quand bien même il n'y aurait jamais eu de Hegel, en ce que (contrairement à tous les Latins) nous attribuons instinctivement au devenir, à l'évolution un sens plus profond et une valeur plus riche qu'à ce qui "est"[2]. » Pouvoir supporter les contradictions de sa propre culture est un signe élevé de culture.

Souhaiter et provoquer la contradiction

L'homme supérieur ne se contente pas de supporter la contradiction, il la souhaite et même la provoque : cela devient pour lui une affaire de justice et d'injustice. Être juste signifie ne pas se mettre à l'abri des critiques qu'on porte, désirer recevoir le contrecoup de sa pensée, qu'il vienne d'un autre ou de soi-même. Car même si l'homme supérieur ne croit pas à la vérité, il est toujours tenté de croire à ses vérités, d'en ignorer le caractère provisoire, partiel, injuste. Pour être juste, il faut « donner à chaque objet, vif ou mort, réel ou imaginaire, ce qui lui revient », et pour cela il faut multiplier les regards, donc les perspectives. La justice est « la seule déesse que nous [nous, esprits libres] reconnaissions au-dessus de nous »[3], et le génie de la justice est bien réellement un génie :

> Il est de sa nature de se détourner avec une franche répugnance de tout ce qui trouble et aveugle notre jugement sur les choses; (…) aussi met-il tout objet le mieux possible en lumière, et il

1. *HH* I, V, § 248 ; cf. *OS*, § 223.
2. *GS*, V, § 357.
3. *HH* I, IX, § 636 et 637.

en fait le tour avec des yeux attentifs. Pour finir, il rendra même à son ennemie, l'aveugle ou myope « conviction » (…) ce qui revient à la conviction – pour l'amour de la vérité [1].

Le génie de la justice consiste à rendre à chaque chose ce qui lui revient et en ce sens à la justifier d'exister – non pas la juger bonne mais comprendre les raisons qui l'ont rendue nécessaire. La justice n'est cependant pas l'objectivité [2], tenir son pour et son contre ne signifie pas balancer et équilibrer des arguments contradictoires. Un jugement qui n'évalue que dans un sens est injuste et n'est pas conscient de cette injustice ; il faut vouloir tempérer par la froideur de la contradiction ce « feu » qu'est sa propre passion de la connaissance, car il conduit à trop aimer ses vérités. Faut-il donc être contredit pour être juste, et contredit par quelle sorte de contradiction ? Il ne peut s'agir d'une contradiction logique car souhaiter être contredit n'a pas pour but de prendre conscience d'une erreur mais d'une injustice. Or, pas plus qu'un jugement n'est nécessairement vrai ou faux (donc nécessairement affirmatif ou négatif : il peut être problématique, hypothétique), une évaluation ne pose nécessairement qu'une chose est bonne ou mauvaise : une chose peut être bonne dans une certaine perspective et ne pas l'être dans une autre, ce qui ne veut pas dire qu'elle est en soi mauvaise. Être juste ne consiste pas davantage à affirmer qu'une chose est à la fois bonne et mauvaise, mais à pouvoir déterminer *en quel sens*, *dans quelle perspective et à quel degré* elle peut l'être. Penser en termes de contraires, c'est « appartenir à une époque populacière » car « il est plus aisé de penser des contraires que des degrés » [3]. Il n'y a pas de justice sans assignement du rang, et penser hiérarchique-

---

1. *HH* I, IX, § 636.
2. *CIn* II, § 6.
3. FP V, 11[115].

ment force à penser en termes de degrés. Mais une pensée hiérarchique n'exclut-elle pas toute possibilité de contradiction? La contradiction ne joue pas entre les termes, mais entre deux instincts : l'instinct injuste, qui ne veut voir qu'un seul degré, l'absolutise et l'oppose à son contraire, et l'instinct de justice qui, réveillé par la contradiction, devient capable de penser une multiplicité de degrés et de nuances. Ainsi déterminée, la contradiction ne débouche sur la position d'aucune antinomie, elle constitue un des meilleurs moyens de dépassement des antinomies parce qu'elle appelle l'évaluation hiérarchique des instincts dont elle procède.

Seuls des hommes supérieurs – est supérieur un esprit doté d'un juste sens de la hiérarchie – savent « que l'homme supérieur souhaite et suscite la contradiction », et seuls de tels hommes peuvent en contredire d'autres. Il n'est au demeurant pas sûr qu'il en existe et que ce désir d'être contredit puisse être satisfait par un autre que soi :

> Grâce à une pratique continuelle et variée d'interrogations et de dialogues solitaires, j'ai moi-même prévu une bonne part de ces objections ; mais j'y ai, hélas, toujours par avance répondu : si bien que jusqu'ici j'ai dû seul porter tout le poids de mes « vérités ». On aura compris qu'il s'agit de vérités pénibles. (…) – Bien que sur ce point-là précisément, et à parler franchement, je goûterais très volontiers le plaisir d'être contredit [1].

À propos du dialogue intérieur et solitaire, difficile de ne pas évoquer Platon, car pour tous deux rencontrer des objections qui en soient vraiment, auxquelles on n'a pas répondu par avance, est à la fois le signe qu'on a été réellement entendu et le signe qu'on n'est pas seul, non pas à penser ce qu'on pense,

1. XI, 37[1], *cf.* XII, 2[183].

mais à voir le poids, la portée, les conséquences de ce qui est ainsi pensé. On ne désire pas être contredit pour voir infirmer ou confirmer ses « vérités » : la contradiction n'est pas une preuve de fausseté ; on la désire pour se garder de croire à ses vérités mais aussi parce qu'on a l'illusion que ces vérités peuvent être partagées : celui qui les contredit ne peut le faire que s'il a commencé par en évaluer justement la portée. Il faut être compris pour être contredit, mais les hommes supérieurs sont des hommes posthumes et les « hommes posthumes ne sont jamais compris », puisque « *Comprendre, c'est égaler* »[1].

Pouvoir contredire

Mais *pouvoir contredire* est plus que les deux choses précédentes. Pouvoir contredire quoi ? L'habituel, le transmis par la tradition, le consacré. Ce pouvoir s'accompagne de la « volupté de détruire ». Le philosophe, « pour être nécessairement un homme du demain et de l'après-demain, s'est toujours trouvé et devait se trouver en contradiction avec son aujourd'hui : son ennemi fut à tout coup l'idéal de l'aujourd'hui »[2]. Pouvoir contredire, c'est faire la guerre[3]. Mais les philosophes, ces « extraordinaires promoteurs de l'homme »[4], ne doivent pas se contenter de s'attaquer aux valeurs d'une société donnée, l'habituel ne désigne pas seulement les mœurs et les institutions, le consacré n'est pas seulement ce qui l'a été par une religion et une morale. Ce qui est transmis l'est aussi et peut-être surtout par le langage : en lui toutes les idoles se sont sédimentées, durcies, elles se

1. En français dans le texte, FP XII, 1[182].
2. *PBM*, VI, § 212.
3. Sur les quatre principes nietzschéens de la pratique de la guerre, voir *EH*, « Pourquoi je suis si sage », § 7.
4. *PBM*, VI, § 212.

sont renforcées les unes les autres, et par le langage se sont sacralisées.

Ce ne sont donc pas seulement les grands mots et les grandes idées, avec les valeurs qu'ils véhiculent, qu'il faut pouvoir contredire, mais la puissance même du langage, et ses puissances les plus fortes sont la grammaire et la logique. Est-il possible de seulement envisager de les contredire ?

> L'importance du langage dans le développement de la civilisation réside en ce que l'homme y a situé, à côté de l'autre, un monde à lui, un lieu qu'il estimait assez solide pour, s'y appuyant, sortir le reste du monde de ses gonds et s'en rendre maître. (…) C'est bien après coup, c'est tout juste maintenant que les hommes commencent à se rendre compte de l'énorme erreur qu'ils ont propagée avec leur croyance au langage. Il est heureusement trop tard pour qu'il puisse en résulter un retour en arrière de l'évolution de la raison qui repose sur cette croyance [1].

Comme toujours, ce n'est pas le langage qui est une énorme erreur, c'est notre croyance au langage, car c'est la croyance en sa vérité, en son adéquation à la réalité, qui a créé « l'autre monde ». On commence à peine à prendre conscience de cette erreur, mais comprendre que le langage a été un instrument de domination et non un accès à la connaissance du réel ne permet pas de sortir du langage, tout simplement parce que c'est impossible. Les mots n'expriment pas « le suprême savoir des choses » ; si on les frappait tous avec un marteau (le marteau en question s'apparente plus à celui qui frappe les touches du piano qu'à la masse du démolisseur : il s'agit de faire rendre un son et d'apprécier sa justesse), on découvrirait que tous nos mots sont « fêlés » et malades. Ils nous incorporent tous une

---

1. *HH* I, I, § 11.

fiction rassurante de stabilité et d'identité, fiction qui trouve « dans la langue son évangéliste et son défenseur persévérant ». Mais c'est par le langage que s'est fortifiée cette raison qui peut, maintenant, en dénoncer les erreurs. Seul un *nouveau langage peut défaire ce que le langage a fait, seul un langage lucide peut s'opposer à un langage croyant – pas un silence*. Parce qu'il parle et se parle quand il pense, le philosophe ne peut se passer du langage, or il ne peut ni refaire tout le lexique, guérir la maladie de tous les mots et leur redonner un sens juste, ni pulvériser la syntaxe. Nietzsche se trouve donc « dans la pénible situation de ne plus disposer d'aucune formule pour [ses] concepts et de devoir introduire partout les anciennes catégories »[1]. Il continue à parler de causalité, de sujet ou d'essence et c'est en en parlant qu'il en récuse les significations passées et les ouvre à une signification nouvelle. De même, toutes les procédures logiques sont bonnes, la définition comme la preuve ou la démonstration, cependant, Nietzsche ne va pas vers elles, il doit en passer par elles. Il doit en passer par la logique, mais sans croire à la logique :

> Il ne se produit jamais un processus logique conforme à « ce qui est écrit dans les livres ». (…) Notre pensée fonctionne tout autrement : entre une pensée et une autre qui la suit c'est un monde intermédiaire d'une tout autre espèce qui intervient, par ex. l'instinct de contradiction ou de domination, etc[2]…

L'espace de la logique est un espace continu, homogène et orienté, la direction de la pensée y est toujours prédéterminée, le sujet y est en attente de son prédicat, les prémisses de leur conclusion, les principes de leurs conséquences. Mais les pensées ne se meuvent pas dans cet espace décrit « dans les

---

1. *CId*, « La "raison" dans la philosophie », variante du § 5.
2. FP XI, 34[170].

livres », espace, disons, aristotélicien. Chacune de nos pensées est certes un tout organisé, mais selon sa propre logique. Ce n'est jamais la même. Chaque pensée dessine son horizon propre et rayonne sa force, séparée de toutes les autres et pourtant en interaction avec elles. Chacune a sa logique, mais toutes ces logiques ne font pas une logique : la logique d'une pensée lui est intérieure, pas antérieure. Elle traduit l'action d'un ou de plusieurs instincts qui jouent non seulement à l'intérieur des termes – ce qui requiert leur généalogie et leur étymologie –, mais jouent aussi entre les termes et en commandent les articulations. Entre les pensées, le lien n'est pas fait par la pensée mais par l'action de ce qui relève d'un monde « tout différent ». La logique, donc les principes d'identité et de contradiction qui la régissent, ne peut gouverner qu'un langage fait de signes abrégés, entièrement maîtrisés, signes qui ne sont en fait que des signes de signes, qui s'entre-définissent – un signe ne tire sa signification que de sa place dans un système – sans jamais renvoyer à autre chose qu'à eux-mêmes. La logique (comme cette logique appliquée qu'est la mathématique) est une science formelle, une simple théorie des signes : « Ici la réalité ne paraît pas du tout, pas même comme problème ; tout aussi peu la question de savoir quelle valeur a en général une convention de signes, telle que l'est la logique[1] ? » Elle a la même valeur que notre langage, car en lui aussi les signes se sont abrégés, c'est-à-dire vidés de réalité. Nous sommes pourtant si certains qu'ils la disent, la réalité, que même les philosophes qui ont fait de quelques-uns de ces mots des problèmes n'ont pas vu que « la contradiction n'est pas entre "faux" et "vrai", mais entre *les abréviations des signes* et les signes eux-mêmes »[2]. Hegel certes l'a vu, mais sa manière

1. *CId*, « La "raison" dans la philosophie », § 3.
2. FPXII, 1[28].

de développer les signes est toujours la même, et par là il n'a fait que substituer une logique à une autre. Développer les signes ne peut se faire dialectiquement, ou pas toujours et pas seulement dialectiquement : on peut aussi avoir recours à la généalogie et à l'histoire, à la psychologie et la physiologie, ou encore à la linguistique et à l'étymologie. Quand on emploie l'un de ces moyens pour contredire les habitudes logiques, on contredit du même coup la conviction la plus ancrée, car toute pensée présuppose que la pensée tire sa valeur de sa régulation par une logique. Or dès qu'on soumet la pensée à une logique, qu'elle soit celle de l'identité ou de la contradiction, elle en devient prédéterminée, pensable avant même d'être effectivement pensée, justifiée sans avoir à se soucier d'être juste, rattrapée par la vérité quelle que soit son erreur.

Contredire avec bonne conscience

Pouvoir contredire, c'est concevoir la contradiction comme un acte, et comme l'acte de quelqu'un, non comme un mouvement nécessaire. Les grandes choses, la morale, la vérité, et la logique périssent par elles-mêmes mais elles ne se surmontent pas toutes seules :

> Et si vous voulez sérieusement vous débarrasser de « l'au-delà », je crains qu'il n'y ait pas d'autre moyen : vous devez d'abord vous décider pour *mon* « Par-delà » [1].

Il faut se décider pour ce « Par-delà » avec bonne conscience parce que c'est la vie elle-même et ses instincts créateurs qui poussent à contredire ce qui fait obstacle à son expansion. La bonne conscience est le sentiment qui accompagne les bonnes actions, un « état physiologique qui ressem-

---

1. FP XII, 5[6].

ble, quelquefois à s'y méprendre, à une bonne digestion »[1]. La bonne conscience ne s'oppose pas en ce cas à la mauvaise, car toute chose nouvelle est nécessairement perçue, même par son inventeur, comme immorale, dangereuse, peut-être mortelle, et elle suscite en lui de la mauvaise conscience. Le pas de plus consiste à passer de la mauvaise conscience à la bonne, à devenir capable d'éprouver du plaisir à détruire. Cependant, si « c'est ce qu'il y a de vraiment grand, nouveau, étonnant dans notre culture », pourquoi se demander : « qui sait cela ? » Chacun de ceux qui appartiennent à cette culture devrait être un esprit libéré et le savoir. La raison est probablement que le pas a été accompli sans qu'on en soit conscient : la bonne conscience suppose la prise de conscience, et la prise de conscience advient quand un certain instinct en arrive à poser cette question, et à vrai dire simplement à poser des questions. On n'exerce avec bonne conscience le pouvoir de contredire que si on tremble du « désir et de l'envie d'interroger » :

> Mais se tenir au beau milieu de cette *rerum concordia discors* ainsi que de toute l'incertitude et merveilleuse pluralité de l'existence et *ne pas interroger*, ne pas trembler du désir et du plaisir d'interroger, ne pas même haïr celui qui interroge, peut-être même se divertir platement sur son compte – voilà ce que je ressens comme *méprisable*, et c'est ce sentiment que je recherche en premier lieu en chacun : – il y a une folie qui ne cesse de me persuader que tout homme possède ce sentiment, en tant qu'il est un homme. C'est mon genre d'injustice[2].

Il est injuste de reconnaître à tout homme le désir d'interroger, et il est sans doute tout aussi injuste de reconnaître à notre culture le pouvoir de contredire ce qui a été transmis avec bonne conscience. L'injustice commise par Nietzsche

1. *CId*, « Les quatre grandes erreurs », § 6.
2. *GS*, I, § 2.

découle en ces deux cas d'une générosité excessive et folle, mais on ne doit pas conclure que ce qui est ainsi prêté soit faux. Tout homme n'a pas envie d'interroger, la plupart ont plutôt peur de le faire : cela n'empêche pas qu'un homme, en tant qu'il est homme, soit le seul animal capable de le faire. Cela n'empêche pas non plus d'estimer que notre culture – celle des bons Européens – soit la seule qui s'élève contre la tradition et le fait désormais sans mauvaise conscience. Car cette culture a derrière elle tout un passé où la mauvaise conscience était la conscience elle-même, si bien que ceux qui avaient la force et le courage de combattre leur propre culture, qui étaient la mauvaise conscience de leur temps[1], n'en avaient que davantage mauvaise conscience. Mais la très mauvaise conscience de ces novateurs immoraux et impies naissait de ce qu'ils opposaient encore leurs vérités et leurs certitudes aux vérités et aux certitudes anciennes. On ne peut contredire joyeusement qu'à la condition de ne pas opposer certitudes à certitudes – à condition, donc, d'entendre que se situer par-delà signifie «rester au sein de l'incertitude», multiplier les questions et y répondre en risquant des *hypothèses* et en inventant des buts *possibles*. Le gai savoir n'est possible qu'à celui pour qui il n'est pas douloureux d'être habité de contra-dictions et d'être contredit. Les guerres sont alors des guerres joyeuses, et la joie ne vient pas de la destruction ou de l'humiliation de l'ennemi mais du sentiment de la force qui a permis de triompher. Il faut rencontrer des résistances pour avoir ce sentiment, et il faut donc savoir choisir ses ennemis. Une grande force ne doit se mesurer qu'à de grandes forces, c'est pourquoi ce sont les grandes choses qu'elle dépasse, au nom de ces grandes choses. Les petites, elles, se conservent, car c'est tout ce qu'elles désirent : se conserver.

---

1. *PBM*, VI, § 212.

La contradiction ultime, celle qui engendre toutes les autres, est pour Nietzsche la contradiction entre la volonté de vie et la volonté de vérité. Cette contradiction – ni logique, ni historique – est tragique, et c'est parce qu'elle l'est qu'elle peut se vivre, s'expérimenter et s'affirmer joyeusement.

Nietzsche fait courir deux risques à ceux qui parlent de lui. Ils se trouvent devant l'alternative suivante : soit prendre sa pensée de l'extérieur, avec la distance légèrement condescendante qui sied à des gens dont le métier est d'expliquer la pensée de philosophes généralement moins exaltés, soit y adhérer au point de partager son exaltation et d'imiter son style, puisque pèse sur eux le redoutable impératif de parler grandement des grandes choses. Je ne suis pas du tout certaine de ne pas avoir versé tantôt dans l'un et tantôt dans l'autre de ces travers, mais j'ai tenté de m'en préserver en prenant un troisième risque : « Rares, écrit Patrick Wotling, sont les commentateurs qui se sont risqués à ce jeu particulièrement dangereux qu'est l'explication de textes. Peu d'interprétations de Nietzsche, sans doute, en dépit de l'assurance qu'elles affichent en se présentant sous forme théorique abstraite, supporteraient sans dommage cette épreuve de vérité[1]. » Epreuve de vérité, je ne sais pas trop, mais à coup sûr probité minimale et nécessaire. S'agissant de Nietzsche cela implique quelque chose de plus : ne pas se tromper sur qui il est. Expliquer un de ses textes, c'est lui rendre justice, ce qui n'a rien à voir avec le défendre contre telle ou telle accusation.

Ceux qui me liront sont assurément libres de préférer au style « grand-seigneur » qui est parfois celui de Nietzsche celui, sobre et laborieux, préconisé par exemple par Kant lorsqu'il s'attaque à Platon et aux platoniciens en ces termes :

---

1. Préface à *Lectures de Nietzsche*, *op. cit.*, p. 15.

> Qui ne voit ici le mystagogue qui, non seulement s'exalte pour lui-même, mais en même temps appartient à une secte et, en parlant à ses adeptes plutôt que devant le peuple (par quoi sont compris tous les non-initiés) fait le supérieur avec sa prétendue philosophie[1].

À quoi Nietzsche réplique :

> Ne faut-il pas de la chaleur et de l'enthousiasme pour rendre justice à une chose qui relève de la pensée ? – *et c'est précisément là ce qui s'appelle voir*[2] !

Si j'en crois Nietzsche, qui ne voulait justement pas qu'on le croie, ce choix est déjà fait, il s'est fait en chacun plus qu'il ne l'a fait. Mais disons que j'espère en la jeunesse.

---

1. « Sur un ton supérieur nouvellement pris en philosophie », dans Kant, *Œuvres philosophiques*, Paris, Gallimard, « Bibliothèque de la Pléiade », t. III, 1986, p. 407.
2. *A*, V, § 539.

PREMIÈRE PARTIE

INTERPRÉTER

En fin de compte, personne ne peut entendre dans les choses, y compris les livres, plus qu'il ne sait déjà. Ce à quoi on n'a pas accès par l'expérience vécue, on n'a pas d'oreille pour l'entendre.

Ecce Homo, « *Pourquoi j'écris de si bons livres* »

Ô, mes amis patients, ce livre souhaite seulement des lecteurs
et des philologues parfaits : apprenez à bien me lire !

Aurore, *Avant-propos*

Il faut *apprendre* à lire Nietzsche, c'est lui qui nous le dit. Ce conseil, cependant, vaut pour tout philosophe, et estimer que l'œuvre de Nietzsche appelle un type de lecture différent de celui que nous appliquons à d'autres textes philosophiques risque de suggérer qu'il s'agit plutôt dans son cas d'une suite d'explosions, de défis, de prophéties, d'une œuvre littéraire ou poétique, bref d'une écriture telle qu'elle nous impose, sinon de lui refuser, du moins de mettre entre guillemets sa nature « philosophique ». L'interprétation *excessive* de cette injonction entraîne une interprétation également excessive de l'ensemble de l'œuvre.

Inversement, une interprétation qui se veut *raisonnable* risque d'adopter une forme exclusivement historique, soit qu'elle se propose, comme celle de Charles Andler, de mettre en évidence toutes les sources et influences censées expliquer la pensée de Nietzsche, soit qu'elle réduise sa philosophie à quelques grands thèmes ou quelques grands mots, en la dépouillant avec bienveillance de ses exagérations, de son lyrisme, épuration jugée nécessaire pour pouvoir la prendre au sérieux.

Nietzsche et l'histoire de la philosophie : dedans ou dehors ?

L'écriture de Nietzsche pose donc un problème à son lecteur. Le texte qui suit me semble formuler la difficulté de manière assez exemplaire :

> Son corpus [le corpus nietzschéen] apparaît comme une bizarrerie, une incongruité dans l'histoire de la philosophie

officielle, comme un événement que rien ne préparait inséré
au milieu des histoires classiques portant sur ce sujet, presque
comme si cela découlait du fait que ce corpus a encore moins
sa place dans d'autres histoires. Mais, même là, elle constitue
un obstacle à contourner plutôt qu'un moment de l'évolution
de la pensée ou une étape du récit allant de Thalès à l'époque
présente. Il semble appartenir à la philosophie *faute de mieux*
(…). L'ironie, si elle existe, serait qu'il est considéré comme
faisant partie de l'histoire de ce qu'il espérait détruire [1].

Nietzsche poserait un problème parce que, « voulant
détruire la philosophie », il n'a évidemment rien à faire dans
son histoire – il est trop violent, trop original, trop fulgurant
pour y figurer. L'exception qu'il représente est repérée par
rapport à une « histoire officielle », « classique » qui, lors même
qu'elle l'intègre ne laisse pas de s'admirer de sa propre audace.
Cependant, le même auteur poursuit en affirmant que les
œuvres de Nietzsche n'exigent pas de leur lecteur « une intelligence ou une culture au-dessus de la moyenne » : elles sont
accessibles à un public joyeux de découvrir ainsi « soit que la
philosophie est plus facile qu'il ne le pensait, soit qu'il est plus
intelligent qu'il ne le croyait ». C'est sans doute, conclut Danto,
ce qui explique la réticence des philosophes à compter
Nietzsche pour l'un d'entre eux.

Si je comprends bien, ce météore est un météore
relativement inoffensif : il ne détruit la philosophie qu'en
l'ignorant et ne réclame de son lecteur qu'une ignorance égale
à la sienne. Inutile de connaître Héraclite, Platon ou Kant
pour entendre correctement ce qu'il dit, puisque lui-même les a
« détruits » sans les connaître. Il ne formule donc que des
opinions qui sont à la portée de tout un chacun, dont la

---

1. A. Danto, *Nietzsche as Philosopher* [1965], repr. New York, Columbia
University Press, 1980, p. 21 (ma traduction).

formulation provocante et paradoxale est le grain de sel permettant au lecteur de se croire plus malin qu'il n'est. Le « romantisme » de celui qui a déclaré être « de la dynamite » (*Ecce Homo*) est pour l'historien de la philosophie « classique » une source d'embarras, un obstacle à contourner (comment s'arranger en effet d'un imprécateur, d'un prophète, ou tout simplement d'un poète ?), mais il éveille la méfiance des philosophes parce qu'il aurait donné à sa pensée la forme d'une sagesse « facile », semblable à celle de ces moralistes français qu'il admirait tant. Dans le premier cas, c'est l'histoire de la philosophie qui est coupable d'être officielle, dans le second, c'est l'écriture de Nietzsche qui pèche par facilité. Un visage de Nietzsche autoriserait donc son interprétation excessive, et un autre son interprétation raisonnable (c'est-à-dire historique ou littéraire).

Inscrire Nietzsche dans l'histoire de la philosophie « faute de mieux » ou ne pas l'insérer du tout permet son annexion idéologique. Il n'échappe aux idéologies de la première moitié du XXe siècle, qui ont vu en lui un nazi ou un anarchiste nihiliste, que pour se retrouver pris dans une autre, celle de la trinité des philosophes du soupçon : « Le XIXe siècle et singulièrement Marx, Freud et Nietzsche nous ont remis en présence d'une nouvelle possibilité d'interprétation, ils ont fondé à nouveau la possibilité d'une herméneutique », écrit Michel Foucault [1]. De même, selon Deleuze, la clef de l'œuvre est l'anti-hégélianisme de Nietzsche, et, comme Marx, c'est dans le courant hégélien que Nietzsche « prit ses têtes de turc » ; toute sa pensée s'explique par un jeu – surtout pas dialectique – de forces actives et réactives. À la curieuse trinité qui a dominé la philosophie française pendant quelques années, on a répliqué fort

---

1. M. Foucault dans *Nietzsche, Cahiers de Royaumont*, Paris, Minuit, 1967, p. 185-186.

justement : « Si Marx a raison, Nietzsche doit être interprété comme un phénomène de la bourgeoisie à telle époque [ce qu'a fait Lukács : Nietzsche est l'expression de l'idéalisme bourgeois et c'est la crainte de la décadence de sa propre classe qui le fait se réfugier dans le mythe]. Si Freud a raison, il faut connaître l'inconscient de Nietzsche et donc je vois une sorte de guerre entre Nietzsche et les deux autres [1]. » Une guerre entre herméneutiques, et non pas l'avènement d'une nouvelle et unique espèce d'herméneutique.

La conséquence de toutes ces interprétations est de faire de Nietzsche soit un objet volant non identifiable, soit un objet trop idéologiquement identifié.

TROIS QUESTIONS PRÉALABLES

La question de savoir comment lire Nietzsche n'est donc pas seulement, et pas d'abord, une question méthodologique. Sa manière d'écrire demande sans conteste qu'on en relève les particularités et qu'on engage le lecteur à y prêter attention. Mais préalablement à la question de savoir comment le lire s'impose la question de savoir ce que nous lisons et pourquoi nous le lisons. Est-ce une œuvre qui appartient à l'histoire et reflète un moment de la culture allemande, ou une pensée qui introduit dans l'histoire universelle un tournant, peut-être même une fracture ? Est-ce une philosophie, et dans ce cas à quel concept éternel ou historique de la philosophie correspond-elle ou s'oppose-t-elle ? Lire, est-ce tenter de comprendre et d'expliquer, ou est-ce interpréter ce qui se donne

---

1. Cité par J. Lefranc, qui, dans la 2ᵉ édition de son *Comprendre Nietzsche*, p. 25, n'attribue plus cette réplique à Jean Wahl ; quel qu'en soit l'auteur, elle est tout à fait pertinente.

comme une interprétation, une interprétation si englobante que son « lecteur », en l'interprétant, se trouve interprété par elle ?

Apprendre à bien lire Nietzsche signifie donc avant tout se poser les trois questions qu'il nous pose :

– Pourquoi s'intéresser à un événement passé ?

> Si l'un d'entre eux s'attaque à Démocrite, j'ai toujours envie de demander : pourquoi pas Héraclite ? Ou Philon ? Ou Bacon ? Ou Descartes ? Et ainsi de suite à volonté. Et puis pourquoi justement un philosophe ? Pourquoi pas un poète, un orateur ? Et pourquoi un Grec, pourquoi pas un Anglais, un Turc ?
>
> On va même jusqu'à admettre que celui qui *n'est en rien concerné* par tel événement passé est aussi le plus compétent pour en parler. (…) Et voilà sans doute ce qu'on appelle « objectivité »[1].

N'y a-t-il au demeurant qu'une histoire, un tout de l'histoire universelle supporté par un sujet unique, et n'existe-t-il qu'un seul rapport possible à l'histoire, ou au contraire plusieurs perspectives répondant à des besoins différents ?

– L'histoire de la philosophie est-elle celle du développement de son concept ou de son idée, ou celle de « grands individus » solitaires dont il importe plus d'entendre la voix et de s'incorporer le regard que de comprendre les doctrines ?

– À quelles sortes de modalités, modalités du texte et modalités du sens, l'art de bien lire nous impose-t-il de renoncer, et au profit de quelles autres modalités ?

Chacune de ces questions se heurte aux évaluations antinomiques qu'elle a suscitées par le passé. La toute-puissance revendiquée par l'histoire rencontre la résistance de forces anhistoriques – naturelles ou vitales – et supra-historiques,

---

1. *CIn* II, § 5 et § 6.

éternelles et sacrées. Cette antinomie prend une forme particulière dans le conflit qui oppose historiens et philosophes de l'histoire de la philosophie. Quant à l'art de bien lire, sa règle du respect du texte a provoqué les modernes répliques raffinées selon lesquelles, tout texte étant interprétation, il n'y a en conséquence pas de texte, de sorte que la notion d'interprétation implose par excès et équivalence.

Nietzsche ne dépasse pas ces antinomies en les supprimant mais en leur substituant l'expérience d'oppositions actives, fécondes, expériences qui sont les siennes et contradictions qu'il porte en lui. Sa vision de l'histoire comme celle de l'histoire de la philosophie sont des interprétations nécessaires parce qu'elles correspondent à ses instincts et à ses exigences. Même si le terme d'« interprétation » n'apparaît que plus tardivement, on voit, dès la *Deuxième Inactuelle*, se mettre en place la distinction entre différentes manières possibles de lire le texte de l'histoire, lequel en devient du même coup multiple : aux trois manières de se rapporter au passé correspondent trois textes différents. De même, à l'histoire de la philosophie Nietzsche substitue une histoire des philosophes, dont il établit là encore le texte de plusieurs façons : en héritier, en psychologue et en « Hyperboréen ». Se trouve ainsi fondée l'extension du modèle philologique à toute science, extension qui constitue ici le moyen privilégié de dépasser les antinomies mais qui ne va pas sans difficultés. L'examen de ces antinomies et de leur dépassement conduira tout droit – en fait, peut-être pas si droit que cela, mais conduira quand même – à un premier centre de la pensée nietzschéenne.

Chapitre premier

L'ANTINOMIE DE L'HISTOIRE
ET SON DÉPASSEMENT NIETZSCHÉEN

> *La compréhension de l'origine réduit l'importance de l'origine : tandis que l'immédiat, ce qui est autour de nous et en nous, commence progressivement à prendre des couleurs, des beautés, des énigmes et des richesses de signification que l'humanité précédente n'osait même pas rêver.*
>
> Aurore, « *Origine et signification* »

Des devenirs multiples, hétérogènes, contingents, parfois contradictoires, prennent la forme d'une histoire quand on les considère à partir d'existences ou d'états tenus pour en résulter. Même si elle se veut décidément positiviste et récuse toute idée de progrès et de fin universelle, toute étude historique est partiellement et localement finalisée : elle voit dans l'organisation d'une pluralité chaotique de phénomènes antérieurs le moyen d'éclairer (pas nécessairement d'expliquer causalement) des phénomènes ultérieurs.

L'Antinomie de l'historique et du non historique

Si l'histoire, comme l'affirme Foucault, « est le mode d'être fondamental des empiricités »[1], seule une approche historique de ce mode d'être est adéquate. Mais ce mode d'être est-il le

---

1. M. Foucault, *Les Mots et les Choses*, Paris, Gallimard, 1960, p. 231.

seul mode d'être de tout ce dont une expérience est possible? En d'autres termes, existe-t-il du non-historique, que l'on entende par là des réalités extra-historiques (« naturelles ») ou supra-historiques (« spirituelles »)? Si on prend l'histoire en son sens restreint d'histoire humaine et s'il n'existe pas de telles réalités, le relativisme historique est justifié : « l'histoire n'a pas de but, puisque l'homme n'a pas de destination et, toujours semblable à lui-même, il crée vainement des œuvres éphémères[1]. » Dans « toujours semblable à lui-même » il ne faut voir aucune essence persistante mais au contraire la persistance d'une absence d'essence, l'instabilité, les mutations et le changement perpétuels que produit un devenir sans but auquel rien ne résiste. Si, en revanche, il existe des réalités non historiques capables non seulement de résister à cet emportement mais de le maîtriser, ces réalités sont des forces qui peuvent imposer à l'histoire un but et un sens. En les imposant à son objet, elles les imposent aussi nécessairement à sa connaissance.

LE DÉPASSEMENT NIETZSCHÉEN

Y a-t-il du non-historique ?

Dans son Avant-propos à *La Fracture de l'histoire*[2], Michel Haar pose cette question : « Nietzsche n'a-t-il pas été le premier à percevoir de nouveau cette antinomie, l'antinomie de l'Histoire et de ce qu'il appelle la "Vie" ? » L'antinomie en question ne jouerait pas entre la vie et l'histoire au sens de connaissance du passé, mais entre la vie et l'Histoire entendue

---

1. R. Aron, *Introduction à la philosophie de l'histoire*, Paris, Gallimard, 1981.

2. M. Haar, *La Fracture de l'histoire. Douze essais sur Heidegger*, Grenoble, Millon, 1994, p. 14.

comme devenir historique. Voir entre elles une antinomie consiste d'une part à affirmer la réalité de «forces vitales non historiales», d'autre part à croire que l'Histoire (avec une majuscule et au singulier) existe indépendamment de la connaissance qu'en prend.

Y a-t-il des forces non historiales : première réserve

D'où ma première réserve : toutes les forces dites «non historiales» ont leur histoire : nos instincts en ont une, on peut repérer leur émergence, leur lente élaboration, leur domination alternée, leurs retournements contre eux-mêmes, leurs sublimations. Ils ne possèdent pas la stabilité naturelle du «non-historial» : «nous sommes physiologiquement faux», nous le sommes devenus. Toute espèce animale, et plus qu'aucune autre l'espèce humaine, toute formation culturelle, toute science, toute valeur, tout individu est selon Nietzsche l'aboutissement de «toute la chaîne des moments de son histoire». Même les «interminables époques de moralité des mœurs» qui précèdent l'«histoire universelle», «cette fraction ridiculement petite de l'histoire de l'humanité», ces époques que l'on pourrait croire préhistoriques, «forment en réalité l'histoire capitale et décisive, *celle qui a définitivement fixé l'histoire de l'humanité*». Les mœurs traduisent l'expérience de l'humanité antérieure et indiquent ce qu'elle tenait pour utile et nuisible; cependant, «le sentiment des mœurs, la moralité» s'oppose «à la naissance de mœurs nouvelles et meilleures : elle abêtit». Tous ceux qui brisèrent l'interdit d'une coutume ont été tenus pour de «mauvais hommes», or «l'histoire traite presque exclusivement de ces mauvais hommes qu'on a par la suite déclarés bons[1].» Dans ces paragraphes d'*Aurore* on trouve une dialectique (j'ai bien dit «dialectique») de la

---

1. *A*, I, § 16-20.

coutume et du grand individu qui s'insurge contre elle mais finit par être récupéré par elle ; elle ressemble à celle du clos et de l'ouvert dans *Les Deux Sources de la morale et de la religion*. Mais ce qui avait été ouvert se referme selon Nietzsche par une inversion du « tenu pour mauvais » en « tenu pour bon ». Parce qu'on devait beaucoup à ces grands hommes, « on les a gratifiés (…) d'une *morale supérieure* », parlant à leur propos de sacrifice, héroïsme, abnégation : « Voilà bien la gratitude humaine : elle comprend ses bienfaiteurs *à contre-sens*[1]. » Cette inversion de valeurs ne concerne cependant que ces « martyrs qui *voulaient mettre le marécage en mouvement* » et elle a permis au marécage de les intégrer. Car ce sont les hommes du marécage et non pas ces martyrs qui, en décidant de ce qui était vertueux ou dangereux, ont fixé le caractère de l'humanité – un caractère dont on peut se croire éloigné mais qui, en réalité, n'a pas changé, ce qui signifie que ces anciennes valeurs ne se sont pas inversées et qu'un connaisseur du cœur humain doit savoir les reconnaître en lui-même[2]. Qu'il n'y ait pas de progrès et que l'humanité ne soit pas en marche ne veut pourtant pas dire qu'elle conserve à travers l'histoire sa nature, car cette « nature » est le produit d'une histoire immensément plus longue et plus déterminante que celle prise en compte par les historiens. Donc :

> tout résulte d'un devenir ; il n'y a *pas* plus *de données éternelles* qu'il n'y a de vérités absolues. – C'est par suite la *philosophie historique* qui nous est dorénavant nécessaire, et avec elle la vertu de modestie[3].

1. *CId*, « Divagations d'un "inactuel" », § 44.
2. *A*, I, fin du § 18.
3. *HH I*, I, § 2.

Seconde réserve : singulier ou pluriel ?

Ma seconde réserve porte sur le fait d'attribuer à Nietzsche une antinomie dont les deux termes sont assortis de majuscules, Vie et Histoire, chacun étant de plus mis au singulier. On a souvent reproché à Nietzsche de ne pas déterminer exactement ce qu'il entend par « vie », d'utiliser un terme flou et qu'il ne prend jamais la peine de définir. Ce n'est pas exact : pour lui, la vie est une espèce de devenir où se joue la lutte d'une multiplicité innombrable et chaotique de volontés de puissance. Mais avant, c'est-à-dire avant qu'il n'ait découvert la volonté de puissance (dans *Ainsi parlait Zarathoustra*)? Dans la *Naissance de la tragédie*, la vie se présente à travers le mythe d'une unité originaire déchirée par les multiples formes individuelles qu'elle engendre et qui sont destinées à périr. Vivre, c'est être mortel et pourtant être capable, pour un temps, de ne pas mourir : « ce qui vit n'est pas l'opposé de ce qui est mort, mais un cas spécial[1]. » De plus, on peut vivre biologiquement et être plus ou moins mort : la vie comme la mort prennent alors un sens métaphorique ou plutôt la vie opère sa propre métaphore en l'homme, seul être pour qui une telle métaphore a un sens. Mais cette métaphore n'en fait pas *une* métaphore. Toujours singulière et irréductiblement plurielle, la vie fait éclater l'unité aussi bien de la métaphore que du concept. Elle est l'étrangeté d'une apparition que rien ne soutient ni ne justifie, l'incertitude d'une manifestation multiple où rien n'a encore pris forme et qui est riche de toutes les formes qu'elle peut prendre. C'est une spontanéité initiale, irrépressible, créatrice, et une force de désagrégation, une accumulation de forces et une décharge de forces. Mais s'il y a vie partout où il y a spontanéité créatrice et destructrice de

1. V, 11[150].

formes, ce « il y a » ne constitue pas un donné immanent à ces formes et qu'on pourrait extraire, il signifie le dépassement, absolument nécessaire et absolument contingent, de tout donné. Nietzsche met souvent la vie au singulier, mais il importe de se méfier du singulier grammatical qui signifie chez lui tout le contraire d'une singularité[1]. Aristote a dit la vérité de toute langue occidentale : elle prend ses substantifs pour des substances, elle les dote de permanence et d'identité à soi en dépit de leur devenir, de leurs « accidents » et de l'indéfinie diversité de leurs manifestations. *La* vie, *l'*histoire, *l'*homme, *la* volonté de puissance : au regard de Nietzsche, tous ces singuliers dissimulent une pluralité et une diversité irréductibles de processus, de forces en lutte, de perspectives et de hiérarchies provisoires. Il n'y a pas la Vie derrière les vivants, pas de principe ni d'Idée de vie : c'est sur ce point que se consomme la rupture avec la *Naissance de la tragédie* (et avec Schopenhauer). La vie ne *se* manifeste pas, elle n'exprime pas son essence ou sa puissance en chaque vivant, elle *est* l'ensemble de manifestations chaque fois singulières, dont chacune est qualitativement et quantitativement différenciée. C'est pourquoi *il n'y a pas* la vie, et pourquoi toute vie, même humaine, ne possède pas en elle-même et par elle-même de valeur (on ne va quand même pas christianiser Nietzsche). Quand *une* volonté (il faudrait toujours employer, parlant de Nietzsche, l'article qu'on nomme plaisamment indéfini) oriente sa puissance vers la création de formes nouvelles, il y a surabondance, exubérance de vie, et c'est à cela qu'il faut accorder une valeur, non pas à une vie affaiblie et épuisée.

---

1. Sur ce point, voir W. Müller-Lauter, *Nietzsche, Physiologie de la Volonté de Puissance*, textes réunis et introduits par P. Wotling, trad. de J. Champeaux, Paris, Allia, 1998, p. 53 *sq.*

La vie n'est pas une essence

Le temps des horloges ne peut pas servir à la vie de mesure : sa seule mesure, c'est son intensité. On ne peut donc dater le commencement à partir duquel la vie ne ferait que continuer : elle ne cesse de renaître et de disparaître, de croître et de décliner. Sa mobilité n'est pas un écoulement régulier mais une possibilité d'auto-transformation et d'auto-intensification, une « force plastique »[1]. Avec cette expression, qui sera abandonnée par la suite, on a déjà l'annonce de la volonté de puissance : « La vie est, à mes yeux, instinct de croissance, de durée, d'accumulation de forces, de *puissance*[2]. » « À mes yeux » : définir, c'est prendre une perspective sur une chose, donc s'en éloigner afin qu'elle prenne forme ; la forme prise par le défini définit en retour ce qui lui donne forme, et c'est toujours un instinct qui lui donne forme :

> Le « Qu'est-ce que cela ? » est une *position du sens*, envisagée à partir de quelque chose d'autre. L'« *essence* » (*Essenz*), l'« *entité* » (*Wesenheit*) relève d'une mise en perspective et présuppose déjà une multiplicité. À la base, il y a toujours « qu'est-ce que cela pour *moi* ? » (pour nous, pour tout ce qui vit etc.)[3].

Pour qu'une chose soit définie sans restriction, il faudrait que « tout être » se soit posé la question à son propos et y ait répondu : le fait que toute question soit posée par quelqu'un, donc dans une certaine perspective, rend absurde l'idée d'une définition de l'essence, qui exigerait non seulement qu'on dispose de la totalité des perspectives, passées, présentes et à

---

1. Laquelle n'est pas du tout une force d'adaptation : voir *CIn II*, § 1.
2. *Ant*. § 6.
3. FP XII, 2[149].

venir mais que celles-ci soient convergentes. Comme une telle totalisation est impossible et une telle convergence improbable, « l'essence d'une chose n'est elle aussi qu'une *opinion* sur la chose ». La multiplicité des perspectives supprime la distinction platonicienne fondamentale entre savoir de ce qui est et opinion sur ce qui paraît : « le "*cela vaut*" [*es gilt* : « il s'agit de » cela pour moi] est le véritable "*cela est*", le seul "cela est"[1]. » La définition est une évaluation qui résulte de la façon dont on est affecté par une chose, et *la manière* dont cette chose l'affecte évalue simultanément celui qui la définit. L'« opinion » sur la vie ne sera donc pas la même selon le degré de puissance, la nature exubérante ou affaiblie, saine ou malade, de la vie propre à celui qui la définit. On peut néanmoins dire que, selon qu'elle déploie plus ou moins de puissance créatrice et s'accompagne d'une plus ou moins grande puissance de détruire ou de surmonter ce qui lui fait obstacle, la vie résiste plus ou moins à la mort de ce qu'il y a de vivant en elle. « La vie, la vie seule n'est pas une invention de la morale » signifie que la vie seule n'est pas une fiction, une illusion, bien qu'elle ait besoin d'illusions. C'est donc en la prenant pour norme, norme intérieure et non pas extérieure – « c'est la vie seule, cette puissance obscure, entraînante, insatiablement assoiffée d'elle-même, qui juge »[2] –, qu'il est possible de faire apparaître ces montages que sont toutes les fictions engendrées par la morale et l'idéalisme. Leur résister, à eux et au « nihilisme radical » qu'ils engendrent est devenu pour nous, nous « modernes », la tâche la plus urgente. C'est devenu *notre* moyen de résister à la mort.

---

1. FP XII, 2[150].
2. *CIn II*, § 3.

L'excès de connaissance historique et le besoin d'histoire

Bien que la sorte de vie propre à son espèce soit le résultat d'une histoire, l'animal n'en a pas conscience, c'est pourquoi il est le seul à vivre « de manière *non historique* » ; l'homme, lui, « s'arc-boute contre la charge toujours plus écrasante du passé »[1]. Si un passé dit à tort préhistorique a eu pour effet de donner à l'humanité une « nature », ce passé n'écrase pas l'homme, car le passé n'écrase que celui qui s'en souvient. La connaissance historique, si limité soit le passé auquel elle s'applique, a néanmoins pour effet une formidable extension de la mémoire. Cela peut aboutir à « un degré d'insomnie » tel qu'un être vivant « se trouve finalement détruit, qu'il s'agisse d'un individu, d'un peuple ou d'une culture ». Telle est l'opposition posée par Nietzsche : non pas une antinomie entre l'« historial » et le « non-historial », mais un conflit entre *un excès de connaissance historique* et la vie, une vie humaine qui a besoin d'histoire (voir la récurrence du terme « besoin », *Bedürfniss*, tout au long de cette *Inactuelle*). À la différence de beaucoup de ses interprètes, Nietzsche fait ici preuve de mesure, et son problème est justement un problème de *mesure*. La déterminer ne relève pas d'une réflexion rationnelle mais d'un « puissant instinct » capable de « sentir quand il est nécessaire de voir les choses sous un angle historique et quand non ». Une perspective historique offre en effet un avantage qui n'est pas mince : *elle relativise, aucun absolu ne lui résiste*. C'est seulement quand elle s'absolutise et se donne pour la seule perspective qui vaille qu'elle devient antinomique de la vie, ce qui est le cas à notre époque : « *la volonté de faire de*

---

1. *Ibid.*, § 1.

l'histoire une science » s'est interposée entre l'histoire et la vie[1]. Il y a bien lutte entre deux forces, et la force de l'une augmente quand celle de l'autre s'affaiblit.

Ambivalence de l'histoire et ambivalence de la vie

Lorsqu'elle se prend pour fin, devient « l'histoire pour l'histoire » donc une figure de « la connaissance pour la connaissance », alors l'histoire peut devenir mortelle ; quand, aveuglément, elle ne s'approprie du passé que ce qui peut lui servir, le pille, le dénature et surtout oublie sa dette envers lui, la vie s'affirme comme une puissance anhistorique : « Dans la mesure où elle sert la vie, l'histoire sert une force non historique »[2]. Mais ce n'est pas la vie en elle-même qui est une force non historique, c'est une vie capable de mettre l'histoire à son service, une vie qui a atteint un certain degré d'intensité, d'oubli et d'aveuglement : « Le terme de "force non historique" désigne pour moi l'art et la faculté d'*oublier* et de s'enfermer dans un *horizon* limité[3]. » « L'état absolument anhistorique, anti-historique » est « l'état le plus injuste de la terre, borné, ingrat envers le passé (…), un petit tourbillon de vie au milieu d'un océan figé dans la nuit et l'oubli »[4]. Il n'y a pas de force vitale *en soi* non historiale, l'anhistorique est l'état injuste dans lequel se fige un petit tourbillon de vie, « qui ne connaît qu'un droit, le droit de ce qui maintenant doit naître ». La vie n'est donc pas par essence non historique, elle a besoin pour s'intensifier d'être dans un état non historique et elle a tout autant besoin de « sens historique ». Tout est donc affaire de juste évaluation : « dans la mesure où », « à quel degré (*Grad*) », « jusqu'à quel point » sont des termes récurrents. Il s'agit de

1. *CIn II*, § 4.
2. *Ibid.*, § 1.
3. *Ibid.*, § 10.
4. *Ibid.*, § 1.

déterminer un juste dosage entre deux forces dont chacune comporte plusieurs aspects et dont chacune peut être excessive. C'est l'*excès* (*Uebermaass*) *de connaissance historique*, pas l'histoire, que la vie doit maîtriser, c'est le *débordement* (*Ueberschwang*) *d'amour* envers ce qu'elle crée, excès qui rend la vie oublieuse, que l'histoire doit tempérer et relativiser. Cette double limitation est la condition d'une juste hiérarchie : l'histoire doit se mettre au service de la vie, certes, mais à la condition de préciser (I) que toutes deux sont ambivalentes (la mauvaise histoire ne doit pas se mettre au service d'une vie qui serait, en elle-même, bonne, et encore moins s'y mettre *parce que* celle-ci serait, en elle-même, bonne), et (II) que toutes deux doivent se mettre au pluriel.

Nietzsche distingue en effet trois formes d'histoire[1] et chacune d'elles présente « des avantages et des inconvénients pour la vie », donc pas seulement des avantages et pas seulement des inconvénients. Marquer l'ambivalence de chacune de ces trois formes va aussi montrer *l'ambivalence de la vie*.

Avantages et inconvénients des trois espèces d'histoire

L'histoire peut constituer pour la vie (une vie vivante, créatrice-destructrice et grosse d'avenir) une menace en ce qu'elle peut réduire tout présent à *n'être que* la résultante d'une histoire passée. Elle condamne alors le présent soit à n'être que la répétition ou la pâle imitation du passé : c'est le risque de l'histoire monumentale ; soit à n'avoir d'autre tâche que la conservation du passé simplement parce qu'il est passé, d'où sa promotion byzantine des petites œuvres et des petits événements au détriment des grands : c'est l'inconvénient de l'histoire antiquaire (ou « traditionnelle » comme préfèrent

---

1. *Ibid.*, § 2.

traduire G. Bianquis et P. Rusch); soit au contraire à s'employer à le dévaloriser au point que le présent qui en résulte s'en trouve lui aussi dévalorisé, ce qui est le danger de l'histoire critique.

Pour les avantages, la tentation est grande de n'en reconnaître qu'à l'histoire monumentale, comme le fait au fond Michel Haar (je reviens à lui, mais je précise que c'est un excellent commentateur et traducteur de Nietzsche; après quoi je m'abstiendrai de distribuer des bons et des mauvais points!). Il affirme que le rapport de l'individu à l'histoire est un rapport « souverain » qui décide de façon « injuste, partiale, solitaire, séparée, absolue » de la signification d'un passé qui ne l'intéresse que par ce qu'il peut « en retirer de force inspiratrice ». En son sens véritable, le « sens historique » serait une participation *affective*, non historique, de l'individu à l'histoire. La seule manière pour l'histoire de se mettre au service de la vie consisterait ainsi en un rapport non historique (affectif) à l'histoire, rapport qui est l'expression d'une force elle-même non historique (la vie).

« La brume du non-historique » et les avantages des trois espèces d'histoire

Toutefois, la vie ne se manifeste sous une forme non historique que lorsqu'elle est en proie à une grande passion qui l'aveugle, quand elle a suffisamment de force pour oublier tout ce qui ne peut servir à sa fin, tout ce qui menace la culture, l'œuvre ou l'action qu'elle veut, à ce moment, créer. Elle n'assimile du passé que ce qu'il lui faut pour inventer l'avenir. Telle est la nécessaire injustice de l'histoire monumentale, injustice dont « pâtit le passé », mais pour être nécessaire cette injustice n'en est pas moins injuste : elle méconnaît que « l'élément historique et l'élément non historique sont également nécessaires à la santé d'un individu, d'un peuple et d'une civilisation ». L'histoire monumentale ne valorise que le second élément alors que les deux sont *également nécessaires* à toute santé, donc à toute force. La « brume du non-historique » dont la vie s'enveloppe n'est pas l'expression de sa non-historicité fondamentale, c'est un remède, un antidote contre l'excès d'histoire, y compris contre celui de l'histoire monumentale, – elle peut être décourageante, – et aussi un moyen de lutter contre les deux autres aspects, l'un écrasant et l'autre ironique, de la connaissance historique. Telle est la perspective « plus sereine » que Nietzsche adopte dans le § 10 de cette *Inactuelle* – plus sereine, c'est-à-dire aussi plus juste (sur cette vertu « dure et terrible », « la plus haute et la plus rare », différente de l'objectivité et que seule une « force supérieure » peut posséder (voir le § 6). La vie peut être injuste, aveugle, obstinée et, s'il lui faut être par moments anhistorique, elle a *aussi besoin* des deux autres types d'histoire.

L'histoire antiquaire n'a en effet pas que des inconvénients. Si elle a celui d'être insensible aux différences de valeurs, et couvre ainsi tout « d'un voile uniforme de vénérabilité », elle possède « la faculté instinctive de lire correctement le texte du passé le plus surchargé, de flairer des traces presque effacées, la compréhension rapide des palimpsestes voire des polypsestes ». Goethe et les Italiens de la Renaissance ont fait preuve de ces vertus, qui ne sont donc pas forcément exclusives de toute grandeur. Elle a également la faculté d'*enraciner* l'individu, donc de dissiper le sentiment d'être arbitraire et fortuit : il peut, grâce à elle, s'identifier à l'esprit de sa ville, de sa langue, de son peuple, de sa culture.

Quant à l'histoire critique, elle offre le double avantage de s'opposer à la fois à l'idéalisation du passé – danger de l'histoire monumentale – et à la surévaluation de la tradition, danger de l'histoire antiquaire. Lorsque Nietzsche affirme dans *Ecce Homo* que « c'est pour (…) donner naissance [à des natures supérieures] qu'il a fallu le plus longtemps accumuler, retenir, amasser[1]... », il justifie l'histoire antiquaire dont l'objet est de décrire cette accumulation, à condition toutefois qu'elle ne perde pas de vue son but; mais il appartient à l'histoire critique de découvrir que ces natures elles-mêmes ne sont pas seulement le fruit des *vertus* des générations antérieures, mais le fruit de leurs égarements, passions, erreurs, voire de leurs crimes. L'histoire critique est donc la conscience ironique des deux autres formes d'histoire. Elle a pour conséquence la démystification de l'histoire monumentale et la condamnation de la tradition, mais elle est incapable de nous affranchir des mythes de l'une et des fausses valeurs de l'autre, d'où une lutte en chaque individu moderne entre deux natures et deux sortes de valeurs: celles léguées et inculquées par une éducation qui les magnifie et une tradition qui les sublimise, et celles d'une discipline nouvelle et rigoureuse qui en révèle l'autre face.

   La conception nietzschéenne de l'histoire a-t-elle subi une métamorphose?

En quoi ce passage par les *Considérations inactuelles* (ou *Intempestives*, ce qui rend mieux le terme allemand, mais perd l'opposition à «actuel») peut-il nous servir à comprendre comment Nietzsche dépasse l'antinomie de l'historique et du non-historique? Si on pense comme Foucault que la pensée de Nietzsche a subi sur ce point une métamorphose[2], il faut répondre: «à rien». Car selon lui, pour le dernier Nietzsche, la «vénération des monuments devient parodie» – plus donc de grands hommes, de génies, ni de prédécesseurs, ni de modèles au sens nietzschéen[3]. «Le respect des anciennes continuités devient

1. *EH*, « Pourquoi je suis si sage », § 3.
2. M. Foucault, « Nietzsche, la généalogie, l'histoire », art. cit., p. 129-130.
3. Sur le « génie » voir pourtant *CId*, « Divagations d'un "inactuel" », § 44.

dissociation systématique » : les verbes présents dans la phrase d'*Ecce Homo* que je viens de citer, « accumuler, retenir, amasser », ne semblent pas marquer une quelconque dissociation, plutôt le contraire, et il est dit plus loin que « Tout ce qui est bon est héritage, ce qui n'est pas hérité est imparfait[1]. » Continuons : « La critique des injustices du passé par la vérité que l'homme détient aujourd'hui [où diable Nietzsche a-t-il jamais dit que l'homme d'aujourd'hui détenait la vérité?] devient destruction du sujet de connaissance par l'injustice propre à la volonté de savoir. » Ce n'est pas la volonté de savoir qui est injuste (elle peut certes être meurtrière), c'est la vie elle-même qui peut et même doit l'être si elle veut continuer à vivre. L'avantage de la *Deuxième Inactuelle* réside au moins dans ce qu'elle impose plus de *nuances* (terme cher à Nietzsche). Mais pas seulement. Les trois figures que peut prendre l'antinomie de l'historique et du non- ou supra-historique répètent, chacune à sa manière, l'antinomie de l'histoire et de la vie. Cette antinomie est celle même d'une époque, la nôtre, dominée par une culture exclusivement historique qui est tout le contraire d'une culture puisqu'elle est absence de vie et absence de style. Mais, par ce diagnostic même, Nietzsche veut réveiller ce qui peut subsister encore de vie en elle afin qu'elle entre en guerre contre cette domination de l'histoire. Il veut que ce qui est *devenu* une antinomie laisse place à un conflit.

Actuel et inactuel

Ce conflit peut se dire aussi comme celui de l'actuel et de l'inactuel. Il se manifeste sous une triple forme. La première est celle d'une lutte entre la *vénération* pour des grandeurs passées auxquelles on reconnaît une éternelle actualité et une création

---

1. *CId*, « Divagations d'un "inactuel" », § 47.

qui, par le fait même d'en être une, est nécessairement inactuelle
– pas éternelle, mais en lutte contre son temps, autrement dit
contre tout temps seulement historiquement déterminé. Dans la
Première Inactuelle, le philistin, dont D. Strauss est une parfaite
incarnation, est celui pour qui tout est actuel ; il se veut contemporain aussi bien de Goethe ou de Mozart que de ses contempo-
rains, il se veut contemporain de tout et veut que tout lui soit
contemporain. La *Deuxième Inactuelle* est un combat entre *la
pieuse restitution et conservation de traditions* ayant conduit
à l'actualité du présent et *la nécessité de sélectionner* dans la
masse informe du passé ce qui mérite ou non d'être connu,
sélection que le présent actuel est incapable de faire s'il ne se
donne pas clairement un but « inactuel ». Enfin, la conscience
critique de ce passé est en conflit avec elle-même – elle est
« ironique », au sens donné à ce terme par le romantisme
allemand et critiqué par Hegel – car elle dénonce la « trivialité »
de toute « actualité », passée ou présente, tout en étant forcée de
reconnaître que sont déjà présentes en elle *les forces inactuelles*
qui lui permettront de se surmonter. L'inactuel (*unzeitgemäss*)
est donc ce qui noue les trois dimensions du passé, du présent
et de l'avenir (et en ce sens n'est pas du tout anhistorique),
et il s'oppose à l'actuel, au *zeitgemäss*, à ce qui se conforme
(*gemäss* : « qui correspond, approprié ») à un temps cru indéfiniment et irréversiblement successif. Le conflit est entre ce
nœud du temps, *l'intempestif*, et le temps sans cesse délié du
passé et insoucieux de l'avenir qui est celui de l'actuel. L'attribut fondamental de l'actuel est sa stérilité ; l'homme qui vit
dans la dimension de l'actuel juge tout passé périmé et croit que
seul ce qui lui est contemporain est porteur d'avenir, mais, du
fait d'être enchaîné à un présent qui ne cesse de passer, tout
pour lui devient immédiatement vieux sans avoir jamais été
jeune. Sa figure la plus redoutable est le journaliste : il ne cesse

d'employer des mots nouveaux qui sont des lieux communs avant même d'avoir servi, il croit toujours avancer alors qu'il piétine sur place : « C'est dans le journal que culmine le dessein particulier que notre temps a sur la culture : le journaliste, le maître de l'instant, a pris la place du grand génie, (…) de celui qui délivre de l'instant[1]. » Le journaliste est pour Nietzsche ce que le sophiste est pour Platon, mais c'est un ennemi infiniment plus médiocre – pourtant non pas moins dangereux – car, à la différence du sophiste, il n'a même pas conscience du vide dans lequel il se meut.

Pour résumer tout ce qui précède : « La parole du passé est toujours parole d'oracle : vous ne la comprendrez que si vous devenez les architectes du futur et les interprètes du présent[2]. » Cette phrase condense les trois formes d'histoire dont la vie a besoin : construire le futur qu'annonce oraculairement le passé est la tâche de l'histoire monumentale, percer l'obscurité propre à tout oracle, celle de l'histoire traditionaliste, et interpréter le présent, celle de l'histoire critique.

Éternité et histoire

Mais plus profondément, si l'abus de science historique est la ruine de la culture, si elle engloutit la philosophie sous le fatras de ses « étapes », le sens historien, la conscience historique, qui est le propre de l'homme contemporain est une maladie mais aussi une vertu : « quiconque sait ressentir l'histoire des hommes dans son ensemble comme *sa propre histoire* » peut supporter « cette formidable somme d'afflictions de tous genres » et tout de même « saluer l'aurore » parce qu'il est à la fois

---

1. *Sur l'avenir*, Première Conférence, fin ; cf. *GS*, I, § 31 ; *PBM*, Avant-propos ; *EGM*, III, § 8 et 26.
2. *CIn II*, § 6.

« l'héritier de toute l'aristocratie de tout l'esprit passé » et « le premier-né d'une noblesse nouvelle », celui-là éprouve la félicité d'un dieu [1]. Transformer la maladie historique si énergiquement diagnostiquée en une vertu et plus encore en une « félicité » divine est une épreuve qui a valeur sélective : « ce que j'ai dit contre la "maladie historique", je l'ai dit en homme qui apprenait à s'en guérir lentement, péniblement, et n'avait pas du tout l'intention de renoncer dorénavant à l'"Histoire" pour en avoir souffert autrefois [2]. » Faire siens les millénaires de l'histoire humaine et y puiser la force d'ouvrir les millénaires à venir n'est pas de l'ordre de la connaissance mais relève de la force d'âme (« détenir tout cela au sein d'une seule âme »). C'est une question « de puissance et d'amour ». Tous les intervalles disparaissent et tous les événements sont absorbés dans un personnage tragique, un individu souverain. En lui, l'histoire n'est plus ni une poussière d'événements ni la compréhension de leur logique, elle devient son propre drame, sa propre tragédie, sa propre bouffonnerie. Assumer totalement le poids le plus lourd et le transformer en promesse d'avenir (en aurore), ce n'est plus ni être historique ni être anhistorique, c'est avoir la force de trouver *son* éternité dans *son* histoire – non pas *l'éternité* dans *l'histoire*, comme s'il y avait justement là antinomie, mais dans leur appropriation par une âme, dans la double affirmation qui les fait passer l'une dans l'autre, sans que l'une *devienne* l'autre pour autant (sans que l'histoire s'éternise ou que l'éternité s'historicise). Il s'agit de « condenser en un seul sentiment », de vouloir et pouvoir éprouver un tel sentiment, et non pas de jouer avec deux concepts. Cela s'appellera plus tard « éternel retour », et j'y reviendrai.

---

1. *GS*, IV, § 337.
2. *HH II*, Préface, § 1.

Vie et culture

« Nous n'avons pas de culture »

… nous n'avons pas de culture, plus encore, nous sommes trop abîmés pour vivre, pour voir et entendre simplement ce qui s'offre à nous, pour appréhender heureusement les choses les plus immédiates et les plus naturelles ; jusqu'à présent, nous n'avons pas même le fondement d'une civilisation, car nous ne sommes pas convaincus d'avoir en nous une véritable vie. Morcelé et divisé, coupé de façon presque mécanique en un intérieur et un extérieur, saupoudré de concepts qui, comme des dents de dragon, donnent naissance à d'autres concepts-dragons, souffrant en outre de la maladie des mots et plein de défiance envers mes propres sentiments, tant qu'ils n'ont pas reçu une dénomination homologuée, usine de mots et de concepts, privée de vie mais néanmoins agitée par une étrange activité, j'ai peut-être encore le droit de dire de moi-même *cogito, ergo sum*, mais non pas *vivo, ergo cogito*. C'est l'« Être » vide, non la « Vie » pleine et verdoyante, qui m'est accordé ; mon sentiment profond me garantit seulement que je suis un être pensant, non un être vivant, non un *animal*, mais tout au plus un *cogital*. Donnez-moi d'abord la vie, je vous en tirerai une civilisation ! – Voilà ce que clament tous les individus de cette première génération, et c'est à ce cri qu'ils se reconnaîtront entre eux. Qui donc leur donnera cette vie [1] ?

On a là l'écho du « cri » dans lequel se reconnaissent certains individus isolés, et qui le sont précisément parce qu'ils n'ont pas de culture. Ils sont les individus d'une première génération, celle qui aura pris conscience d'une « vérité grossière et déplaisante » : l'Allemand ne possède pas de culture à cause de l'éducation qu'il reçoit, éducation tout entière historique et dominée par la philologie au sens de science de l'Antiquité (voir

---

1. *CIn II*, § 10.

Sur l'avenir). Dans le paragraphe précédent, Nietzsche critiquait le « mensonge nécessaire » de Platon, sa reprise du mythe hésiodique des trois classes correspondant à trois métaux : or, argent et airain[1]. Ce « noble mensonge », qu'il n'y a, dit Socrate, aucune chance de faire croire aux hommes de cette génération, mais « peut-être à leurs fils et aux hommes de l'avenir », présente comme une vérité éternelle un ordre qui constituera le fondement de la nouvelle éducation et de la « belle cité ». Nietzsche oppose à ce mensonge nécessaire une vérité nécessaire, celle de l'absence actuelle de culture. Cette vérité était aussi celle de Platon, mais il fonde sa nouvelle culture sur le mensonge d'un ordre hiérarchique naturel et éternel alors que Nietzsche part de la vérité que lui fournit une conscience critique du présent. Pour tous deux, la refondation d'une culture passe par celle de l'éducation, mais à la différence de Platon, Nietzsche ne juge pas nécessaire de « gratter la toile » et de ne conserver comme « première génération » que les enfants de moins de dix ans. Il fait confiance à la force propre à la jeunesse, celle d'une vie pas encore tout à fait épuisée et desséchée, ce qui imprime à tout ce texte la tonalité de l'exhortation.

Cri et langage

C'est leur jeunesse qui donne la force de crier aux individus de cette première génération, et ce cri, comme tout cri, possède la spontanéité de la vie. Dans *La Vision dionysiaque du monde* (1870), le cri représente le passage de la symbolique gestuelle à la langue des sons : le son devient musique « dans les états d'extrême plaisir ou d'extrême déplaisir de la volonté, (…) bref

---

1. Platon, *République*, III, 414 c-415 d.

dans l'*ivresse du sentiment* : dans le *cri* »[1]. Expression d'un sentiment extrême de joie ou d'angoisse, le cri s'oppose à un langage mécanique (privé de vie), « saupoudré de concepts » et fait de mots « malades ». Le propre des concepts est leur capacité de prolifération : chaque concept en fabrique automatiquement d'autres, car un concept n'a de sens qu'en s'articulant à d'autres concepts et en se distinguant d'autres concepts, qui à leur tour se définissent par rapport à d'autres, et ainsi de suite indéfiniment. L'image des « dents de dragon » signifie que tous les concepts ont la même provenance, ils sont semés par le dragon-raison, dont ils conservent le même pouvoir terrifiant : rendre méfiant envers tout ce qui n'est pas lui. Chaque homme devient ainsi « plein de défiance » envers ses « propres sentiments », particulièrement envers le sentiment qu'il a, dans sa jeunesse, d'être vivant comme envers sa confiance irraisonnée en la vie. Tout sentiment devant « recevoir une dénomination homologuée », il n'est plus ressenti qu'à partir du nom qu'on lui a donné et qui désormais le médiatise.

Cette usine de fabrication de concepts est aussi une usine à fabriquer des mots, qui souffrent tous de la double maladie qui peut frapper un mot : signifier à contresens (appeler par exemple « vie de l'esprit » cette « curieuse agitation » mécanique), et inverser les valeurs : juger vrais les produits de cette agitation, et faux et trompeur tout ce qui émane de la vie – les sentiments, mais aussi le fait « de voir et entendre simplement ce qui s'offre à nous », « d'appréhender heureusement les choses les plus immédiates et les plus naturelles ». Cela ne veut pas dire que ce qui est naturel est simple, mais qu'il existe une façon simple d'appréhender les choses les plus naturelles. Une telle manière

---

1. Nietzsche, *Œuvres*, Paris, Gallimard, vol. I, « Bibliothèque de la Pléiade », 2000, p. 183..

de percevoir est le propre de la vie, non de la connaissance historique. Car, pour cette dernière, rien de ce qui est saisi simplement et immédiatement ne saurait être saisi correctement : comme toute connaissance, elle se défie de tout sentiment immédiat, mais en tant que connaissance historique, elle est par excellence la destruction de toute immédiateté. Ne voir en toute immédiateté qu'une apparence et le signe d'une ignorance est le fait de l'histoire traditionaliste, mais l'appréhension « heureuse » est encore davantage interdite par l'histoire critique, qui sait de quoi le présent est le fruit. Se trouve donc érigé en norme le caractère médiat de toute connaissance.

Les deux conséquences de la maladie historique

La maladie historique a paradoxalement pour conséquence la maladie métaphysique. Car « dès qu'elle prétend dépasser les limites d'un savoir inefficace » et intérieur, la philosophie n'est pas tolérée dans la culture historique[1]. En se subordonnant à cette forme de culture, elle rend possible une remarquable inversion du sentiment originaire : « ... [il] me garantit seulement que je suis un être pensant, non un être vivant, non un *animal*, mais tout au plus un *cogital*. » On a ici une amorce de la critique que Nietzsche fera du *cogito* cartésien, mais la perspective est différente : il veut montrer ici que *sum* n'est plus que le résultat de *cogito*. Ce n'est alors que l'« Être vide, non la Vie pleine et verdoyante, qui m'est accordé ». On peut désormais en effet accorder à la rigueur le droit à cette sorte d'existence, celle d'un *sum* garanti par *cogito*, mais non pas le droit de dire *vivo ergo cogito*, de voir dans la vie une condition de la pensée. Dans le passage d'une formule à l'autre se lit non seulement le renversement qui fait de *cogito* la prémisse de l'inférence, mais l'histoire de la falsification qui a permis de

1. *CIn II*, § 5.

substituer *sum* à *vivo*, histoire qui deviendra pour Nietzsche celle de la métaphysique, c'est-à-dire de la morale, puisque la métaphysique est la condamnation de la vie, condamnation dont l'un des principaux instruments est la constitution d'un «sujet pensant» qui n'est assuré de son existence que pour autant qu'il est pensant.

L'homme moderne se trouve en conséquence divisé entre une «intériorité chaotique» (voir le §4) qu'il prend pour de la profondeur et de la culture, et une extériorité qui fait de ces «encyclopédies ambulantes» des barbares. Chaque barbare est empli d'une multiplicité de contenus anarchiques car la vie n'a plus en lui la force de leur donner une forme; son intériorité est une accumulation sans assimilation, elle est le produit d'une diminution de la «force plastique». Ainsi se crée une scission entre une subjectivité envahie par une multitude de savoirs sans conséquence et un personnage sur lequel sa propre «culture» ne fait aucun effet, et qui est donc bien un barbare.

Le second effet de la «maladie historique» est qu'elle fait vieillir toute vie parce qu'elle croit que jeunesse et vieillesse sont les moments successifs d'un devenir implacablement orienté, alors que ces noms désignent deux degrés de force vitale. Il faut croire que le temps linéaire de l'histoire est l'unique temps pour se croire vieux, mais comme l'histoire donne à ce temps une extension qui dépasse infiniment le temps individuel, tout individu moderne croit tirer la leçon de l'histoire en se concevant comme un épigone et un tard-venu. Il est «culturellement» vieux même quand il est physiologiquement jeune, parce qu'il est «prématurément» doté d'une conscience exclusivement historique.

Il faut opposer à cette maladie un double refus : refus de l'envahissement par des contenus, et refus d'un entassement intériorisé, mais impossible à assimiler.

Jeunesse, barbarie et culture

Est jeune, ou encore jeune, une vie qui ne coïncide pas, ou *pas encore* entièrement avec cette seconde nature divisée et effritée qui est l'œuvre de l'éducation et de la culture historiques.

> Ce ne sera ni un dieu ni un homme, mais seulement leur propre *jeunesse* : délivrez celle-ci, et vous aurez aussi libéré la vie. Car elle est seulement dissimulée et emprisonnée, elle n'est pas encore desséchée, elle n'a pas encore dépéri – interrogez-vous vous-mêmes !
>
> Mais elle est malade, cette vie qu'on a tirée du cachot, elle a besoin d'être soignée. Elle souffre de bien des maux, et pas seulement du souvenir de ses chaînes – elle soufre, et ceci nous concerne au premier chef, de la *maladie historique*. L'excès d'histoire a entamé la force plastique de la vie, qui ne sait plus utiliser le passé comme une nourriture substantielle. Le mal est terrible, et pourtant ! Si la jeunesse ne possédait le don de clairvoyance inhérent à la nature, personne ne saurait que c'est un mal et qu'un paradis de santé a été perdu. Mais la même jeunesse devine aussi, avec l'instinct thérapeutique inhérent à la même nature, comment ce paradis peut être reconquis. Elle connaît les sucs vulnéraires et les remèdes permettant de lutter contre la maladie historique, contre l'excès d'histoire : quel est donc leur nom ? On ne s'étonnera pas si ce sont des noms de poisons – les antidotes de l'histoire sont *les forces non historiques et supra-historiques*. (*CIn* II, §10)

Le thème de la jeunesse

L'opposition entre jeunesse et vieillesse est un thème qui se rencontre souvent chez les philosophes antiques : chez les modernes, on réfléchit plutôt sur l'enfance. Penser par exemple à ces mots du vieux prêtre à Solon dans le *Timée* (22 *b*) : « Un Grec n'est jamais vieux. (…) Vous êtes tous jeunes quant à l'âme car vous n'avez aucune opinion ancienne provenant d'une antique tradition, ni aucune connaissance blanchie par le temps. » Voir surtout le chapitre superbe et souvent imité sur la jeunesse et la vieillesse de la *Rhétorique* d'Aristote[1] : après avoir dit qu'il y a toujours de la magnanimité dans la jeunesse alors que les vieux sont envieux, Aristote dit des jeunes gens qu'ils « aiment les honneurs, mais plus encore la victoire. (…) La majeure partie de leur vie est remplie d'espérance car l'espérance se rapporte à l'avenir tandis que la mémoire se rapporte au passé et, pour les jeunes gens, l'avenir est long, le passé court ; en effet au matin de la vie, on n'a rien à se rappeler, tout à espérer… ». Nietzsche ne connaissait pas très bien Aristote, mais il avait consacré ses leçons du semestre d'hiver 1874-1875 à la *Rhétorique*, et il estime qu'« il serait bon d'emprunter aux Grecs leur jugement sur la vieillesse »[2].

Avec l'utilisation faite ici par Nietzsche du terme « jeunesse », on voit comment l'empirique peut chez lui faire fonction de transcendantal – fonction que le transcendantal kantien n'assure que fictivement dans cette histoire que la pensée se raconte à elle-même quand elle est à la recherche de la possibilité de l'expérience. La jeunesse est la condition de possibilité d'une *autre* expérience, d'une expérience à faire et non pas à constituer définitivement comme possible antérieur, parce qu'en elle réside encore une possibilité de libérer la vie. La jeunesse signifie que l'empirique le plus empirique porte en soi, parce qu'il est vivant, non sa négation ou son négatif, mais sa puissance de rupture. Il faut donc délivrer ce qu'il y a en chacun de jeunesse, de *pas encore*, de *peut-être*, pour délivrer la vie.

La jeunesse possède en outre la clairvoyance naturelle qui lui permet d'établir un diagnostic sur le mal dont elle

---

1. Aristote, *Rhétorique* II, 12, 1389 *a* 2-1390 *a* 27.
2. FP XI, 35[48].

souffre, clairvoyance qui ne résulte pas d'une analyse mais d'un instinct, de même que c'est un « instinct thérapeutique » qui lui fait deviner les remèdes. Ces instincts renvoient à une première nature (elle-même produit d'une histoire oubliée) qui subsiste encore sous la seconde nature imposée par l'histoire. La vie encore jeune n'est pas une vie naturelle comme celle de l'animal, mais une vie qui a conservé des instincts naturels et qui, en ce sens, n'a pas vieilli : la vie doit sa force inventive à la faculté d'oublier, qui est aussi impossibilité de vieillir. Mais elle a également conservé la mémoire d'un « paradis de santé » perdu car elle ressent la maladie comme un mal. L'identification du malade et du mauvais, du sain et du bon, tient à ce que cette première génération n'a pas encore assez de santé pour comprendre que *la maladie aussi est nécessaire à l'expansion de la vie.*

Le mythe du paradis de santé perdu

Le premier moment du texte avait pour but d'établir une opposition entre vie verdoyante et vie desséchée. On s'attendrait à ce que la suite soit une exhortation à retrouver la vie véritable et saine que la maladie historique n'a fait que contaminer sans la détruire tout à fait. Mais ce n'est pas du tout ce qui se passe. Aucune vie véritable en effet ne soutient chaque vie, il n'y a pas de vie originaire (pas d'« élan vital ») derrière ou sous la vie de chaque vivant à laquelle il pourrait retourner. C'est la vie humaine elle-même qui s'est enfermée dans cette forme affaiblie de vie, et c'est cette vie emprisonnée qui doit se délivrer elle-même. La vie est *à guérir*, et le paradis perdu d'une vie saine n'est que le mythe auquel elle doit croire pour réussir à se guérir. Elle en a besoin pour trouver la force de faire le diagnostic et de trouver les remèdes.

Ce mythe n'est pas la condition d'une culture nouvelle, il n'est que la condition de la délivrance de la vie, et la vie n'est qu'une condition nécessaire de la culture, elle n'en est ni la cause ni la fin : « Donnez-moi d'abord la vie, je vous en tirerai aussi une culture ! » De la vie ne sort pas nécessairement une culture puisqu'il faut l'en « tirer », mais sans vie il n'y a pas de culture. C'est pourquoi il faut d'abord guérir la vie.

Les deux contrepoisons

D'où le fait que les deux contrepoisons, les forces non historiques et supra-historiques[1], sont aussi des poisons (c'est le double sens du *pharmakon* cher à Derrida). La force non historique a pour dimension l'oubli, elle ne retient du passé que ce qui lui est directement utile ; la force supra-historique (propre à la religion et à l'art) éternise et sacralise ce que pourtant elle crée historiquement – mais c'est précisément ce qu'elle ne veut pas savoir. Ces remèdes sont des poisons car ils sont tout aussi excessifs que la maladie qu'ils combattent. C'est pourquoi ceux qui les utiliseront n'auront pas encore de culture, ils auront seulement détruit la fausse culture qui les empêchait de vivre. Ils seront donc encore des barbares, mais des barbares pleins de santé : leur barbarie n'équivaut ni à la sauvagerie naturelle de l'animal, puisqu'ils ont été malades et sont conscients de l'avoir été, ni à la barbarie prétendument cultivée de l'homme moderne. L'histoire des passions récapitule cette évolution : à force de juger « vulgaires » l'expression des passions, on avait fini par refouler les passions elles-mêmes, par les affaiblir et même les supprimer ; notre temps se délecte au contraire partout de leurs explosions et expressions les plus grossières, mais « nos descendants posséderont une *sauvagerie authentique* et non plus une simple sauvagerie et barbarie des formes »[2]. Ces barbares seront peut-être capables de construire

---

1. Voir *CIn II*, § 1.
2. *GS*, I, § 47.

une civilisation forte, possédant une unité de style et capable de l'imposer à tous les contenus, qu'ils soient passés, présents ou à venir.

Dans la *Deuxième inactuelle*, la culture est mise au futur, elle est un possible qui ne deviendra réel qu'à la condition de rejeter la domination actuelle de la culture historique. Il faut que la vie triomphe, la culture doit se mettre au service de la vie, mais une vie libérée et guérie ne sera qu'« une puissance de lutte, de dissolution, de désagrégation » et non pas de création : pour créer une culture, elle aura besoin de l'histoire. Il n'y a pas de solution dialectique possible : la culture à venir ne sera pas réconciliation mais exigence de subordination d'une force à l'autre. L'antinomie ne sera surmontée qu'avec l'établissement d'une juste hiérarchie, non avec la destruction de l'un des deux termes. Le dépassement est hiérarchique et contingent, il y a simplement l'espoir que le conflit s'achève et que la vie l'emporte, mais, avant cela, il y a l'espoir *qu'il y aura conflit*, et que la culture actuelle ne poursuivra pas mécaniquement sa marche mortelle. Seul un conflit pourra ouvrir la possibilité d'une plus juste hiérarchie de ces deux types de force, – l'une, la vie tournée vers l'invention de l'avenir, l'autre, la connaissance historique, indispensable à toute connaissance parce qu'en elle se fait le procès de tout ce qui est périmé. Elles ne cesseront pas pour autant d'être, à des degrés variables, opposées.

Dès cette *Inactuelle*, l'histoire se présente comme un texte à interpréter. La pluralité de ses formes (monumentale, traditionnelle, critique) découle d'une pluralité de perspectives, c'est-à-dire de ce que chaque forme de vie, ainsi que la culture dans laquelle elle s'exprime, *veulent* quand elles se rapportent à leur passé. Ce n'est donc pas seulement la forme prise par l'histoire qui le raconte, c'est le passé lui-même qui n'existe qu'en vertu de la perspective déterminée par une volonté.

CHAPITRE II

L'ANTINOMIE DE L'HISTOIRE
DE LA PHILOSOPHIE

*Tantôt c'était cette cécité aux couleurs de l'homme soucieux
d'utilité qui dans la philosophie ne voit rien, sinon une série
de systèmes réfutés et une prodigalité somptuaire qui ne
« bénéficie » à personne. (...)
Somme toute, de manière générale, il se pourrait bien que ce
soit l'humain trop humain, bref l'indigence de la philosophie
contemporaine elle-même qui ait le plus radicalement sapé
le respect pour la philosophie et ouvert la porte à l'instinct
plébéien.*

Par-delà Bien et Mal

L'ANTINOMIE ET SES POSTULATS

Cette antinomie peut s'énoncer d'emblée et très
simplement : l'histoire de la philosophie relève-t-elle de
l'histoire ou de la philosophie ? Jusqu'à quel point et dans
quelle mesure la pensée philosophique est-elle suffisamment
autonome pour faire l'objet d'une histoire distincte de celle
d'autres formations intellectuelles et culturelles comme la
religion, les sciences, l'art ? Peut-on la croire indépendante de
celle des forces de production et des structures sociales ? Dans
l'histoire de la philosophie, la philosophie n'a-t-elle affaire
qu'à elle-même, et que faut-il entendre par ce « elle-même » ?
Pour Martial Guéroult, par exemple, cette histoire « recèle et

révèle un *donné* philosophique étranger à l'histoire proprement
dite, que seul le philosophe, et non l'historien, est apte à
saisir »[1]. Reste à savoir en vertu de quels critères et principes
universels extraire ce « donné philosophique », cet « essentiel
méta-historique ». Mais, alors que l'histoire philosophique de
la philosophie se pose ce genre de problèmes et fait valoir sa
rigueur et sa profondeur, l'histoire historienne valorise son
attention à la complexité des faits, à leur enchevêtrement et à
leur foisonnement, ainsi que le scrupule qu'elle apporte à les
classer et à en montrer les rapports. Elle dissimule avec la
modestie qui sied à la science la croyance en sa valeur supérieure, valeur que la philosophie proclame avec hauteur.

Toutes deux ont pourtant deux postulats communs,
indispensables pour que ne soit pas baptisé « histoire » ce qui ne
serait qu'une simple chronologie.

Premier postulat

Le premier postulat est que chaque manière de penser
constitue un *mode* particulier du philosopher et de chaque
philosophie. L'historien de la philosophie, pour sa part, n'a
pas « l'estomac délicat », il peut avaler le corps, l'instinct,
l'inconscient, la conscience aliénée et intégrer ces avatars dans
le grand sujet (la « vie spirituelle » de l'*Histoire de la philosophie* de Bréhier, par exemple) dont la représentation sous-
tend son histoire. Pour le philosophe, les différentes figures
spécifient tour à tour la pensée philosophique et en développent
une possibilité sans pour autant jamais la mettre radicalement
en crise. Cela suppose la référence à une même « instance
philosophante », quelle que soit la manière dont chaque
philosophe la conçoit. Chacun peut décider qu'une certaine

---

1. M. Guéroult, *Dianoèmata II : Philosophie de l'histoire de la philosophie*,
Paris, Aubier-Montaigne, 1979.

philosophie, la sienne, représente la fin de cette histoire, ou que celle-ci, arrivée à son plein achèvement, appelle un autre commencement. Quelle que soit la décision prise, elle fait de l'histoire de la philosophie une histoire développant *l'activité d'un seul et même sujet.*

Second postulat

Il découle du premier. L'histoire suppose la détermination d'un milieu homogène à l'intérieur duquel une succession puisse se dérouler, succession de faits eux-mêmes rendus homogènes, même si l'historien admet que l'histoire qu'il raconte comporte quelques pics, les grands événements ou les grands hommes. Ni l'histoire historienne ni l'histoire philosophique de la philosophie n'ont en tout cas affaire au temps empirique, et si la seconde nomme noblement son temps « transcendantal », logique, phénoménologique ou « époqual », la première détermine également l'horizon à partir duquel elle constitue ses calendriers à rebours et opère ses coupures entre époques. Ce temps n'a rien de réel, il est tout aussi constitué que l'objet par le type d'histoire qui le suppose. Il peut être linéaire ou cyclique, unifié ou dispersé, il reste nécessairement homogène. Il est donc moins un temps qu'un espace, il en a la permanence, l'aptitude à être découpé sans perdre pour autant sa continuité, et surtout *l'homogénéité.*

LE DÉPASSEMENT DE CETTE ANTINOMIE

Le temps de l'histoire historienne de la philosophie est un grand intervalle, celui qui sépare par exemple la pensée de Thalès de celle de Wittgenstein ou de Heidegger, lui-même constitué d'intervalles plus ou moins longs – philosophie antique, moderne, contemporaine par exemple – qu'on peut encore subdiviser en intervalles plus petits. Tous sont déterminés selon une perspective exclusivement historique. La perspective est alors celle de l'histoire traditionaliste, qui ne voit en toute continuité qu'une continuation. Le temps de l'histoire philosophique, en revanche, est constitué par un décret qui déclare partiellement ou totalement insignifiant ou erroné tout ce qui a précédé, et fait commencer ou advenir (selon que le passé est rejeté ou « relevé ») le règne de la vérité au présent qui formule ce décret. C'est le temps de l'histoire critique. Ceux qui adoptent la première perspective parlent d'influences et de sources et vont de conditions à conditionné. Pour les philosophes qui adoptent la seconde, le temps est finalisé, au point même que pour certains sa fin signifie son achèvement.

Nietzsche ne se place ni dans l'une ni dans l'autre : le temps où les philosophes se succèdent est un temps qui n'a pas la durée continue que lui attribue la première perspective et qui n'est pas fait d'une suite de ruptures ou de contradictions dépassées comme le décide la seconde. Mais il n'est pas davantage celui de l'histoire monumentale, car ce temps est toujours linéaire, même si la ligne fait des nœuds ; celui qui la raconte va de cime en cime et n'en met aucune au passé, il supprime les intervalles entre elles et estime être contemporain de toutes. Nietzsche s'interdit le temps comme liaison de ses moments, et il reste sur ce point kantien : c'est la différence entre les événements qui crée la succession, non la succession qui, d'elle-même, produirait la différence entre les événements. Il se situe par-delà toutes ces sortes de temporalité en pensant un temps qui va d'événement en événement, événements radicalement autres que ne réussit pas à intégrer un temps homogène, sans être pour autant le temps de l'histoire monumentale car ces événements n'en sont que s'ils sont des événements *pour quelqu'un*. Dans ce temps-là, ce ne sont pas les philosophies, les doctrines philosophiques qui se succèdent, ce sont les philosophes, des philosophes qui, *dans une certaine perspective et à un certain moment de sa propre histoire*, sont reconnus par Nietzsche comme tels.

Faire l'histoire des philosophes

Un principe général commande en effet l'approche nietzschéenne des philosophies passées : l'homme est plus intéressant que l'œuvre, le philosophe que son système. Il se trouve énoncé sous différentes formes dans les Écrits posthumes où l'on serait tenté de dire que Nietzsche fait œuvre d'historien de la philosophie : l'*Introduction à la lecture des Dialogues de Platon, Les Philosophes préplatoniciens* et *La Philosophie à l'époque tragique des Grecs*. Mais Nietzsche nous détrompe aussitôt :

> Dans les recherches de ce genre, il est courant d'avoir en vue ou bien la philosophie, ou bien le philosophe ; nous suivrons la dernière voie : pour le système, nous nous contentons de l'utiliser à l'occasion. L'homme est plus remarquable que ses livres[1].

La philosophie sous l'angle de la vie

Nietzsche renoue ainsi avec une conception de l'histoire plus proche de celle des *Vies* de Diogène Laërce que de celle des historiens de la philosophie de son temps. Le philosophe est la seule chose éternellement intéressante, il est « ce que nous serons obligés d'*aimer et de vénérer toujours* et qu'aucune connaissance ultérieure ne pourra nous ravir : le grand homme »[2]. Pourquoi donc une histoire des philosophes ? Parce que c'est la seule manière d'envisager la philosophie

---

1. *Introd. à la lecture*, p. 5 ; la traduction française fait dire à Nietzsche qu'il suivra la première !
2. *La Philosophie...*, p. 209-210.

sous l'angle de la vie: «Le produit qui appartient le plus proprement à un philosophe, c'est sa vie[1].» N'est philosophie que ce qu'un philosophe a pu vivre, donc a rendu possible de vivre – un philosophe, c'est-à-dire un grand homme, cette contradiction dans les termes. Procéder autrement reviendrait à aborder les philosophies comme elles prétendent qu'elles doivent l'être : sous l'angle de la vérité, *théoriquement*. «On ne doit avoir de la philosophie que dans la mesure où on est capable de la vivre, afin que tout ne se transforme pas en mots (comme dans Platon, Lettre VII)[2].» Même dans ses écrits de jeunesse, Nietzsche ne veut donc pas écrire une partie de l'histoire de la philosophie, il veut peindre «des images vivantes» des premiers philosophes. Mais pourquoi le veut-il?

Parce que leur existence même «a justifié la philosophie»[3]. À la question : «Qu'est-ce que la philosophie?» il faut «répondre par l'exemple des anciens philosophes», «décrire une série de grands philosophes en espérant ainsi mettre en lumière l'essence du philosophe lui-même (*das Wesen des Philosophen selbst*)»[4]. Il y aurait donc une «essence» du philosophe qui servirait de critère à la constitution de cette histoire? En fait, non : toute histoire de la philosophie a jusqu'ici supposé, pour pouvoir se construire, un concept générique du philosophe suffisamment large, donc indéterminé, pour arriver à englober tous les philosophes, or «un tel concept reste très loin derrière un bon exemplaire»[5]. L'essence ne se donne pas dans un concept mais dans un exemplaire, un type pur, ou plus exactement dans une multiplicité de types purs : «celui qui réussira à

---

1. FP II-2, 34[37].
2. FP II-1, 30[17]; *cf.* Platon, Lettre VII, 341c-e.
3. FP II-1, 19[89] et [316], 1872-1873.
4. FPII-1, 26[9].
5. FPII-1, 19[116].

recréer ces figures passera en revue des modèles (*Gebilden*) du type le plus puissant et le plus pur[1]. » C'est cette notion de « type pur » qui explique pourquoi Nietzsche refuse l'appellation « présocratique » : de Thalès à Socrate, chaque philosophe représente un type achevé et original, ce qui depuis Platon n'est plus le cas : on n'a plus affaire qu'à des hybrides. Chaque philosophe préplatonicien présente à sa manière l'essence du philosophe parce que chacun a été un législateur, non pas en un sens simplement politique mais au sens où chacun a créé son monde, c'est-à-dire a possédé la puissance de créer une belle possibilité de vie et surtout d'en incarner une. À l'époque de la tragédie grecque, la philosophie naît *chaque fois* qu'apparaît une de ces figures royales et solitaires. Chacun des premiers philosophes a inventé pour la philosophie et pour le philosophe une grandeur qui se manifeste dans leur manière de vivre et dans le respect qu'ils se portaient. Une telle grandeur, Nietzsche ne la reconnaît vraiment qu'aux préplatoniciens, c'est pourquoi ce n'est pas « un fragment de personnalité » qu'il faut dans leur cas extraire, il faut peindre le tableau complet.

L'époque tragique des Grecs... et la nôtre

Ces types parfaits n'ont pu surgir que dans une culture qui est elle-même un modèle. D'abord parce que les instincts et les corps étaient plus sains et plus forts, pas encore réprimés par un régime ascétique mais glorifiés par l'art, pas encore transis de culpabilité, pas encore marqués par le travail et l'agitation ; ensuite parce que le temps était scandé par les fêtes et un loisir consacré aux discussions philosophiques et aux débats politiques ; enfin et surtout parce que la vie n'était pas encore divisée en spirituelle et corporelle et parce que la pensée ne voyait que continuité entre mythe et science, poésie et philo-

---

1. *HH I*, V, § 261.

sophie. Les instincts les plus redoutables, les forces les plus sauvages, les plus cruelles étaient institutionnalisées sans être domestiquées, « on cherchait pour les forces de la nature une décharge à leur mesure et non pas une destruction ou une dénégation » :

> Le plaisir de l'*ivresse*, de la *ruse*, de la *vengeance*, de l'envie, de l'*injure*, de l'*obscénité* – tout cela fut reconnu par les Grecs comme humain et par suite intégré dans l'édifice de la société et de mœurs. La sagesse de leurs institutions vient de ce qu'ils ne distinguent pas entre bien et mal, noir et blanc. La nature, telle qu'elle se montre, n'est pas désavouée mais *intégrée*, limitée à des cultes et à des jours précis[1].

C'est cette culture « tragique » faisant à la nature sa place qui a permis l'unité, conflictuelle donc vivante et féconde, de la vie et de la pensée ; cette unité est le propre des premiers philosophes. Chacun est irréfutable : une philosophie est réfutée quand elle n'aide plus personne à vivre et ne fait plus partie des conditions nécessaires d'aucune existence, de celle d'aucun homme comme de celle d'aucune philosophie. « L'unique critique possible d'une philosophie, et la seule aussi qui prouve quelque chose, c'est-à-dire celle qui consiste à essayer si l'on peut vivre selon elle, n'a jamais été enseignée dans les universités[2]. » Chacun des anciens philosophes a créé une belle possibilité de vie. Puisqu'elle a dû être créée, cette possibilité n'était précédée d'aucun possible ; elle garde donc en elle à la fois la trace de l'impossible en tant qu'elle est une création, et la dimension de l'avenir car ce qui est créé n'est pas de la réalité mais de la possibilité. Pour nous, cependant, qui interprétons rétrospectivement, l'existence de ces anciens philosophes

---

1. FPII-2, 5[146].
2. *CIn III*, § 8.

signifie que créer de telles possibilités est possible. L'impossible qui s'est réalisé en eux est devenu notre possible. Celui qui se rapporte à ce passé monumental en conclut qu'une «telle grandeur, qui a existé une fois, a été par conséquent une fois *possible* et qu'elle sera donc aussi parfaitement possible encore une fois»[1].

L'histoire des premiers philosophes comporte cependant un risque propre à l'histoire monumentale, et Nietzsche voit le danger : quand elle n'est pas contrebalancée par l'histoire critique «l'histoire monumentale trompe par des analogies»[2]. Il faut donc se méfier de celles en lesquelles il veut encore croire dans la *Quatrième Inactuelle* :

> Ainsi y a-t-il entre Kant et les Éléates, entre Schopenhauer et Empédocle, entre Eschyle et Richard Wagner de telles proximités et de telles parentés qu'on est amené à sentir de façon presque tangible l'essence très relative de tous les concepts de temps : ce serait à croire que certaines choses sont liées entre elles et que le temps n'est qu'un nuage.

Schopenhauer n'est en réalité que l'Empédocle «pauvre et étroit» que sa culture rend possible et mérite. Les philosophes présocratiques sont «le mieux enseveli des temples grecs», «nous sommes des fantômes hellénisants», mais «peut-être jugera-t-on dans quelques siècles que toute la dignité de l'activité philosophique allemande» tient à ce qu'elle a «renoué ce lien qui semblait rompu, ce lien aux Grecs»[3].

Mais notre lien à eux ne peut plus être que conceptuel, car avec les premiers philosophes est entré en scène un nouvel instinct, l'instinct de connaissance, et comme tout instinct il veut dominer. Commence alors un autre âge, celui de la

1. *CIn II*, § 2.
2. *Ibid.*
3. FP XI, 41[4], 1885.

connaissance pour la connaissance, de la volonté de vérité et de l'appauvrissement de la vie qu'elle entraîne : « Qu'est-ce donc que ces Kant, Hegel, Schopenhauer, Spinoza ! Si pauvres, si étroits ! » ; il y a chez les « grands Grecs » « plus à admirer »[1].

Philosophie et biographie

Telles sont donc les deux époques distinguées par Nietzsche dans son histoire des philosophes, le recours à la première permettant d'évaluer avec justesse et férocité la seconde. Quand il l'évalue sous l'angle de la vie, Nietzsche ne voit pas dans cette histoire un développement, encore moins un progrès, mais une décadence. Une double décadence : depuis Platon, les philosophes se trompent et ignorent que ne survivent des philosophies que la voix qui s'y fait entendre. Quant aux historiens de la philosophie, ils situent les philosophies *dans* l'histoire, sans comprendre que chaque philosophie *est* une histoire. Toute philosophie est une biographie. Enfin, presque :

> Si l'on compare Kant et Schopenhauer avec Platon, Spinoza, Pascal, Rousseau, Goethe, sous le rapport de l'âme et non de l'esprit : les deux premiers penseurs ne paraissent pas à leur avantage : leurs pensées ne constituent pas l'histoire passionnée d'une âme, il n'y a pas là de roman, de crises, de catastrophes ni d'heures d'angoisse mortelle à deviner, leur pensée n'est pas en même temps la biographie involontaire d'une âme, mais dans le cas de Kant celle d'un *cerveau*, dans le cas de Schopenhauer la description et le reflet d'un *caractère* (…). [Kant :] sa façon de travailler lui enlève le *temps* de *vivre* quelque chose, – je pense, évidemment, non à de grossiers « événements » extérieurs, mais aux destins et aux soubresauts à quoi est soumise la vie la plus solitaire et la plus silencieuse, si elle a du loisir et se consume dans la passion de penser.

1. FP X, 26[3].

Schopenhauer (…) avait, lui, le temps et le loisir (…). Mais l'«évolution» lui fit défaut, comme elle faisait défaut à son horizon intellectuel; il n'avait pas d'«histoire»[1].

Dès *La Philosophie à l'époque tragique des Grecs*, le but est de «reconstituer l'image (*das Bild*) du philosophe», de «n'extraire de chaque système que ce point qui est un fragment de *personnalité*». Un système philosophique, en effet, est comme une plante: on peut en déduire la nature du sol dont il est issu[2]. La métaphore indique que la personnalité se reconnaît à sa fécondité, à la tonalité, à la «teinte» omniprésente qui en émanent. Quand elles pénètrent entièrement une œuvre et une vie, on a un «grand individu», un génie. Une pensée n'est en effet ni l'attribut ni l'activité d'un sujet pensant, elle est l'histoire singulière d'une personnalité. Une seconde sorte d'évaluation, psycho-physiologique, considère donc en chaque philosophie la personnalité singulière qui s'y exprime. Encore faut-il qu'un philosophe soit une personnalité.

La «personnalité»

Qu'est-ce que Nietzsche appelle «personnalité»? Cela tient à la fois de la nature – un fragment de 1888 la définit comme une constellation de foyers de forces[3], chacun ayant sa propre perspective «son appréciation très déterminée, sa manière d'agir, sa manière de résister» – et de la représentation, de l'image qu'on veut avoir de soi-même et donner de soi-même. Il faut que cette nature soit «forte» – la personnalité veut «s'affirmer contre» – mais on peut être une forte nature sans être une personnalité, et dans ce cas on n'est qu'un «caractère» (un «mauvais caractère»); mais quand elle se réduit à

---

1. *A*, V, § 481; je souligne «vivre».
2. *La Philosophie*…, Première Préface.
3. FP XIV, 14[184].

l'image qu'on veut donner de soi-même, la personnalité devient personnage : trop de philosophes ont été les comédiens de leur propre idéal (Platon entre autres, comme l'a vu Épicure[1]). La personnalité se situe quelque part entre ces deux extrêmes.

Tous les philosophes ne sont pas des « personnalités » : pour en être une, un philosophe doit dire « je », mais ce « je » doit être le sujet de l'expérience qu'est sa pensée, il est l'expression d'un « moi », non le « je » impersonnel qui prétend n'être que l'inter-prète d'un sujet universel, esprit ou raison pure. « Mes écrits parlent *seulement* de ce que j'ai surmonté : c'est "moi" qui est là[2]. » Un penseur doit se tenir personnellement devant ses problèmes et y trouver « son destin, sa détresse et aussi son plus grand bonheur » :

> Le manque de personnalité se fait payer partout ; une personnalité affaiblie, amenuisée, éteinte, qui se nie elle-même et renonce à elle-même ne parvient plus à rien de bon, – et moins que tout à la philosophie[3].

Pourtant, il existe une forme de distance à soi, de sagesse (« Pourquoi je suis si sage » est un chapitre du portrait dévelop-pé dans *Ecce Homo*), de sérénité, qui est tout autant nécessaire au philosophe. Cette impersonnalité n'est pas celle du sujet pensant, c'est un détachement, une capacité de voir de haut, un « regard de justice et d'amour envers tout ce qui est », qui font que la personnalité signifie autre chose que la particularité d'un caractère.

On ne doit donc pas traiter tous les philosophes de la même façon : Platon, Spinoza, Goethe possèdent ce regard pur et

1. *Cf. PBM*, I, § 7.
2. *HH II*, Préface, § 1.
3. *GS*, V, § 345.

purifiant qui exige la justice envers les antipodes et « l'orgueil conscient de pouvoir devenir soi-même à chaque instant l'adversaire et l'ennemi mortel de sa propre doctrine »[1]. Ne mérite d'être respecté que celui qui peut contredire son tempérament et sa propre doctrine, et qui a appris à contempler le monde avec sérénité et amour. En revanche, Kant est un cerveau, sa pensée provient d'un cerveau au travail, alors que Schopenhauer ne se « débarrasse jamais de lui-même », son système porte trop évidemment la marque de son tempérament, il pense de trop méchante humeur. La pensée ne *vit* en aucun des deux ; pensant sans passion, ils n'ont donc pas, *en tant que philosophes*, de biographie (ils en ont une comme tout le monde, c'est-à-dire qu'ils ont celle de tout le monde). Leur philosophie ne connaît ni événements, ni drame : ils n'ont pas d'histoire. Toute philosophie est la « confession involontaire de son auteur », c'est entendu, mais cela peut signifier deux choses très différentes : ou bien l'œuvre trahit la conviction inavouable du philosophe, conviction dont le psychologue doit montrer que cette philosophie n'est finalement que le montage[2] ; ou bien elle témoigne d'une âme que le philosophe jugeait sans doute, et à tort, accessoire par rapport à la vérité de son système. Il faut donc remonter de la doctrine à la biographie, et aborder cette biographie en psychologue et en physiologue.

Psycho-physiologie des philosophes

Parler une philosophie dans le langage physiologique des instincts, pulsions, affects et le langage psychologique des inclinations, aspirations, passions n'implique aucun réductionnisme. Chacune s'enracine dans des instincts et chaque instinct peut s'exprimer comme santé ou comme maladie. « Un psycho-

---

1. *A*, V, § 542.
2. Voir *PBM*, I, « Des préjugés des philosophes ».

logue connaît peu de questions aussi attirantes que celle du
rapport entre santé et philosophie[1]. » La psychologie des philosophes consiste donc à rapporter ce qui est dérivé, les idées, les
pensées, le système, la doctrine à ce qui est généalogiquement
premier, les pulsions, le corps. Mais sa tâche ne consiste pas
seulement à déceler les instincts dissimulés derrière de grands
mots (à dénoncer la « tartuferie » du vieux Kant ou la « timi-
dité » de Spinoza) car les instincts s'expriment aussi sous une
forme plus sage, plus réfléchie, et l'« esprit » est leur sublimation, leur raffinement. La philosophie est la manifestation la
plus poussée de cette sublimation : « ce qui manquait à Carlyle :
la vraie *puissance* intellectuelle, – la vraie *profondeur* du regard
de l'esprit, bref la philosophie[2]. » Cependant, qu'une philosophie arrive à la maîtrise de soi en spiritualisant ses instincts
est une chose, qu'elle refuse à l'instinct et au corps de philosopher en est une autre, parce que ce qu'elle veut alors nier est
qu'un philosophe puisse être une configuration particulière
d'instincts. Ce qu'un philosophe appelle sa philosophie n'est
que le préjugé de ce qu'il croit devoir être *la* philosophie, et le
psychologue a beau jeu de voir dans ce préjugé un refoulement,
une haine et un mépris de la vie, une maladie, la maladie
proprement philosophique qu'est l'idéalisme. Dans certains cas,
donc, le psychologue a pour tâche de démasquer ce qui *voulait*
se dissimuler derrière l'impersonnalité de la doctrine, tandis que
dans d'autres il doit appréhender l'unité de la personnalité qui
confère son unité à la vie et à l'œuvre.

Cela suppose de ne pas croire que tout événement
est accidentel (Aristote), et de ne pas conférer un caractère
déterminant aux événements extérieurs. Les circonstances, « au
fond, elles ne parlent que de moi ». Penser qu'il existe une

1. *GS*, Préface, § 2.
2. *PBM*, VIII, § 252.

correspondance ou même une causalité entre événements extérieurs et métamorphoses intérieures est une sotte simplification, absurde s'agissant de philosophes dont « le cas est (toujours) particulièrement compliqué ». C'est pourquoi Nietzsche conjugue l'histoire anecdotique à la Diogène Laërce – « Pour moi, je préfère lire Diogène Laërce que Zeller, parce que chez celui-là du moins vit l'esprit des anciens philosophes, tandis que chez celui-ci ne vit ni cet esprit, ni aucun autre [1] » – avec le Goethe de *Poésie et Vérité*. Lors d'une de ses dernières conversations avec Eckermann (30 mars 1831), Goethe revient sur son autobiographie : « Un fait de notre vie ne vaut pas dans la mesure où il est vrai, mais dans la mesure où il a quelque chose à signifier. » L'autobiographie d'un grand homme ne peut être que mensongère (et ainsi d'autant plus significative), en vertu du despotisme qu'il s'applique à lui-même. Cette discipline tyrannique lui a fait trouver une forme sévère de style, et il l'imprime non seulement à son œuvre mais à sa vie [2]. Dans le dialogue entre la mémoire et l'orgueil présidant à toute autobiographie, « – "J'ai fait cela", dit ma mémoire. – "Je ne puis l'avoir fait", dit mon orgueil, qui reste inflexible [3] », on sait que c'est la mémoire qui finit par céder. Le moyen de contourner la question de la vérité comme de la sincérité d'une biographie en concentrant le maximum de sens est l'anecdote, récit rapide qui met en lumière une particularité secrète. Étymologiquement, est anecdotique ce qui n'est pas publié, soit parce qu'inessentiel, soit parce que *trop révélateur* : « On peut faire le portrait d'un homme en trois anecdotes ; je m'efforce d'extraire trois anecdotes de chaque système, et je

---

1. *CIn III*, § 8.
2. *GS*, II, § 91.
3. *PBM*, IV, § 68.

néglige le reste[1].» Il s'agit bien d'extraire des anecdotes du *système*. Si le philosophe a une voix donc une personnalité propre, sa biographie doit coïncider avec la genèse de sa philosophie. «Pourquoi j'écris de si bons livres» est, de loin, le plus long chapitre d'*Ecce Homo*.

Les prédécesseurs

Les premiers philosophes sont les *modèles* d'une grandeur qui ne se trouve plus dans ceux qui leur ont succédé; un modèle au sens nietzschéen n'est pas ce qu'il faut suivre ou copier mais ce qui provoque l'émulation, la rivalité, l'envie d'égaler: le *phthónos*. Nietzsche cherche chez tous les philosophes qui l'ont précédé un passé porteur de son avenir: il se cherche des *prédécesseurs* (les multiples listes qu'il en a dressées varient en fonction de ses propres mutations). Ce mot ne désigne pas chez lui une relation de cause à conséquence, rien qui permette de parler de source ou d'influence, mais une vie singulière donnée, reçue, redonnée. Se reconnaître des prédécesseurs n'est pas une affaire théorique, affaire d'héritage où ne circulerait que de l'encre, c'est une affaire de sang. Est un prédécesseur non seulement celui qui infuse une vie mais qui accepte l'immolation (certains, donc, la refusent):

> Moi aussi j'ai été aux Enfers comme Ulysse, et j'y retournerai souvent; et je n'ai pas seulement sacrifié des moutons (…), c'est aussi mon propre sang que je n'ai pas ménagé. Il y eut quatre couples à ne pas refuser leur réponse à mon immolation: Épicure et Montaigne, Goethe et Spinoza, Platon et Rousseau, Pascal et Schopenhauer. C'est avec eux qu'il me faut m'expliquer quand j'ai longtemps marché seul, par eux que j'entends me faire donner tort ou raison, eux que je veux écouter quand ils se donnent alors eux-mêmes tort et raison

1. *La Philosophie…*, Deuxième Préface.

entre eux. Quoi que je puisse dire, résoudre, imaginer pour moi et les autres, je fixe les yeux sur ces huit-là et vois les leurs fixés sur moi [1]. –

Son rapport aux philosophes du passé, dans cette troisième perspective, est une entreprise de résurrection. Nietzsche se sert ici pour le dire du chant XI de l'*Odyssée*, celui où Ulysse raconte sa descente aux Enfers, comme il le fait lorsque, s'opposant aux philologues et à leur « mémoire sans vie du passé », il conclut par cette prescription, la parenthèse indiquant qu'il se l'adresse d'abord à lui-même : « (Sacrifier beaucoup de moutons) [2]. » Une pensée, un événement passés ne se comprennent que *psychologiquement*, parce que nous sommes des *mimes*. En mimant (avec à la fois distance et sympathie), nous faisons une expérience imaginaire – toute expérience est le fait de l'imagination – qui nous fait vivre ce que nous n'avons pas vécu, et nous faisons revivre ce qui nous le fait vivre. Lorsque Nietzsche affirme que seule des expériences vécues donnent accès à un livre, il ne veut pas dire qu'il faut avoir vécu soi-même de telles expériences *avant* de lire, mais qu'il faut les vivre à travers ce livre : par transfusion. Sacrifier beaucoup de moutons, c'est redonner vie à des morts pour pouvoir dialoguer avec eux et les entendre discuter entre eux, parce que leur regard et leur jugement sont ceux dont on a besoin. Il s'agit de se constituer une mémoire, avec tout ce que cela comporte de fiction et de sélection, en laquelle puiser la force de surmonter le présent :

> Qu'exige un philosophe, en premier et dernier lieu, de lui-même ? De triompher en lui-même de son temps, de se faire « intemporel ». Sa plus rude joute, contre quoi lui faut-il la

---

1. *OS*, § 408.
2. FP II-2, 3[51].

livrer ? Contre tout ce qui fait de lui un enfant de son siècle.
Fort bien ! Je suis, tout autant que Wagner, un enfant de ce
siècle, je veux dire un *décadent*, avec cette seule différence
que moi, je l'ai compris, j'y ai résisté de toutes mes forces. Le
philosophe, en moi, y résistait [1].

Enfant de ce siècle et décadent, Nietzsche est aussi, parce
qu'il exige de lui-même ce que doit en exiger un philosophe,
inactuel, intemporel : l'antinomie de l'histoire de la philosophie se joue en lui, elle devient son affaire, une affaire de lutte
et de résistance [2]. Décadent, il est actuel, mais philosophe, il
veut s'incorporer tout ce que l'histoire comporte de puissance
et de force. L'histoire perd sa toute-puissante nécessité dès
lors que celle-ci est comprise, assimilée et non simplement
subie, et la philosophie, de son côté, ne lui oppose pas sa
certitude d'éternité ou d'omnitemporalité. C'est en un philosophe que l'antinomie se surmonte – pas en n'importe lequel :
en Nietzsche. Il est historien parce qu'il veut appartenir au
« royaume du changement », non à celui des « hallucinés
de l'arrière-monde » ; mais s'il étudie l'histoire, c'est en « se
promenant sous le soleil de midi » et il est heureux « d'abriter
en lui non pas une "âme immortelle", mais *beaucoup d'âmes
mortelles* » [3]. Abriter toutes ces âmes mortelles signifie contenir une foule de contradictions, de sorte que c'est en soi-même
qu'il faut livrer « la plus rude joute » : un combat qui ne peut se
mener que seul, qui isole de l'humanité de son temps, prive de
compagnons vivants et oblige à être à la fois une bête et un dieu :
« Pour vivre seul, il faut être une bête, ou un dieu – dit Aristote.

---

1. *CW*, Avant-propos.
2. Voir *EH*, « Pourquoi je suis si sage », § 2.
3. *OS*, § 17 ; c'est ce que signifie la fameuse phrase de la lettre à Burckhardt
du 6 janvier 1889 : « Ce qui est désagréable et embarrassant pour ma modestie,
c'est qu'au fond je suis chaque nom de l'histoire » (*Dernières Lettres*, trad. de
C. Perret, Rivages poche, 1989, p. 150-151).

Reste un troisième cas : il faut être les deux à la fois...
philosophe[1]... »

Les Hyperboréens

Un philosophe doit donc être « à la fois » anhistorique (une
bête) et supra-historique (un dieu), être ce que *L'Antéchrist*
appelle un Hyperboréen :

> Nous sommes des Hyperboréens, – nous ne savons que trop à
> quel point nous vivons à l'écart. « Ni par mer, ni par terre, tu ne
> saurais trouver la route qui mène chez les Hyperboréens » :
> voilà ce que Pindare savait déjà de nous. Au-delà du Nord, de
> la glace, de la mort – *notre* vie, *notre* bonheur[2]...

Les vers de Pindare sont extraits de la Dixième *Pythique*
(v. 29-30). Le père du vainqueur qui vient d'être célébré, lui-
même vainqueur aux jeux, a atteint la plus grande félicité
accessible à la race mortelle, mais « le ciel d'airain lui reste
inaccessible », car « ni par mer ni par terre tu ne saurais trouver
la route qui mène vers les régions merveilleuses (*thaúmata*) des
Hyperboréens ». « Chez eux, la Muse n'est point proscrite »,
ils ne sont atteints ni par les maladies ni par la vieillesse et
ils ignorent les labeurs et le combat. « Jouir d'un sort hyperboréen » était devenu une expression proverbiale signifiant
« jouir d'un sort qui dépasse celui des mortels »[3]. Le pays des
Hyperboréens, situé au-delà des régions où souffle Borée, le
vent du Nord, fait partie de la légende d'Apollon ; le dieu est
censé passer auprès d'eux les mois d'hiver, « se réjouir hautement » de leurs banquets et de leurs hommages, et « rire en
voyant la lubricité érigée des brutes qu'ils immolent » lors des

---

1. *CId*, « Maximes et traits », § 3.
2. *Ant*, § 1, *cf.* § 7.
3. *Cf.* Eschyle, *Choéphores*, 373.

magnifiques hécatombes d'ânes offertes en son honneur. Pindare entrelace ce thème avec l'aventure de Persée. Conduit par Athéna, Persée aurait réussi à trouver la route et à tuer la Gorgone dont il aurait rapporté la tête : « une mort de pierre » (ou « une mort qui pétrifie »). Tous ces éléments jouent en arrière-fond du thème nietzschéen des Hyperboréens.

Selon le plan du 26 août 1888, la préface de la *Volonté de Puissance* aurait eu pour titre : « Nous les Hyperboréens ». Qui est ce « nous », et que signifie pour Nietzsche être un Hyperboréen ? Il faut répondre à la seconde question pour pouvoir répondre à la première. Cela signifie d'abord vivre à l'écart, mais vivre à l'écart n'est pas vivre seul, c'est vivre « au delà du Nord, de la glace, de la mort ». Le thème du froid et de la glace se retrouve dans « Le chant nocturne » d'*Ainsi parlait Zarathoustra* : « … les soleils vont leur chemin ; ils suivent leur implacable volonté, c'est là leur froid mortel » ; l'implacable volonté implique dans *L'Antéchrist* (§ 57) une responsabilité accrue : « Plus on se rapproche des *cimes*, plus la vie devient *dure* – le froid augmente, la responsabilité augmente » ; enfin la dureté de la vie est dans *Ecce Homo* la conséquence d'une glaciation contagieuse :

> Les erreurs, l'une après l'autre, sont ignorées avec un mépris glacé, l'idéal n'est pas réfuté – il gèle… Ici, par exemple, le génie meurt de froid ; un peu plus loin, c'est le « saint » qui est gelé ; le « héros » grelotte sous une épaisse calotte de glace ; à la fin, la « foi », la prétendue « conviction » est prise par les glaces – et la pitié aussi se refroidit singulièrement – presque partout se congèle la « chose en soi »[1].

Qui est allé « au-delà du Nord et de la glace » rapporte, tel Persée guidé par la déesse de la sagesse et de la guerre, une mort

---

1. *EH*, « *HH* », § 1.

qui congèle tout idéal, car cet idéal était lui-même une tête de Gorgone, une figure de la mort et du néant. C'est là l'implacable volonté de l'Hyperboréen, sa grande responsabilité, et lui aussi, comme le soleil, a froid. Il a dû surmonter la mort de Dieu, l'absence de sens, le nihilisme, mais, ce faisant, il a retrouvé une vie et un bonheur que seul il pourrait nommer tels. Ce ne sont certes pas ceux de l'homme moderne : sa « *largeur de cœur, qui "pardonne" tout parce qu'elle "comprend" tout, produit sur nous l'effet du sirocco ! Plutôt vivre dans les glaces que parmi les vertus modernes, et autres vents du sud ! ... »* [1]. La pire de toutes les vertus modernes, le symptôme le plus évident de décadence, ce « sirocco » [2], vent qui dessèche toute vie, est la compassion chrétienne. Elle est ce qu'il y a de plus malsain dans notre « modernité malsaine » :

> C'est *là* qu'il nous faut être médecins, c'est *là* qu'il nous faut être impitoyables, c'est *là* qu'il nous faut porter le scalpel – voilà ce qui *nous* est réservé, voilà *notre* philanthropie à nous, c'est en cela que *nous* sommes philosophes, *nous*, les Hyperboréens [3]...

Nietzsche, ici, dit « nous », nous philosophes. Il est le philosophe qui s'est aventuré le plus loin et le plus haut, pourtant, même ceux qui sont restés en chemin et se sont arrêtés trop tôt ont été par un certain côté des Hyperboréens. Car tout philosophe, en tant qu'il est philosophe, est à la fois intempestif, destructeur, solitaire et inventeur de sa vie et de son bonheur, d'un bonheur dont ne voudraient pas la plupart des hommes : « Les hommes supérieurs par l'esprit, qui sont les plus forts, trouvent leur bonheur là où d'autres trouveraient

---

1. *Ant*, § 1.
2. Blondel précise dans son édition de *L'Antéchrist* (Paris, GF-Flammarion, 2005) que c'est un vent d'est...
3. *Ibid.*, § 7.

leur perte : dans le labyrinthe, dans la dureté envers soi-même et les autres, dans l'épreuve », car « ce *n'est pas* la société, c'est la qualité de *bonheur* dont l'immense majorité des hommes sont juste capables, qui fait d'eux des machines intelligentes »[1]. Le bonheur hyperboréen a pour formule « un seul "oui", un seul "non", une ligne droite, un *but…* »; il consiste à se dominer, il est « le sentiment que la puissance *croît*, qu'une résistance est en voie d'être surmontée »[2]. Or « le bonheur, le loisir suscitent des pensées, – et toutes les pensées sont de mauvaises pensées… »[3]. Si pétri de morale soit-il, tout philosophe a forcément un jour de mauvaises pensées.

L'antagonisme du nord et du sud représente ce qu'il a fallu quitter : la chaleur confortable d'une vie grégaire où tous ont pitié de tous, de la misère de tous, misère dont le christianisme les a persuadés qu'elle était juste et justifiée mais sur laquelle luit l'espérance d'un rachat et d'une vie meilleure, opposée à ce qui est atteint : la glace qui environne celui qui a eu le courage de dire non à cette vie, à cette justification et à cet espoir. Mais le courage aussi de dire non à l'humanitarisme qui fait du monde un grand hôpital où tous sont malades mais où ceux qui le sont moins soignent ceux qui le sont plus. Aimer les hommes ne consiste ni à les consoler ni à les guérir autant qu'il est possible, mais à leur proposer un but. C'est envers lui-même que le philanthrope doit être impitoyable, et c'est d'abord en lui qu'il doit surmonter la maladie moderne qu'est la compassion. Mais comme les hommes préfèrent qu'on soit compatissant et se méfient d'une dureté dont ils sont incapables, il faut vouloir s'élever au-dessus du dégoût inspiré par l'homme moderne, et

1. *Ant*, § 57.
2. *Ibid.*, § 1 et 2.
3. *Ibid.*, § 48.

regarder d'en haut[1]. Alors « La glace est proche, la solitude effrayante (…). La philosophie, telle que je l'ai toujours comprise et vécue jusqu'à présent, consiste à vivre volontairement dans les glaces et sur les cimes[2]. » Nietzsche n'a donc jamais cessé, jusqu'à la fin, d'être philosophe, de l'*être*, sans forcément *se dire* philosophe. Est philosophe celui qui justement ne se dissimule pas derrière le prédicat « philosophe », *comme si on pouvait en faire un prédicat*, mais qui reprend la philosophie à son compte, qui dit « je » sans faire de « pense » son attribut essentiel, donc sans se donner pour le sujet *de* sa pensée alors qu'on ne peut jamais être qu'un sujet *dans* sa pensée. Chacune des pensées de Nietzsche emporte ce sujet dans son aventure, ce qu'il ne cache pas sous la volonté d'unité propre à la logique et à la morale. Il n'a non plus jamais cessé de dire ce qu'il exige d'un philosophe, c'est-à-dire de lui-même. Et il n'a pas davantage réduit la philosophie à un fait culturel : s'il lui a donné pour tâche principale « la discipline et le perfectionnement de l'humanité », c'est parce qu'il a vu dans les philosophes à venir la seule force de résistance à la décadence, la seule force assez puissante pour imposer des buts : comme tout grand philosophe, il s'est voulu législateur. Il n'a jamais voulu détruire la philosophie parce qu'en toute philosophie, aussi « erronée » soit-elle, se fait entendre la voix d'un Hyperboréen. Elle ne se fait bien sûr entendre qu'à celui qui pour l'entendre a des oreilles.

Réponse, en conclusion, aux historiens et aux philosophes de l'histoire de la philosophie : Nietzsche, en effet, ne leur appartient pas tant qu'ils n'ont pas trouvé la route menant aux Hyperboréens, la route qui mène des doctrines philosophiques à la grandeur des philosophes.

1. Cf. *Ant*, § 38.
2. *EH*, Préface, § 3.

Chapitre III

LES ANTINOMIES DE LA LECTURE

Il te fallait apprendre à saisir la perspective propre à tout jugement de valeur – le décalage, la distorsion et la téléologie apparente des horizons et tout ce qui peut tenir à la perspective ; ta part d'insensibilité, aussi, quant aux valeurs opposées et à toute la perte intellectuelle dont se fait payer chaque fois aussi bien le pour que le contre. Il te fallait apprendre ce qu'il y a toujours d'injustice nécessaire dans le pour et le contre, cette injustice inséparable de la vie, elle-même conditionnée par la perspective et son injustice.

Humain trop humain I, *Préface*

Nietzsche – comme Platon dans le *Phèdre* – pose d'abord, la question : « pourquoi lire ? », et y répond à peu près de la même façon : certainement pas pour penser.

Dans mon cas toute *lecture* fait partie de mes délassements : par conséquent de ce qui me détache de moi-même, de ce qui m'offre une promenade parmi des savoirs et des âmes étrangers, – de ce que je ne prend plus au sérieux. (…) Aux époques de travail intensif, on ne voit pas de livres chez moi : je me garderai bien de laisser quelqu'un parler ou même penser auprès de moi [1].

---

1. *EH*, « Pourquoi je suis si avisé », § 3.

> Ce moi profond, quasi enseveli, quasi-réduit au silence par
> l'obligation constante d'écouter d'autres « moi » (et lire, est-
> ce autre chose ?), ce moi donc se réveilla lentement, timide-
> ment, douteusement, mais, à la fin, il retrouva la parole [1].

Lire, c'est être habité par des voix étrangères qui font taire
la sienne propre [2], lire ne fait pas penser (ce qui ne veut pas dire
qu'il soit interdit de penser en lisant) et lire ne cultive pas : une
encyclopédie ambulante est tout le contraire d'un homme
cultivé. La lecture est une « fréquentation » [3] : il ne faut pas
fréquenter n'importe qui. Pourquoi donc lire quand même ?
Selon Nietzsche, pour trois raisons : pour se délasser, par
divertissement – autrement dit pour le plaisir, mais il faut alors
avoir l'instinct de choisir les livres aptes à procurer ce plaisir –,
pour se découvrir des parentés, des affinités (Héraclite, et tout
autant Sterne ou Dostoïevski), ou pour se mettre en colère
(contre « le vieux Chinois de Königsberg » ou les moralistes
anglais, par exemple). Dans les trois cas, œuvre un instinct
différent, un instinct personnel et sélectif qui recherche sa
propre satisfaction [4], laquelle peut d'ailleurs ne pas se révéler
agréable. Et dans aucun de ces trois cas on ne lit simplement
pour comprendre, à moins de nommer comprendre le fait de
réussir à s'assimiler une nourriture étrangère, de redonner sang
et vigueur à une pensée passée mais jugée proche ou ennemie,
au besoin de rivaliser avec elle et d'en triompher.

L'ANTINOMIE : COMPRENDRE ET INTERPRÉTER

En principe, lire consiste à saisir le sens de ce qui est écrit,
à comprendre un texte. Il existe plusieurs raisons de vouloir

---

1. *EH*, « *HH* », § 4.
2. Voir Platon, *Phèdre*, 275 a-b.
3. *Introd. aux études...*, p. 99.
4. Voir *GS*, III, § 166 : « Nous demeurons entre nous ».

saisir ce sens : les premières sont évidentes et purement pratiques quand on vit dans la galaxie Gutenberg ; les secondes sont plus nobles : la lecture est encore le principal medium de la culture et de l'enseignement. Plus un homme a lu, plus il passe pour être cultivé. Lire implique la connaissance de la langue dans laquelle un texte est écrit et la capacité de situer ce texte dans son contexte, ou plus exactement dans ses divers contextes (certains textes en sont plus affranchis que d'autres) ; le problème est alors celui du poids à accorder à ces différents contextes (biographique, historique, social, etc.). Mais qu'elle soit naïve ou informée, la lecture a pour finalité la compréhension d'un sens.

Ce sens est-il l'expression d'un vouloir-dire déposé dans le texte par un auteur, donc antérieur à toute lecture ? Il fait alors du texte, quels que soient sa longueur et son « genre », un système clos et autonome organisé par une perspective particulière : l'effort consistant à saisir cette organisation est ce qu'on appelle « comprendre ». Lorsqu'il s'agit d'un texte philosophique, cela se dit : restituer la pensée de l'auteur, ne faire intervenir ni préjugé ni même présupposé, ne se rendre coupable d'aucun anachronisme, n'avoir aucune intention critique ou apologétique, bref comprendre sans autre but que comprendre, arriver à appréhender sans déformer le sens exact de ce qui est écrit. Cet idéal de lecture se nomme objectivité et s'oppose à l'interprétation, coupable quant à elle du péché de subjectivité. La seule subjectivité autorisée est celle de l'auteur, mais si elle s'exprime dans une pensée, on suppose que ce sujet s'est désincarné et que le lecteur doit en faire abstraction, n'être attentif qu'au langage, aux termes, aux articulations et à la structure que cette pensée a prise en se traduisant dans un texte. C'est donc celui-ci qui impose au lecteur le respect du sens qu'il contient.

Le développement de l'herméneutique et la mise en évidence de son fameux cercle a quelque peu ébranlé cette règle sacro-sainte, et la linguistique, en se développant, a décidé de s'en débarrasser radicalement. À partir du principe de la primauté de la matérialité du signifiant et de son émancipation par rapport au signifié, on a défini le texte comme un système non clôturé et non soumis à un centre régulateur de sens, un système pluriel et différencié, une infinité dynamique. La différence entre lecture et écriture s'abolit, puisque tout texte est absorption et transformation d'une pluralité d'autres textes (produit d'une intertextualité); toute écriture est donc une lecture et toute lecture est la mise à jour de la germination des sens multiples qui travaillent le texte, elle en est une perception errante parmi d'autres, traduite dans une réécriture elle-même décentrée et illimitée. Une « lecture » est donc la rencontre de deux systèmes d'interprétation, de deux opérations productrices dont chacune est à double-face, à la fois lecture et écriture. Cette rencontre produit ce qu'on appelle un « texte », qui n'est que le jeu indéfiniment ouvert de différences jouant entre la matérialité des signifiants, différences impossibles à unifier.

L'Antinomie surmontée : la philologie

Il est impossible de prêter à Nietzsche l'une ou l'autre position, d'abord parce qu'elles sont antinomiques, ensuite parce qu'il n'a « pas été philologue en vain » et qu'il se veut philologue, même s'il ne l'est encore « que pour les enfants, et aussi pour les chardons et les rouges pavots », car le mouton qui vient brouter le lierre sur sa tête dit : « Zarathoustra n'est plus un érudit ! » et s'en va « hargneux et hautain »[1]. Le mouton en question est à coup sûr Wilamowitz, mais il y avait et y a toujours beaucoup d'« érudits » de cette sorte, sinon de cette

---

1. *APZ*, II, « Des érudits ».

force : les transformer en moutons est un exercice qui peut procurer beaucoup de joie.

La philologie, dans son double sens de science historique de l'Antiquité et de science d'interprétation des textes, se trouve à la convergence de deux questions : pourquoi lire et comment bien lire. Elle répond mal ou pas du tout à la première, mais elle est la seule bonne réponse à la seconde.

Contre la philologie

> Contre la science de la philologie il n'y aurait rien à dire : mais les philologues sont aussi des éducateurs... C'est là qu'est le problème [1].

Suétone rapporte qu'Ératosthène, bibliothécaire d'Alexandrie, fut le premier à se dire *philologos* et à donner à ce mot son sens particulier, alors qu'il ne signifiait jusque là qu'amoureux du *lógos*. Avec G. Budé, la philologie prend sa connotation « humaniste », d'où le terme « humanités » qui a désigné jusqu'au XIXe siècle l'étude du grec et du latin. Mais c'est Fr. A. Wolf qui, en 1777, définit la philologie comme la science de l'Antiquité (*Altertumswissenschaft*), science dont le but est de saisir la civilisation gréco-latine dans sa totalité (institutions, arts, esprit du temps et du peuple, donc pas seulement langue, documents et textes). Cette ambition se retrouve chez Humboldt, Schlegel et bien sûr Goethe. En son sens large, la philologie fait partie de la science historique, en son sens restreint, elle s'applique à la science qui établit, corrige, édite et explique les textes anciens (c'est à peu près la distinction établie par Renan dans *L'Avenir de la science*, 1860 mais publié en 1890).

---

1. FP II-2, 3[3].

Les philologues et l'Antiquité classique

Quand elle désigne la science historique de l'Antiquité, la philologie présente les mêmes dangers que toute connaissance historique : « le philologue, tant qu'il n'est qu'un érudit, n'est donc rien de plus qu'un historien spécialisé[1]. » Elle a, selon Nietzsche, deux inconvénients supplémentaires. Le premier est que la connaissance de l'Antiquité était alors le pilier de l'éducation allemande ; c'est à cet aspect que s'attaquent la plupart des « Notes pour "Nous autres philologues" »[2], c'est-à-dire des notes prises en vue de la rédaction, jamais achevée, d'une *Cinquième Considération inactuelle*. A travers un problème qui n'est plus du tout le nôtre, Nietzsche pose la question : d'où peut venir « *l'impulsion pour l'étude* de l'Antiquité classique »[3] ? Dans quel but se tourner vers l'Antiquité (en particulier vers les Grecs) et se mesurer avec elle ? Le fait que les philologues ne se posent justement pas ces questions est la cause d'un second inconvénient : ils ne comprennent rien à l'Antiquité. Les jeunes gens qu'ils prétendent éduquer y comprennent moins encore, d'une part parce que l'Antiquité n'a pas éduqué ceux qui les éduquent (ou plutôt sont censés le faire), d'autre part, parce que « ce n'est que sur le tard que commence à s'éclairer ce que nous pouvons avoir à faire avec les Grecs : ce n'est qu'après que nous avons beaucoup vécu, beaucoup réfléchi »[4]. Or les philologues-érudits sont des « lycéens vieillis », ils n'ont pas « d'expérience vécue », seulement une expérience livresque. C'est pourquoi ils projettent sur l'Antiquité leur absence de vie et de véritable culture. Comment un philologue allemand, fonctionnaire obéissant et pétri de bons sentiments, chrétiens

1. *Introd. aux études…*, p. 98.
2. FP II-2, cahiers 2 à 5, 1875.
3. FP II-2, 3[62].
4. FP II-2, 3[39].

ou non, pourrait-il comprendre un peuple qui n'avait pas mauvaise conscience, qui imaginait la détresse et la gratuité de tous les dieux, concevait l'âme comme un processus corporel, divinisait la sexualité, le boire et le manger, tenait pour immortels les vainqueurs aux Jeux, était mû sans honte par la jalousie, l'envie et le désir de vengeance – la bonne *éris* –, bref un peuple ayant construit une culture agonale et *réaliste* qui constitue « une preuve contre l'humanisme, contre la nature humaine fondamentalement bonne » ? Faire de l'étude de l'Antiquité un problème, c'est enjoindre aux philologues de prendre conscience de la distance qui les en sépare, de la dimension impénétrable des instincts grecs.

L'antinomie nietzschéenne de la philologie

« Telle est l'antinomie de la philologie : en fait on n'a jamais compris l'Antiquité qu'*à partir du présent* – le présent doit-il être compris maintenant *à partir de l'Antiquité*[1] ? » On comprend l'Antiquité à partir du présent quand on partage « la naïve croyance » que sa propre époque « a raison dans toutes ses opinions courantes », qu'on y « trouve le canon de toute vérité » et accommode « le passé à la trivialité actuelle »[2]. Dans son pamphlet contre la *Naissance de la tragédie*[3], Wilamowitz avait reproché à Nietzsche de plaquer le vouloir schopenhauerien et l'opéra wagnérien sur la tragédie grecque ; Nietzsche réplique qu'il avait fait exactement l'inverse : il avait compris Schopenhauer et Wagner à partir des tragiques grecs. Ce sont Wilamowitz et tous les philologues qui lui ressemblent qui ne comprennent l'Antiquité que comme leur pauvre expérience

---

1. FPII-2, 3[62].
2. *ClnII*, § 6.
3. U. von Wilamowitz-Möllendorff, « Philologie de l'avenir » dans *Querelle autour de* La Naissance de la tragédie, M. Dixsaut (dir.), Paris, Vrin, 1995, 1ʳᵉ partie p. 93-126, 2ᵉ partie p. 247-273.

le leur permet (tel d'entre eux traite par exemple Platon comme un professeur d'université allemande, et tel autre comme un auteur avide de gloire littéraire[1]).

> je ne sais quel sens la philologie classique pourrait avoir aujourd'hui, sinon celui d'exercer une influence inactuelle, c'est-à-dire d'agir contre le temps, donc sur le temps, et, espérons-le, au bénéfice d'un temps à venir[2].

Autre manière de formuler ce qui était le but de la *Naissance de la tragédie*, s'élever « au dessus de l'époque actuelle jusqu'à des expériences inactuelles ». Les Grecs ont conçu les plus profondes possibilités de vie, leur culture est la plus haute culture, mais adopter à leur égard une perspective exclusivement historique conduit à les méconnaître. Ils nous sont en effet doublement étrangers, d'abord parce qu'ils avaient une véritable culture alors que l'homme moderne est déchiré en morceaux, ensuite et surtout parce qu'ils ne refusaient pas la face cruelle et sombre de toute vie : elle faisait partie de leur nature et elle était au fondement de leur culture. Les comprendre à partir du présent signifie les comprendre à partir d'un besoin d'idéal, d'une nostalgie : on fabrique alors une hellénité idéalisée, apollinienne, lumineuse, « enveloppée dans du papier doré ». Or « aussi longtemps que nous n'aurons pas de réponse à la question : "qu'est-ce que le dionysiaque ? ", les Grecs nous resteront, avant comme après, totalement inconnus et irreprésentables »[3].

Philologie et philosophie

Il faut donc prescrire aux philologues, sinon de devenir philosophes, du moins de recevoir de la philosophie le sens

---

1. *Introd. à la lecture…*, p. 10-11.
2. *CIn II*, Préface.
3. *EA*, § 3.

et le but de ce qu'ils font : « il faut que le philologue s'appuie constamment et fermement sur la philosophie[1]. » La tragédie grecque est morte et nul, surtout pas Wagner (comme Nietzsche avait voulu en avoir l'illusion au moment de la *Naissance de la tragédie*), ne la fera revivre. Le dionysiaque peut pourtant revivre dans le philosophe tragique, et ainsi « encadrée », la philologie pourra servir à comprendre, inactuellement, le présent. Comprendre le présent à partir de l'Antiquité n'est pas y chercher des moyens d'expliquer ce présent mais de l'évaluer, et ainsi de se rendre inactuel. Nietzsche sait donc pourquoi, et pour quoi, et d'où, il regarde les Grecs. Seul un philosophe le sait, d'abord parce qu'il s'est posé, et s'est posé profondément, cette question (s'il y a, à notre époque, un retour aux Grecs, avec tout ce que cela implique de malentendus, ce n'est pas aux doctes philologues qu'on le doit, mais bien à Hegel, Nietzsche ou Heidegger).

Quand les philologues sont les purs représentants de l'« histoire antiquaire » (nommée sans nul doute par Nietzsche en référence à eux), ils se perdent dans les détails ; ou alors, ajoutant à cette espèce d'histoire les inconvénients de l'histoire monumentale, ils construisent une Grèce éternelle. Ils passent ainsi complètement à côté du problème grec, celui que pose leur incompréhensible aptitude à regarder en face l'aspect terrifiant de l'existence : le dionysiaque. Conclusion :

> As-tu ouï dire que c'est, selon Aristote, une mort non tragique que d'être écrasé par une statue ? (…) Les philologues meurent de la main des Grecs, on peut en prendre son parti. Mais l'Antiquité elle même vole en éclats sous les coups des philologues[2] !

---

1. *Introd. aux études…*, p. 101.
2. *Sur l'avenir…*, Troisième Conférence.

La philologie au sens large manque de philosophie, mais les philosophes manquent tous singulièrement de philologie au sens restreint : « Chez presque tous les *philosophes*, l'utilisation d'un devancier et la lutte menée contre lui manquent de rigueur et sont injustes. Ils n'ont pas appris à *lire* et à interpréter *correctement*[1]. » S'il faut affranchir la philologie de son historicisme et de son scientisme, la sommer de prendre conscience de ses buts et de l'étrangeté du phénomène grec, lui donner des perspectives plus amples, elle reste, en son sens restreint, « l'art incomparable de bien lire », la seule discipline permettant d'apprendre à lire.

Pour la philologie comme art de bien lire

Pourquoi ? Parce que lire en philologue, c'est nécessairement lire *lentement*. Mais pourquoi un philologue doit-il apprendre à lire lentement ? Pour toutes les raisons qui suivent.

Donner du sens aux mots

Tout d'abord, un texte écrit dans une langue morte ne peut pas se comprendre immédiatement car on n'a pas l'*usage* de cette langue : une langue morte est une langue que plus personne ne parle, donc n'entend spontanément. L'usage d'une langue permet de traverser les mots vers un sens si immédiatement perçu qu'il les dévore. Même si on comprend mal, on *croit* comprendre. Un philologue commence par *ne pas* comprendre : il va des mots au sens, mais tout mot d'une langue a plusieurs significations et c'est le contexte qui décide entre elles. Le contexte dont dispose un philologue est un contexte exclusivement écrit : « Étant donné que la transmission consiste habituellement en l'écriture, il nous faut donc apprendre de

---

1. FP III-1, 23[22].

nouveau à *lire* : ce que nous avons désappris à cause de l'hégé-
monie de la chose imprimée[1].» De plus, ce contexte est
lacunaire : nous ne disposons pas de la totalité de la littérature
grecque et latine, souvent pas de l'ensemble des œuvres d'un
auteur, et souvent pas non plus d'un ouvrage en son entier.
Déterminer la signification d'un mot est pour le philologue un
travail :

> La philologie, effectivement, est cet art vénérable qui exige
> avant tout de son admirateur une chose : se tenir à l'écart,
> prendre son temps, devenir silencieux, devenir lent, – comme
> un art, une connaissance d'orfèvre appliquée au *mot*, un art
> qui n'a à exécuter que du travail subtil et précautionneux et
> n'arrive à rien s'il n'y arrive *lento*[2].

Le philologue doit donner du sens aux mots, et il est aussi
difficile de leur en donner qu'il est difficile à l'orfèvre – «le
plus méritant des hommes» – de *créer* une pierre précieuse à
partir d'un caillou. Donner sa valeur à chaque mot d'un texte
requiert de la subtilité et de la précaution – il faut se retenir de
vouloir comprendre avant le temps ; il faut également devenir
silencieux, faire taire en soi tout le vacarme des opinions
modernes, des connotations attachées aux mots par la langue
que l'on parle, comme toute la rumeur des interprétations
précédentes. Sans parler du fait qu'en admettant que la phrase
constitue un contexte suffisant, une même phrase peut permettre
plusieurs constructions et son articulation pose également
problème : la même particule grecque, *dé* par exemple, signifie
«et» ou «mais», elle sert à lier et à opposer. Voilà déjà
pourquoi «Seul le philologue lit lentement et médite une demi-
heure sur six lignes». Alors qu'«aujourd'hui, un lecteur ne lit
pas tous les mots, et encore moins toutes les syllabes d'une page

1. *Introd. aux études*…, p. 105.
2. *A*, Avant-propos, § 5.

– il en extrait peut-être cinq sur une vingtaine, au hasard, et "devine" le sens approximatif qui leur correspond »[1]. Un philologue est obligé de lire tous les mots, toutes les syllabes et même toutes les lettres. C'est justement la chance des textes de l'Antiquité : « ses *écrits* sont les seuls que des hommes modernes lisent encore *rigoureusement*[2]. » Pas tous les modernes, seulement les philologues, raison pour laquelle Nietzsche veut comme lecteurs des philologues parfaits, il veut être lu « comme les bons philologues d'autrefois lisaient leur Horace »[3].

Le travail « critique » concerne la transmission

Un philologue qui s'attaque à un texte grec ne sait pas *de qui est le texte* qu'il lit. Le mouvement proprement philologique n'est pas historique mais généalogique : il s'agit de se rapprocher d'un original à tout jamais perdu, car aucun autographe des auteurs antiques n'a survécu. Il faut donc tenter, à partir de la multiplicité des manuscrits, « des descendants », de remonter l'histoire à rebours vers l'ancêtre présumé, l'« archétype », celui qui est le plus proche de l'autographe original mais que les vicissitudes de sa transmission ont inévitablement et parfois irrémédiablement détérioré. Cette généalogie ascendante a pour but la remontée à un état du texte le plus originel possible, non au texte original. En sens contraire, l'étude de la tradition textuelle cherche à tracer, selon une généalogie descendante, toutes les filiations de l'archétype présumé. Il faut alors tenter d'exprimer ces rapports de filiation dans un arbre généalogique (*stemma*), voir s'il existe un ou plusieurs archétypes et éliminer les manuscrits qui, dérivant d'une même source disponible, n'ont pas de valeur intrinsèque. Le philologue a donc besoin

---

1. *PBM*, V, § 192.
2. FP II-2, 3[25].
3. *EH*, « Pourquoi j'écris de si bons livres », § 5.

des informations que lui fournit la paléographie, la science de l'écriture ancienne et de son substrat, afin de pouvoir dater les différents manuscrits, les localiser, distinguer les différentes mains qui s'y sont appliquées. Il faut évaluer ces manuscrits selon trois principes allant à l'encontre de ce qu'on aurait pu croire évident : 1) le fait qu'une leçon donnée se retrouve dans un grand nombre de manuscrits ne signifie rien quant à la valeur de cette leçon ; 2) les manuscrits les plus anciens ne sont pas nécessairement les meilleurs. Il est impossible d'évaluer la qualité d'un manuscrit sans le lire intégralement, et même lorsqu'on s'est formé une opinion quant à la valeur générale et respective des différents manuscrits, cela ne peut servir de principe intangible : il faut choisir chaque fois, et non pas en général, parmi les différentes leçons conservées en ayant pour seul principe de donner le *meilleur* sens *possible*. Enfin 3) la tradition indirecte, souvent plus proche chronologiquement de l'original que les manuscrits dont nous disposons, fournit des citations auxquelles on ne peut pas se fier systématiquement.

D'où la difficulté de résoudre les questions d'authenticité : celle-ci dépend d'une part de la transmission particulière du texte, d'autre part d'une argumentation. Si par exemple un texte présente un « hapax », cela entraîne-t-il forcément qu'il s'agit d'une interpolation ou d'un fragment apocryphe ? Doit-on estimer au contraire qu'un faussaire ne se serait pas risqué à employer ce terme insolite ? Encore qu'il puisse néanmoins exister des faussaires idiots. Chaque argument pouvant être contesté, on n'atteint jamais que des degrés de probabilité. Certains auteurs, et en particulier la plupart des philosophes présocratiques, ne nous sont connus que par des citations bien postérieures ; celles-ci peuvent diverger même si elles sont rapportées par un seul auteur car elles sont souvent faites de mémoire, et elles peuvent répondre à une intention « idéologique ». En outre, comment déterminer à coup sûr où commence et où finit un fragment d'Héraclite ou de Parménide, puisque ni les papyrus ni les manuscrits médiévaux ne connaissent les guillemets ? Pour les papyrus, ils sont entièrement écrits en onciale (majuscules), sans coupures entre les mots, presque sans ponctuation, et sans accentuation : tout cela a été introduit par des éditeurs postérieurs, alexandrins puis médiévaux, qui ont ordonné ce qui apparaît à un profane comme un chaos de lettres.

L'herméneutique concerne ce qui est transmis

De la critique, le philologue doit passer à l'herméneutique[1]. Lorsque les manuscrits fournissent des leçons différentes mais toutes grammaticalement ou syntaxiquement possibles, il faut choisir ; quand aucune leçon fournie par les manuscrits ne semble satisfaisante, il faut émender le texte à l'aide d'une conjecture. Dans l'un ou l'autre cas, on doit respecter des règles : le sens doit être compatible avec le contexte ; le langage, le style et tout élément pertinent (versification, rythme prosodique, évitement du hiatus) doivent être considérés pour réussir à éliminer une leçon ou une conjecture impossibles. Le philologue doit aussi percevoir le ton et le *tempo* d'un texte, en évaluer le degré de raffinement. Mais dans la plupart des cas il existe plusieurs variantes possibles, c'est-à-dire non impossibles. Pour justifier son choix ou sa correction, le philologue doit dire à quel type d'erreur correspondent selon lui les leçons qu'il a rejetées, et il connaît la liste de ces erreurs habituelles et communes (Nietzsche en énumère seize[2], et chaque lecteur d'un texte grec ou latin a l'expérience de certaines d'entre elles : deux lettres inversées, un mot répété, l'omission de

1. Voir le § 8, « Critique et herméneutique », de l'*Introduction aux études de philologie classique* : la *critique* concerne la *transmission* / l'*herméneutique ce qui est transmis*, p. 106.
2. *Ibid.*, p. 107-108.

lignes séparant deux expressions identiques, etc.). Il faut de plus tenir compte du désir du copiste de simplifier un élément du texte en le banalisant. La *difficilior lectio* signifie qu'entre deux leçons concurrentes, on doit préférer la plus difficile. Cette règle énonce qu'il est plus intéressant de choisir la leçon qui donne le sens le moins attendu, le moins « courant » : *plus intéressant*, mais nullement *plus vrai*. Identifier le *meilleur* sens au sens *le plus difficile* indique non seulement l'impossibilité de parler d'un sens *vrai*, mais marque une défiance envers toute trop facile évidence. La « méfiance » dont Nietzsche a fait une vertu sort tout droit de cette règle de la pratique philologique, règle qui se retrouve également dans sa conception de la vérité : la vérité est femme, donc veut séduire, et la difficulté de la saisir n'est ni un de ses moindres charmes ni un des signes les plus négligeables que c'est bien d'elle qu'il s'agit – elle ne saurait être elle-même sans ses voiles.

Un philologue ne se trouve donc jamais face à *un* texte, et jamais face au *texte original*. Le texte est ce qu'il doit établir, et cela ne requiert pas seulement tout un ensemble de méthodes rigoureuses, mais de la prudence, de la patience, de la finesse et du goût, en bref des vertus. Une fois établi, le texte doit être édité. « Après avoir pesé le pour et le contre », le philologue a la responsabilité du texte qu'il présente, mais, au-delà, il a la responsabilité de préserver le visage et éventuellement la grandeur de l'auteur auquel il attribue ce texte. Texte dont il ne prétend pas livrer une version intangible : il l'assortit d'un apparat critique qui mentionne ce qu'il a écarté et qui fait donc transparaître toute une sédimentation de textes à travers le texte proposé. Le lecteur a ainsi à sa disposition les moyens de connaître les choix faits, de les refuser, et même d'en essayer d'autres. Cet apparat confère donc au *texte* établi un caractère *hypothétique*, et au *sens* choisi la modalité du *possible*, du *probable*, du *vraisemblable*. Le texte n'est en définitive que l'ensemble des hypothèses et des décisions de celui qui l'édite, autrement dit, c'est une interprétation.

Traduire

Pour la traduction (qui ne fait pas partie de la philologie), elle a ses règles : ne rien omettre, ne rien ajouter, mais elle aussi se trouve face à des choix (privilégier le lexical ou le syntaxique, l'élégance ou la précision) et à des impossibilités : il y a de l'intraduisible. Un traducteur doit avoir conscience que le champ de l'expérience humaine est radicalement hétérogène et que les mots renvoient à des expériences qui « luisent » différemment. « L'éclairage et les couleurs de toutes choses ont bien changé[1] ! » On ne peut vraiment comprendre, par exemple, ce que Nietzsche dit du rêve dans la *Naissance de la tragédie* si on ne sait pas que non seulement les Grecs « croyaient aux rêves », mais que pour eux le rêve n'était pas essentiellement un phénomène nocturne : ils rêvaient autant éveillés qu'endormis, et quand ils rêvaient ils entendaient plus qu'ils ne voyaient. La façon dont ils concevaient le rêve doit faire réfléchir à ce que les Grecs comprenaient du jour : si la lumière du soleil n'exclut pas pour eux le rêve, c'est que le jour n'est pas un principe de réalité (donc de frustration). De même, « leur mort n'était pas notre mort »[2]. La mise en évidence de cette manière différente qu'a un mot de « luire » est confiée dans le premier Traité de *La Généalogie de la morale* moins à l'étymologie qu'à la réinsertion des mots « bon et mauvais » dans la culture grecque, dans une culture aristocratique (en italien, « mauvais » et « méchant » se dit toujours *cattivo*).

---

1. *GS*, III, § 152.
2. Voir le beau paragraphe 36 de *L'Antéchrist*.

Conclusion : « On n'a pas été philologue en vain »

Croire que la philologie veut s'approcher du texte original et de ce que l'auteur a voulu dire, en excluant les interprétations hâtives ou imaginaires[1], c'est ignorer ce qu'est la philologie. Car, en résumé :

1) pour les textes antérieurs à l'invention de l'imprimerie, il n'y a pas de texte original, et très rarement une seule version d'un texte ;

2) un philologue ne se demande pas ce que l'auteur a voulu dire, il se demande ce que veut dire *le texte* ; il n'a pas la naïveté de vouloir le comprendre comme son auteur l'a compris (ce que P. Aubenque appelle « le syndrome du téléphone » : j'aimerais pouvoir téléphoner à Nietzsche pour qu'il m'explique ce qu'il a voulu dire), et pas davantage celle de prétendre mieux le comprendre que son auteur ne l'a compris : le sens d'un texte est pour lui dans le texte, pas dans la tête de son auteur ;

3) il ne peut déterminer ce sens que dialectiquement, au sens platonicien : par un va-et-vient de questions et de tentatives de réponse.

Tout philologue sait donc qu'un texte n'existe pas comme texte s'il n'est pas lu, c'est-à-dire interprété ; sinon, ce n'est qu'un ensemble de traces sur un support. Même pour son auteur un texte ne prend forme de texte que quand il le lit, pas quand il l'écrit. Est texte ce qui possède un sens, mais avant le travail du philologue ce sens n'existe pas – l'ensemble des signes est trop lacunaire (penser aux papyrus d'Herculanum) ou trop rempli d'erreurs, ou encore est suspect car trop manifestement arrangé (par exemple : les corrections néoplatoniciennes de certains

---

1. Comme le croit Jaspers, *Nietzsche, Introduction à sa philosophie*, [1950], trad. H. Niel, Paris, Tel-Gallimard, 1978, p. 292.

passages de Platon, ou celles commises par la sœur de Nietzsche quand elle confectionne *La Volonté de puissance*). Mais ce travail ne fait que stabiliser provisoirement un texte équivoque et instable, ce dont est conscient le philologue le moins nietzschéen et le plus scientiste. Cette conscience induit celle de l'irréductible multiplicité et du nécessaire devenir des interprétations, de leur mobilité, du fait que chacune est vouée à être dépassée. « Évident » est un mot que tout philologue bannit de son langage ; il lui faut *finir* par décider sans jamais être certain, c'est pourquoi il possède « la faculté de ruminer » et qu'en fait il n'en a jamais fini.

Tout ce qui vient d'être dit doit s'entendre en un double sens, dans le double sens que Nietzsche donne à la philologie : science particulière, elle doit imposer à toutes les autres les méthodes qu'elle a durement conquises, car toute véritable science est un art de bien lire, d'interpréter correctement un texte. Les sciences ne se sont vraiment développées qu'une fois que la philologie a trouvé ses méthodes[1], et c'est comme philologue que Nietzsche déclare se placer en « spectateur des choses européennes comme devant un texte mystérieux et jamais lu ». Si on n'a aucune idée de ce que sont ces méthodes, il est difficile de comprendre le rôle que joue ce paradigme méthodologique dans une philosophie de l'interprétation.

C'est donc bien en « vieux philologue, fort de toute son expérience philologique » que Nietzsche écrit à C. Fuchs (le 26 août 1888) qu'il n'y a pas « d'interprétation seule béatifiante ». Il est inexact de faire dire à cette phrase que puisqu'il n'existe pas *une* interprétation correcte, il n'existe *que* des interprétations incorrectes : il existe des interprétations *plus ou moins* incorrectes, et les moins incorrectes sont forcément plus correctes que d'autres, qui sont ignorantes ou malhonnêtes.

---

1. *Ant*, § 59.

Le meilleur sens est celui qui donne à un texte plus de *cohérence* et plus de *force*. Ceux qui ne tiennent pas compte de ces deux règles sont les pires lecteurs :

> *Les pires lecteurs.* – Les pires lecteurs sont ceux qui procèdent à la manière des soldats pillards : ils prennent ceci ou cela dont ils peuvent avoir besoin, salissent et emmêlent le reste, puis pestent contre le tout [1].

Les pires lecteurs procèdent à la manière de soldats pillards (ou des mauvais bouchers de Platon), ils massacrent la cohésion et l'organisation du texte en en prélevant ce dont ils ont besoin, de sorte que le reste se trouve « emmêlé » et devient incompréhensible, ce qui justifie le jugement qu'ils portent pour finir sur l'ensemble (il comporte bien quelques perles, mais…). Une mauvaise interprétation peut cependant provenir aussi d'un excès de systématisation. Les médiévaux ont voulu établir une hiérarchie des interprétations, croyant que la profondeur d'un texte tient à son équivocité. Ils ont énoncé la théorie des double, triple et quadruple sens, distingué des niveaux, mais ce n'est pas parce qu'on démultiplie le sens d'un texte qu'on en fait une profonde lecture. Une bonne lecture est une lecture *simple*, et seule une lecture simple est une lecture profonde.

On peut donc déjà tenir au moins cela : s'il existe un art de bien lire, il existe nécessairement des manières de mal lire, et réciproquement. Comment distinguer entre elles ?

Nietzsche appartient à l'âge d'or de la science philologique : c'est à cette époque que la quasi-intégralité de tout ce qui a matériellement survécu de l'Antiquité a été établi et transmis, et il a été formé à la plus rude école de philologie qui ait sans doute existé sur cette terre. Il nous dit qu'« on n'a pas

---

1. *OS*, § 137.

été philologue en vain »[1]. C'est en effet de cette science qu'il tire sa conscience du rapport existant entre texte et interprétation, rapport dont la philologie lui a appris qu'il n'avait rien d'antinomique. C'est en elle aussi qu'il voit le paradigme méthodologique devant s'étendre à toute connaissance. Or, comme les méthodes sont «les découvertes les plus précieuses», «celles que l'on trouve en dernier» et qui sont «les conditions d'exercice de notre scientificité actuelle »[2], ce paradigme devient paradigme épistémologique.

L'extension du paradigme

> Il faut beaucoup d'intelligence pour appliquer à la nature le même genre d'interprétation rigoureuse que les philologues ont désormais établi pour tous les livres: en vue de comprendre simplement ce que le texte veut dire, mais sans y flairer, ni même y supposer un double sens.
>
> Humain trop humain I

> Par philologie on doit entendre, au sens très général, l'art de bien lire, – de savoir déchiffrer les faits sans les fausser par son interprétation, sans, par exigence de comprendre à tout prix, perdre toute prudence, toute patience, toute finesse.
>
> L'Antéchrist

Texte et interprétation : une antinomie ?

Avec la généralisation de la méthode philologique, les difficultés commencent, et J. Granier est dans son livre sur Nietzsche littéralement hypnotisé par elles. Il en conclut ceci : «On s'aperçoit donc qu'une *antinomie* déchire souterrainement la réflexion nietzschéenne. La conception de Nietzsche

---

1. Dans la 1ʳᵉ édition de cet ouvrage, j'avais écrit «je n'ai pas été philologue en vain ». J'ai fait mon *mea culpa* dans un article intitulé « On n'a pas été philologue en vain », dans *Nietzsche et la philologie*, sous la direction de J.-F. Balaudé et P. Wotling, Paris, Vrin, 2012.
2. *Ant*, § 13.

semble osciller entre un *phénoménalisme perspectiviste intégral* – qui (...) abolit la notion même de "texte" – et une définition de la connaissance authentique comme *"philologie"* rigoureuse, qui, prise à la lettre, risque de verser dans le *dogmatisme* [1]. » Mis à part que parler de « dogmatisme » (en italiques qui plus est) à propos de la philologie témoigne du fait que l'auteur de cette phrase n'est certainement pas « un vieux philologue », on peut traduire ainsi l'antinomie déchirante et souterraine que Nietzsche aurait posée : affirmer que tout est interprétation abolit le texte au profit d'un relativisme intégral, alors que poser un texte indépendant de ses interprétations risque d'ériger ce texte en norme extérieure et absolue, d'où le risque de dogmatisme.

Le perspectivisme

Qu'en est-il donc du perspectivisme intégral, et peut-on l'assimiler à un relativisme intégral dans la mesure où il abolirait l'existence d'un texte distinct de son interprétation ? Nietzsche affirme certes que tout est interprétation, et que toute interprétation est solidaire d'une perspective. Mais que signifie « perspective » selon Nietzsche ? Elle ne renvoie pas à une limitation due à une situation spatiale et temporelle, elle ne se définit pas par son caractère fini et partiel. Ce n'est pas un « point de vue » portant sur une chose, chose sur laquelle on pourrait prendre plusieurs points de vue possibles mais qui en serait indépendante. Le perspectivisme est ce qui contraint à récuser le dogme de l'objectivité :

> on nous demande toujours là de penser un œil qui ne peut pas du tout être pensé, un œil dont le regard ne doit avoir absolument aucune direction, dans lequel les énergies actives

1. J. Granier, *Le Problème de la vérité dans la philosophie de Nietzsche*, Paris, Seuil, 1966, p. 322.

et interprétatives doivent se trouver paralysées, faire défaut, alors qu'elles seules permettent une vision-de-quelque chose (*ein Etwas-Sehen*); c'est donc toujours un inconcevable non-sens d'œil qui est demandé là. Il n'y a de vision *que* perspective, il n'y a de « connaissance » que perspectiviste [1].

Pour voir *quelque chose*, pour que quelque chose comme une chose prenne forme, il faut que cette vision mette en œuvre une pluralité d'énergies actives et interprétatives. Une vision passive est non seulement vision de rien mais n'est pas une vision du tout (ne rien voir est ne pas voir). Une énergie active est une énergie qui donne forme et signification en interprétant : elle n'interprète pas la chose, c'est la chose qui prend forme par l'interprétation. De plus, il n'y a pas qu'une seule énergie agissante, il y en a une multiplicité qui s'opposent, se conjuguent et se hiérarchisent, et la façon dont elles se hiérarchisent impose au regard sa direction. Une perspective suppose donc des énergies en acte, non « paralysées », qui interprètent en fonction d'une certaine organisation hiérarchisée, laquelle dirige le regard vers quelque « chose ». Le perspectivisme induit donc tout le contraire d'un relativisme. On peut entendre ce dernier terme en un sens protagoréen, or « l'homme », ou « chacun », n'est pour Protagoras mesure de toutes choses que pour autant que ces choses lui apparaissent comme il en *pâtit* ; et même dans sa version limite, la thèse des raffinés du *Théétète* pour lesquels les sentants comme les sentis sont constitués corrélativement lors de chaque sensation, ce relativisme ne peut pas être prêté à Nietzsche, car aucune énergie active ne joue dans ces rencontres. On ne peut pas davantage lui prêter un relativisme de type spinoziste :

> En ce qui concerne le bon et le mauvais, ils ne manifestent non plus rien de positif dans les choses, du moins considérées en

elles-mêmes, et ne sont que des modes de penser, c'est-à-dire des notions que nous formons parce que nous comparons les choses entre elles. En effet une même chose peut être, dans le même temps, bonne et mauvaise et aussi indifférente [1].

La perspective ne projette pas sur les choses une valeur qui leur est extérieure et cette valeur ne leur est pas donnée par un mode de penser qui compare, c'est-à-dire met en relation des choses égales, *rendues* égales [2]. Pour Spinoza comme pour Nietzsche bon et mauvais ne sont pas soutenus par un Bien et un Mal absolutisés, mais ce ne sont pas pour Nietzsche des termes qu'il faudrait conserver en dépit de leur essentielle relativité et de leur absence de fondement dans les choses elles-mêmes. Chaque volonté de puissance évalue et évalue nécessairement en fonction de la quantité et de la qualité de sa puissance. Le bon comme le mauvais sont relatifs à des types de volonté de puissance, mais les perspectives, elles, ne sont nullement relatives : une perspective n'est pas l'une de celles que peut adopter une certaine volonté de puissance, chaque volonté de puissance *est* une perspective.

Toute perspective est évaluation donc pose le problème de la hiérarchie des différentes évaluations. Nietzsche dit de ce problème qu'il est « notre problème à nous, esprits libres » : toutes les volontés de puissance ne se valent pas :

> il te fallait voir de tes yeux le problème de la *hiérarchie*, voir la puissance, le droit et l'étendue de la perspective s'accroître ensemble en même temps que l'altitude [3].

Parce que ces esprits libres sont les « arpenteurs de tous les niveaux et degrés », ils conçoivent « ce qu'il y a toujours

---

1. Spinoza, *Éthique*, IV, Préface.
2. FP XII, 5[65].
3. *HH I*, Préface, § 6 ; l'ensemble de cette Préface est le texte le plus décisif sur la notion nietzschéenne de perspective.

d'injustice *nécessaire* dans le *pour* et le *contre*, cette injustice inséparable de la vie, elle-même *conditionnée* par la perspective et son injustice ». Toute perspective est injuste, mais si on apprend l'art de les multiplier, on ouvre « la voie à des manières de penser multiples et opposées »[1] et on rétablit la justice. Mais parce que c'est la justice qu'on rétablit et non pas la vérité qu'on établit, on n'encourt aucun risque de relativisme car justice implique hiérarchie. Tout relativisme se borne au simple constat qu'il *existe* des contradictions, et en tire la conséquence que toute valeur est sans fondement. Adopter à l'égard des vertus une perspective hiérarchique signifie au contraire voir en elles les expressions de degrés et de qualités de force, donc découvrir ce qui les fonde, qui n'est pas un fondement mais une origine qui n'a rien d'arbitraire. Mais les contradictions subsistent entre les différentes évaluations propres à ces forces, chacune étant nécessairement partiale et injuste : les valeurs d'une morale des maîtres, par exemple, sont contradictoires avec celles d'une morale des esclaves bien qu'elles expriment deux degrés de force d'une même volonté ; elles peuvent être jugées bonnes ou mauvaises, ou bonnes et mauvaises, selon le type de volonté qui les évalue (évalue la valeur de ce qu'elles prétendent être des valeurs). Évaluer la valeur de ces valeurs implique l'adoption d'une perspective affranchie de la croyance à l'un ou l'autre système, donc *l'élévation et l'extension* de la perspective. Celle-ci entraîne la multiplication de manières de penser opposées et rend insensible « quant aux valeurs opposées »[2]. Tout ce qui vit évalue et ne choisit pas d'évaluer ainsi plutôt qu'autrement parce que tout ce qui vit *est* une évaluation : loin d'être relative, toute évaluation est absolument nécessaire et fatale. La hauteur et l'étendue de la perspec-

---

1. *HH I*, Préface, § 4.
2. *Ibid.*, § 6.

tive permettent de hiérarchiser les évaluations et de rendre justice à ce qui est évalué, mais aucune évaluation n'en relativise une autre : toutes sont rigoureusement nécessaires. La *multiplicité* des évaluations n'implique aucun relativisme mais appelle une hiérarchie. Cette dernière dépend d'une volonté de puissance différente de celles qui restent enfermées dans un seul système d'évaluation.

Ce qui intéresse cette volonté différente est ce que les oppositions de valeurs manifestent : la nature des instincts et des forces dont elles procèdent, bref leur généalogie, condition de l'établissement d'une hiérarchie juste. Celui qui a recouvré la liberté par rapport à toutes les « anciennes tables », donc la santé, est maître de ses « pour » et de ses « contre » : il a compris, d'abord, que « pour » et « contre » ne s'excluent pas puisqu'ils dépendent d'une perspective et qu'on peut, ou plutôt qu'on doit, multiplier les perspectives ; ensuite, et en conséquence, que bon et mauvais, vrai et faux, etc., ne s'excluent pas davantage : ces prétendus contraires sont indéfectiblement liés et *également* nécessaires à la vie. Ce ne sont donc pas ces *valeurs* qu'il prend pour principe de sa hiérarchie mais leurs *origines*, des volontés de puissance qualitativement et quantitativement déterminées. S'il dit oui ou non, ce n'est pas parce qu'il prend parti pour telle ou telle valeur mais parce qu'il sait voir quelle sorte de force elle exprime. C'est cette force qui confère à une perspective sa puissance et son droit. Mais quel est à son tour l'instinct qui commande une telle perspective, qu'est-ce qui pousse à regarder « de haut » vers les profondeurs des origines, à multiplier les expériences et les expérimentations donnant lieu à des manières de penser opposées ? On peut le nommer « passion de la connaissance » – passion signifiant qu'en cette matière non plus, on ne choisit pas, on est choisi.

« *L'interpréter* »

Chaque regard est strictement déterminé, nul n'est libre de voir comme ça lui chante, il voit comme il peut et veut voir, et ne voit que ce qu'il peut et veut voir. Mais cette manière de parler est dangereuse en ce qu'elle semble poser un sujet qui interprète (l'organisation temporaire des énergies, par exemple).

> Il ne faut pas demander : « *qui* donc interprète ? », au contraire, l'interpréter lui-même, en tant qu'il est une forme de volonté de puissance, a existence (*Dasein*) (mais non pas comme un « être », *Sein*, au contraire comme un *processus*, un *devenir*) en tant qu'affect [1].

Il n'y a pas d'interprète derrière l'interprétation, il n'y a que de *l'interpréter* (*das Interpretieren*). L'emploi d'un verbe à l'infinitif (donc exclusif de tout sujet) permet de surmonter la dualité de l'agent et de l'action, vieille mythologie véhiculée par la grammaire qui pose une entité stable et durable comme cause de tout agir et de tout pâtir. Or non seulement une telle entité n'est qu'une fiction, mais les énergies actives, en luttant, se conjuguant et se hiérarchisant, s'affectent mutuellement ; il est impossible de séparer l'agir du pâtir. L'interpréter est ce processus qui existe en tant qu'affect et qui signifie que toute volonté de puissance n'est pas seulement un agir mais un affect. Toute interprétation est perspectiviste au sens où la perspective n'est pas définie comme l'interprétation d'une situation *donnée* (la facticité au sens sartrien), et où elle n'est pas un point de vue arbitraire sur la chose mais un *affect* rigoureusement déterminé dans sa direction et dans sa valeur. En conséquence il n'y a ni textes ni faits en dehors de l'interpréter : « Savoir (…) si une existence sans interprétation, sans "sens" ne devient pas juste-

1. FP XII, 2[151].

ment un "non-sens", si, d'autre part, toute existence n'est pas essentiellement une existence *interprétante* », est une question absurde, car notre intellect suppose qu'il pourrait, en la posant, sortir de sa propre perspective. Nous ne pouvons regarder au-delà de notre angle[1]. Le caractère perspectiviste et interprétant de toute existence n'est pas un problème mais l'affirmation d'une nécessité.

Pourtant, face à certaines interprétations, Nietzsche semble faire valoir les droits du texte : une certaine physique « est interprétation, et non pas texte »[2] ; il prône également « *le sens des réalités* », « le regard libre devant la réalité »[3]. Donc, sur cette question, loin de se situer par-delà, Nietzsche aurait lui même engendré une antinomie.

Comment départager les interprétations ?

Les difficultés proviennent de l'extension du paradigme (opérée dès la *Deuxième Inactuelle* où il était question de bien lire le texte de l'histoire), c'est-à-dire de la conversion en « texte » de tout fait ou de tout ensemble de phénomènes, naturels, historiques ou humains. Ce remarquable élargissement de la notion de texte rend beaucoup plus difficile le partage des interprétations, car ces textes sont des faits, des phénomènes qui n'ont pas de sens en eux-mêmes (sauf à présupposer qu'un auteur divin leur en a donné un). Mais cela pose surtout le problème du *type d'existence* à leur accorder : Nietzsche est-il un post-kantien au sens où le monde et tout ce qu'il renferme serait et ne serait que ma représentation, et n'aurait-il fait avec son perspectivisme qu'en multiplier à l'infini les représentations (baptisées interprétations) possibles ? Croit-il au contraire

---

1. *GS*, V, § 374.
2. *PBM*, I, § 22, *cf.* le § 230 où il s'agit de ce texte qu'est l'homme.
3. *Ant*, § 59.

à l'existence d'un texte «fondamental» sur lequel viendraient se projeter les interprétations, et il faudrait alors parler de l'ontologie, peut-être même de la métaphysique de Nietzsche? Un des textes les plus fréquemment allégués pour attribuer à Nietzsche une telle antinomie est le § 22 de *Par-delà Bien et Mal*.

L'ensemble du paragraphe est mis sous le signe de la philologie. Il nous présente le discours qu'un vieux philologue adresse à des physiciens dont il qualifie d'emblée la théorie d'«interprétation». C'est pourquoi la philologie a sur elle un droit de regard. Le but n'est donc pas de critiquer le méca-nisme[1], de démontrer l'erreur d'une théorie physique. Il s'agit de mettre le doigt sur l'un des aspects dont elle est le plus fière : la découverte des lois de la nature. L'affirmation de la légalité de la nature est prise comme exemple d'une mauvaise interpré-tation. C'est pourquoi il faut procéder d'abord en psycho-physiologue et mettre à jour les instincts et l'arrière-pensée qui se cachent derrière la notion de loi. Le psychologue montre que l'interprétation est une interprétation et la rapporte aux instincts qui en sont l'origine; mais c'est le philologue qui en dénonce, avec un «malin plaisir», la mauvaise philologie, puisque cette interprétation croit justement ne pas en être une et prétend se conformer au texte même de la nature. Nietzsche ne se contente cependant pas de débarrasser le texte de la nature d'une interprétation aberrante, il annonce qu'«il pourrait bien survenir quelqu'un». Le passage de la mauvaise interprétation à l'autre n'a rien de logique ni de nécessaire, quelqu'un *pourrait* survenir qui *changerait* radicalement de perspective et proposerait une interprétation opposée. Il découvrirait, en

---

1. Comme l'affirme W. Müller-Lauter dans son par ailleurs très utile commentaire (*Nietzsche, Physiologie de la Volonté de Puissance*, textes réunis et introduits par P. Wotling, trad. de J. Champeaux, Paris, Allia, 1998), p. 85 *sq.*

s'appliquant à déchiffrer la même nature et les mêmes phéno-mènes, une absence totale de lois. Il aboutirait néanmoins aux mêmes conclusions, à savoir que le monde est nécessaire et prévisible. Cela, pour une raison complètement différente : parce que « toute force, à chaque instant, va jusqu'au bout de ses dernières conséquences ». Interprétation contre interpréta-tion, donc, mais la première s'affirme avec le dogmatisme propre à une science transie de morale, alors que la seconde est énoncée de bout en bout au conditionnel. L'une est évaluée négativement et l'autre positivement, pourtant, si la seconde est meilleure c'est justement parce qu'elle est hypothétique. Son expérience philologique a appris à celui qui la formule la différence entre une interprétation qui est un texte, et une interprétation qui n'est qu'une interprétation, une construction imaginaire. L'hypothèse proposée, celle d'un monde où luttent une multiplicité infinie de volontés de puissance qui s'entre-interprétent, fournit le critère permettant de les distinguer.

La mauvaise philologie des physiciens

Qu'on me pardonne, à moi, vieux philologue qui ne résiste pas au malin plaisir de mettre le doigt sur de mauvaises techniques interprétatives (*Interpretations-Künste*) ; mais cette « légalité de la nature » (*Gesetzmässigkeit der Natur*) dont, vous, physi-ciens, parlez avec tant d'orgueil, « comme si » – ne repose que sur votre commentaire (*Ausdeutung*) et votre mauvaise « philologie », – elle n'est en rien un état de fait (*Thatbestand*), en rien un « texte », mais bien plutôt un réarrangement et une distorsion de sens naïvement humanitaires avec lesquels vous vous montrez largement complaisants envers les instincts démocratiques de l'âme moderne ! « Partout égalité devant la loi – en cela il n'en va ni autrement ni mieux pour la nature que pour nous » : honnête arrière-pensée, sous laquelle se déguise une fois encore l'hostilité plébéienne à l'égard de tout privilège et de toute souveraineté, ainsi qu'un second athéisme plus subtil. « *Ni dieu ni maître* »[1] – c'est bien aussi ce que vous voulez : et donc « vive la loi naturelle » ! – n'est-ce pas[2] ?

L'interprétation des physiciens est une mauvaise interprétation pour deux raisons : la première est qu'« elle n'est en rien un état de fait, en rien un texte ». Le reproche est curieux, et c'est sans doute pourquoi certains traducteurs « amendent » et traduisent « elle ne *correspond à* aucun contenu réel, à aucun "texte" », maintenant ainsi la distinction que Nietzsche abolit avec « *sie ist kein...* » – bel exemple de mauvaise philologie : il n'est pas dit que l'interprétation ne correspond à aucun texte, mais qu'elle *n'est pas* un texte. Qui diable aurait l'idée de reprocher à une interprétation de ne pas *être* un texte ? Nul autre qu'un philologue. Le reproche ne semble curieux qu'à la condition de tenir pour évidente la distinction entre texte et interprétation. Mais, on l'a vu, c'est précisément cette évidence que la philologie met en question dans sa pratique même. Ce qui est reproché à l'interprétation des physiciens est qu'elle *n'établit* rien qui ressemble à un texte, qui puisse être tenu pour tel ; c'est une interprétation *qui ne prend corps dans aucun texte*, un pur « comme si » lancé en l'air qui n'a ses racines que dans les instincts des physiciens. « Je parle d'*instinct* lorsqu'un quelconque *jugement* (le goût à son premier stade) est incorporé, en sorte que désormais il se produira spontanément sans plus attendre d'être provoqué par des excitations[3]. »

Ces jugements incorporés et devenus instincts poussent les physiciens à fausser le sens d'une nature dont ils affirment la légalité pour assouvir leur désir d'égalité, partout, en toutes choses et en tous. Ils voient dans les lois naturelles la preuve d'une égalité que les sociétés humaines doivent selon eux

1. En français dans le texte.
2. *PBM*, I, § 22.
3. FP V, 11[164].

instaurer pour être à la fois justes et conformes à la nature. Dans leur naïveté humanitariste, ils sont, de ce point de vue, stoïciens, car ce sont les stoïciens qui ont les premiers transporté la notion humaine de loi à la nature tout entière, ainsi que fait Cicéron dans le *De republica* : « Il existe une loi vraie, c'est la droite raison, conforme à la Nature, répandue dans tous les êtres, toujours en accord avec elle-même, non sujette à périr. » La soumission de la nature à des lois valables en tout temps, en tous lieux et ne souffrant aucune exception est donc une projection anthropomorphique. Les physiciens découvrent dans la nature une légalité qu'ils y ont mise et croient y trouver le fondement de toute société politique, l'égalité de tous devant la loi. Ils fabriquent une nature à leur image c'est-à-dire à l'image des instincts démocratiques modernes, et c'est pourquoi leur interprétation n'est qu'un phantasme, pas un texte.

La notion de « loi de la nature » n'est en effet pas seulement la projection dans la nature d'une notion politique, donc humaine, c'est une notion « humanitaire ». Elle procède d'une « aversion plébéienne » envers toute souveraineté, en un mot, d'un ressentiment. Nietzsche n'attaque pas ici la physique mécaniste en général, dont il dit ailleurs qu'elle est « stupide » mais qu'en tant qu'elle simplifie, abrège, invente des cas identiques, des rapports de causalité et des régularités constantes, elle offre l'avantage de rendre le monde stable, manipulable et prévisible – vivable ; si elle n'accommodait ainsi la réalité, l'humanité ne pourrait pas survivre. Le thème du mensonge ou de la falsification utile (utile à quoi, est-il nécessaire de préciser) est constant chez Nietzsche, mais ce n'est pas sa mise en évidence qui est ici le but. La critique porte sur l'importation dans la nature de la notion humaine de loi. Car « l'univers ne cherche absolument pas à imiter l'homme ! (…) il ne connaît pas non plus de lois. Gardons-nous de dire qu'il y a des lois dans la nature. Il n'y a que des nécessités » [1]. Parler de lois de la nature n'est pas une falsification anthropomorphique inévitable mais l'expression d'une volonté égalitaire : avec ces lois, c'est la démocratie qui fait irruption dans la science, et toutes deux découvrent de cette façon le moyen de se cautionner mutuellement.

L'« honnête arrière-pensée » se double d'une autre : « *Ni dieu ni maître* ». Blanqui avait donné ce titre à une revue fondée en 1880, c'est pourquoi Nietzsche parle dans le § 202 de *Par-delà Bien et Mal* d'une formule « socialiste » (Kropotkine la reprend dans *Paroles d'un révolté*, 1885, et en fait la devise de l'anarchisme). Or le rejet de toute espèce de privilège est au fond hostilité à toute espèce de droit « car, quand tous sont égaux, on n'a plus que faire de droits » : tout droit accordé l'est à une catégorie ou à un individu, donc sanctionne une inégalité. « L'inégalité des droits est la condition nécessaire pour qu'il y ait des droits [2]. » Il ne s'agit cependant pas pour Nietzsche de prendre parti dans la querelle opposant positivisme et naturalisme juridiques mais de montrer le cercle vicieux de la notion de loi naturelle, qui passe de l'homme à la nature pour revenir à l'homme en quelque sorte sacralisée, ou au moins absolutisée. La nature rend à l'homme ce qu'il lui a prêté, mais il ne l'a voulue soumise à des lois que pour mieux soumettre tous les hommes à sa loi, qui est la même pour tous. Bref, c'est le Rousseau du *Discours sur l'origine et les fondements de l'inégalité parmi les hommes* et des *Lettres écrites de la Montagne* qui est l'arrière arrière-pensée des physiciens : « l'homme n'est libre qu'à la faveur de la loi naturelle qui commande à tous. » Rousseau, à la fois idéaliste et canaille, est aux yeux de Nietzsche responsable de ce qu'il considère

1. *GS*, III, § 109.
2. *Ant*, § 57.

comme le poison le plus pernicieux : la doctrine de l'égalité[1]. « L'injustice n'est jamais dans l'inégalité des droits, mais dans la revendication de droits "égaux"[2]... » Être juste, c'est avoir le *pathos* de la distance, et la notion de loi naturelle universelle est aux antipodes de ce juste sentiment.

La loi naturelle n'est plus pour les rousseauistes physiciens un « décret universel de Dieu », d'un Dieu identifié à la nature comme il l'est chez les stoïciens ou Spinoza[3] : ils ne veulent plus d'aucun maître, donc même plus de ce maître qu'est Dieu. À un premier athéisme qui nie toute causalité divine et refuse à un Dieu bon la responsabilité de la légalité, donc de l'intelligibilité de la nature, s'ajoute un second qui traduit le refus d'être commandé par quiconque, homme ou dieu. Ce n'est pas le dieu métaphysique ou moral qui est rejeté, c'est dieu en tant qu'il pourrait imposer ses volontés. Cet athéisme plus raffiné est l'expression subtile d'un ressentiment envers toute force qui pourrait être supérieure. Dans un fragment posthume, Nietzsche marque les trois étapes de la revendication des faibles contre les forts : ils commencent par revendiquer la liberté, puis la justice, c'est-à-dire selon eux l'égalité. Avec leur légalité universelle de la nature, les physiciens veulent délivrer les hommes de l'inégalité.

La théologie comme délire d'interprétation

Telle est l'interprétation que donne Nietzsche de leur interprétation. Elle en retrace la genèse à partir d'instincts humanitaires, grégaires, chrétiens, socialistes, anarchistes, pour débiter la liste des *usual suspects* qui pour lui incarnent

---

1. *Ibid.*, § 43.
2. *Ibid.*, § 57.
3. Cf. *Traité théologico-politique*, chap. III.

la morale des esclaves[1]. Tous sont en réalité des croyants;
il n'est pas nécessaire de croire en dieu pour croire, il suffit
d'absolutiser une «vérité», et l'athée tient pour absolument
vraie l'inexistence de dieu. Seul est vraiment un esprit libre et
non pas un «libre-penseur» celui qui affirme que, même si on
lui prouvait que dieu existait, il pourrait encore moins croire en
lui[2]. Car ce n'est pas en dieu qu'il ne croit pas, c'est en la valeur
de la croyance en dieu parce qu'il en a retracé la genèse et
découvert les médiocres besoins qui sont à l'origine de toute
croyance:

> Autrefois, on cherchait à prouver qu'il n'y avait pas de dieu
> – aujourd'hui on montre comment la croyance en un dieu a
> pu *naître* et à quoi cette croyance doit son poids et son
> importance: du coup une contre-preuve de l'inexistence de
> dieu devient superflue[3].

Si on n'est pas libre de ne pas «croire», de ne jamais croire,
pourquoi prétendre qu'on est libre? Être libre, c'est ne pas avoir
besoin de croire. La mauvaise lecture du texte de la nature par
les physiciens est le symptôme d'une vie décadente, affaiblie,
c'est en cela qu'elle est mauvaise. (Le montrer ne requiert pas
toujours une psycho-physiologie explicite: par exemple,
lorsque Nietzsche recopie un long extrait de Tertullien dans le
premier Traité de *La Généalogie de la morale*, il met en
évidence les instincts et le type de volonté de puissance propres
à Tertullien du simple fait d'insérer ce texte dans son propre
texte – une technique à la Borges.) L'interprétation des physiciens n'est en fait qu'une version «scientifique» de ce qui

---

1. Dans *APZ* II, ils se nomment «Les tarentules»; sur la filiation entre
christianisme et anarchisme, voir *CId*, «Divagations d'un "inactuel"», § 34 et
Ant, § 57.
2. *Ant*, § 47.
3. *A*, I, § 95.

constitue selon Nietzsche la lecture malhonnête par excellence : la théologie, cet art de la dyslexie, ce « délire d'interprétation et d'interpolation »[1] :

> Paul *veut* confondre « la sagesse du monde » : – ses ennemis sont les *bons* philologues et médecins de l'école d'Alexandrie – c'est à eux qu'il fait la guerre. En fait, on ne saurait être philologue et médecin sans être d'emblée du même coup *Antéchrist*. En tant que philologue, on regarde en effet *derrière* les « Saintes Écritures », en tant que médecin, *derrière* la déchéance physiologique du chrétien type. Le médecin dit « incurable », le philologue « supercherie »[2].

La « supercherie » ne consiste pas à donner une interprétation fausse, ce qui suppose l'existence d'une interprétation vraie, conforme à des faits qu'on saisirait avant de les interpréter. Elle consiste à fausser, infléchir le sens dans un but précis, à vouloir consciemment ou inconsciemment le tordre, donc mentir et manquer de probité. La théologie lit mal parce qu'elle procède de mauvais instincts, étant entendu qu'est mauvais « tout ce qui provient de la faiblesse, de l'envie, de la *vengeance* »[3]. Lorsque Nietzsche dit qu'il « faut savoir déchiffrer les faits *sans* les fausser par une interprétation »[4], il ne distingue pas les faits de leur interprétation, il distingue « un savoir-déchiffrer » d'une interprétation qui falsifie. Savoir déchiffrer est savoir interpréter des signes (le philologue) ou des symptômes (le médecin). Dans les deux cas, déchiffrer consiste à donner un sens, et à le donner en observant une méthode, un protocole. L'interprétation qui soumet la nature à des lois ne lui donne pas *un* sens, elle veut, à tout prix, le sens contre le

---

1. *A*, I, § 84.
2. *Ant*, § 47, *cf.* § 52.
3. *Ibid.*, § 57.
4. *Ibid.*, § 52.

non-sens, elle refuse *a priori* ce que la nature pourrait avoir d'incompréhensible, de chaotique, d'inexorablement injuste. Il faut reconnaître là une démarche analogue à celle qui voit « le doigt » et la volonté de Dieu dans toutes les misères de l'existence.

Deux interprétations d'un même texte ?

Prêter à la nature une légalité révèle ce que de la nature on est capable de supporter.

> Mais, je l'ai dit, elle est interprétation, et non pas texte ; et il pourrait survenir quelqu'un qui, avec une intention et un art d'interpréter (*Interpretationskunst*) opposés, saurait précisément déchiffrer dans la même nature et eu égard aux mêmes phénomènes le triomphe tyrannique, impitoyable et inexpiable des revendications de la puissance (*Machtansprüchen*) – un interprète qui vous mettrait sous les yeux l'universalité sans exception et le caractère inconditionné qui se trouvent en toute « volonté de puissance », de telle manière que presque chaque mot, jusqu'au mot « tyrannie », paraîtrait impropre ou ferait l'effet d'une métaphore débilitante et lénifiante – car trop humaine ; et pourtant, il en viendrait finalement à affirmer de ce monde ce que vous en affirmez, à savoir que son cours est « nécessaire » et « prévisible », *non* pas toutefois parce qu'il est soumis à des lois, mais parce que les lois en sont absolument *absentes*, et que toute puissance, à chaque instant, va jusqu'au bout de ses dernières conséquences. En admettant que cela aussi n'est qu'interprétation – et n'est-ce pas ce vous vous empresserez d'objecter ? – eh bien, tant mieux [1]. –

La théorie des physiciens est une interprétation, donc le symptôme d'un certain type de volonté de puissance. Nietzsche annonce ainsi sa propre interprétation (nul doute que ce

---

1. *PBM*, I, § 22.

« quelqu'un », cet « interprète », c'est lui), et c'est en philologue qu'il la présente *comme* une interprétation.

> Interprétation, *non* explication. Il n'y a aucun état de fait, tout est fluctuant, insaisissable, évanescent ; ce qu'il y a de plus durable, ce sont encore nos opinions. Projeter-un-sens – dans la plupart des cas, une nouvelle interprétation superposée à une vieille interprétation devenue incompréhensible, et qui maintenant n'est plus elle-même que signe [1].

En la présentant comme une nouvelle interprétation, Nietzsche fait de l'ancienne un signe à interpréter. Mais les deux interprétations sont dites interpréter la *même* nature et les *mêmes* phénomènes : on aurait donc un même texte, des mêmes faits, que l'une falsifierait et que l'autre déchiffrerait correctement. Pourtant, qu'il faille déchiffrer ce texte indique déjà que son sens n'est pas immédiatement clair et intelligible. Or quand on affirme la conformité de la nature à une loi on en affirme précisément l'intelligibilité immanente, on postule l'identité du réel et du rationnel. L'ancienne interprétation a projeté un sens qui a fait des lois de la nature des faits ; la nouvelle ne donne pas à ces mêmes faits un autre sens, elle en dénie l'existence. Comment Nietzsche peut-il dire pourtant que c'est un *même* texte qui est déchiffré par les deux interprétations ? Il semble en effet que de deux choses l'une : ou bien il existe un texte de la nature sur lequel a été plaquée la fausse interprétation de la physique mécaniste, et la nouvelle interprétation n'est pas une interprétation mais la connaissance vraie du texte lui-même, ou bien l'écart ne joue qu'entre deux interprétations, l'une pire et l'autre meilleure, sans qu'il y ait de texte commun.

La conclusion du § 109 du *Gai Savoir* pourrait sembler aller dans le premier sens :

1. FP XII, 2[82].

Quand donc toutes ces ombres de Dieu cesseront-elles de nous assombrir ? Quand aurons-nous une nature entièrement dédivinisée ? Quand aurons-nous totalement dédivinisé la nature ? Quand aurons-nous le droit de commencer à *naturaliser* les hommes que nous sommes au moyen de cette nature purifiée, récemment découverte, récemment délivrée (*erlöste*) ?

Une nature délivrée de l'ombre de Dieu est une nature sans loi et sans fins, devenue étrangère aussi bien à nos catégories morales qu'à nos catégories esthétiques, délivrée – *erlösen* a, comme en français, une connotation religieuse « délivrez-nous du mal », « du péché ». Dépouillée des prédicats « divins » que de telles catégories projettent sur elle, elle *devient* pure, c'est-à-dire naturelle et seulement naturelle, elle ne le *redevient* pas : la pure nature a été *récemment découverte*. Mais si elle a été délivrée d'une mauvaise interprétation théologique, il n'en va pas encore de même de l'homme : il ne se donne pas le droit de s'affranchir de la morale chrétienne et kantienne (c'est la même chose), de se dépouiller de sa « part divine » et de son âme immortelle, il est toujours à l'ombre de Dieu :

> retraduire l'homme en nature ; vaincre les nombreuses interprétations et distorsions de sens dictées par la vanité et l'exaltation (*über die vielen eitlen und schwärmerischen Deutungen und Nebensinne Herr werden*) que l'on a jusqu'à présent griffonnées et peintes sur cet éternel texte fondamental (*Grundtext*) de l'*homo natura* ; faire en sorte que l'homme regarde l'homme en face comme aujourd'hui, déjà, endurci par la discipline de la science, il regarde en face l'*autre* nature [1]…

L'esprit scientifique est celui d'une physique qui, « aujourd'hui », a appris à bien lire, qui a rompu avec une vieille

---

1. *PBM*, § 230.

mythologie et qui est devenue perspectiviste : Boscovich nous a enseigné à abjurer le dernier article de foi, la croyance en la matière, à l'atome[1]. Quant aux interprétations vaniteuses, ce sont celles qui font de l'homme une exception, reconnaissent en lui un être supra-naturel – et voilà l'«exaltation» (*Schwärmerei*) retournée contre Kant[2]. Il faut que «l'homme reste sourd à tous les appeaux des vieux oiseleurs métaphysiques qui lui flûtent depuis trop longtemps : "Tu es davantage! Tu es plus grand! Tu as une autre origine!"». Le texte *fondamental*, l'homme naturel, n'est pas le texte *originel* : c'est le sol, le fondement (*Grund*) qui a servi de support à tous les griffonnages, mais il n'est accessible que grâce à une retraduction dont seul sera capable celui qui s'en donne le droit. Retraduire signifie qu'il faudra parler l'homme dans un autre langage, un langage naturel, physiologique et psychologique, non pas un langage moral. Or qu'est-ce qui est plus une interprétation qu'une traduction? Néanmoins, Nietzsche ne dit-il pas que ce texte fondamental est éternel? Il ne l'*est* pas, mais il *apparaît forcément tel* à celui qui le regarde en face. L'éternité de ce texte de Nietzsche relève autant d'une bonne interprétation que l'éternité du texte d'Homère : ces textes sont éternels quant à leur valeur, ils ne le sont pas au sens où ils auraient toujours existé, où ils auraient existé *avant* qu'une interprétation ne crée leur éternité (c'est seulement une fois taillés par un joaillier que les diamants semblent éternels…).

Lorsque Nietzsche déclare aux physiciens que leur interprétation en est une et n'est pas un texte, il ne veut pas dire qu'elle n'est pas *conforme* au texte de la nature, texte saisissable sous des perspectives différentes mais qui resterait identique à lui-même, comme si interpréter était saisir «en

---

1. FP XI, 40[39], cf. *PBM*, I, § 12.
2. Voir *D'un ton supérieur nouvellement pris en philosophie*, *op. cit.*

perspective » à la manière dont plusieurs peintres le feraient face à une *même* pomme, et comme si le fait de juger « même » cette pomme n'était pas déjà l'interpréter en forme de« *chose* »grâce au nom et au concept qui l'*identifient*. Les deux interprétations de la nature exposées successivement interprètent le même texte, mais ce texte n'est le même *qu'au regard de la seconde*, *car c'est seulement pour elle que la nature est un texte à déchiffrer*, alors que la première la prend comme un objet à connaître en vue de la maîtriser. En parlant d'un même texte, la seconde ne fait pas du texte de la nature leur *objet* commun, car ce serait accorder à cet objet substantialité et identité à soi, ce serait être dupe de la logique[1]. Si la nature est un texte, elle n'est ni un objet ni un être, elle est un ensemble de signes, et l'homme également. Les signes ne font sens que dans un langage, un même mot change de sens quand il est employé dans deux langages différents, et la philologie est la science du langage.

S'il n'existe pas de texte qui ne soit interprété, il existe en revanche des interprétations qui ne sont pas des textes mais de simples représentations arbitraires, dont le sens n'est pas le sens de ce dont elles prétendent parler mais le symptôme des instincts et arrière-pensées de l'interprète, et, dans le cas précis, de simples rêves humanitaires. Le partage entre bonnes et mauvaises interprétations se fait ainsi en fonction à la fois d'un principe d'économie : une interprétation est meilleure si elle rend compte à elle seule de tous les phénomènes, ce qui est le cas de l'hypothèse de la volonté de puissance, et si elle contribue à l'intensification et non pas à l'affaiblissement de la puissance. L'intensification de la *puissance* comprend comme un de ses aspects une intensification de la *conscience*, qui a pour conséquence une interprétation qui comprend que tout est interprétation et se comprend elle-même comme telle.

---

1. Voir *GS*, III, § 111.

Celui qui survient saurait en effet déchiffrer dans la nature « le triomphe tyrannique, impitoyable et inexorable des revendications de la puissance ». Le texte de la nature ne prend sens que si on le parle dans le langage de la volonté de puissance, ou plutôt d'une multiplicité de volontés de puissance. En chacune il faut reconnaître un phénomène « universel et inconditionné ». Dans la nature ainsi interprétée, il n'y a qu'inégalité entre forces, mais de simples inégalités de forces ne se ressentiraient pas : il faut que la volonté de puissance soit volonté d'*accroissement* de puissance. Chaque force va jusqu'au bout de ce qu'elle peut. Ce faisant, elle n'obéit pas à une loi, car cela impliquerait que, si cette loi n'existait pas, elle pourrait se comporter autrement ; une force se comporte « ainsi et pas autrement » parce qu'elle est ce qu'elle est et qu'il lui est justement impossible de faire autrement[1]. C'est pourquoi même le terme « tyrannie » est encore trop faible et trop humain, la métaphore politique connote un pouvoir encore trop doux puisqu'il n'exclut pas *par soi* toute velléité de résistance. Le monde des volontés de puissance, bien qu'il rejette toute légalité naturelle, est absolument nécessaire, calculable, prévisible ; il l'est même bien davantage dans la mesure où ce ne sont pas les relations entre phénomènes qui sont régulières et constantes mais où chaque phénomène, chaque volonté de puissance n'est elle-même rien d'autre que cette implacable nécessité d'aller jusqu'au bout de sa force (la réfutation de l'illusion du libre arbitre est selon Nietzsche une des plus plaisantes qui soit). Chaque déploiement de cette force est prévisible comme l'est la relation entre différentes volontés de puissance, car il est également hautement prévisible que la plus forte l'emportera sur la plus faible. La nouvelle interprétation voit dans

---

1. FP XII, 2[142].

l'ancienne l'expression d'une volonté de puissance, et, de ce fait, la preuve de sa propre interprétation.

L'interprète qu'est l'homme

Pourquoi reviendrait-il à l'homme seul de *déchiffrer*? Chaque volonté de puissance interprète et est interprétée dans la mesure où elle entre en relation avec d'autres volontés de puissance. Mais c'est seulement en l'homme qu'existe cet instinct qui s'appelle connaître : « Le surgissement des choses est bel et bien l'œuvre d'êtres qui se représentent, pensent, veulent, inventent[1]. » Ces êtres ne sont pas des êtres, mais des complexes de forces qu'on ne peut distinguer ni de leur agir ni de leur pâtir, ni de *ce qu*'elles posent, inventent, pensent et de *ce dont*, sélectivement, elles pâtissent. L'ensemble des volontés de puissance est peut-être infini : « nous ne pouvons pas écarter la possibilité qu'il [le monde] *renferme en lui des interprétations infinies[2]*. » Seul l'interprétant qu'est l'homme peut envisager une telle possibilité. L'ensemble infini, non totalisable, est interprété par une volonté de puissance, que ce soit celle des physiciens ou celle de celui qui survient et les prend à partie. Fort ou faible, ce vouloir de puissance fait partie du texte de la nature. Une partie du texte interprète donc le texte et en le déchiffrant se déchiffre elle-même. À quoi tient ce privilège? Ne voir aucune différence de nature entre sa nature et la nature ne signifie pas faire de l'homme un animal comme les autres : sa volonté d'accroître sa puissance est plus grande. Car il est celui en qui vit la plus grande multiplicité de volontés de puissance, celles de l'inorganique (l'eau, l'air) comme de l'organique, mais aussi celles du passé (il a une mémoire) en plus de celles du présent. Il n'y a pas en effet que l'organique, le

1. FP XII, 2[152].
2. *GS*, V, § 374.

vivant, qui interprète, mais aussi l'inorganique, et encore tout acte, toute connaissance, tout événement. Or l'interprète qu'est l'homme n'aurait pu le devenir si ce qu'il a assimilé n'était pas de même nature que la sienne ; cependant la différence n'est pas seulement quantitative. L'homme est l'animal qui a la plus grande puissance d'interprétation parce que la multiplicité des volontés de puissance est en lui à la fois plus *grande* et plus *organisée* que dans aucun autre être : l'ensemble de ces interprétations en acte que sont les volontés de puissance devient texte pour l'interprétation à laquelle s'impose cette perspective, que tout est interprétation.

Une bonne philologie

Nietzsche répond aux physiciens qui ne manqueront pas de soulever cette objection :

> En admettant que cela aussi n'est qu'interprétation – et n'est-ce pas ce vous vous empresserez d'objecter ? – eh bien, tant mieux. –

Pourquoi « tant mieux » ? D'abord parce qu'en disant « cela aussi », les physiciens ont pris acte de ce qu'on leur a mis sous les yeux – dans *Ainsi parlait Zarathoustra*, c'est en « regardant » que Zarathoustra « voit » que partout il y a volonté de puissance. Ils ont donc reconnu que leur interprétation en était une, mais ils rétorquent que celle qu'on leur oppose en est une aussi. Ils ont donc perçu le terme comme un reproche, et c'est comme un reproche qu'ils le retournent. « Tant mieux » signifie que, contrairement à ce qu'ils croient, ce n'en est pas un. Leur interprétation n'est pas mauvaise du fait d'être une interprétation mais du fait de ne pas être un texte et de vouloir assurer à l'homme la maîtrise de la nature. Seul ce à quoi on a donné le statut d'objet peut être maîtrisé. Faire de la science un mode de « lecture » impose justement de récuser la distinction entre sujet connaissant et objet connu et de lui substituer le couple texte-interprétation. On ne maîtrise pas un texte ; lire, déchiffrer n'expriment aucune volonté de domination. L'interprétation en volonté de puissance ne veut pas la maîtrise, le rapport entre texte et interprétation est un rapport où chacun est affecté par l'autre. La volonté de puissance de l'interprète est affectée par l'ensemble des multiples volontés de puissance qui composent le « texte » (qu'on entende par là monde, nature, histoire, homme, etc.) et l'ensemble, infini ou fini, des ces vouloirs-de-puissance est affecté en étant interprété : « Connaître signifie : "entrer en relation conditionnelle avec quelque chose" : se sentir conditionné par quelque chose et entre nous[1]. » Une volonté de puissance est affectée par d'autres volontés de puissance, mais aussi par elle-même. Elle se manifeste non seulement en dominant une volonté plus faible mais en s'obéissant à elle-même (c'est même cela qui distingue les faibles des forts). Cette obéissance peut prendre la forme d'une retenue : ne pas réagir à toute excitation, ne pas réagir immédiatement, sont des formes supérieures de la puissance (Nietzsche parle de l'*éphexis*, de la retenue dans l'interprétation, c'est-à-dire du fait de s'arrêter, de prendre son temps, de différer). Tant mieux donc, parce qu'ainsi s'affirme de manière désinvolte l'universalité de l'interprétation, mais tant mieux surtout parce qu'a été indiqué le critère permettant de distinguer une bonne interprétation d'une mauvaise. Une bonne interprétation est celle qui se connaît elle-même comme telle, qui se connaît à la fois comme texte et comme interprétation, et qui se comprend donc elle-même comme n'étant pas *qu'une* interprétation bien que n'étant qu'une interprétation *possible*. La multiplicité des perspectives est constitutive de l'interpréter, mais cette multiplicité joue à l'intérieur de *cette* interprétation selon laquelle

1. FP XII, 2[154].

tout est affaire de texte et d'interprétation, et en particulier la science.

Pour surmonter ainsi l'antinomie du texte et de l'interprétation, il faut une bonne philologie, pas une mauvaise. Entre l'interprétation qui est texte et le texte qui est interprétation, il n'y a que l'écart où se glisse l'interprète, qui n'est pas un sujet, pas un agent, qui n'est que cette volonté consciente de créer du sens et cette conscience que tout sens est créé.

Il est philologue au sens strict s'il a affaire à des textes écrits dont il présuppose qu'ils ont un sens ; il s'efforce alors, par de rigoureuses méthodes critiques et herméneutiques, d'établir un texte qui ait le meilleur sens possible, c'est-à-dire le maximum de sens qu'il puisse lui *donner en le lisant*. Ce texte n'est donc rien d'autre que la meilleure interprétation possible, ou qui lui a semblé telle, d'un ensemble de signes.

La philologie est en ce cas un paradigme méthodologique.

Mais quand il s'agit de « faits », il n'y réside aucun sens : ces faits ne prennent sens et ne se mettent ainsi à exister que par une interprétation. Ce ne sont pas en eux-mêmes des signes, et pas davantage des textes. Pour qu'ils le deviennent et puissent être tenus pour des « états de fait », il faut y *introduire du sens*, sens qui dépend du type et de la perspective de la volonté de puissance qui les interprète. Les mauvaises interprétations sont des symptômes de décadence, elles en sont à la fois l'expression et elles la produisent, le sens introduit est un sens tolérable et supportable par des volontés faibles. Ce sont des interprétations qui se font passer pour des textes et il faut donc les démasquer comme n'étant *que* des interprétations.

Dans ce second cas, la philologie fonctionne comme paradigme épistémologique.

Le masque et le *pathos* de la distance

Il faut cependant ajouter que si toute mauvaise interprétation est symptôme de faiblesse, toute mauvaise interprétation ne traduit pas un manque de philologie :

> Tout esprit profond a besoin d'un masque : plus encore, un masque pousse continuellement autour de tout esprit profond, du fait de l'interprétation constamment fausse (*falsch*), à savoir *plate* (*flach*) de toute parole, de tout pas, de tout signe de vie émanant de lui [1]. –

L'esprit profond a besoin d'un masque, par pudeur [2]. Mais pourquoi veut-il se dissimuler ? « La médiocrité est le masque le plus heureux que puisse porter l'esprit supérieur » parce que la plupart des hommes n'y voit justement pas un déguisement. Or c'est à cause d'eux qu'il le prend, « pour ne pas les irriter, souvent même par pitié et bonté », car « rien n'offense si profondément, rien ne sépare si fondamentalement que de laisser paraître quelque chose de la sévérité avec laquelle on se traite soi-même » [3]. Toute âme est mise à l'épreuve lorsque passe à sa portée quelque chose de différent, d'élevé, de tentateur : « une pierre de touche vivante [4]. » Si cette chose n'est pas encore protégée par une institution, elle sera en butte à des intrusions, à une impudence grossière, quand ce n'est pas à de la haine. Le masque est pour un esprit profond une protection, ce par quoi il se protège lui-même et ce grâce à quoi il ménage les autres. Mais il est aussi une mise à l'épreuve, un moyen de sélection : il n'apparaît comme masque et ne dévoile ce qu'il

---

1. *PBM*, II, § 40.

2. *Scham* est l'équivalent de l'*aidôs* grec : honte et pudeur ; voir E.R. Dodds, *Les Grecs et l'irrationnel* (trad. M. Gibson, Paris, Aubier, 1965) : les cultures de la « honte » s'opposent à celles, chrétiennes, de la culpabilité.

3. *VO*, § 175, *cf.* XII, 2[166].

4. *PBM*, IX, § 263.

dissimule qu'à des esprits de même rang. « *L'âme noble a le respect de soi* »[1], elle est la pierre de touche du respect que l'on doit porter à ce qui est profond et noble, elle distingue ceux qui, comme elle, ont *l'instinct du rang.*

Le masque pris par tout esprit profond n'est pas celui qui pousse autour de lui : celui-là est le fait d'une interprétation fausse, c'est-à-dire plate (Nietzsche joue sur l'allitération *falsch / flach*). Plat ne veut pas dire superficiel, car superficiel n'est pas le contraire de profond – les Grecs étaient superficiels par profondeur. La platitude d'une interprétation tient à son aveuglement devant toute différence de grandeur, ou de hauteur. Ce n'est pas un instinct égalitariste, un refus du maître, qui parle ici, mais une volonté de se rendre maître en ignorant ou en niant toute distance et tout différence de hauteur. La première phrase des *Souvenirs de Nietzsche* de F. Overbeck[2] est : « Nietzsche n'était pas à proprement parler un grand homme » – il est vrai qu'aucun homme n'est grand pour son valet de chambre. L'interprétation plate n'est donc pas seulement mauvaise, elle est fausse parce qu'elle va contre une vérité qu'il faut vouloir et qui n'est vraie que pour qui la veut : la possibilité de la grandeur, d'une grandeur qu'il faut sans doute inventer et créer, mais qu'il faut reconnaître derrière ses masques et respecter. « Les choses les plus profondes de toutes ont en haine image et semblance (*Bild und Gleichniss*)[3]. » Elles ne veulent pas se montrer, même à travers des images, elles se préservent et préservent les autres en se cachant, comme les dieux et les philosophes dont Platon dit, au début du *Sophiste*, qu'ils évoluent dans les cités en apparaissant, les premiers

1. *PBM*, IX, § 287.
2. F. Overbeck, *Souvenirs de Nietzsche*, Paris, Allia, 1999.
3. *PBM*, II, § 40.

comme des hommes, les seconds comme des politiques, des sophistes ou des fous.

> La *contradiction* (*Gegensatz*) seule ne serait-elle pas le véritable déguisement sous lequel s'avancerait la pudeur d'un dieu ? Question qui fait question [1].

Une bonne philologie suffit à dépasser l'antinomie de la lecture parce qu'elle a l'expérience du caractère inséparable du texte et de l'interprétation, et parce que ses méthodes permettent de départager les bonnes et les mauvaises. Mais il y a pire qu'une mauvaise interprétation : une interprétation plate, car elle prive le monde de toute grandeur, donc de tout espoir en une grandeur possible. La question qui fait question est celle de la puissance que possède une interprétation de percevoir la valeur qui se cache sous le masque contradictoire de l'absence de valeur, elle met en question son sens de la hiérarchie. Là réside le dépassement proprement nietzschéen de l'antinomie. Il ne procède pas de la volonté de surmonter la contradiction entre ce qui est divin et son masque trop humain, trop humble, trop insignifiant ou même trop méprisable, mais d'un instinct capable d'être affecté par la grandeur que ce masque dissimule – par sa propre grandeur et par toute autre. Instinct d'un Hyperboréen doté du *pathos* de la distance et du respect de soi, son corps compris (sans doute avant tout du respect de son corps).

LE CHAOS

Subsiste un dernier problème : n'existe-t-il donc rien dont l'interprétation s'empare ? Il n'y a de choses, de faits, d'objets, de sujets, d'événements, que pour et par une interprétation.

---

1. *PBM*, II, § 40.

Mais si, en leur donnant sens, elle les fait exister « ainsi et pas autrement », les fait-elle exister tout court ?

> Le caractère général du monde (*Der Gesammt-Charakter der Welt*) est au contraire de toute éternité chaos, non pas au sens de l'absence de nécessité, mais au contraire au sens de l'absence d'ordre, d'articulation, de forme, de beauté, de sagesse et de tous nos anthropomorphismes esthétiques quelque nom qu'on leur donne [1].
> le monde n'est absolument pas un organisme, mais le chaos [2].

Les premiers philosophes grecs, dit Aristote, sont d'accord avec les poètes pour ne pas mettre au principe ce qui est beau, bon et ordonné, mais l'illimité, le sans-forme, le chaos [3]. Le monde, le cosmos est le résultat d'une mise en ordre, qui pour les poètes est l'œuvre d'un dieu, Zeus, et chez les premiers philosophes l'œuvre d'une puissance ou d'un couple de puissances. Nietzsche prend l'exact contre-pied de ces théogonies et cosmogonies en caractérisant le monde comme chaos et en le dépouillant ainsi de tout ce qu'implique la notion grecque de cosmos : ordre, arrangement et beauté, d'un cosmos né du chaos et qui l'aurait irréversiblement laissé derrière lui. Si le monde est chaos, il est impossible de le totaliser, mais il est surtout impossible de lui accorder un mode antérieur d'existence, antérieur par exemple à ses innombrables interprétations par ces innombrables centres de forces que sont les volontés de puissance. Car ce serait prêter à Nietzsche ce qu'il récuse, le schème d'une succession allant de l'inorganisé à une organisation, aussi multiple et décentrée qu'on voudra :

---

1. *GS*, III, § 109.
2. FP XIII, 11[74].
3. Aristote, *Métaphysique* N 4. Le mot « chaos » ne se trouve pas chez les présocratiques, mais chez Hésiode pour qui il est un dieu d'où sortent Terre puis Éros (*Théogonie*, v. 116).

> il n'y a point eu d'abord un chaos et ensuite progressivement un mouvement plus harmonieux et enfin fermé (…) de toutes les forces (…): s'il y eut jamais un chaos de forces, le chaos également était éternel et allait revenir dans chacun des cercles[1]…

Si le monde est chaos et le demeure éternellement, il n'a pas forme de monde, il s'oppose à ce redoublement sur lui-même qui ferait du monde un monde – la thématique du refus du redoublement, procédé principal de la métaphysique et de la morale, traverse toute la pensée de Nietzsche.

Pourquoi cependant parler de chaos, hors de nous mais aussi en nous (le chaos en nous nous faisant saisir le « le chaos et labyrinthe de l'existence »)[2] ? Référé au chaos, ce que l'on prend pour l'être, la nature, la réalité, le monde, et même le devenir, se révèle ne pas être et ne pas être originel. Le chaos n'est pour Nietzsche ni originel, ni originaire, il exclut au contraire toute assignation d'origine précisément parce que *s'il y avait un état originaire*, ce ne pourrait être qu'un chaos, or le chaos ne peut pas être un état, il est l'absence de tout état. Le chaos ne peut ni être, ni être un état : c'est un mythe qu'il ne faut pas interpréter métaphysiquement. La mythologie grecque n'a pas de profondeur métaphysique, les mythes sont au contraire les limites que les Grecs ont su assigner à leur « pénétrante intelligence »[3]. Le chaos a *fonction de limite* : de décentrement, de détotalisation, de désorientation. Si on cherche l'absolument originaire, on trouve le chaos qui n'existe pas, ne peut pas exister, qui n'est qu'une béance (c'est son étymologie), mais qui révèle précisément le caractère créé, inventé, de toute existence et le mode hypothétique, projeté, de toute signification. Sous la

---

1. FP V, 11[157].
2. *GS*, IV, § 322.
3. *A*, I, § 85.

peut-être-infinité des interprétations il n'y a rien, mais dire
« rien » serait encore trop dire, car il peut « y avoir » rien. Le
chaos est ce dont on ne peut dire « il y a », ce n'est qu'un mot,
une image, un mythe, mais ce mot a néanmoins pour fonction
de faire apparaître que tout est interprétation, et tant mieux.
Tant mieux, parce que cela nous contraint à penser en termes de
forces, de devenirs, d'advenirs, de multiplicités, et non plus
en termes de choses, d'êtres, et pis encore, d'être, d'unité,
d'identité.

Deuxième partie

L'ANTINOMIE DES DEUX MONDES

Je descendis en profondeur, je taraudai la base, je commençai à examiner et à saper une vieille confiance *sur laquelle nous autres philosophes nous avions coutume de construire depuis quelques millénaires comme sur le plus ferme terrain.*

Aurore, *Avant-propos*

Et ce que vous appeliez monde, il faut que vous commenciez par le créer : il doit devenir votre raison, votre image, votre volonté, votre amour ! Et ceci pour votre félicité, ô vous qui accédez à la connaissance.

Et comment voudriez-vous supporter la vie sans cet espoir, vous qui accédez à la connaissance ! De naissance vous n'avez pu être situés ni dans l'inconcevable, ni dans l'irrationnel.

Ainsi parlait Zarathoustra,
« *Sur les îles bienheureuses* »

Dans la première partie, le dépassement d'une antinomie impliquait d'abord de mettre à jour l'erreur ou les erreurs sur lesquelles elle repose. Erreur ne s'oppose pas à vérité mais à mauvaise interprétation, elle renvoie au blocage constitué par une contradiction imaginaire. Surmonter l'antinomie signifie alors lever cet obstacle et substituer à l'antinomie une opposition féconde entre des forces qu'il fallait soit hiérarchiser (en mettant la connaissance historique au service de la vie), soit émanciper (en extrayant ces Hyperboréens que sont les philosophes de l'histoire de la philosophie), soit les tenir justement pour des forces et non pour des « activités intellectuelles » (en comprenant toute bonne interprétation comme une puissance de « faire texte » grâce à l'extension du paradigme philologique).

L'antinomie des deux mondes, sous toutes ses formes, est d'un autre ordre : elle ne relève pas d'une erreur mais d'un mensonge. Comme tout mensonge, il se donne pour une vérité et en appelle à la croyance, mais ce mensonge a ceci de particulier qu'il est au fondement de tout ce que les hommes ont tenu pour être la connaissance. L'inquiétude du devenir, la méfiance envers les sens et le dégoût de tout ce qui est naturel – le corps, les instincts, les appétits – ont conduit à la fiction d'un « autre monde », plus réel, plus vrai, donc meilleur. Cependant, comme Nietzsche ne cesse de nous le dire, la vie ne se conserve qu'au prix d'illusions et d'erreurs : pourquoi alors s'acharne-t-il à dénoncer et détruire ce mensonge-là ? Parce que toute position d'un monde idéal implique la condamnation de notre monde, de l'existence elle-même et aboutit à une radicale inversion des valeurs. Opposer l'être au devenir, identifier l'idéal au réel et au vrai et l'opposer à l'apparent et à l'illusoire, ce n'est pas seulement faire œuvre théorique et philosophique, c'est inventer un nouvel homme et une nouvelle conscience, les infecter de cette maladie qu'on appelle la morale.

Nietzsche nous montre que notre monde est le fruit d'erreurs et de falsifications millénaires qui l'ont accommodé à nos conditions d'existence, que notre langage véhicule ces falsifications et nous enferme dans ses préjugés. Il n'est ni le premier ni le dernier à nous le dire, nous ne voyons rien à objecter et nous empressons de l'oublier puisqu'il faut bien vivre et parler. Car ce ne sont là que des problèmes de philosophes ou de savants et, à ce propos, ils ont affirmé tout et son contraire. Ce n'est pas là que nous porte notre désir de vérité : ce sont nos valeurs dont nous voulons qu'elles soient de *vraies valeurs*. Comme le disait Platon, en toutes choses nous sommes prêts à nous contenter de l'apparence, sauf lorsqu'il s'agit du bien. Quand nous cherchons le bien, ou un bien, nous voulons qu'il soit réellement bon. Une valeur doit être réelle et elle ne l'est que si elle n'est pas relative mais inconditionnée ; même si nous ne croyons plus que de telles valeurs existent, même si nous sommes nihilistes, la croyance qu'une valeur n'en est une que si elle est absolue, « idéale », est la dernière croyance des nihilistes que nous sommes. Or c'est précisément à elle que Nietzsche s'attaque, car c'est elle qui nous a rendus nihilistes. De l'idée d'une valeur inconditionnée à la valeur inconditionnée de l'Idée le parcours est circulaire, il est le cercle fermé à l'intérieur duquel morale et métaphysique se réciproquent, puisque c'est seulement en Dieu que son idée et sa valeur s'impliquent nécessairement. Ce Dieu unique, le Dieu du judéo-christianisme dont tout métaphysicien a été le ventriloque, est une invention de la morale et, tout mort qu'il soit, ce Dieu continue à projeter son ombre, la morale, et sa conséquence, le nihilisme.

Être affranchi de cette dernière croyance, accepter que toute valeur soit créée par un homme qui n'est ni plus ni moins homme que moi, et qui en tout cas n'est pas dieu, renoncer à un bien vraiment bon et à une justice vraiment juste, ne plus pouvoir croire à leur existence dans un autre monde ou au moins à leur instauration future dans ce monde-ci, ce n'est pas une perspective très réjouissante. Ce peut pourtant en être une si, au lieu de s'y résigner, on a la force de la vouloir et d'inventer une justice et un bien qui n'auront d'autre but que rendre la vie plus légère, plus exubérante, plus inventive. Illusion ? À coup sûr. Mais mettre une illusion voulue et sue comme telle à la place d'un mensonge, c'est restituer à l'homme sa puissance la plus puissante, sa puissance artiste, sa puissance de se faire l'artiste de lui-même. En cette puissance de se surmonter lui-même réside le surhumain. La morale, « jusqu'ici », a surmonté l'homme en Dieu et l'a dénaturé et écrasé. Ce qu'elle a pu faire, il faut le faire *à nouveau*, autrement, en s'efforçant de transvaluer toutes les valeurs qu'elle nous a léguées. La première de toutes, c'est la vérité : aucune religion n'est vérité si Dieu n'est pas vérité, aucune morale n'est impérative si elle n'impose pas la croyance à la vérité de ses valeurs. Mais, ne manquerons-nous pas d'objecter, la volonté de vérité s'est laïcisée, la science s'est libérée de la morale et de la religion ; nous, bons Européens, sommes passés par le siècle des Lumières et sommes devenus libres penseurs. C'est à voir, et Nietzsche va y voir, en philosophant à coups de marteau, d'un marteau qui en l'occurrence n'a plus rien de délicat. Il pulvérise le néant des valeurs afin d'exhumer ce qui est au fond de la volonté de « vérité » qui a posé ces antinomies : un jugement moral.

Chapitre IV

L'ANTINOMIE DE L'ÊTRE ET DU DEVENIR
L'ANTINOMIE MAINTENUE ?

> *Ces penseurs exceptionnels que furent les Éléates, qui cependant établirent et maintinrent les antinomies des erreurs naturelles, croyaient possible de vivre aussi cette antinomie.*
>
> Le Gai Savoir

> *L'objection, l'écart, la gaie méfiance, le sarcasme sont signes de santé : tout inconditionné relève de la pathologie.*
>
> Par-delà Bien et Mal

C'est lorsqu'il porte sur la connaissance que le discours de Nietzsche est le plus manifestement ambivalent. Si on considère son histoire, elle va de la falsification utile à l'idéal ascétique (dont la connaissance est une forme[1]), son impétueux désir de certitude est le symptôme d'une faiblesse qui conserve mais ne crée pas[2]; la force de ce que nous nommons des connaissances tient à leur ancienneté, non à leur vérité[3]. Si on plonge dans les origines, on trouve la lutte de trois instincts convergeant dans un « *intelligere* » instable, fruit de leurs

---

1. *EGM*, III, § 24, *Ant*, § 57.
2. *GS*, V, § 347.
3. *Ibid.*, III, § 110.

concessions mutuelles[1]), ou tout simplement la peur[2] : «Je ne crois pas, par conséquent, qu'un "instinct de connaissance" soit le père de la philosophie, mais tout au contraire qu'un autre instinct, ici comme pour le reste, s'est simplement servi de la connaissance (et de la méconnaissance) comme d'un instrument[3]». Si on s'interroge sur sa possibilité, on découvre qu'aucun de nos organes n'est propre à la connaissance[4] et que les réalités, faits ou phénomènes qu'elle prétend connaître ne sont que projections et anthropomorphismes. Enfin, les vertus dont elle s'enorgueillit – «probité, amour de la vérité, amour de la sagesse, sacrifice à la connaissance, héroïsme de l'homme vérace» – sont des «fanfreluches morales», «de la pompe et de la poussière dorée de mensonge»[5]. Et pourtant, la connaissance est un morceau de la vie même et, en tant que telle, elle est une puissance qui veut croître. Avec elle s'ouvre un monde de dangers et de victoires, un bonheur inégalé pour ceux qu'anime la passion de connaître et qui ne trouvent de joie à vivre qu'à la condition que leur vie se mette au service de la connaissance : «Le bonheur de ceux qui connaissent augmente la beauté du monde et ensoleille tout ce qui est[6].» La citation de la Troisième Partie du *Discours de la méthode* mise «En guise de Préface» à *Humain trop humain* en est un superbe exemple.

Si elle peut se dire ainsi dans le double langage de l'humiliation et de l'exaltation, qu'est-ce donc que la connaissance ?

Ce n'est pas, selon Nietzsche, la réponse à cette question qui est impossible, c'est la question qui n'a pas de sens. Car

1. *GS*, IV, § 333.
2. *Ibid.*, V, § 355.
3. *PBM*, I, § 6.
4. *GS*, V, § 354.
5. *PBM*, VII, § 230.
6. *A*, V, § 550.

comment une connaissance de la connaissance serait-elle possible ? Si la connaissance est un pouvoir de connaître, ce pouvoir ne peut s'exercer sur lui-même – c'est l'absurdité de la critique kantienne, absurdité depuis longtemps dénoncée dans le *Charmide* comme dans le *Théétète* : une science de la science est impossible parce que toute science, toute raison comme tout organe sensoriel ne peuvent appliquer leur pouvoir (*dúnamis*) qu'à un certain genre d'objets ou de qualités. Mais ce pouvoir a des conséquences grâce auxquelles on peut le connaître et le juger. L'évaluation de ses conséquences reflue sur la connaissance elle-même car c'est d'elles, de leurs « bienfaits » et de leur « utilité », que la connaissance tire la croyance en sa propre valeur : « La *légitimité* de la foi en la connaissance est toujours présupposée[1]. » Une croyance dont se sont autorisées toutes les philosophies est plus que tout autre un problème philosophique. En tant qu'elle est stabilisation, recognition, identification, la connaissance n'est que ce genre d'erreur sans laquelle la vie ne serait pas possible. En prendre conscience ne change rien au fait que rejeter la connaissance est impossible. Paradoxalement, c'est donc quand elle se met au service de la vie que la connaissance est assimilée par Nietzsche à une erreur, alors que c'est lorsque le rapport de la vie et de la connaissance s'inverse que la vie devient plus vivante et que la connaissance devient gai savoir :

> Non ! La vie ne m'a pas déçu ! Année après année, je la trouve au contraire plus vraie, plus désirable et plus mystérieuse, – depuis ce jour où la grande libératrice est descendue sur moi, cette pensée que la vie pourrait être une expérimentation de l'homme de connaissance – et non un devoir, non une fatalité, non une tromperie ! (…) « *La vie, moyen de la connaissance* » – avec ce principe au cœur, on peut non

1. FP XII, 7[4].

seulement vaillamment, mais même *gaiement vivre et gaiement rire!* Et qui s'entendrait à bien rire et vivre en général, s'il ne s'entendait pas tout d'abord à la guerre et à la victoire[1]?

L'inversion est devenue nécessaire parce que la connaissance a fini par se mettre au service d'elle-même ; elle est devenue délirante et barbare et s'est identifiée à sa théorie, à la théorie de la connaissance pour la connaissance. Elle se meut désormais dans un univers où tout se convertit en idées ou concepts, elle n'a affaire qu'à ses mirages, aux fantômes qu'elle a imaginés et qu'elle oppose selon un jeu de « dualismes » arbitraires. Tous les problèmes qu'elle rencontre doivent pouvoir se formuler et se résoudre sans avoir à se confronter avec le jamais identique à soi, le changeant, le multiple, l'équivoque, puisque toutes ces inquiétantes propriétés sont abstraites par les concepts, maîtrisées par les enchaînements logiques, intégrées dans des définitions, soumises à des catégories qui en distinguent les significations. Le devenir peut en conséquence être tenu pour « phénoménal », il est l'ensemble réglé des relations entre les différentes séries de phénomènes. Sous ou derrière ces apparaîtres existe un substrat n'entrant dans aucune relation, dont on peut affirmer soit qu'il se manifeste dans la totalité des phénomènes soit qu'il en est absolument séparé, mais qui est « en soi », qui est l'être toujours même que lui-même et cause de lui-même, être dont l'essence s'identifie à l'existence.

La force et la légitimité que confèrent à la connaissance sa distinction entre l'être et le devenir et sa purification du sujet connaissant, elle ne les tient pas de la vérité mais du Bien – cette valeur qui depuis Platon règne « dans le lieu intelligible » et

---

1. *GS*, IV, § 324.

garantit la valeur de toutes les autres valeurs. Les philosophes qui lui ont succédé n'ont pas eu, comme lui, l'honnêteté de reconnaître que le Bien est le véritable principe de toute théorie de la connaissance, puisque celle-ci a pour principe que la vérité est bonne et l'erreur mauvaise. Ils ont au contraire dissimulé cette évidence, en prétendant distinguer entre science pure et logique, d'une part, morale et religion de l'autre, dissimulation qui n'a fait que renforcer le caractère fondamentalement moral de toute connaissance et de toute ontologie. Car toute science a pour but d'établir le règne de la vérité, ce piège auquel le plus sceptique des philosophes se laisse nécessairement prendre, car tout rejet de la vérité se fait encore au nom de la vérité. Telle est l'antinomie première, celle de la vérité et de l'erreur prises, non pas en un sens local ou accidentel, mais en un sens absolu qui les rend mutuellement exclusives et les prend donc en leur sens moral. Dépasser ces antinomies, c'est dépouiller la connaissance de sa croyance à elle-même, lui faire subir une mutation radicale, la rendre guerrière, aventureuse, héroïque, passionnée, et, du même coup, problématique.

L'ANTINOMIE GRECQUE DE L'ÊTRE ET DU DEVENIR

Cette antinomie-là parle grec. Les philosophes « modernes » conjuguent ces verbes, être et devenir, mais ils les ont effacés comme substantifs et, quand ceux-ci réapparaissent dans le premier livre de la *Science de la logique* de Hegel, ils ne sont pas opposés : c'est au néant que l'être s'oppose. En vertu de leur nature dialectique, l'être et le néant manifestent leur unité dans le devenir : le devenir est l'unité dans laquelle l'être et le néant *sont*, alors que séparés l'un de l'autre, ils *ne sont pas*, ce sont des abstractions vides. Ils n'existent donc qu'en tant que moments du devenir : le néant qui se transforme en être est apparition, l'être qui se transforme en néant, disparition. Le devenir est l'équilibre qui s'établit entre l'apparition et la disparition, il est ce mouvement agité qui aboutit à une calme unité, un calme résultat : le *Dasein*, l'être-là. C'est donc ce simple, ce vide qu'est l'être qui constitue selon Hegel le commencement de la philosophie et il n'acquiert sa première détermination qu'en s'unissant au néant et en devenant le premier moment d'un devenir calmement et logiquement contradictoire.

Il faut penser et parler grec pour voir une antinomie entre l'être et le devenir, pour voir dans le devenir une puissance qui empêche l'être d'être, pour voir dans l'être une puissance de rejeter hors de lui tout devenir. Héraclite, donc, contre Parménide, et vice-versa. Mais n'est-ce pas précisément cette antinomie que ressuscite Nietzsche au lieu de la dépasser ? Après avoir déclaré que c'est dans le voisinage d'Héraclite qu'il sent « plus de chaleur et plus de courage que nulle part ailleurs », il écrit ceci :

> L'affirmation de l'écoulement et de la *destruction*, élément décisif dans une philosophie dionysiaque, le dire-oui à la contradiction et à la guerre, le *devenir*, avec une radicale récusation du concept même d'« être » – c'est là qu'il me faut en tout cas reconnaître ce qui m'est le plus proche dans ce qui a été pensé jusqu'à présent [1].

Il semble bien y avoir là antinomie entre un devenir qu'il faut affirmer et un être dont il faut nier jusqu'au concept parce qu'il a pour seul contenu la négation du devenir. Autant dire que l'être signifie le vide de tout contenu et que son concept a pour fonction de faire le vide. Il ne s'agirait donc ni de dépasser ni de surmonter, mais de « récuser » l'un des deux termes au profit de l'autre, d'affirmer la valeur de l'un et de nier toute valeur à l'autre. On se trouverait ici devant l'antinomie qui

---

1. *EH*, « *NT* », § 3.

aurait rendu Nietzsche incapable de se situer par-delà bien et mal.

Remontons à sa formulation grecque. Avant Parménide, tous les philosophes ioniens et tous les poètes, à commencer par Homère, ont vu dans le devenir la seule réalité. Les choses, ou les êtres, ne sont que des événements, ou des avènements, voués à disparaître. La *génesis*, c'est à la fois le devenir, la genèse, la génération, et tout ce qui est engendré se corrompt nécessairement. L'identification de l'être avec l'advenir et le devenir est inscrite dans la langue grecque : le verbe *gígnesthai* (devenir) se substitue couramment à *eînai* (être) et, comme le verbe *eînai* n'a ni aoriste ni parfait, c'est *gígnesthai* qui s'emploie pour lui à ces deux temps. L'être dont parle la langue grecque est un être qui ne fait qu'advenir à un moment du temps, et qui, advenant, ne cesse de devenir et finit par périr.

Héraclite

Héraclite est le premier philosophe du devenir, le premier à avoir pensé jusqu'au bout ce que devenir signifie. « Nous entrons et nous n'entrons pas dans les mêmes fleuves ; nous sommes et nous ne sommes pas » ; « Il n'est pas possible d'entrer deux fois dans le même fleuve ». « Tout s'écoule », « tout cède la place et rien ne tient bon »[1]. Tous ces fragments signifient que dire « tout s'écoule » signifie que rien n'est d'abord quelque chose pour devenir ensuite autre chose, devenir ne signifie pas un changement d'état mais la seule manière d'être tolérée par l'écoulement, à savoir ne pas être une chose, ne jamais s'arrêter de devenir pour être. C'est pourquoi il est inutile, comme Cratyle l'aurait reproché à Héraclite[2],

---

1. Héraclite, *Fragments*, texte établi, traduit et commenté par M. Conche, « Épiméthée », Paris, P.U.F., 1986, fr. 133, 134, 136 et 135.
2. Aristote, *Métaphysique*, G, 5, 1010a10-15.

d'ajouter que nous n'entrons pas « deux fois » dans le même fleuve : le fleuve n'est jamais même que lui-même, à aucun moment, à aucun instant. Mais pour nous il est le même puisque nous lui donnons le même nom et puisque ses eaux persistent à nous entourer chaque fois que nous y entrons. Quant à nous, nous ne sommes mêmes que nous-mêmes, donc ne sommes, que pour nous, alors qu'en réalité nous ne sommes pas mais ne cessons de devenir.

Sur le devenir règne Polemos : il est « le père de toutes choses »[1], tout ce qu'il fait exister est en situation d'opposition : la puissance des dieux à la faiblesse des hommes, les esclaves aux maîtres et les maîtres aux esclaves, le jour à la nuit, le chaud au froid… Toute génération provient de la lutte des contraires, et cette lutte est la structure de toutes choses – mais ces choses ne sont pas des choses. Nietzsche est celui qui explique le mieux cet aspect de la pensée d'Héraclite :

> Les choses elles-mêmes à l'assurance et à la constance desquelles croit l'intelligence bornée de l'homme et de l'animal n'ont absolument aucune existence propre ; elles ne sont que les éclairs et les étincelles qui jaillissent d'épées brandies, elles sont les lueurs de la victoire dans la lutte des qualités qui s'opposent[2].

Tout devenir naît d'un combat entre contraires, tout ce qui nous semble durer n'exprime qu'une suprématie momentanée, mais le combat n'en continue pas moins et c'est lui qui révèle la justice éternelle[3]. « Il faut savoir que la guerre est commune [générale, universelle], et la joute (*éris*) justice, et tout ce qui est engendré l'est par la joute, et nécessité par elle[4]. » C'est la guerre

---

1. Héraclite, fr. 129 Conche.
2. *La Philosophie…*, § 6.
3. *Ibid.*, § 5.
4. Héraclite, fr. 128 Conche.

qui engendre, mais une guerre sans injustice ni démesure (*hûbris*), une joute réglée comme elle l'est dans les gymnases, les Jeux ou dans les concours artistiques. « C'est la bonne Éris d'Hésiode érigée en principe universel, c'est la conception de la joute propre à l'homme grec et à la cité grecque » qui est ainsi « portée au plus haut degré d'universalité, au point qu'elle est alors l'élément où se meut l'axe du monde »[1].

De quelle nature est cette nécessité ? « *Aiôn* est un enfant qui joue en déplaçant les pions : la royauté d'un enfant[2]. » *Aiôn* est la force vitale, la vie en tant qu'elle implique la mort, la durée de vie impartie par le destin à toutes choses et au monde lui-même. Le jeu que joue *Aiôn* est un jeu (peut-être analogue à notre jeu de dames, pas de coups de dés chez Héraclite) où deux adversaires jouent l'un contre l'autre : l'un des deux doit l'emporter. Contre qui joue *Aiôn* ? Contre tout ce qui devient, contre tous ces pions qu'il déplace pour les retirer, plus ou moins rapidement, de la partie. *Aiôn* signifie la domination implacable du devenir, qui déplace, altère tout et fait tout périr ; le commentaire de Conche, en limitant ce jeu aux hommes inéluctablement voués à la défaite et à la mort, introduit une dimension pathétique à la limite du contresens : tout, sans exception, est voué à changer et à disparaître, mais justement il faut ne voir là qu'un jeu. *Aiôn* règne, certes, et finit toujours par gagner, mais n'importe quelle « chose » ou qualité peut jouer plus ou moins bien contre lui, tenir plus ou moins longtemps, sans que la défaite implique aucune faute ni aucune culpabilité. Car *Aiôn* est enfant, il joue pour jouer, innocemment. Tous les coups comme toutes les parties sont indépendants, impossible de parler d'effets et de conséquences, rien qu'une série de victoires et d'échecs. Donc, *Aiôn* n'est pas le temps : tout temps est

1. *La Philosophie…*, p. 231.
2. Héraclite, fr. 130 Conche.

liaison de ses moments et tout temps est orienté. C'est dans les différentes hypothèses du *Parménide* et dans le *Timée* que l'on peut le mieux saisir la différence entre le devenir (*génesis*) et le temps (*khrónos*) : ainsi, après avoir créé le devenir, le Démiurge crée le temps pour rendre le monde plus conforme à son modèle intelligible. Sa succession réglée et irréversible fait du temps une condition d'intelligibilité, alors que, toujours autre et autre dans tous les sens, le devenir est inintelligible.

Parménide

On ne trouve pas le terme « devenir » chez Héraclite, on ne trouve que les multiples « choses » (terme que le neutre grec précédé de l'article permet d'éviter) qui deviennent. On ne trouve pas davantage « l'être » chez Parménide. C'est pourtant dans son *Poème* qu'il fait sa première apparition dans la philosophie occidentale. B. Cassin a marqué les « étapes du récit » qui mène de la route que « est » opposée à celle, interdite, que « n'est pas » (fr. II), jusqu'à la constitution et l'autonomisation de « l'étant » (fr. VIII), et montré la « collusion naturelle de la grammaire et de l'ontologie »[1]. Dans un discours de vérité tenu par une déesse, l'être, entendant par là la voie de la Vérité et l'étant, s'affirme grâce à un principe de contradiction « fort » (exempt des restrictions que lui apporteront Platon et Aristote[2]), qui est à la fois principe de contradiction et principe de tiers exclus. Ce sont en effet des prédicats logiques qui, au fragment VIII, sont les « signes » par lesquels se détermine « l'étant ». L'être ne peut, logiquement, avoir ni commencement dans le temps (avant l'être il ne peut y avoir que l'être, pas le néant) : il est inengendré, – ni fin : il est incorruptible

---

1. Parménide, *Sur la nature ou sur l'étant. La langue de l'être ?*, présenté, traduit et commenté par B. Cassin, Paris, Seuil, 1998, p. 30-47.

2. Platon, *République*, III, 436 *e*-437 *a* ; Aristote, *Métaphysique*, Γ, 6.

(puisque le néant n'est pas, il ne peut pas y retourner) ; il ne peut ni se mouvoir ni changer, il est immobile, immuable, il est seul de son espèce ; exempt de toute division, un et tout entier, il ne comporte aucune multiplicité. L'être (l'étant : *tò ón*) se trouve ainsi construit par un ensemble de prédicats qui sont des négations de prédicats contraires, c'est-à-dire de prédicats impliquant tous, d'une façon ou d'une autre, que l'être n'est pas (Parménide passait dans l'Antiquité pour être l'inventeur de la dialectique).

Quant à l'affirmation de l'être, elle repose sur une impossibilité première : il est impossible que le non-être soit. L'être existe nécessairement parce que son contraire est impossible ; selon le principe de contradiction fort, le contraire de l'impossible n'est pas le possible mais le nécessaire. On ne peut ni connaître, ni penser, ni dire ce qui n'est pas : on ne peut donc penser et dire que l'être, penser et être c'est « le même » (fr. III). Tel est le discours de vérité, et il rejette dans l'erreur le monde saisi par la *dóxa* où les choses naissent et périssent, sont crues être quand elles apparaissent, ne pas être quand elles ne sont pas encore apparues, et ne plus être une fois disparues. Le devenir n'existe que dans la tête des « mortels à deux têtes » incapables de comprendre que les deux voies s'excluent. Ils parlent un langage où se mêlent l'être et le non-être, où les choses sont et ne sont pas parce qu'elles ne seront pas et n'étaient pas « toujours », parlent un langage où tout n'est que mouvement (« changer de lieu »), apparition et disparition des choses (« advenir et périr, être et n'être pas ») comme des qualités (« troquer la couleur faite d'éclat »[1]). Ils ignorent de l'être que « jamais il n'était ni ne sera, car il est maintenant, tout ensemble »[2]. L'être est et ne devient pas, il est *parce qu'il* ne devient pas.

1. Parménide, *Poème*, VIII, 40-41.
2. *Ibid.*, VIII, 5.

Platon

Avec Platon, l'antinomie devient plus subtile car elle n'est plus affirmée d'emblée et sa nécessité n'est plus de nature logique : l'affirmation d'un mode d'être exempt de tout devenir – l'Idée ou Forme intelligible – est la solution apportée au problème de la possibilité de la connaissance. Le choix (la *krísis*) n'est plus celui toujours déjà fait révélé par une déesse qui démontre l'impossibilité d'en faire un autre, c'est le choix que doit faire celui qui désire la connaissance :

> Mais de connaissance non plus il n'est pas possible, Cratyle, qu'il y en ait, si toutes choses se transforment et aucune ne demeure. Car si cette chose même, la connaissance, ne cesse pas en se transformant d'être connaissance, c'est toujours qu'elle demeurera connaissance et qu'il y aura connaissance. Mais si la forme même de la connaissance se transforme, elle prendra une autre forme que celle de la connaissance et, du même coup, il n'y aura pas de connaissance ; et si toujours elle se transforme, c'est toujours qu'il n'y aura pas de connaissance et que, d'après ce raisonnement, il n'y aura ni connaissant ni connu. Mais si toujours existe du connaissant, alors il existe du connu, le beau existe, le bien existe, chacun des êtres existe : il ne me paraît pas que ces êtres, dont nous sommes en train de parler, offrent aucune ressemblance avec un écoulement ou une translation. En va-t-il ainsi ou plutôt de la façon que disent ceux qui suivent Héraclite, c'est, je le crains, ce qu'il n'est pas facile d'examiner ; comme je crains que ce ne soit pas du tout faire preuve de bon sens [ou d'intelligence : *noûs*] que de s'en remettre, pour prendre soin de soi-même et de son âme, aux mots, de se fier à eux et à ceux qui les ont institués, de le faire envers et contre tout comme si on savait ce qu'il en est, et de décréter contre soi-même et contre les choses qui sont qu'il n'y a rien de sain en rien et que tout coule comme

cruche d'argile. (…) Peut-être, après tout, Cratyle, en est-il ainsi, mais peut-être aussi que non [1].

Si tout change et rien ne demeure, vient de dire Socrate, aucune chose ne peut s'arrêter dans un même état, donc être quelque chose ; à son devenir propre s'ajouterait l'altération que lui ferait, chaque fois, subir le sujet connaissant en en prenant connaissance. Mais cette première hypothèse admet que la connaissance, pour sa part, conserve sa forme de connaissance : « alors on pourra toujours dire que la connaissance demeure et qu'il y a connaissance. » Pourtant, si on affirme que *tout* change, cela doit valoir aussi pour la connaissance. Or, dans sa version radicale, l'hypothèse du mobilisme s'autodétruit car si la connaissance « change toujours, toujours on pourra dire qu'elle n'est pas connaissance » et il ne sera même pas possible de *savoir* que tout change. Telle est la difficulté qu'Héraclite résout en posant un « *lógos*, celui qui est toujours » (ou simplement « qui est » : problème pour philologues), et « conformément auquel tout ce qui devient devient » [2]. Le *lógos* est, tandis que tout ce qui s'y conforme n'est pas mais devient. Seule l'intelligence peut saisir ce *lógos* : la plupart des hommes croient que les choses sont, et sont *soit* cela *soit* le contraire, alors que les contraires ne peuvent être dissociés. On peut donc connaître le devenir dans la mesure où on peut connaître la loi qui le domine : *pólemos*. C'est elle qui lie inexorablement les contraires l'un à l'autre et, contraires, ils ne peuvent que se combattre. L'affirmation de l'universel écoulement suppose donc, même chez Héraclite, au moins une exception, le *lógos* qui est, le discours de la connaissance, le discours sage. Car le savoir que tout devient n'est pas obtenu au

---

1. Platon, *Cratyle*, 440 *a-d*.
2. Héraclite, fr. 2 Conche.

terme d'une enquête (*historía*) menée au sein du multiple (au terme d'une induction), il est vision réfléchie. Sinon, tout pourrait bien, effectivement, changer sans cesse, nous pâtirions de ce changement incessant sans pouvoir nous en dégager, le totaliser et dire que *tout* change. L'hypothèse du mobilisme universel implique donc que celui qui la formule se place dans celle d'un mobilisme restreint. Mais une autre hypothèse est selon Platon possible : si le connaissant existe sans jamais changer de forme, donc existe toujours, alors il est possible que ce qui est connu existe également toujours, possible que la connaissance n'ait pas pour seuls contenus ceux que lui offre le devenir. Socrate ne tranche pas, et conclut : « peut-être qu'il en est ainsi, mais peut-être pas », il faudra reprendre la question et l'examiner courageusement. Ce que fera Platon : l'hypothèse des Formes intelligibles et de la participation des choses sensibles à ces Formes impose au devenir le sceau, non pas de l'être, mais des multiples êtres qui donnent forme au devenir sans cependant réussir à lui enlever tout à fait sa part d'irréductible et inintelligible nécessité.

Les possibilités énumérées par Socrate à la fin du *Cratyle* restent les possibilités et impossibilités de toute théorie de la connaissance puisque, à supposer même qu'elle veuille affirmer que tout devient, elle doit pour ce faire se soustraire à l'emportement du devenir (même chez Hegel, le devenir de la connaissance n'est qu'un revenir à *soi-même*). Faire de la forme de la connaissance une exception nécessaire, c'est entrer dans le cercle platonicien où l'être connaissant se réciproque avec l'être connu, cercle dont le devenir est soit exclu *a priori*, soit apaisé et logicisé. Mais entendu en son sens grec, le devenir n'est pas le temps, et n'est pas un temps dans lequel la connaissance peut se développer. Car la loi du devenir ne consiste pas seulement à exclure l'identité de chaque existant ou de chaque contenu d'expérience avec lui-même, elle est la négation de tout temps orienté. Dans le devenir, tout apparaît et disparaît sans ordre, sans cause et sans loi, donc sans but et sans finalité, et pourtant tout est soumis à une inflexible nécessité. Inflexible, mais incompréhensible : c'est pourquoi la transcendance de la connaissance par rapport au devenir, son exception du devenir, semble ne pas pouvoir souffrir d'exception. Le devenir est réglé puisqu'il est nécessaire, mais il n'est intelligible que si on connaît à la fois sa loi – la joute – et son innocence. Sinon, il apparaît comme il apparaît à Parménide et à Platon : chaotique et insensé.

Comment choisir entre les hypothèses énumérées dans le *Cratyle* ? La raison du choix platonicien est donnée dans le *Sophiste* : «Or, s'il est quelqu'un qu'il faut combattre avec toutes les forces du raisonnement, c'est celui qui abolit la science, la pensée ou l'intelligence, quelle que soit la manière dont il s'y prenne[1].» La phrase vient après l'examen des doctrines de l'être, et ce qu'elle dit est assez surprenant : quoi qu'il en soit de l'être, il doit être ce qui convient à l'intelligence. La question que n'ont pas posée les prédécesseurs n'est pas l'impossible question «qu'est ce que l'être ?» – impossible puisque l'être est déjà compris dans la question –, elle est : «que signifie (*semaínei*) ce terme, "être" ?» L'être est un mot dont la signification implique une décision[2]. La différence de l'être et la modalité des êtres sont suspendues à la différence entre le savoir intelligent et la *dóxa*. Si la seconde existe, et la philosophie en est la preuve, la première doit exister. D'où une formulation de l'antinomie qui a toutes les allures d'une devinette :

---

1. Platon, *Sophiste*, 249 *c*.
2. Cf. *Timée*, 51 *b-e* : est-ce que seuls existent les objets sensibles, est-ce que les Idées ne sont que des mots ? Il ne faut pas, dit Timée, laisser cette question «non décidée», *ákriton*, et «non soumise à un jugement juste», *ádikaston*.

Qu'est-ce donc qui est toujours, mais ne devient pas, et qu'est-ce qui devient toujours, mais n'est jamais ? Le premier, c'est par l'intelligence accompagnée de raisonnement qu'il est saisi, étant toujours selon le même, alors que le second est objet d'opinion, d'une opinion accompagnée de sensation irraisonnée, car il naît et meurt, et n'est jamais réellement étant[1].

La connaissance a besoin que l'être soit ce qui convient à la connaissance, besoin d'un être qui soit toujours identiquement ce qu'il est. Mais la décision n'est qu'un pari, elle est toujours sous le coup du « peut-être » et du « en vain » ; seul le Bien, tel qu'il n'est vraiment connu que par les philosophes, peut servir de garantie. Après Platon, on oubliera que cette hypothèse était une hypothèse, et commencera la fable du monde vrai. C'est du besoin de la connaissance de croire à sa pureté, son autonomie, son objectivité désintéressée, de sa volonté de certitude, que sont nées simultanément l'illusion de l'être et la fable du monde vrai. Ce monde a beau avoir son histoire (celle contée par Nietzsche dans le *Crépuscule des idoles*), il a fini par devenir progressivement ce qu'il est : le monde où se nouent l'être et le Bien, le réel et le vrai, la fable première de toute philosophie. Aucun philosophe n'a voulu, aucun philosophe ne peut rompre avec ce monde sous peine de ne plus pouvoir continuer à se dire philosophe – excepté peut-être ce philo-sophe qui a pour nom Dionysos. Il connaît cette impossibilité de rompre et se donne néanmoins pour tâche de toujours à nouveau découvrir le moyen de jouer une vérité contre l'autre : la vérité mortelle qui est la sienne contre la vérité mensongère qui nous en préserve. En cela, ce philosophe tragique ne joue pas seulement sa philosophie, il joue et sa vie et sa mort.

---

1. *Timée*, 27 e-28 a.

Maintien ou dépassement de l'antinomie ?

Maintenir l'antinomie et inverser l'inversion ?

Les paragraphes 5 à 14 de *La Philosophie à l'époque tragique des Grecs* constituent la matrice de la pensée nietzschéenne concernant l'être et le devenir.

Héraclite contre Parménide

La doctrine d'Héraclite, l'affirmation de « *la loi au sein du devenir et du jeu au sein de la nécessité* doit être désormais présente à l'esprit pour l'éternité »[1]. Héraclite en a conclu que « le devenir ne pouvait être en lui-même rien de criminel et injuste » – il en a conclu l'innocence du devenir. Parménide « constitue son pendant et son contraire »[2]. Il a commencé par penser le devenir et lui a donné pour loi Aphrodite, le désir, l'attraction des contraires. Nietzsche établit en effet une relation chronologique entre les deux parties du *Poème* : ce qui est pour nous la deuxième partie, la voie de la *dóxa*, aurait selon Nietzsche précédé la première, la voie de la vérité. « Brusquement, un soupçon l'arrêta » : l'unique forme de la connaissance à laquelle nous accordons d'emblée une confiance absolue, et dont la négation équivaut au délire, est la tautologie A = A. Or le devenir contredit perpétuellement cette identité. Parménide sent alors peser sur son existence « le poids d'une monstrueuse faute de logique » et se tourne « vers la rigidité et le repos cadavérique du plus froid des concepts, celui qui n'explique rien, l'être ». Il n'explique rien « car la connaissance et l'être sont de toutes les sphères les plus contradictoires ». C'est donc la biographie de Parménide qui explique la problématique compatibilité des deux parties du *Poème* (laquelle fait

---

1. *La Philosophie...*, § 8.
2. *Ibid.*, § 9.

d'ailleurs toujours problème) : la déconcertante discordance de sa philosophie témoigne d'un événement, de la brusque prise de conscience d'une monstrueuse faute de logique. Ce qui étonne Nietzsche dans cet événement est qu'un Grec de cette époque ait fui « la réalité débordante de richesse », fuite dans laquelle il faut voir « avant tout un redoutable élan vers la certitude », redoutable par ses conséquences. De cet élan résulte en effet la position d'un instrument de connaissance qui aurait à l'être un accès direct, le penser intelligent (*noeîn*) opposé aux sens, penser englobé dans l'être donc sans mouvement ni devenir, car l'être est une « masse inerte et morte de part en part », une sphère fixe et figée en laquelle tous les concepts se fondent en un seul. Toutes les perceptions sensibles ne produisent que des illusions : la vérité ne résidera désormais que dans les généralités les plus abstraites, d'où la distinction platonicienne de l'âme et du corps, cette « malédiction » qui pèse sur la philosophie.

L'être n'est qu'un mot, il est la plus abstraite et la plus générale de toutes les généralités, et les mots « ne sont que des symboles des relations que les choses entretiennent les unes avec les autres, et avec nous » ; le mot être « ne désigne que la relation la plus générale qui relie toutes choses ». Son étymologie révèle la misérable origine empirique de ce concept tenu pour absolument premier : « Car enfin, *esse* ne signifie au fond que respirer. » Quand on se sert de ce mot, on transpose illogiquement une conviction purement humaine, et dire « je respire donc je suis » n'est pas moins absurde que dire *ambulo ergo sum*[1]. La notion métaphysique de l'être n'est que « la généralisation du concept *"vie"* (respirer), "être animé", "vouloir,

---

1. L'objection de Hobbes (Troisièmes Objections, Objection seconde sur la Seconde Méditation) est que « je pourrais dire "je suis promenant, donc je suis une promenade" ».

agir", "devenir" » (« l'être – nous n'en avons pas d'autre représentation que "*vivre*" »)[1]. Mais dans ce fragment posthume (et
dans tous ceux cités par Fink ou par Granier, qui n'ont, pour
soutenir leur thèse d'une « ontologie » de Nietzsche, pas autre
chose à se mettre sous la dent que des fragments posthumes),
Nietzsche ne cherche pas à *justifier* le fait d'appeler « être » cette
généralisation ou cette représentation, donc à donner à l'être un
contenu qui serait la vie et à la vie un statut ontologique. Il fait
tout le contraire : il montre que le seul contenu que les philosophes, s'ils ne mentaient pas, *pourraient* donner à ce mot
« être » serait « vivre », mais telle n'est certes pas là leur
intention car vivre signifie évaluer (« vouloir, agir ») et devenir.
Donner cette signification à l'être serait contredire son concept
même, dans sa prétention à une universalité indifférente (tout ce
qui est, est) comme dans sa revendication d'une permanence
et d'une consistance indépendantes de tous les accidents
du devenir. Le § 11 de *La Philosophie* l'établit très clairement :
une généalogie ironique donne pour origine au grand Être
théologico-métaphysique la généralisation d'un mode particulier de devenir, affirme qu'un contraire peut naître de son
contraire (l'être de cette espèce particulière de devenir qu'est
vivre), donc que la conception de cette idole entre les idoles n'a
vraiment rien d'immaculé. Voir dans tout concept une transposition, une métaphore, remonter à ses origines, en faire
la généalogie, restera un des principaux instruments de la
critique nietzschéenne.

La fin du § 13 esquisse une de ses pensées les plus
fondamentales. Il s'agit de mettre à l'abri de la condamnation
de Parménide « la scène où se jouent le prétendu devenir, le
changement et notre existence multiforme, colorée, riche et
sans repos » :

---

1. FP XIII, 9[63] et XII, 2[172]).

> Il est donc nécessaire de définir ce monde du changement et de l'altération comme une somme d'entités pareillement dotées d'un être véritable, et qui donc existeront de toute éternité. (…) Et de tous les moments du monde, fussent-ils arbitrairement choisis et séparés par des millénaires, il faudrait pouvoir dire : toutes les entités véritables qui s'y trouvent y sont simultanément présentes dans leur ensemble et dans leur détail, inchangées, inentamées, sans croissance ni déclin. Un millénaire plus tard, le monde sera toujours le même et rien n'aura changé.

Le devenir n'est pas un flux continu car, ordonné, domestiqué et identifié à lui-même, il pourrait être subsumé sous un concept. Il doit se mettre au pluriel, et sa pluralité est telle qu'elle fait éclater toute unité conceptuelle. Cette pluralité est encore à cette époque pensée par Nietzsche comme une multiplicité d'atomes dont seules les combinaisons varient, le tout demeurant inchangé et immuable. Le monde du devenir est un monde « d'entités dotées d'un être véritable », il est en gros et en détail pour toujours même que lui-même. Nietzsche refusera plus tard d'imposer au devenir le sceau d'êtres conçus comme des entités éternelles, mais s'annonce déjà ici la pensée d'un devenir non successif.

« Récuser le concept même d'être »

Dans les paragraphes 1 à 6 du *Crépuscule des idoles* c'est la formulation platonicienne de l'antinomie : « Ce qui est ne *devient* pas ; ce qui devient n'*est* pas[1] » qui est reprise pour s'y attaquer. Nietzsche y voit la première forme d'« idiosyncrasie des philosophes » et l'interprète comme un signe de leur manque de sens historique, une preuve de l'« égypticisme » qui leur fait considérer toutes choses « sous l'aspect de l'éternité ».

---

1. *CId*, « La "raison" dans la philosophie », § 1.

Tout ce qui appartient à la vie, « la mort, le changement, le vieillissement autant que la procréation et la croissance » est considéré par eux comme autant d'objections et même de réfutations que le devenir inflige à l'être. Or les philosophes « croient tous, même avec l'énergie du désespoir, à l'Être ». Ils ont fait des idées leurs idoles, c'est pourquoi rien de vivant ne sort de leurs mains et tout se trouve aussitôt « momifié ». L'être est la plus forte et la plus vide de leurs idées mortes car il est, par définition, « éternel ». Même ceux qui ne jugent pas possible de connaître l'être y croient néanmoins, et l'être auquel ils croient ne s'oppose pas, *au fond*, au devenir, mais à la vie. Ces néants que sont les idoles sont des figures de la mort, les symptômes d'une volonté de vengeance, d'une haine de la vie. La logique et la mathématique s'estiment, en raison de leur pureté formelle, quittes de tout mensonge moral ou métaphysique alors qu'elles ne font que pousser jusqu'au bout la logique du vide, celle même de « l'Être ». Elles ne sont que le développement rendu indéfiniment possible du principe de non-contradiction, « cet article de foi régulateur » qui préside à la construction de son concept. Cette sorte de science rend ainsi manifeste une autre idiosyncrasie des philosophes : la confusion des choses dernières avec les choses premières. « Ce qui vient à la fin – malheureusement, car cela ne devrait même jamais venir ! –, les notions "les plus hautes", c'est-à-dire les plus générales, les plus vides, les dernières vapeurs de la réalité volatilisée, ils les rangent au commencement, et *en tant que* commencement[1]. » Ce à quoi les logiciens aboutissent – des signes vidés de toute réalité – les philosophes l'ont posé comme réalité absolue et première et sont arrivés « à leur Idée stupéfiante de "Dieu" », d'un être tenu comme *ens realissimum* parce qu'il ne peut avoir d'autre cause que lui-même, qui est

---

1. *CId*, « La "raison" dans la philosophie », § 4.

premier principe et principe de lui-même. Un principe ne peut ni être devenu, ni avoir une origine, ni être inégal à soi, ni être en contradiction avec soi.

La croyance à un être non devenu aboutit à celle d'un être suprême où se conjuguent le bien, le vrai, le parfait. L'humanité a pris au sérieux « les élucubrations de ces cerveaux malades », et elle a dû payer cher pour cela. Elle continue à le payer cher : l'erreur de l'être « a pour elle chaque mot, chaque phrase que nous prononçons »[1], le « fétichisme » du langage plaide sans cesse pour elle et renforce les illusions de la raison : plus le maniement de ses catégories devient sûr, plus il entre en contradiction avec l'expérience empirique. La « raison dans la philosophie » est devenue « cette vieille femme trompeuse » qu'est la raison dans le langage, pas seulement dans celui des philosophes mais dans celui qu'ils ont peu à peu réussi à nous persuader de parler. Le mensonge le plus nuisible de cette raison trompeuse est d'imposer son langage comme seul langage légitime de la connaissance – un langage où les impératifs grammaticaux valent pour des impératifs logiques et où les impératifs logiques ne sont que la traduction et la formalisation des impératifs grammaticaux.

Parlé dans cette langue, l'être est le concept ayant la forme du concept pour unique contenu. Mais, pour Nietzsche, le problème n'est pas, comme pour Hegel, d'emplir son concept de tous les contenus possibles en le mettant en mouvement, mais « de récuser le concept même d'être ». Récuser le concept d'être n'est pas récuser l'être mais ce pour quoi l'être veut se faire passer. Car toutes ses propriétés et son existence même il les prétend contenues dans son concept ; on peut bien critiquer la preuve ontologique, elle joue chaque fois que nous ouvrons la bouche et disons « c'est ceci », « c'est ainsi ». Le verbe être

1. *Ibid.*, § 5.

n'est une copule que pour la logique, mais dans notre langage il ajoute à ses débordements ontologiques un sens véritatif : « c'est ceci », « c'est ainsi », pas autre chose et pas autrement, donc en vérité. Récuser le concept même d'être signifie récuser la vérité de tout concept puisque ce concept n'est que le dernier et non le premier terme du processus de formation des concepts.

Le processus de formation des concepts

> En quelque coin écarté de l'univers répandu dans le flamboiement d'innombrables systèmes solaires, il y eut une fois une étoile sur laquelle des animaux intelligents inventèrent la connaissance. Ce fut la minute la plus arrogante et la plus mensongère de l'« histoire universelle » : mais ce ne fut qu'une minute [1].

Pour une mise en perspective, c'en est une que ce début de la dissertation de 1873, *Vérité et mensonge au sens extra-moral*. Il était une fois, donc, des animaux qui, perdus au milieu de l'immensité de l'univers, baptisèrent connaissance un mensonge et qui, dans leur arrogance, oublièrent qu'ils étaient des animaux au point de prendre cette minuscule minute qu'est leur histoire pour « l'histoire universelle » (*Weltgeschichte*, expression de Hegel). Tout comme, dans le *Politique* [2], Platon se moque d'une division qui mettrait d'emblée les hommes à part de tous les autres animaux en déclarant que les grues, si on leur demandait leur avis, en feraient tout autant, Nietzsche suppose que la mouche, si on savait l'entendre, nous dirait qu'elle « sent voler en elle le centre de ce monde ». On a dans cette Dissertation le premier stade de l'entreprise nietzschéenne d'humiliation de la connaissance : elle passe par le récit de la fabrication des concepts et le rappel d'origines délibérément

---

1. *Le Livre...*, p. 117.
2. Platon, *Pol.*, 263 d.

oubliées, récit préparatoire, donc, à celui de la fabrication de l'idéal ascétique dans la *Généalogie de la Morale*.

L'intellect est un moyen de conservation et il développe ses forces principales dans la dissimulation[1] : telle est la thèse générale. Toute espèce de vivant, et pas seulement l'animal humain, et toute forme de vie (y compris celle de l'« esprit ») a une activité de connaissance fondamentalement métaphorique. *Metapher*, le « transport », la translation, désigne la totalité du processus de la connaissance consciente et inconsciente, activité pensée selon le modèle linguistique de la traduction. Traduire suppose l'équivalence possible de deux langages et une transformation de *l'étranger* en familier. Plus tard, dominera chez Nietzsche le modèle physiologique de la digestion, de l'assimilation, c'est-à-dire de l'appropriation d'une *extériorité* : le penchant fondamental à poser des identités correspond exactement à celui par lequel le protoplasme assimile ce qu'il s'incorpore et lui impose ses formes. Mais à cette époque c'est une série de traductions qui conduit à la formation du concept :

> Transposer d'abord une excitation nerveuse en une image ! Première métaphore. L'image à nouveau transformée en un son articulé ! Deuxième métaphore[2].

Le processus qui transforme une excitation nerveuse en image, puis une image en son articulé fonctionnant comme indice, est « une transposition insinuante, une traduction balbutiante dans une langue tout à fait étrangère ». Cette activité est chaque fois, un « saut complet d'une sphère dans une autre sphère, tout autre et nouvelle ». Parce qu'elle va du singulier au singulier, la traduction ne s'opère pas de l'inconnu au connu mais de l'inconnu à l'inconnu. La connaissance est d'abord

---

1. Nietzsche, *Le Livre…*, p. 118.
2. *Ibid.*, p. 121.

cette équivalence illogique entre deux sphères dont chacune reste étrangère à l'autre, inconnue pour l'autre. Il n'existe entre elles aucune relation de causalité mais « tout au plus un rapport esthétique », une relation de sensible à sensible qui n'est principe d'aucune intelligibilité, une transposition terme à terme qui n'éclaire pas mais innove. Les processus métaphoriques que Nietzsche nomme ici « intuitifs » procèdent d'une force créatrice qui prend le risque de sauter du tout autre au tout autre. La mise en correspondance n'efface nullement la mutuelle altérité ni la mutuelle étrangeté des termes. Excitation nerveuse, image, son articulé, constituent les manières humaines de prendre « l'X énigmatique de la chose en soi » ; ce sont ces prises humaines que Nietzsche nommera, plus tard, interprétations (en supprimant la chose en soi). Elles sont créatrices de langues sans syntaxe, hétérogènes, incompréhensibles.

Le passage au concept suppose l'intervention d'une force travaillant en sens opposé, d'une force du même (*gleich*), d'une faculté d'assimilation du non-semblable (*Gleichsetzen des Nichtgleichen*). Lorsque le passage s'effectue du mot au concept, l'innovation cède en effet la place à la contrainte, la transposition « volatilise », « dissout » ce qu'elle transpose : l'image n'est pas traduite en concept, elle *s'abolit* dans le concept et avec elle les opérations métaphoriques qui sont à l'origine de tout concept. Cette dissimulation du saut, cet oubli des origines constitue la seule différence spécifique propre à l'animal humain : « Tout ce qui distingue l'homme de l'animal dépend de cette capacité de faire se volatiliser les métaphores intuitives en un schème, donc de dissoudre une image dans un concept[1]. » L'humanité de l'homme n'advient que de l'oubli et de la dissimulation des transpositions antérieures et de la nature de la force qui les origine. Loin donc (comme l'affirme

---

1. Nietzsche, *Le Livre…*, p. 124.

Derrida[1]) de « prendre le risque de la *continuité* entre la métaphore et le concept, comme entre l'animal et l'homme,
l'instinct et le savoir », Nietzsche marque la discontinuité de
transferts successifs. Le concept n'est pas en lui-même une
métaphore mais le résidu d'une force métaphorique : il ne s'agit
pas d'établir une continuité mais d'opposer à l'illusion d'une
origine pure des concepts purs une genèse faite de sauts
impossibles à lier.

Les concepts procèdent de l'extension du mot à des
expériences analogues (*ähnlich*, l'analogue, le ressemblant
n'est pas le « même », *gleich*), de l'omission de l'individuel et
du réel. Poussée jusqu'à son terme, l'activité métaphorique ne
produit pas de « métaphores » au sens de tropes, elle produit
tout le contraire : des concepts, des essences, l'illusion du
propre, de la conformité du nom à la chose, de l'adéquation
« entre le langage et toutes les réalités ». Car avec l'oubli de la
force métaphorique commence le règne du jugement, c'est-à-
dire du « sentiment d'être obligé de désigner une chose comme
"rouge", une autre comme "froide", une troisième comme
"muette" »[2], jugements qui obéissent en fait à des délimitations
arbitraires et des différences partielles, et qui sont par conséquent
des croyances. Les concepts s'assemblent et s'opposent alors de
façon à garantir la légitimité des jugements. Cela suppose la
construction d'une « cathédrale conceptuelle » (*Begriffsdom*),
d'une pyramide d'emboîtements successifs, le tissage d'un
système d'écarts invariants : certains concepts fonctionnent
comme « rubriques » et s'organisent en système de catégories.
Le processus de catégorisation est double, à la fois classifi-
cation – subsomption de l'individu dans l'espèce et de l'espèce

---

1. J. Derrida, « La mythologie blanche », *Poétique* 5, 1971, repris dans
Marges de la philosophie, Paris, Minuit, 1972, p. 247-324.
2. *Le Livre*…, p. 123-124.

dans le genre –, et détermination des formes ultimes de la prédication (pour parler comme Aristote), ou des concepts purs *a priori* (pour parler comme Kant). Ce n'est pas le concept, en lui-même et par lui-même, qui fait désormais « barrière », mais l'assemblage conceptuel que constitue le système de l'entendement, système « régulateur et impératif », « monde nouveau de lois, de privilèges, de subordinations, de délimitations ». Le découpage catégoriel consomme, par codification, l'épuisement de la force métaphorique. Il manifeste qu'une autre force, un autre instinct, est à l'œuvre, qui ne peut s'exprimer qu'en se niant comme force et qui épuise toute sa force dans ce reniement créateur de croyance à l'impersonnalité, l'objectivité, l'universalité de ce qui est ainsi produit. Il est le prix à payer pour la sécurité, la « vérité », et la sécurité de la vérité. Peu importe alors le caractère variable, ou invariable, du système : la toile d'araignée est assez solide pour tout envelopper sans se déchirer. L'opposition n'est pas du synchronique au diachronique, du figé au mouvant, du clos à l'ouvert : la structure peut se réformer mais elle se reforme toujours. Aucune modification du système des catégories ne remet en question la vérité du jugement, c'est-à-dire la croyance à la légitimité des catégories.

Le concept n'est « démonétisé », il ne perd la mobilité de l'échange et sa part iconique, son effigie, sa force sensible, que lorsqu'il entre comme élément dans l'assemblage catégoriel, l'usure naît de la hiérarchie des concepts et de leur distribution en séries. Lorsqu'elle produit des concepts, la force métaphorique innove tout autant que lors de ses précédentes transpositions, l'équivalence du mot et du concept relève du même processus, mais celui-ci s'inverse lorsque veut dominer l'instinct de « vérité », lequel constitue un monde conceptuel *opposé* au « monde des premières impressions ». Pour soustraire un concept à ce monde solidifié, il ne servirait à rien de restituer ce qui a été omis dans la formation du concept, à savoir l'individuel et le réel, puisque découper un individu – cette feuille – est aussi anthropomorphique et mensonger que le découpage en espèces et en genres : cette feuille est tout autant ou tout aussi peu réelle que l'espèce feuille de platane ou le genre feuille. Individus, espèces et genres sont solidaires d'un même système[1], tout comme réalité, substance ou causalité.

Un concept est donc le résidu d'une métaphore vidée de toute force métaphorique, résidu utilisable dès lors comme prédicat et comme catégorie. Le concept le plus vide de toute force est l'être, qui ne correspond à aucune excitation ni à aucune image mais seulement à un mot qui n'est plus signe ou symbole de rien. Coupé de tout ancrage sensible, de cet ancrage qu'on peut encore déceler au fond de toute catégorie, il est le plus oublieux, donc le plus mensonger de tous nos concepts, et il est le dernier formé.

Concepts et métaphores

La systématisation des concepts entraîne l'interdiction de penser hors de ce système sous peine, pour la pensée, de cesser d'être une pensée vraie et une vraie pensée. Sans l'échafaudage d'un système catégoriel il n'y aurait jamais eu de philosophie ni de philosophies et pas même de conscience de soi : si l'homme « pouvait sortir un seul instant du cachot de cette croyance, c'en serait aussitôt fait de sa "conscience de soi" »[2]. Pourtant, sans la remontée aux origines de cet assemblage conceptuel il est impossible d'évaluer justement sa nécessité, son utilité, mais aussi son absence de fondement et de vérité : impossible de devenir, autrement, philosophe.

---

1. FP XIII, 9[144].
2. *Le Livre...*, p. 126.

C'est dans la dissertation de 1873 que le voyageur fait le premier voyage qui le conduit vers la destruction des barrières conceptuelles. Celle-ci peut passer par l'emploi de «métaphores interdites», mais aussi bien par celui «d'assemblages conceptuels inouïs». La métaphore (*Gleichniss*), entendue au sens de trope, n'est pas seule ni en elle-même capable de dire ce que le langage conceptuel ne peut pas dire – encore faut-il qu'elle soit «interdite». «Interdite» signifie qu'elle trans gresse les règles aristotéliciennes, le transfert interdit étant celui qui s'opère de genre à genre[1]. Mais si un mode d'assemblage pré-inclut tout concept dans une catégorie et prédétermine ses seuls usages légitimes, déterminant ainsi un langage entièrement mensonger, un assemblage conceptuel «inouï» permet d'abolir les barrières catégorielles ou de les tourner – par exemple en dérision. L'assemblage inouï est créateur de sens, sauf à croire qu'il ne peut y avoir de sens qu'en référence à un système catégoriel et qu'avec la garantie divine de la logique et de la grammaire. Créer une équivalence, ou une non-équivalence, nouvelle, le concept le peut, en rapprochant le plus lointain (connaissance et digestion, par exemple), en séparant le plus proche (connaissance et vérité, par exemple encore), donc en estimant autrement la distance et la proximité. Ce qui périt alors, c'est le concept de concept, son usage judicatoire et légiférant. Si quelque chose périt, autre chose peut advenir, au concept et par lui : de nouvelles législations, porteuses de nouvelles évaluations, deviennent à nouveau possibles, libres de toute référence à des catégories engendrées par «l'erreur de l'Être». Il est innocent «d'avoir foi en l'intelligibilité des concepts»[2], mais il serait tout aussi naïf de croire qu'il suffit, pour sortir de cette innocence, de substituer à une pensée par

<hr>

1. Aristote, *Poétique*, 21, 1457 *b* 7-9.
2. FP XI, 40[27].

concepts une pensée par métaphores. À opposer ainsi la bonne métaphore et le mauvais concept, on attribue à Nietzsche ce qu'il tient pour le propre de la métaphysique : la croyance à l'antinomie des valeurs.

Concepts et métaphores résultent d'une même force métaphorique ; cela n'annule pas leur différence, qui n'est pas celle du propre et du figuré : il n'y a pas plus de métaphore en soi que de concept en soi. Ce qui se donne à lire comme métaphore ou comme concept est intégralement relatif. Relatif, en premier lieu, à la particularité d'une perspective, à l'appréciation d'un moment du devenir. Le « tout est eau » de Thalès est une métaphore dans le sens où c'est un saut, mais, en parlant d'eau, Thalès ne voulait pas *figurer* l'unité, il voulait même tout le contraire : s'affranchir du mythe, penser sans image. Cependant « il n'a pas pu parvenir jusqu'à cette pure abstraction du "tout est un" ». Dans l'effort de Thalès tout comme dans l'élan de Parménide, ce qu'il faut voir ce n'est pas le concept, c'est *l'énergie vers le concept*. Produits d'une force inventive, l'être et le tout signifient cette énergie. Cependant, dans une perspective qui n'est plus celle de la naissance de la philosophie, donc de l'avenir, mais dans celle, rétrospective, de l'histoire de la falsification métaphysique, ils sont les plus mortes des métaphores mortes et les concepts les plus vides. Ils sont devenus des obstacles non parce qu'ils résistent mais parce qu'ils intègrent tout nouvel effort vers le concept dans un concept, toute nouvelle abstraction dans une abstraction. Les concepts ne peuvent retrouver leur force, « tirer vers le haut », que si on les déprend de leur toile d'araignée et les rattache à leur origine, la force artiste : « Ce sont les puissants qui ont donné au nom des choses force de loi ; et, entre les puissants, ce sont les plus grands artistes en abstraction qui ont créé les catégories[1]. » Ils l'ont été et ils peuvent le redevenir à condition de *vouloir* cette fiction qu'est le concept, de la vouloir sans y croire, à condition également d'admettre que n'importe quel concept peut jouer comme catégorie – « allemand » ou « français », « chameau » ou « lion », ou encore lourd, léger, brûlant glacé, haut, bas, avec ce que cela comporte chaque fois d'ambivalence, de cette ambivalence qui indique que l'on a pris assez de hauteur pour être par-delà bien et mal. Lorsque la pensée est délivrée du concept de concept, elle élève au rang de catégorie ce qui n'a jamais semblé être digne de l'être. Que ces catégories, qui sont celles de l'esprit aristocratique et du discours nietzschéen, soient condamnées elles aussi à se prendre en système parce qu'on finira par les croire analogues à ces tables d'oppositions chères aux présocratiques[2] ne fait que confirmer ce qui n'est pas, contre Nietzsche, une objection, puisque c'est lui qui nous a appris qu'aucun voyageur ne voyage jamais sans son ombre.

Néanmoins, aucune formule, abstraite ou imagée, ne peut réussir totalement à exprimer l'événement qu'est une pensée : « Nos vraies expériences capitales sont tout sauf bavardes[3]. » Non seulement nous n'exprimons nos pensées qu'avec les mots que nous avons sous la main, mais peut-être ne formons-nous « que la pensée pour laquelle nous avons précisément sous la main les mots capables de l'exprimer approximativement »[4]. La défaite est inéluctable mais elle peut être plus ou moins complète. La pensée peut survivre partiellement dans le langage à condition de ne pas attraper les premiers mots venus.

---

1. FP XII, 6[11].
2. Voir le tableau des « complémentarités » dressé par M. Haar, p. 232-233.
3. *CId*, « Divagations d'un "inactuel" », § 26.
4. *A*, IV, § 257.

> *Soupir.* – J'ai saisi au passage cette intuition (*Einsicht*) et, vite, j'ai pris les premiers mauvais mots venus, et l'ai fixée, pour l'empêcher de s'envoler à nouveau. Et maintenant, pour moi, elle est morte de ces mots desséchés et flotte en eux, flasque et branlante – et je ne sais même plus, quand je la regarde, comment j'ai pu être si heureux en attrapant cet oiseau [1].

Qu'est-ce qu'un mot qui ne serait pas le premier mauvais mot venu? Certains mots sont trop porteurs de valeurs et de sens anciens et barrent la route. Mais une pensée peut avoir assez de puissance pour traverser les mots sans s'y engluer et pour donner vie à l'ensemble: ce ne sont pas les mots qui doivent porter le sens, c'est le style, et tout style traduit un degré et une qualité de force: « La pensée abstraite est pour bien des gens une peine – elle est pour moi, dans mes bons jours, une fête et une ivresse [2] ». L'abstraction propre à une telle pensée n'est pas conceptuelle, elle est ludique, elle délivre de toute pesanteur. Pour dire ces moments de force et de légèreté accrues, Nietzsche parle d'inspiration; être inspiré, c'est avoir le sentiment de ne pas avoir à choisir, mais cela n'arrive qu'au terme d'un long apprentissage: « Apprendre nous métamorphose [3]. » Il y a une finalité (sans fin) inflexible de l'inspiration, la finalité d'un instinct comparable à celui d'une femme qui accouche; l'instinct est ferme, c'est le concept qui est flottant. Mais cette sûreté instinctive, cette aisance immédiate de l'inspiration sont des conquêtes, comme le sont celles du bon danseur; les grandes pensées n'ont pas, en elles-mêmes, la puissance de trouver immédiatement leur expression la

---

1. *GS*, IV, § 298.
2. FP XI, 34[130].
3. *PBM*, VII, § 231.

plus forte et la plus juste : c'est le corps «qui est enthousiasme. Laissons l'"âme" hors du coup»[1].

> Le plus remarquable [dans *APZ*] est le caractère involontaire de l'image (*Bild*), de la métaphore (*Gleichniss*); on n'a plus aucun concept de ce qui est image, métaphore, tout s'offre comme l'expression la plus proche, la plus exacte, la plus simple. Il semble vraiment, pour reprendre une parole de Zarathoustra, que les choses mêmes s'approchent et s'offrent comme métaphores (– « Ici toutes choses viennent caressantes à ton discours (*Rede*) et te flattent : car elles veulent (*wollen*) chevaucher (*reiten*) sur ton dos. Ici sur le dos de chaque métaphore tu chevauches (*reitest du*) vers chaque vérité. (…) Ici pour toi s'ouvrent d'un coup les paroles de tout être (*alles Seins Worte*) et les coffrets des mots : ici tout être veut (*will*) devenir parole, tout devenir veut (*will*) apprendre de toi à parler – »). Telle est *mon* expérience de l'inspiration ; je ne doute pas qu'il ne faille retourner des millénaires en arrière pour trouver quelqu'un qui puisse me dire : «C'est aussi la mienne»[2].
>
> La force de métaphore la plus puissante qu'il y ait jamais eu jusqu'ici n'est que misère et bagatelle à côté de ce retour de la langue à la nature de l'expression imagée (*zur Natur der Bildlichkeit*)[3].

«Tout être veut (*will*) devenir parole, tout devenir veut (*will*) apprendre de toi à parler » : seul celui qui a appris à parler peut leur apprendre à parler. Chaque être et chaque devenir parlent dans une même parole, une parole qui est célébration de la fragilité de chaque être et de la dure nécessité de chaque devenir. Parce qu'elle sait laisser venir, cette parole du devenir fait parler chacun des êtres et par elle, la langue fait « retour à la

---

1. *EH*, «*APZ*», § 4.
2. *Ibid.*, § 3.
3. *Ibid.*, § 6.

nature de l'expression imagée ». La ligne de clivage ne passe pas entre figuré et propre mais entre images et métaphores involontaires ou volontaires[1]. Nietzsche ne fait pas ici une théorie du langage, il ne fait pas du langage figuré le langage originaire. Le premier langage est plutôt, pour lui comme pour Bergson, communication en vue d'une coopération : j'ai soif, j'ai mal ; le langage veut faire effet et n'est rhétorique qu'en ce sens, non en ce qu'il utiliserait des tropes, et il est rien moins que poétique. La puissance des métaphores vient, selon Nietzsche, de ce que, par elles, le langage (*Sprache*) – celui que nous nommons improprement « propre » parce qu'il est conceptuel et que tous ses mots sont prudemment enfermés dans les coffrets de leurs définitions – fait retour « à la nature de la mise en image ». À la toute-puissante triade d'Aristote : chose-concept-mot, la métaphore substitue la triade chose-images-mot et empêche l'image de s'abolir dans le concept : la chose ne fait qu'un avec ses images (elle « s'offre comme métaphore ») et cette chose-image ou chose-métaphore veut elle-même advenir à la parole, comme dans le superbe paragraphe 423 d'*Aurore* : « La mer s'étend, pâle et brillante, elle ne peut pas parler. Le ciel joue avec des couleurs rouges, jaunes et vertes son éternel et muet jeu du soir, il ne peut pas parler… » C'est pourquoi aucune distinction entre propre et figuré, concept et métaphore ne peut être déterminée *a priori*. Il faut avoir un concept de ce que sont et l'image et la métaphore, il faut croire au règne incontestable du concept et de la définition pour établir une telle distinction. Or précisément, ce règne s'achève avec le retour qu'opère le langage inspiré : « on n'a

---

1. Pour ces dernières, penser aux attaques contre les métaphores « forcées » de David Strauss dans la *Première Considération inactuelle* ; Nietzsche s'inspire de la verve d'Aristote contre les métaphores absurdes et vulgaires, *Rhétorique*, III, 1405 *a* 28-*b* 19.

plus aucun concept de ce qui est image, métaphore », et on n'a donc plus non plus de concept du concept. Les métaphores portent vers des vérités qui veulent se dire sans qu'on n'ait plus de concept de la vérité ni de choix entre les manières de parler. La parole qui dit ces vérités est vraie non parce qu'elle serait conforme aux choses mais parce que celui qui sait leur apprendre à parler entend ce que veulent dire les choses elles-mêmes. Les choses ne deviennent d'ailleurs elles-mêmes, c'est-à-dire des volontés de puissance, que dans le discours (*Rede*) de Zarathoustra. Pour lui toute chose fait signe et tout signe développe sa vérité : si autour de Dieu tout devient monde, autour de Zarathoustra tout devient signe.

Mais comment parler encore de métaphores ou d'images ? Quel sens donner à ces termes si on ne les oppose plus aux concepts ? Cette opposition ne tient qu'à la condition que les « choses » préexistent et qu'elles soient muettes, ne veuillent « rien dire » jusqu'à ce qu'on en parle. Mais justement, pour Zarathoustra, tout le devenir et tous les êtres *veulent dire*. Ce qu'il entend, ce sont des manières de vouloir, accessibles à sa seule volonté d'écouter. D'où l'importance des verbes, par exemple l'importance du verbe « chevaucher » : on peut y voir l'écho inversé des premiers vers du *Poème* de Parménide, de ces cavales de l'Être qui emportent l'initié sur la route de vérité. Dans « Les trois métamorphoses de l'esprit », l'esprit doit devenir chameau, puis lion. Il n'*est* ni l'un ni l'autre, mais il doit *vouloir* ce que veut le chameau, puis ce que veut le lion, et de la manière dont ils le veulent : les signes « chameau » et « lion » ne se développent que par des verbes, et en actions. La métaphore sans concept d'elle-même joue énergétiquement, c'est une mise en action, en *energeía*, non une mise en parallèle, en structure[1] :

> Cette mosaïque de mots, où chaque mot, par sa sonorité, sa place, sa signification, rayonne sa force à droite, à gauche et sur l'ensemble, ce *minimum* de signes, en étendue et en nombre, atteignant à ce point à un *maximum* dans l'énergie des signes – tout cela est romain, et si l'on veut m'en croire, *aristocratique par excellence*[2].

Chaque mot doit rayonner sa force; mais il ne faut ni charger tous les mots d'une force égale car leur force s'en trouverait annulée – c'est ce qui caractérise un style décadent et anarchique –, ni qu'un mot écrase par son rayonnement tous les autres (comme dans le langage de la métaphysique). Le style inspiré est le style de l'affirmation, du maximum d'énergie : il n'y a plus d'écart déterminable avec le langage catégoriel et prédicatif puisque ce langage n'est pas pulvérisé mais laissé en arrière, dépassé, surmonté. Ce n'est plus alors le concept, ni même la perspective, mais le style qui est maître : c'est lui qui *décide* de ce qu'il donne pour métaphores ou pour concepts. Comme, déclare Nietzsche, « la multiplicité des états intérieurs est extraordinaire chez moi, il y a chez moi beaucoup de possibilités de styles »[3].

La critique du concept n'est pourtant devenue possible que parce que l'intellect s'est constitué de ces transferts et identifications successives et s'est fortifié dans la croyance à la pureté et la validité de ses catégories. Il ne peut « célébrer ses saturnales » que parce qu'il a commencé par obéir, et par obéir longtemps, mais toute destruction est le signe que quelque

---

1. On sait qu'Aristote définit au contraire la métaphore par la « comparaison » et « l'analogie ».
2. *CId*, « Ce que je dois aux Anciens », § 1.
3. *EH*, « Pourquoi j'écris de si bons livres », § 4.

chose veut vivre et s'opposer, et l'esprit aussi veut vivre, librement, jusque dans ses concepts, et jusque dans ce qu'il pense de la pensée :

> La pensée n'est pas pour nous un moyen de « connaître » mais de nommer, d'ordonner les faits, de les accommoder à notre usage ; voilà ce que nous pensons aujourd'hui de la pensée ; demain nous penserons peut-être autrement [1].

La pensée, ou la représentation qu'on s'en fait, a ses aujourd'hui et ses demain ; elle est prise entre le souvenir de ce qu'elle a été, et quand on l'identifie à son passé, à son hier, on ne peut s'en faire « aujourd'hui » que cette image réductrice. Mais on n'en oublie pas pour autant son demain, celui de la pensée et de la pensée de la pensée, qui ne feront alors plus qu'un.

1. FP XI, 40[20].

CHAPITRE V

L'ANTINOMIE DE L'ÊTRE ET DU DÉVENIR
L'ANTINOMIE REFORMULÉE, DÉJOUÉE ET DÉPASSÉE

> *Un doute m'a retenu pour Héraclite, dans le voisinage*
> *duquel je me sens plus de chaleur et plus de courage que*
> *nulle part ailleurs. L'affirmation de l'écoulement et de la*
> *destruction, élément décisif dans une philosophie dionysia-*
> *que, le dire-oui à la contradiction et à la guerre, le devenir, avec*
> *une radicale récusation du concept même d'« être » – c'est là*
> *qu'il me faut en tout cas reconnaître ce qui m'est le plus*
> *proche dans ce qui a été pensé jusqu'à présent. La doctrine*
> *du « retour éternel », c'est-à-dire du cercle absolument et*
> *indéfiniment répété de toutes choses – cette doctrine de*
> *Zarathoustra pourrait en fin de compte déjà avoir été*
> *enseignée par Héraclite. Le stoïcisme, qui a hérité presque*
> *toutes ses représentations fondamentales d'Héraclite, en*
> *présente au moins des traces. –*
>
> Ecce Homo, « *Pourquoi j'écris de si bons livres* »

Dénoncer des habitudes mentales, critiquer la fausseté des concepts qui se donnent pour des essences ou des natures, cela peut se faire au nom d'une autre théorie de la connaissance, opposant par exemple la valeur de l'intuition aux concepts issus d'une adaptation à la vie, l'instinct à l'intelligence, la durée pensante aux simultanéités pensées, la vie, invention d'une imprévisible nouveauté, aux habitudes et aux raides simplifications de la connaissance (Bergson). La méfiance de

Nietzsche va plus loin, elle vise autant la vie que la connaissance car toutes deux ont pour conditions les erreurs et les
mensonges que le langage ne fait que pérenniser. L'origine de
la connaissance est une volonté de stabilité issue de la vie elle-
même, et c'est pour la servir que la connaissance a jusqu'ici vu
dans l'être un refuge contre la menace du devenir.

L'antinomie reformulée

Ni l'être ni le devenir ne sont conceptualisables, l'un par
défaut et l'autre par excès de contenus, mais cela n'empêche
pas ces mots de continuer à être des objets de désir. Il faut prendre l'antinomie à sa racine, voir quels instincts contradictoires
conduisent à la poser et à la transformer tout en la maintenant :

> À propos de toutes les valeurs esthétiques, je me sers
> désormais de cette distinction fondamentale : je demande,
> dans chaque cas particulier, « est-ce la faim ou la surabon-
> dance qui est devenue créatrice ? » À première vue, une autre
> distinction pourrait sembler plus recommandable – elle est d'une
> évidence largement supérieure – elle consisterait à examiner
> attentivement si c'est l'aspiration à l'immobilisation, l'éterni-
> sation, à l'*être* qui est la cause de la création, ou si c'est au
> contraire l'aspiration à la destruction, au changement, au
> nouveau, à l'avenir, au *devenir*. Mais si on les considère plus
> profondément, ces deux espèces d'aspiration s'avèrent encore
> doubles, et en réalité interprétables précisément selon le
> schéma que je viens de présenter et auquel a été, à bon droit,
> me semble-t-il, donné la préférence. Le désir de *destruction*,
> de changement, de devenir peut être l'expression de la force
> surabondante, grosse d'avenir (mon terme pour la désigner,
> comme on sait, est le mot « dionysien »), mais ce peut être
> aussi la haine de celui qui est mal venu (…) qui détruit, *doit*
> détruire parce que (…) tout être, en lui-même, le scandalise et
> l'irrite – pour comprendre cet affect, qu'on regarde de plus
> près nos anarchistes. La volonté d'*éterniser* exige également

une double interprétation. Elle peut d'une part provenir d'un sentiment de reconnaissance et d'amour : – un art de pareille origine sera toujours un art d'apothéose (…). Mais elle peut aussi être la volonté tyrannique d'un être profondément souffrant (…) et qui en quelque sorte tire vengeance de toutes choses en leur imprimant, en leur incorporant de force (…) l'image de *sa* torture. Cette dernière attitude constitue le *pessimisme romantique* sous sa forme la plus expressive [1].

Si on la considère esthétiquement, l'antinomie de l'être et du devenir est seconde par rapport à l'opposition de l'indigence et de la surabondance de force. Reportée à son origine, l'antinomie se dédouble, car le désir de l'être comme celui du devenir peuvent chacun procéder de deux états contradictoires : surabondance ou épuisement de force créatrice. C'est cette distinction-là qui est première et impose à chaque désir leur double forme et le double style dans lequel ils s'expriment. Le désir du devenir est désir de destruction ; il peut être la manifestation d'une exubérance de force créatrice, grosse d'avenir, dionysiaque, ou au contraire d'une haine, d'une passion « anarchiste » de détruire tout « état existant », tout ce qui est simplement parce que « c'est ». De même, le désir d'être peut traduire un sentiment de reconnaissance et d'amour, s'exprimer dans le dithyrambe, la sérénité ironique, glorifier toutes choses d'une « lumière homérique », être volonté d'éterniser, soit au contraire naître d'une souffrance telle qu'elle semble seule posséder de l'être et constituer la loi universelle de l'être comme elle l'est pour le pessimisme de Schopenhauer et de Wagner : « le *primum mobile* de la croyance à l'étant est le refus de croire au devenir ». L'espèce d'homme qui réfléchit de la sorte est « une espèce fatiguée de vivre », pour qui « contradiction,

---

1. *GS*, V, § 370.

illusion, changement » sont causes de douleur[1]. L'impuissance *maintient* l'antinomie : le désir du devenir naît de la haine de l'être et l'affirmation de l'être entraîne la négation de la réalité du devenir. Mais quand la puissance se manifeste dans un désir de destruction qui est volonté d'avenir et d'éterniser le devenir, l'antinomie est *dépassée* et laisse place à une *guerre nécessaire*. La surabondance de force a en effet pour ennemies aussi bien la volonté qui veut le changement pour le changement, par impuissance à supporter quelque existence que ce soit, que la volonté romantique de ne voir dans l'être que souffrance et de ne reconnaître d'éternité que celle de la souffrance. C'est de la qualité et de la quantité de force créatrice et de la souffrance et de la joie qui l'accompagnent que dépendent le maintien ou le dépassement de l'antinomie. Or c'est à leurs styles qu'on reconnaît la surabondance ou son contraire.

Transformer une question métaphysique en une question de style est donc la manière, on serait tenté de dire ironique, de laisser *derrière soi* l'opposition de l'être et du devenir, l'opposition première de la philosophie tant qu'elle s'est voulue métaphysique. En sortir est d'abord (mais pas uniquement) une affaire de style : la pensée qui se situe par-delà doit imprimer son style non seulement à une vie mais aux paroles et aux écrits dans lesquels et par lesquels elle agit. D'où la nécessité, pour Nietzsche, d'instiller dans sa pensée et son langage une pointe de soupçon quant à la nature des substantifs – concepts ou métaphores ? –, la goutte d'incertitude qui désoriente l'espace logique, enfin la dose de musicalité qui bouscule l'ordre des raisons au profit d'une ordonnance rythmique. Ce n'est pas théoriquement, c'est dans son écriture même que Nietzsche *déjoue* cette antinomie.

---

1. FP XIII, 9[60].

L'antinomie déjouée

La manière d'écrire d'un philosophe est commandée par sa manière de penser. Évidente banalité ? Rien n'est moins sûr s'agissant de Nietzsche (et, d'une manière différente, de Platon), dont on croit soit qu'il enjolive et dramatise sa pensée par des images poétiques et des procédés rhétoriques, soit que poésie et rhétorique lui tiennent lieu de pensée.

Écrire et penser

Or tout d'abord, pour Nietzsche, penser n'est pas une activité mais un laisser venir : « une pensée vient quand "elle" veut, et non pas quand "je" veux »[1]. Sa maladie lui « fit hommage de l'obligation de demeurer couché, de rester oisif, d'attendre, de prendre patience. Mais c'est là justement ce qui s'appelle "penser" ! »[2]. Voir dans le penser une activité est une des preuves principales de la confusion entre l'actif et le passif, qui est la plus grande bourde grammaticale de l'humanité[3]. D'où l'irréductible pluralité des pensées qu'aucune maîtrise active n'unifie et « n'enchaîne » plus :

> il arriva alors qu'il entendit les battements d'ailes d'innombrables oiseaux qui voletaient autour de lui, – mais le battement de tant d'ailes qui se pressaient autour de sa tête était si grand qu'il en ferma les yeux. (...)
> Alors les colombes s'envolaient de temps à autre et se mettaient sur son épaule et caressaient sa chevelure blanche et ne se lassaient point de tendresse et d'allégresse[4].

1. *PBM*, I, § 17.
2. *EH*, « HH », § 4.
3. *A*, II, § 120.
4. *APZ*, IV, « Le signe ».

Les colombes, ces oiseaux du Saint-Esprit, tournoient autour de Zarathoustra qui commence par s'en défendre, puis comprend que le signe vient, qu'il n'a plus à dire non, à détruire, qu'il n'a plus qu'à laisser se poser sur lui des pensées « de tendresse et d'allégresse ». C'est ainsi que s'achève *Ainsi parlait Zarathoustra* et ainsi que commence le matin de Zarathoustra. Son matin, parce que sa destruction des anciennes valeurs est consommée (son lion, apaisé, s'étend à ses pieds et rit) : ne viennent plus à lui que des pensées tendres et joyeuses. Elles sont une foule innombrable, elles s'envolent puis se posent dans un grand battement d'ailes. Pluralité, fugitivité, rythme sont les caractéristiques du devenir. Une espèce de devenir, la vie, se sert d'une espèce de vie, la pensée, pour rendre sensible le devenir. Le devenir de chaque pensée est nécessaire et gratuit comme le devenir lui-même, qui joue son jeu innocent en faisant advenir une multiplicité de pensées.

Mais pourquoi écrire ? Cette question est posée dans le *Phèdre* ; après Platon, les philosophes ne se la sont guère posée, bien que Socrate, pourtant, ne cesse de la leur poser. Si la question est platonicienne, la réponse de Nietzsche, elle, ne l'est pas du tout :

> *Mais pourquoi donc écris-tu ?* – A : Je ne suis pas de ceux qui *pensent* la plume pleine d'encre à la main ; moins encore de ceux qui, devant l'encrier, s'abandonnent à leurs passions, assis sur leur chaise et l'œil rivé sur le papier. Écrire provoque toujours en moi irritation ou honte ; écrire est pour moi un besoin impérieux – il me répugne d'en parler, même de manière imagée. B : Mais alors pourquoi écris-tu ? A : Oui, mon cher, tout à fait entre nous, jusqu'à présent, je n'ai pas encore trouvé d'autre moyen de me *débarrasser* de mes pensées. B : Et

pourquoi veux-tu t'en débarrasser? A : Pourquoi je le veux?
Est-ce donc que je le veux? Il me le faut. – B : Assez! Assez[1]!

Une question est posée à A, qui commence par répondre à
côté : il dit *comment* il n'écrit pas : pas avec de l'encre, pas assis
et plein de la fureur d'écrire. C'est le livre qui doit réclamer la
plume et l'encrier, et non l'inverse[2]. B le socratique insiste et
pose à nouveau la question, que A, comme tout interlocuteur de
Platon, a préféré ne pas entendre pour ne pas être obligé d'y
répondre. A est en effet rempli d'irritation et de honte envers ce
qu'il fait, écrire n'est pas une chose dont il a envie de *parler*.
Mais il finit par avouer: écrire est un besoin impérieux.
Quelque chose veut venir au jour – pour parler vulgairement,
quelque chose doit sortir. Or dans le cas précis, si on est un peu
lucide, autrement dit si on n'est pas idéaliste, la vérité est tout
à fait vulgaire. B ne comprend qu'à la fin la nature de ce besoin.
Que finit-il par comprendre? Que l'écriture est une fonction
vitale, une fonction *physiologique d'excrétion*. L'écriture
est le seul moyen d'*évacuer* ses pensées afin que d'autres
pensées surviennent. Mais pourquoi vouloir que d'autres
pensées surviennent? On ne le veut pas, on y est forcé, c'est
une nécessité qui s'impose à ceux que des pensées ont la
fâcheuse habitude de visiter, souvent et en grand nombre.
L'écriture n'a donc en elle-même aucune noblesse et n'en
confère aucune. Voir dans les écrits des excréments n'est pas
du tout du goût de B. Nietzsche appelle parfois cela plus
noblement un destin. On *n'a pas* de destin, on *est* un destin, on
est « destiné ». Pas destiné à quelque chose, destiné tout court,

---

1. *GS*, II, § 93.
2. *VO*, § 133, voir Bergson, « On n'est jamais tenu de faire un livre »
(*La Pensée et le Mouvant*, *Œuvres*, édition du centenaire, Paris, P.U.F., 1970,
p. 1330).

agi par une nécessité qui est celle du corps et des instincts renforcés par une discipline qui est devenue nature.

La répugnance de A n'est pas causée par la nature de la réponse qu'il donne, mais parce qu'il doit reconnaître qu'il est contraint d'écrire – pourquoi en effet écrire, si on pense? Puisqu'on ne décide pas d'écrire, on ne peut apporter aucune justification et avouer seulement qu'on ne peut pas s'en empêcher. A sait que «c'est à l'estomac que l'"esprit" ressemble le plus»[1]. Ses fonctions sont des fonctions physiologiques sublimées, des instincts, et l'esprit peut «à peine nommer les plus grossiers par leur nom: leur nombre et leur force, leur flux et leur reflux, leurs actions et leurs réactions mutuelles et surtout les lois de leur *nutrition* lui demeurent totalement inconnus»[2]. Leibniz a raison de dire que la conscience (*Bewußtsein*), n'est qu'un accident de la représentation[3], le «commentaire plus ou moins fantaisiste d'un texte inconnu, peut-être inconnaissable et seulement ressenti»[4]. Entre les instincts et les pensées il n'y a pas causalité mais transposition d'une pluralité illisible en une pluralité lisible. Corps et esprit, ou âme, sont deux modes humains de l'interprétation, et leur rapport est aussi un rapport d'interprétation. Mais la conscience préfère ne rien savoir de la pluralité interne du corps, de cette masse d'entrailles, de ces viscères et de leurs manifestations extérieures, les matières fécales, l'urine, la salive, le sperme. «"L'être humain sous la peau"»[5] est informe, laid, et de plus les sécrétions sont malodorantes. Il est devenu totalement indécent d'en parler, et encore plus indécent d'en faire un objet de

1. *PBM*, VII, § 230.
2. *A*, II, § 119; sur la métaphore gastro-entérologique, voir Blondel, *Nietzsche. Le Corps et la Culture*, Paris, P.U.F., 1986, p. 299-310.
3. *GS*, V, § 357.
4. *A*, II, § 119.
5. *GS*, II, § 59.

réflexion : « Ils ont tellement étendu le domaine des *pudenda* qu'une conversation sur la digestion, que dis-je, sur les brosses à dents, passe déjà pour indélicate[1]. » Pourtant, il ne faut écrire que si on a une bonne digestion : il y a « des auteurs dyspeptiques qui n'écrivent justement que lorsqu'ils ne peuvent pas digérer quelque chose, voire dès que le morceau leur est resté entre les dents ». Évacuer n'est pas s'épancher, déverser ce qu'on ne peut pas « digérer », faire de l'écriture l'instrument thérapeutique de ses deuils ou de ses souffrances, de son ressentiment ou de son désir de vengeance.

C'est pourquoi il faut apprendre à écrire : pour que l'écriture soit une danse. La danse n'est pas incompatible avec l'excrétion. Elles sont les deux stades d'un même processus, une nécessité relayant l'autre : la nécessité de la sécrétion se sublimise, se spiritualise et elle ne peut le faire qu'esthétiquement. Seul l'*art d'écrire* peut surmonter le dégoût esthétique, non moral, qu'inspirent les écrits qui sont des déjections sans art. Il faut donc apprendre à écrire, parce que « mieux écrire, c'est à la fois mieux penser »[2].

Apprendre à écrire

Il faut apprendre à *voir*, il faut apprendre à *penser*, il faut apprendre à *parler* et à *écrire* ; dans ces trois choses le but est une culture noble. – Apprendre à voir – habituer l'œil au calme, à la patience, à laisser venir les choses ; à suspendre le jugement ; apprendre à circonvenir et envelopper le cas particulier. C'est là la *première* préparation pour éduquer l'esprit[3].

Apprendre à *penser* (…). Qu'on lise des livres allemands : on y a complètement oublié que pour penser il faut une technique,

---

1. FP III, 2, 42[29].
2. *VO*, § 87.
3. *CId*, « Ce qui manque aux Allemands », § 6.

un programme, une volonté de maîtrise, – que l'art de penser doit être appris, comme la danse, comme une espèce de danse… (…) savoir danser avec les pieds, avec les idées, avec les mots. Ai-je encore besoin de dire qu'il est aussi nécessaire de savoir danser avec la *plume*, – qu'il faut apprendre à écrire[1] ?

Apprendre à penser, parler et écrire sont des tâches qui n'ont pas *pour but* de penser, parler et écrire : « voir » finalise les autres termes. Le but est l'acquisition d'une culture noble, et la noblesse ne se reconnaît ni aux actes ni aux œuvres mais à la capacité de ne pas réagir[2]. Savoir voir suppose obéir à la fois au principe d'économie de la force : « personne ne peut dépenser plus qu'il n'a[3] », et à un principe hiérarchique : obéir, non pas aux sollicitations, mais à soi-même en tant qu'on *est* une évaluation. Mais on ne devient ce que l'on est qu'en apprenant (il ne faut pas omettre la fin du vers de Pindare). On apprend à penser en se pliant à une technique logique, dont seule la maîtrise peut donner à la pensée rigueur et souplesse. La danse est l'exemple par excellence d'un « naturel » résultant d'une implacable discipline, c'est pourquoi la première question à poser « pour évaluer un livre, un homme, un morceau de musique, est : "Sait-il marcher, celui-là ? plus encore, sait-il danser ?" »[4]. Les figures, les enchaînements doivent produire un effet d'aisance et de légèreté, dissimuler l'effort, masquer la discontinuité. La légèreté vient de la rapidité : un long apprentissage doit permettre de penser vite :

Car j'en use avec les problèmes profonds comme avec un bain froid – vite entré, vite ressorti. (…) Et pour le demander

---

1. *CId*, « Ce qui manque aux Allemands », § 7.
2. *PBM*, IX, § 287 et § 286.
3. *CId*, « Ce qui manque aux Allemands », § 4.
4. *GS*, V, § 366.

en passant : une chose demeure-t-elle vraiment incomprise et inconnue du seul fait qu'on ne l'a effleurée qu'au vol, qu'on ne lui a lancé qu'un regard, qu'un éclair ? Faut-il absolument commencer par s'asseoir de tout son poids ? L'avoir couvée comme un œuf[1] ?

Toute pensée a son *tempo* propre, son degré de vitesse ou de lenteur : « *Communiquer* par des signes un état, une tension intérieure propre à un état affectif, y compris le *tempo* de ces signes – voilà le sens de tout style[2]. ». La vitesse d'une pensée ne la rend pas inintelligible ou superficielle : elle rappelle que toute connaissance est une perspective : on n'aperçoit pas chaque fois le même aspect d'un problème et la rapidité laisse ouverte la possibilité d'autres regards et d'autres perspectives (possibilité exclue par la majestueuse lenteur de la pensée heideggérienne). La vitesse résulte d'une discipline : la danse, c'est le corps atteignant sa mobilité la plus extrême, c'est tout le contraire de s'asseoir et de couver. Enfin, la brièveté crée la distance, elle est sélective[3] : il faut savoir percevoir « les longs développements » et la « série de réflexions », les énigmes qui « se situent à l'arrière-plan de courts aphorismes et dans les blancs qui les séparent »[4]. Chaque livre de Nietzsche est aphoristique : il refuse la forme du traité car elle force à se plier à une perspective unique et dominante. Une logique pesante et laborieuse qui établit chaque proposition et chaque thèse l'une après l'autre fait croire qu'on avance alors qu'on piétine et permet de dissimuler, par exemple, cette joyeuse niaiserie allemande : « Comment des jugements synthétiques *a priori* sont-ils *possibles* ? se demandait Kant ; et que répondit-il au juste ?

---

1. *Ibid.*, § 381.
2. *EH*, « Pourquoi j'écris de si bons livres », § 4.
3. *GS*, V, § 381.
4. FP XII, 37[5].

En vertu d'une faculté (*Vermöge eines Vermögens*): pas en trois mots, hélas[1].» Pourtant, alors que Zarathoustra déclare «Pour moi tous les langages sont trop lents», Nietzsche écrit dans *Ecce Homo* qu'«une délicate lenteur est le *tempo* de [s]es discours»[2]. En fait, il existe une lourde lenteur et une lenteur délicate comme il existe une rapidité superficielle et une rapidité profonde : chaque pensée détermine son propre *tempo*, il n'y a pas de règle. Chacune a, comme chaque langue, «son propre métabolisme»[3].

Nietzsche n'accorde à l'écriture aucun dynamisme propre : simple transcription, tout s'est joué avant elle, entre la pensée et la parole. Elle n'a pas d'autre spécificité que de fixer une trace et de la diffuser dans l'espace public. Elle n'a pas de spécificité, mais elle souffre d'une double déficience : elle est privée des ressources de la parole : du son, de l'intonation, de l'accent, du regard, de la mimique, du geste qui colorent et nuancent, bref elle fait disparaître le corps ; si on ne la lit qu'avec les yeux, on peut parcourir : l'écriture n'impose pas son *tempo* ; de plus, elle communique et ainsi rend commun : aussi sélectif soit son écriture, un livre publié ne peut pas être pour personne sans être *aussi* pour tous.

Apprendre à écrire, c'est donc trouver «des équivalents de la parole»[4] et rendre son écriture sélective. Mais les paragraphes 6 et 7 du *Crépuscule des idoles* ne nous disent rien quant à la manière de danser avec les mots et avec la plume, et si on espère découvrir un peu plus de précisions dans le chant de Zarathoustra intitulé «Lire et écrire», on est encore plus déconcerté : seuls les six premiers versets correspondent au

---

1. *PBM*, I, § 11.
2. *APZ*, II, «L'Enfant au miroir»; *EH*, Préface, § 4.
3. *PBM*, II, § 28.
4. *VO*, § 110.

titre. Ce chant vient après ceux où Zarathoustra a opposé aux prédicateurs de l'au-delà – ce « néant céleste » –, aux contempteurs du corps et au blême criminel sa volonté de faire entendre « la voix plus probe et plus pure » du corps, son désir d'apprendre les « mots pour honorer le corps et la terre ». « Lire et écrire » s'inscrit dans une entreprise de glorification du corps : elle exige qu'on écrive avec son sang, donc avec son corps, c'est-à-dire avec son esprit car le corps est esprit. « Jadis l'esprit était Dieu, puis il s'est fait homme, maintenant il se fait plèbe » : ces trois métamorphoses de l'esprit sont le pendant décadent des trois métamorphoses ascendantes qui ouvrent le premier livre. Cependant, c'est le thème de la lecture qui prédomine dans les six premiers versets : celui qui écrit avec son sang ne veut pas être lu par curiosité mais appris par cœur : le corps du lecteur doit s'incorporer le corps de l'écrit, le sang doit circuler de l'un à l'autre. En circulant, le sang donne sa robustesse et sa légèreté au corps et à l'esprit, mais il est aussi la force dont on se vide pour en emplir ce qu'on écrit. L'aphorisme est ce qui concentre dans le minimum de mots le maximum de force, donc requiert le plus de sang de la part de celui qui écrit ; son énergie provoque, ébranle insolemment une certitude, ouvre une perspective déconcertante, force à interroger. De plus, malgré sa brièveté, il possède la puissance de dessiner lui-même son propre contexte, son propre horizon : « L'aphorisme, la sentence (…) sont les formes de "l'éternité" »[1], non pas d'une éternité figée mais d'une éternité de vie. C'est tout pour l'écriture. De quoi parle donc tout ce qui suit ?

Ses vertus, courage, insouciance, rire, méchanceté joyeuse font prendre à Zarathoustra de la hauteur, il saute légèrement de cime en cime. On pourrait croire que ces cimes sont les grands mots, les grands sentiments ou les grands problèmes, mais non :

1. *CId*, « Divagations d'un "inactuel" », § 51.

les cimes, ce sont les sentences. Chacune d'elles est un sommet parce que chacune est une *victoire*. Écrire implique l'inversion de la direction du regard, de haut en bas et non plus de bas en haut. La hauteur prise permet de rire et de triompher de toutes les tragédies, et pourtant, « la vie est lourde à porter ». Mais nous ne sommes pas si tendres, ni si faibles, nous sommes des ânes capables de porter de lourds fardeaux et qui aimons à les porter. Même si elle est lourde à porter, nous aimons la vie, non parce qu'elle est aimable mais parce que nous sommes habitués à aimer et qu'il y a « toujours un peu de folie dans l'amour ». Cette folie fait que les ânes n'aiment pas les ânes mais « les papillons ou les bulles de savon et les êtres humains qui leur ressemblent ». Il faut tuer l'esprit de pesanteur[1] pour pouvoir aimer ce qui est léger, c'est-à-dire ce qui est vivant, et cesser de croire que penser est une chose sérieuse : « "Penser" et "prendre une chose au sérieux", s'en "faire un fardeau" (…) : ils n'en ont pas d'autre expérience[2]. » Le sérieux est le symptôme infaillible du métabolisme laborieux d'une vie qui lutte et travaille, opposé à la force surabondante, à la certitude de l'avenir. Avoir une autre expérience de la pensée, c'est être léger, or c'est le rire qui rend léger, il est la meilleure espèce de victoire sur la souffrance de la vie et sur soi-même.

> J'ai appris à marcher : depuis lors je cours sans effort. J'ai appris à voler : depuis lors je n'attends plus qu'on me pousse pour changer de place.
> Maintenant je suis léger, maintenant je m'aperçois en dessous de moi-même, maintenant un dieu danse en moi[3].

---

1. Cf. *APZ*, III.
2. *PBM*, VI, § 213.
3. *APZ*, I, « Lire et écrire ».

Hauteur, légèreté, rapidité, nécessité intérieure (ne plus avoir besoin d'être «poussé»), gaieté : c'est dans cet état qu'il faut écrire, parce que c'est dans cet état que les pensées viennent, mais le dieu qui danse alors est un dieu qui a commencé… par apprendre la logique.

La logique, «modèle d'une fiction achevée», ne vaut que comme tyrannie, violence, arbitraire, dureté : ses règles n'ont pas plus de légitimité, de fondement ou de sens que les impitoyables exercices à la barre que les danseurs s'imposent. Pourtant

> tout ce que la terre porte et a porté de liberté, de finesse, de hardiesse de danse et d'assurance magistrale, que ce soit dans la pensée elle-même, ou dans le gouvernement, ou dans l'art de parler et de persuader, dans les arts aussi bien que dans les moralités, ne s'est développé que grâce à la «tyrannie de ces lois arbitraires»; et très sérieusement, il n'est pas du tout improbable que ce soit cela, cela précisément, la «nature» et le «naturel» (…) – cette tyrannie, cet arbitraire, cette rigoureuse et grandiose bêtise ont *éduqué* l'esprit [1].

Dans toute logique, il n'y a que bêtise et arbitraire, mais l'essentiel est que l'on «obéisse longuement et dans une seule et même direction», car cela finit toujours par «produire à la longue quelque chose qui fait que la vie sur la terre mérite d'être vécue», quelque chose «de transfigurant, de fou, de divin». Penser, c'est savoir danser avec les idées et les mots, penser en artiste :

> Tout artiste sait à quel point son état «le plus naturel», la liberté avec laquelle, dans ses moments d'«inspiration», il organise, place, dispose, donne forme, est éloigné du sentiment du laisser-aller, – et avec quelle rigueur et quelle subtilité il

1. *PBM*, V, § 188.

obéit, là précisément, aux mille lois qui se jouent de toute
formulation en concepts, en raison justement de leur sévérité
et de leur fermeté (même le concept le plus ferme comporte,
comparé à cela, quelque chose de flottant, de multiple,
d'équivoque[1]. –

Quelles peuvent bien être ces « mille lois » de la logique
auxquelles un artiste, un artiste qui pense, obéit dans ses
moments d'inspiration ? Il ne se *conforme* pas aux lois énoncées
par une logique, il les a suffisamment assimilées pour qu'elles
deviennent instinctives, en sorte qu'elles s'imposent immédiatement aux pulsions et aux sentiments et les rendent exprima-
bles en pensées, paroles, textes. « Le cours des pensées et des
déductions logiques (…) correspond à un processus et à une
lutte de pulsions qui en soi et à titre individuel sont toutes très
illogiques et injustes[2]. » Notre corps est une pluralité de forces
antagonistes, pulsions, sentiments, âmes, esprits ; tous sont
porteurs de jugements de valeur qui déterminent nos manières
de sentir, et comme ces évaluations sont des « pensées », elles
peuvent être modifiées. C'est pourquoi Nietzsche peut se
proposer de « *changer notre façon de juger*, – afin de parvenir,
finalement, et peut-être très tard, à mieux encore : *changer
notre façon de sentir* »[3]. Nos sensations comme nos instincts
ont leur histoire : il est donc possible d'*apprendre* à voir, à
multiplier et varier les perspectives. Avant tout acte de
connaissance, chacune de ces pulsions a dû donner son avis ;
ensuite un conflit se produit, d'où l'épuisement extrême et
soudain qui survient chez tous les penseurs, et parfois une sorte
de juste compromis entre elles[4]. L'apprentissage de la logique

1. *PBM*, V, § 188.
2. *GS*, III, § 111.
3. *A*, II, § 103.
4. *GS*, IV, § 333.

permet d'arriver moins difficilement, plus rapidement et plus fréquemment à un apaisement *juste*, en faisant triompher la pulsion qui incarne la valeur la plus créatrice d'avenir.

Celui qui est maître de «jouer de toute formulation en concepts» fait apparaître le caractère flottant, multiple et équivoque de tous les concepts : les lois logiques ne gouvernent ni les concepts ni leurs enchaînements, dépourvus d'authentique rigueur et de subtilité, elles permettent de jouer de ces enchaînements de telle sorte qu'ils reflètent la lutte «logicisée», maîtrisée, des instincts. L'écriture éduquée par la logique affranchit ainsi les concepts du système des catégories en leur assignant une autre place que celle que ce système a prédéterminé pour eux, ce qui ne signifie nullement les affranchir de toute loi et ce qui signifie même tout le contraire. La tyrannie n'est pas le contraire de la liberté, c'est sa condition[1]. La maîtrise logique est le moyen de produire un sens qui justement n'est pas logique sans pour autant être illogique. Quand la pensée cesse de se croire soumise à la théorie de la connaissance et devient artiste, elle ne cesse pas d'être connaissance mais elle se donne, quand elle parle et quand elle écrit, d'autres moyens de faire sens.

Danser avec les mots, c'est «éviter d'un bond tous les dangers des choses et des mots»[2]. Quels sont ces dangers et comment Nietzsche s'y prend-il pour les éviter? Pour les dangers que présentent les choses, ils consistent d'abord à croire qu'*il y a des choses* et, s'agissant des réalités humaines, cela vise le dégoût, le mépris, la lassitude qu'elles engendrent en celui qui descend dans leur marécage. Pour les périls que recèle le langage, le premier est que «les mots nous barrent la route». Quand on met un mot à la place d'un problème, on croit

1. *PBM*, I, § 9.
2. *PBM*, II, § 28.

qu'on l'a résolu alors qu'on n'a fait que créer un obstacle à sa solution : « Maintenant, dans tout effort de connaissance, on trébuche sur des mots pétrifiés, éternels, et le choc rompra plus facilement la jambe que le mot[1]. » La prudence impose au danseur qui veut éviter de se casser la jambe soit de contourner cette espèce de mot, soit d'en faire résonner le creux, mais pour cela il lui faudra user autrement d'autres mots, de mots avec lesquels on peut danser.

« Danser avec la plume »

Puisqu'il ne nous le dit pas lui-même, essayons donc de voir comment Nietzsche s'y prend pour faire danser les mots. Je ne vais pas énumérer toutes les caractéristiques de l'écriture de Nietzsche[2], je vais me limiter à ce problème : en quoi l'écriture de Nietzsche est-elle une écriture du devenir, donc une écriture « en devenir « ? « Mes pensées, dit le Voyageur à son ombre, doivent m'indiquer *où j'en suis* sans pour autant me révéler où je vais – j'aime l'incertitude de l'avenir[3]... »

Je crois qu'on peut distinguer dans son style l'emploi de trois forces de désorganisation-organisation : la conjugaison des images et des métaphores, « l'art de la surprise » et le rythme.

La conjugaison des images et des métaphores

À la fin de *Par-delà Bien et Mal*, celui qui a écrit ce livre se retourne sur lui, et ce regard en arrière provoque un chant de tendresse mélancolique. Tendresse envers ses pensées, souvenir de ce qu'elles étaient quand elles étaient encore des pensées, tristesse en voyant ce qu'elles sont une fois écrites et peintes.

---

1. *A*, I, § 47.
2. Voir les chapitres I, II et IX du livre de Blondel, *Nietzsche. Le Corps et la Culture*, *op. cit.*, qui font le tour de la question.
3. V, 12[178].

Le texte est rythmé par ses soupirs (hélas!). L'écriture, donc, fige, éternise les pensées qui risquent ainsi de devenir des vérités; la nouveauté des mots risque de s'user – on finira bien par reconstituer le système auquel ils appartiennent et par les rendre, eux aussi, durs comme des pierres :

> Hélas, comme vous voilà, mes pensées écrites et peintes! Il n'y a pas longtemps, vous étiez encore si multicolores, jeunes et malignes, pleines de piquants et d'épices secrètes que vous me faisiez éternuer et rire – et maintenant? Déjà vous êtes dépouillées de votre nouveauté, et quelques-unes d'entre vous sont, j'en ai peur, sur le point de devenir des vérités : elles ont déjà l'air si immortelles, si désespérément comme il faut, si ennuyeuses! Et en fut-il jamais autrement? Quelles choses écrivons-nous et dépeignons-nous donc, nous mandarins aux pinceaux chinois, nous éterniseurs de choses qui *se laissent* écrire, que pouvons-nous dépeindre? Hélas, jamais rien d'autre que ce qui est sur le point de se faner et commence à perdre son parfum! Hélas, jamais rien d'autre que des orages qui se retirent, épuisés, et des sentiments jaunes et tardifs! Hélas, jamais rien d'autre que des oiseaux las de voler qui se sont égarés, et qui se laissent maintenant attraper à la main – par *notre* main! Nous éternisons ce qui ne peut plus très longtemps continuer à vivre et à voler, rien que des choses fatiguées, et plus que mûres! Et c'est seulement pour votre *après-midi*, mes pensées écrites et peintes, que j'ai des couleurs, bien des couleurs peut-être, bien des tendresses multicolores et cinquante jaunes, bruns, verts et rouges : – mais personne, à les voir, ne devinera ce qu'était votre aspect à votre matin, vous, les étincelles et merveilles soudaines de ma solitude, vous, mes vieilles, mes chères – mes *mauvaises* pensées[1]!

---

1. *PBM*, IX, § 296.

Cet aphorisme est le dernier d'un livre qui contient beaucoup de pensées. L'écriture les éternise, mais en éternisant une pensée elle l'immobilise et lui donne l'être figé du passé. À cette éternité pétrifiée de l'écriture s'opposent le « matin », l'« après-midi », « il n'y a pas longtemps », « maintenant », « plus très longtemps », « sur le point de » et pour finir la « soudaineté » des étincelles, bref, le devenir et l'advenir des pensées. L'étincelle ne luit que dans la solitude, pas quand on est sur la place publique, le marché. Mais toute parole, même solitaire, suppose un dédoublement, un qui parle et qui écoute : « Toujours une fois un – cela finit par faire deux ! », « Je » et « Moi » sont toujours en conversation trop assidue[1]. L'écriture inflige aux pensées une perte de vivacité dont elle n'est pas seule responsable : le vieillissement commence avec la parole. Si l'essentiel d'une grande pensée est donnée dans l'instant de son surgissement, je ne crois pas qu'il faille en déduire, comme le fait Heidegger, que c'est sa première notation qui l'exprime le mieux[2]. La notation est toujours seconde, de sorte qu'il ne saurait y avoir de privilège de la première notation, au sens chronologique du terme. Les pensées aussi sont soumises à la loi du devenir, à l'ascension et au déclin, à la jeunesse et à la vieillesse, et depuis Aristote on sait que le soir est la vieillesse du jour ou la vieillesse le soir de la vie[3]. L'écriture achève le déclin des pensées, elle vient toujours *après midi*, elle ne fixe jamais l'aurore, la lueur soudaine. Elle n'éternise que ce qui est déjà las et fatigué parce que seul ce qui est fatigué, interprété et mis en mots, se laisse capturer. « Les pensées sont les ombres de nos sensations – toujours plus sombres, plus vides, plus simples que celles-ci » – les ombres, pas les effets, des ombres dans

---

1. *APZ*, I, « De l'ami ».
2. Heidegger, *Nietzsche*, I, p. 337.
3. Aristote, *Poétique*, 21, 1457 *b* 22-25.

lesquelles une pluralité de sensations et sentiments perdent plus ou moins de leur force[1].

C'est la main qui capture, et c'est la main qui écrit : la main, l'organe corporel le plus actif, celui qui se résigne mal à la passivité et ne laisse pas spontanément venir. Mais penser, c'est justement laisser venir. Que se passe-t-il entre l'instant où l'oiseau survient, celui où la main attrape, et celui où elle écrit ? La réponse se trouve dans un aphorisme de 1885 qu'il faudrait citer en entier et que je vais résumer[2].

– Une pensée est un signe dont le sens est multiple, et concentré, condensé. Comme le dit Héraclite du maître de l'oracle qui est à Delphes, elle « ne dit ni ne cache, mais fait signe »[3].

– Elle réclame donc une interprétation, ou plus exactement, « qu'une volonté la réduise et lui impose sa limite jusqu'à ce qu'enfin sa signification soit univoque » : en surgissant, une pensée provoque une volonté de réduire sa polysémie. Cette volonté « déclenche l'essai de l'interpréter » ou en « arrête arbitrairement le sens ».

– Le surgissement d'une pensée est involontaire et son origine est ignorée : elle est le symptôme « d'une situation beaucoup plus vaste et complexe » qui reste cachée.

– Une pensée se présente avec une plus ou moins grande netteté, « tantôt certaine et impérieuse, tantôt floue et réclamant d'être soutenue ». Le plus souvent, elle est « enveloppée et obscurcie d'une foule de sentiments, de désirs et de penchants, d'autres pensées également ». On peut souvent à peine la distinguer d'un « vouloir » et d'un « sentir ». Le chatoiement « multi-

---

1. *GS*, III, § 179.
2. FP XI, 38[1].
3. Héraclite, fr. 39 Conche.

colore » est ici interprété comme confusion, contamination, obscurité énigmatique.

– Interpréter une pensée consiste à l'épurer, « on l'extrait de cette gangue, on la nettoie », et à lui donner une forme, une structure telle qu'elle soit capable d'un mouvement cohérent et rythmé : « on la met debout et on observe son allure, sa démarche. »

– « *Qui* accomplit tout cela ? » De cette volonté d'interpréter, on est davantage le spectateur que l'initiateur (c'est l'interpréter qui interprète [1]).

– Ensuite, on juge et on interroge cette pensée sur sa signification, « que peut-elle bien vouloir dire ? », et sa justesse : « a-t-elle raison ou tort ? ». C'est alors que penser devient actif et s'apparente à « une sorte d'exercice de la justice ».

Tout le processus du penser (*das Denken*) va d'un signe à son interprétation ; le signe est involontaire, son origine demeure inconnue : « ça pense », mais on ignore d'où émerge cette pensée, pourquoi c'est elle qui advient plutôt qu'une autre, pourquoi tel ou tel mode d'interprétation s'en empare. Tout cela s'effectue « dans un étonnant *presto* », de sorte que les étapes du processus restent la plupart du temps inaperçues : le temps qui sépare le geste de la main qui capture de celui de la main qui fixe peut être plus ou moins long, et les deux peuvent même sembler n'en faire qu'un (c'est ce qu'on appelle l'inspiration). C'est seulement une fois interprétée que la pensée est soumise au « tribunal » et que le processus devient conscient. Réduire la pensée à cette dernière étape, c'est assimiler pensée et pensée consciente, et cela vient de ce que « lorsqu'on pense, ce n'est pas au penser (*das Denken*) qu'on pense », mais à la pensée (*der Gedanke*) qui a pris forme. Rien ne lie les étapes de la formation d'une pensée si ce n'est qu'elles sont toutes

---

1. Voir p. 142-143.

psychologiques, mais cette «psychologie» est parfaitement discontinue. En tout cela, il y a bien une logique puisqu'on ne peut ni inverser l'ordre des étapes, ni les brûler. La dernière modification imposée à une pensée, son épuration, vient du spectacle qu'on prend d'elle : c'est une sorte de schématisme apollinien qui fait qu'elle peut finir par se dire ou s'écrire, de sorte qu'on se donne et qu'on donne toujours ses pensées en spectacle, en les coupant de leur genèse. Or c'est quand elle survient qu'une pensée «est toujours excitante, interrogative», «elle agit comme un stimulant». Toutes les pensées sont des merveilles soudaines, mais elles ne séduisent, ne surprennent, ne chatouillent, ne font rire et éternuer qu'à leur aurore.

Un philosophe qui rit, passe encore, mais qui est chatouillé et qui éternue? Quand Zarathoustra avait pitié des hommes, il appelait les sages rigides «sages» et non pas rigides, il apprenait à avaler les mots; il appelait les fossoyeurs «chercheurs et savants», il apprenait à changer les mots. Mais il comprit qu'«il ne faut pas remuer le marais» : on finit par tomber malade. Il faut vivre sur les montagnes. Et c'est seulement son nez délivré de l'odeur de tous les êtres humains que son âme «chatouillée par l'air vif (…) *éternue* – et s'acclame en criant : "À ta santé! "». Revenu à la santé, Zarathoustra ne ménage plus les hommes, il n'a plus peur de *ses* mots. C'est l'air vif de la pitié dépassée, de l'humain surmonté, c'est la santé retrouvée qui le font éternuer[1]. Quand elles se lèvent, les pensées font miroiter leur sens, elles sont pleines de promesses qu'elles ne tiendront pas car elles sont nouvelles, et le propre de la nouveauté est d'être éphémère. L'écriture peint *trop tard* une pensée, parce que l'état du corps, «l'orage» qui l'a fait naître, a déjà laissé place à un sentiment jaune et tardif. Chaque pensée, une fois écrite, disparaît comme événement et comme lueur,

---

1. *APZ*, «Le retour».

elle ne fait plus que dire et ne dit plus que ce qu'elle dit, et, pour toujours, l'écriture fait *être* ce qui est dit. Quand une pensée commence à passer pour une vérité, elle ne fait plus penser personne, et même pas celui à qui elle est advenue.

Comment écrire, donc, pour compenser cette perte de vitalité et éviter cette pétrification ? Comme écrit l'auteur de ce dernier aphorisme de *Par-delà Bien et Mal*. Les métaphores y abondent et parlent aux sens : il y a des épices piquantes (le goût), des parfums (l'odorat), des chatouillements (le toucher), et surtout un foisonnement de couleurs (la vue). « Tout penseur peint son monde à lui et les choses qui l'entourent avec moins de couleurs *qu'il n'en existe* », mais c'est à cette condition qu'une harmonie est possible. Peu de couleurs, donc, mais beaucoup de nuances qui permettent des jouissances nouvelles : la variété des nuances et la cécité à certaines couleurs sont respectivement les symboles de la richesse de la vision et de la netteté qu'impose une grande et rigoureuse perspective. Ainsi, aux yeux des Grecs, les couleurs de l'homme, le jaune et le rouge, prédominaient aussi dans la nature : aveugles au bleu et au vert « qui déshumanisent la nature plus que toute autre couleur », ils voyaient la nature et la peignaient à leur image [1]. Son aigle apporte à Zarathoustra des baies jaunes et rouges [2] : le jaune verdâtre, *gelb*, est la couleur de l'envie, des « prédicateurs de la mort », et ici celle des pensées lasses, mais il est aussi le jaune d'or du « ravissement » : « C'est le jaune profond et le rouge intense que *mon* goût désire, – il mêle du sang à toutes les couleurs [3]. » Quant au blanc, il est la couleur de la mort, des sépulcres blanchis. Les couleurs sont des *évaluations* hérédi-

---

1. *A*, V, § 426.
2. *APZ*, III, « Le convalescent ».
3. *APZ*, III, « De l'esprit de lourdeur », § 2.

taires et des signes de ces évaluations[1]. Aristote a donc raison de dire que toute métaphore porte de la valeur et comporte de la louange ou du mépris : elle n'a pas la neutralité du concept[2]. Chaque pensée a une couleur comme en a un accord musical, ou plutôt a plusieurs couleurs, et « chaque mot a son odeur »[3]. Cependant, à la fin de l'aphorisme, les pensées ne sont plus que des étincelles, il n'y a plus que de la fulguration, que de la lumière, les couleurs se fondent dans un même éclat. Le mandarin avec ses pinceaux chinois – les idéogrammes chinois sont plus figuratifs que les signes de nos alphabets phonétiques – peut faire de l'écriture une espèce de peinture, donc quelque chose qui s'adresse à la sensibilité, mais il ne peut que juxtaposer des couleurs, et quel que soit le nombre de couleurs dont il dispose, des couleurs juxtaposées ne scintillent pas. Elles ne servent qu'à farder, comme on farde des femmes mûres pour leur donner l'apparence de la jeunesse, mais c'est de leur juxtaposition que surgit la forme, la netteté, le dessin. On ne rencontre dans ce texte aucune notation auditive : les pensées ne parlent pas, on leur donne la parole. Grâce aux métaphores sensorielles elles gardent leur force sensible donc leur séduction, car toute sensation est accompagnée d'un sentiment agréable ou désagréable. « Plus abstraite est la vérité que tu veux enseigner, plus tu dois en sa faveur séduire les sens[4]. »

---

1. FP XI, 34[247].

2. Chez Nietzsche, une même métaphore peut valoriser ou dévaloriser ; quand elle s'applique comme ici à des pensées, celle de l'oiseau dit leur absence de lourdeur et leur chatoiement, quand elle s'applique aux femmes... elles sont « encore chattes, des oiseaux. Au meilleur cas, des vaches » (*APZ*, I, « De l'ami »). Cela soit dit en passant pour mentionner l'indéracinable « stupidité » de Nietzsche à ce propos, et sa coupable allégeance à Schopenhauer (voir *PBM*, VII, § 231).

3. *VO*, § 119.

4. *PBM*, IV, § 128.

Mais, une fois écrites, les pensées sont devenues de vieilles pensées. Elles restent néanmoins chères parce qu'elles sont restées mauvaises (*schlimme*), pleines d'une grande méchanceté – la méchanceté de la force qui sait rire et faire rire [1].

Qu'est-ce qui est arrivé aux «concepts» (à ce que nous sommes habitués à tenir pour tels) dans cet aphorisme? La pensée, la solennelle pensée, s'est métamorphosée en une troupe joyeuse de petites créatures espiègles qui produisent de drôles d'effets sur le penseur. Oiseaux voletant en tous sens, fleurs sur le point de se faner et de perdre leur parfum, étincelles, les pensées sont fuyantes, fragiles, éphémères et séduisent dans la mesure même où elles le sont. Pour le dire il faut conjuguer plusieurs images et plusieurs métaphores, ce qui signifie d'abord que celles-ci ne tirent pas leur sens de leur référence, mais précisément de cette conjugaison : elle contraignent à la pluralité; et ensuite qu'elles échappent au principe d'identité : l'identité de la chose se réciproque avec l'identité de son concept alors que la pluralité des images donne à ce qu'elle dépeignent un caractère changeant, protéiforme, qui offre de multiples possibilités d'interprétation. Quant aux vérités – la vérité aussi est pluralisée, mais elle ne s'affranchit pas ici de son concept car elle n'est que *quantitativement* plurielle – elles sont immortelles, donc ennuyeuses. On peut peindre des pensées, rendre sensibles leur diversité, la force des instincts dont elles proviennent et les émotions qu'elles suscitent, mais la vérité ne supporte aucune métaphore : concept et rien que concept, elle est le mot qui rend immortel, donc mort, tout langage quand elle prétend l'ordonner à elle-même. Ce mot qui, comme «être», n'a ni parfum ni couleur décolore tous les autres mots et fait passer les pensées.

---

1. *A*, IV, § 371.

L'« art de la surprise »

De travers vont les grands hommes et les fleuves
De travers, mais à leur but...

La conjugaison des métaphores ne suffit pas. Pour libérer la pensée, il faut desserrer l'emprise de la « vérité », la prendre par surprise, dévier la direction logique, faire surgir un sens inattendu, bref donner au texte un statut d'événement et donner le même statut à la vérité qui s'y donne à lire. L'expression « art de la surprise » (*Kunst der Überraschung*) est employée par Nietzsche dans *Ecce Homo* à propos de sa *Généalogie de la morale*; or l'ouvrage est composé de trois « Traités » (*Abhandlungen*) : l'art de la surprise n'est donc pas réservé à l'aphorisme, il peut réussir à transfigurer même un genre réservé « aux ânes et aux vieilles filles ».

Un aphorisme du *Voyageur et son ombre* intitulé « Contre images et métaphores » permet de saisir cet art[1]. A lire ce titre on pourrait se dire : voilà que Nietzsche s'en prend aux images et aux métaphores ! Sans doute parce qu'il est dans sa période anti-romantique, il fait sa crise, mais il y reviendra, aux images et aux métaphores, et même plus qu'il ne faut.

Lisons :

> *Contre images et métaphores.* – Par les images (*Bilder*) et les métaphores (*Gleichnisse*), on persuade, mais ne démontre pas. C'est pourquoi on a, à l'intérieur de la science, une telle crainte des images et des métaphores ; là on ne veut justement *pas* ce qui persuade, ce qui rend *croyable* et on exige plutôt la plus froide méfiance, ne serait-ce que par le style et les murs nus : car la méfiance est la pierre de touche pour l'or de la certitude.

La thèse selon laquelle se servir ou non d'images est ce qui distingue la persuasion rhétorique de la démonstration scien-

---

1. *VO*, § 145.

tifique n'a rien que de banal, elle est aussi vieille que Platon. La seconde phrase, avec ses articulations : « c'est pourquoi », « car », semble vouloir en donner une justification logique. Mais logique, l'explication apportée ne l'est justement pas. Si celui qui est « dans la science » ne se sert pas d'images, c'est parce qu'il éprouve une crainte, cette crainte est l'expression d'une volonté, cette volonté exige une extrême méfiance. Avec le complexe crainte-volonté-méfiance, l'explication révèle la nature psychologique de ce qui pourrait passer pour normatif, c'est-à-dire pour imposé par l'essence même de la science. L'antithèse persuader-démontrer oppose en fait *pathos* à *pathos* : croyance à méfiance. Un aphorisme du *Gai Savoir* développe dans toutes ses implications et conséquences celui du *Voyageur et son ombre*, et affirme ceci : « Le commencement de la discipline de l'esprit scientifique ne serait-il pas de ne plus se permettre de conviction [1] ? » La conviction précède donc la science, qui ne devient scientifique que lorsqu'elle ne s'en autorise plus aucune. Mais d'où naissent les convictions ? « Des passions naissent les opinions : la paresse d'esprit les fait cristalliser en convictions [2]. » Les convictions ne naissent pas de la persuasion mais de passions qui s'expriment dans des opinions, or si on peut croire que les opinions sont variables (telles les « statues de Dédale » de Platon), les passions, elles, ne peuvent être vaincues que par d'autres passions : rien ne sert de s'adresser à l'« esprit », d'argumenter, seules des images peuvent éveiller des passions, d'où leur emploi par la rhétorique dont le but est de faire naître la croyance. La science, avec

---

1. *GS* V, § 344 ; voir le remarquable commentaire de H. Birault « En quoi, nous aussi, nous sommes encore pieux », *RMM* 1962, repris dans *Lectures de Nietzsche*, *op. cit.*, p. 409-467.

2. *HH* I, IX, § 637.

son rejet de toute rhétorique, est-elle cependant le seul moyen de se déprendre de l'opinion, de la croyance, de la conviction ?

> C'est ta nouvelle vie qui a tué pour toi cette opinion (*Meinung*), non pas ta raison : tu n'en as plus besoin, et désormais elle s'effondre et la déraison s'en échappe en rampant comme de la vermine pour apparaître au grand jour. (…) Nous nions et devons nier parce que quelque chose en nous veut vivre et s'affirmer, quelque chose que nous ne connaissons peut-être pas encore, ne voyons pas encore[1] !

On ne se débarrasse pas d'une opinion en raisonnant : elle s'effondre toute seule quand on n'en a plus besoin. Mais ne changent que les besoins de celui qui ne s'enferme pas dans un seul monde, qui ne vit pas d'une vie monotone, mais d'une vie qui se renouvelle, est en devenir. Celui dont l'esprit est trop paresseux pour faire autre chose que mener sa vie telle qu'il l'a toujours vécue est bien incapable de nier quoi que ce soit : son unique passion est d'avoir toujours les mêmes passions, donc les mêmes opinions, donc les mêmes croyances et les mêmes convictions. Or « les convictions sont des prisons », elles sont « des ennemis de la vérité plus dangereux que les mensonges »[2]. Est-il pourtant si sûr que le savant ne soit pas lui aussi enfermé dans cette prison qu'est la conviction ? Il a pour arme sa méfiance, et d'abord sa défiance envers les images. L'aphorisme nous dit de sa méfiance qu'elle est froide, qu'elle requiert des murs nus, et qu'elle est la pierre de touche de l'or de la certitude.

Sans avoir mauvais esprit, il semble bien qu'il y a là trois images, ou métaphores. La froideur de la méfiance s'oppose à l'ardeur de l'enthousiasme et de l'ivresse, sources

---

1. *GS*, IV, § 307.
2. FP *HH I*, IX, § 483.

d'égarements; des murs nus sont des murs que ne trouent ni fresques, ni tableaux ni aucune de ces images qui offrent à l'œil quelque chose à voir, alors que la nudité d'un mur bloque le regard et le contraint de s'en tenir à la brutalité du fait : elle décourage l'imagination. Ces deux métaphores-là n'ont d'autre intérêt que stratégique : indiquer quelle représentation de la science il faut avoir, dans quel « monde dur et froid » il faut se situer pour exclure toute formulation imagée. Quant à celle de la pierre de touche, elle exprime la méfiance du savant de manière ironiquement emphatique – comme si celui-ci se trouvait forcé de trahir par une métaphore sa croyance en la valeur (« l'or de la certitude ») plus qu'en la vérité de ce qu'il cherche. Tel est en effet le but de toutes ses procédures méfiantes : le savant veut rendre inattaquables et certaines les vérités qu'il énonce, mais il ne doute pas que la certitude soit de l'or. Or aucune pierre de touche ne peut le prouver. Autrement dit, la méfiance du savant vient trop tard, il croit de manière irraisonnée à la validité absolue de sa méthode et de son but. Sa défiance naît de sa croyance à la science, le contraire naît de son contraire. Comme toute croyance, celle-ci produit des images, ou plutôt un certain type d'images : des idoles, en l'occurrence celle de la science, de la méthode, de la rigueur de la démonstration, de l'objectivité du jugement, de la certitude.

En outre, cette pierre de touche ne débarque pas là par hasard. Elle a un précédent plus que célèbre. Dans le *Gorgias*, selon Nietzsche un des dialogues de Platon « les plus accomplis », Socrate dit à Calliclès qu'il a rencontré en lui « la pierre de touche la plus parfaite »[1]. La présence d'une métaphore empruntée au *Gorgias* (elle se rencontre aussi chez Kant, mais dans un tout autre contexte) indique que la méfiance de l'homme de science n'a pas pour objet la rhétorique entendue

---

1. *Introduction*…, p. 113, cf. *Gorgias*, 486 d-e.

comme art d'ornementation mais entendue comme puissance redoutable de persuader, ce pourquoi justement le savant la craint. Or la force de la science est aussi, selon Nietzsche, une force de persuasion, et même la plus persuasive de toutes les forces. Elle réussit à nous faire croire que le monde est familier, habitable, elle procure aux hommes la possibilité de survivre dans un monde qui, dépouillé de l'image qu'elle en construit, ne serait que chaos, absurdité et terreur. Mais en expulsant du monde l'horreur et l'absurdité de la souffrance et de la mort, la science en a du même coup expulsé la vie et toute possibilité de lui donner sens et valeur.

Ce qui aurait pu passer pour le paragraphe d'un chapitre de manuel sur l'esprit scientifique appartient donc en fait à la psychologie nietzschéenne du savant. L'homme qui est à l'intérieur de la science et comme enfermé en elle a une « dépendance pathologique » envers une seule optique, stricte et contraignante. L'auteur de l'aphorisme, lui, est un voyageur (*Wanderer)*, et un voyageur n'est évidemment pas l'homme d'une seule perspective, il n'est pas soumis à un seul but et il ne préjuge pas qu'il n'existe qu'un seul chemin pour l'atteindre[1]. Il est l'homme dont « le plaisir est le changement et le passage », qui s'expose aux dangers de l'inconnu et de l'étrange[2]. Il y a donc peu de chances qu'il reprenne à son compte la méfiance du savant, issue d'une peur et d'une volonté de sécurité : c'est au contraire sa méfiance envers elle qui est donnée à lire dans ce texte. Cette interprétation s'impose d'autant plus qu'il est difficile de penser que l'irruption, dans

---

1. Le *Wanderer* est plus explorateur que voyageur : c'est le titre d'un poème célèbre de Goethe, aussi celui d'un poème de Hölderlin, et un thème constant de la poésie et de la musique des Romantiques allemands ; Wotan se présente chez Wagner comme un voyageur ; voir *PBM*, II, § 28 et *APZ*, III.

2. *HH I*, IX, § 638.

les dernières lignes, de trois de ces images ou métaphores que son titre semblait vouer l'aphorisme à condamner, n'est qu'un retour du refoulé ou une idiosyncrasie nietzschéenne. Or si la présence de ces images est délibérée, la thèse de départ reçoit un autre éclairage et se trouve comme mise entre guillemets.

Cet art de la déviation s'adresse à ceux qui aiment deviner, et détestent conclure. Il est condition de la liberté du style, dont Nietzsche trouve en Sterne le paradigme :

> Puisse-t-il se contenter ici d'être appelé l'écrivain le plus libre de tous les temps, au regard duquel tous les autres paraissent raides, épais, intolérants et rustres. En lui, ce n'est pas la mélodie ronde et claire qu'il faudrait louer, mais la « mélodie infinie », si l'on veut bien baptiser de ce nom un style d'art dans lequel la forme précise est continuellement brisée, gauchie, retraduite en imprécisions, de sorte qu'elle signifie une chose en même temps que l'autre. Sterne est le grand maître de l'*équivoque* (...). On peut donner pour perdu le lecteur qui veut à tout moment savoir exactement ce que Sterne pense vraiment d'une chose, si son visage prend devant elle un air sérieux ou souriant : car il sait exprimer l'un et l'autre par un seul et même jeu de physionomie ; il sait également, et même il le veut, avoir à la fois tort et raison, marier la profondeur et la farce [1].

L'équivoque, l'imprécision, la désorientation, l'imprévu sont signes de liberté. C'est quand le lecteur veut savoir exactement ce qu'il en est, et où il en est, qu'il est perdu. L'équivoque ne naît pas seulement du fait de donner un double sens, scatologique ou sexuel, donc corporel, à certains mots ; le double sens tient également à la double perspective (sérieuse et souriante) adoptée simultanément sur la chose, et à la désinvolture avec laquelle Sterne se donne à la fois tort et raison, bref avec

---

1. *OS*, § 113.

laquelle il ne croit pas à ce qu'il dit et avertit qu'il ne faut pas le croire. Exemple :

> Or donc, dans les cas ordinaires, c'est-à-dire lorsque je suis tout bonnement stupide, et que les pensées s'élèvent lourdement et passent, gominantes, par ma plume –
> Ou que je me suis jeté, je ne sais comment, dans une veine froide, sans métaphores, d'écriture exécrable, et suis incapable, *sur mon âme*, de m'en échapper à la verticale, et que me voilà contraint de continuer à un écrire comme un érudit hollandais jusqu'à la fin du chapitre, à moins que quelque chose ne soit fait [1] –

Je ne commenterai pas, de peur de ressembler à un érudit hollandais, mais tout y est : la lourdeur d'une écriture sans métaphore, donc incapable de s'envoler, l'emploi de métaphores par une écriture qui se plaint de ne pas en trouver, les néologismes, les italiques, les tirets. Mais la parenté avec Nietzsche ne s'arrête pas là. Le texte continue ainsi : discuter avec sa plume et son encrier ne sert à rien. On peut essayer une pincée de tabac ou quelques pas dans la pièce, mais le remède infaillible consiste à s'habiller et se raser : les traits d'esprit d'un homme à la barbe dure gagnent sept ans de concision et de fraîcheur en une seule opération ; multipliée, on atteindrait grâce à elle les cimes du sublime. Comment alors Homère pouvait-il écrire avec une si longue barbe ? « Je l'ignore et d'ailleurs n'en ai cure puisqu'il contredit mon hypothèse. » Revenons donc à la toilette :

> Pour Ludovicus Sorbonensis, c'est une affaire uniquement corporelle – mais il se trompe : l'âme et le corps sont à part égale dans tout ce qu'ils reçoivent. Un homme ne peut

---

1. L. Sterne, *Vie et opinions de Tristram Shandy, gentilhomme*, vol. IX, chap. XIII.

s'habiller sans que ses idées soient vêtues en même temps ; et s'il s'habille en gentilhomme, chacune d'elles se présente à son imagination gentilisée avec lui – si bien qu'il n'a rien d'autre à faire qu'à prendre la plume et écrire comme il est [1].

Tout cela n'est pas très sérieux ? Certes, mais il est possible que l'une des meilleures manières de dépasser le dualisme de l'âme et du corps, et même de dépasser tout dualisme, soit de ne pas les prendre au sérieux. Ce n'est pas philosophique ? Mais aucun style, dit Nietzsche dans *Le Style philosophique*, n'est en soi philosophique : par rapport à Kant, Schopenhauer est un poète, mais par rapport à Goethe, Schopenhauer est un philosophe. Il est certain en tout cas que Nietzsche et Sterne sont des maîtres dans l'art de dévier, soit qu'ils multiplient les directions – on appelle cela des digressions –, soit qu'ils introduisent des termes que l'affirmation précédente, ou le contexte, auraient dû logiquement exclure. La ligne n'est jamais droite, la valeur posée ne l'est jamais sans réserve, sans ironie ou sans point d'interrogation. Le temps est désarticulé – « une vache a fait (demain matin) irruption dans les fortifications de mon oncle Toby » écrit Sterne – et fait place à un devenir où le passé et l'avenir ne cessent de s'entrechoquer.

« *L'art du grand rythme* »

« Les amateurs du fantastique chez l'homme » voient dans la poésie une réfutation de l'utilitarisme [2]. « Cette mise en rythme de la parole, qui l'obscurcit plutôt qu'elle n'en favorise la communication » semble être une « insulte à toute utilité » et constituer un obstacle inutile à la compréhension. Pourtant, l'utilitarisme, en lui-même, a tort, car c'est la volonté d'être délivré de l'utilité qui a rendu l'homme humain et qui est à

---

1. L. Sterne, *Vie et opinions de Tristram Shandy, gentilhomme.*
2. *GS*, II, § 84 : « De l'origine de la poésie ».

l'origine de la morale et de l'art. Néanmoins, une fois n'est pas coutume, Nietzsche décide que, sur la question de l'origine de la poésie, une explication de type utilitariste est la bonne : c'est en vue d'«une très grande utilité» qu'on a inventé la poésie. Car le rythme est une force magique :

> On pouvait tout faire grâce à lui : accélérer magiquement le travail; contraindre un dieu d'apparaître, d'être proche, d'écouter; arranger l'avenir conformément à la volonté; décharger l'âme d'une démesure quelconque (de l'angoisse, de la *manie*, de la compassion, de la soif de vengeance), et non pas seulement l'âme de l'individu, mais celle du démon le plus méchant; – sans le vers on n'était rien, par le vers on devenait presque un dieu.

Le rythme peut régler, accroître ou décharger l'énergie ou, s'il n'est que battement mécanique, envoûter et stupéfier. Outre son utilité pour «l'ancienne humanité superstitieuse», il a donné au langage sa forme la plus exigeante, la poésie. Car imposer un rythme à la langue est

> une violence qui renouvelle l'ordre de tous les atomes de la phrase, qui ordonne de choisir les mots et peint les pensées de couleurs nouvelles et les rend plus sombres, plus étranges, plus lointaines.

En imposant un nouvel ordre aux mots – ordre qui n'est ni celui de la syntaxe habituelle de la langue ni celui de la clarté logique – et en imposant de choisir les mots non pour leur sens mais pour leur compatibilité avec une scansion déterminée, le rythme donne aux pensées la force de l'énigmatique. Le rythme déjoue la domination des termes. Parménide a écrit un poème, mais ce poème logique se résorbe tout entier dans la seule affirmation de l'être. «Être», «Bien», «Dieu», «Vérité» sont les figures et la garantie du sens; ces mots, si on les laisse faire, accaparent toute la force du discours qui est réduit à n'en être que l'explicitation. «Surhumain», «Volonté de puissance», «Éternel retour» peuvent chez Nietzsche lui-même être tenus pour des mots de cette sorte si on les coupe du discours qui les fait apparaître et disparaître, advenir et s'oublier. Intégrer les concepts dans un discours rythmé permet d'en faire des temps forts *ou* faibles, donc pas toujours forts («vérités», dans le dernier aphorisme de *Par-delà Bien et Mal*, est un temps faible : la force du mot est neutralisée[1]). Cette hiérarchie de forces rythmiquement ordonnée – «romaine et aristocratique», classique – ou au contraire désordonnée – barbare, décadente, romantique – est à la fois arbitraire et inflexible et conditionne un style. La notion de style prend ainsi une signification politique, psychologique, physiologique.

Grâce à son alternance de temps forts et de temps faibles, le rythme peut même produire *un effet* de vérité. C'est pourquoi le plus sage d'entre nous devient «un frénétique du rythme, ne serait-ce que parce qu'il aurait *éprouvé* une pensée *comme plus vraie* pour peu qu'elle ait une forme métrique et se manifeste avec un tressaut divin ! ». Le rythme résout également, d'une manière non logique le problème de la cohérence : «Croyez-vous que c'est de l'ouvrage décousu parce qu'on vous le présente en morceaux (et qu'il faut vous le présenter ainsi)[2] ? » Le rythme produit une cohésion de type musical qui commande aussi bien la composition d'un aphorisme que la succession des aphorismes dans chaque partie d'un livre, succession qui est plutôt une alternance de temps forts et faibles. Le rythme varie, se complexifie et se «renouvelle» chaque fois en fonction des éléments qu'il ordonne et des effets qu'il vise. Même la pensée rationnelle doit avoir son rythme, c'est-à-dire éprouver et produire le sentiment d'une séquence nécessaire d'événe-

1. Voir p. 231-238.
2. *OS*, § 128.

ments, la perception de la cadence de victoires successives. Une pensée n'a pas d'autre temps que son propre rythme et son propre *tempo*, ce *tempo* qui ne passe pas d'une langue à l'autre : l'allemand est incapable de *presto*, les penseurs allemands ne peuvent penser que lentement, pesamment, sérieusement, du moins avant que Nietzsche ne donne son *presto* à la langue allemande [1].

Le rythme est donc une violence imposée et subie, imposée *parce que* subie. Il est l'aspect non mélodique, l'aspect rigoureux, la pulsation fondamentale de la musique qui pénètre dans la parole et suscite la connivence du corps. Mais le rythme musical n'est lui-même que la traduction de rythmes encore plus fondamentaux : les battements du cœur, les pulsations du sang, l'inspiration et l'expiration, et le flux-reflux des vagues, l'alternance des jours et des nuits, de la vie et de la mort. Le rythme de la création et de la destruction, de l'advenir et du disparaître est le rythme des corps et de la nature tout entière [2]. Il se traduit dans la consonance ou la discordance des instincts, l'une produisant la joie et l'autre la souffrance. Quand elles jouent dans le corps d'un texte, ce texte agit sur les corps, non seulement sur les oreilles mais sur les nerfs et les muscles de ceux qui doivent, même en lisant, entendre et mimer.

Il y a donc un style qui tire son impulsion d'une lutte de forces et qui exprime la joie dionysiaque de détruire, et un style qui découle de la calme écoute du vouloir-dire des choses du monde, leur donne forme et parole et les éternise. Dans sa Lettre à Fuchs d'août 1888, Nietzsche distingue deux sortes de rythmiques : celle, antique, fondée sur le *tempo*, n'est pas née de la musique mais de la danse : « on voyait les unités rythmiques avec les yeux » ; elle avait pour tâche de dominer l'affect,

---

1. *PBM*, II, § 28.
2. Voir M. Haar, p. 265-272.

de brider la passion, alors que la barbare, la germanique, comprend « une gradation régulière d'affects, scandée par des chutes ». La différence est entre le régulier et le syncopé, l'ordre et le désordre. Ces deux rythmiques correspondent aux deux espèces d'art qui s'opposent aux espèces « bâtardes » : l'art du grand calme, la légèreté preste et infaillible du style classique, en qui se concentre le plus haut sentiment de puissance et qui s'accompagne de la plus haute joie[1], et l'art du grand mouvement, la force heurtée et douloureuse du romantisme qui ne cesse de s'exalter et de creuser les abîmes dans lesquels elle tombe, et qui ne trouve de salut que dans l'union avec l'Un, avec l'unité originelle de la Nature.

> J'appelle mauvaises et ennemies de l'homme : toutes ces doctrines sur l'un plein, immobile, rassasié et impérissable ! Tout ce qui est impérissable – cela n'est seulement qu'image ! Et les poètes mentent trop.
> Mais c'est du temps et du devenir que doivent parler les images les meilleures : elles doivent être louange et justification de tout ce qui est périssable[2].

« Tout ce qui est impérissable – cela n'est seulement qu'image ! » (*Alles Unvergängliche – das ist nur ein Gleichniss !*) répond aux vers de Goethe : « Tout ce qui est périssable / Est image seulement » (*Alles Vergängliche / Ist nur ein Gleichniss*). Faire de la philosophie un *récit*, raconter *ce qui arrive* et non pas énoncer *ce qui est*, c'est cela louer et justifier le périssable : le rythme d'*Ainsi parlait Zarathoustra* n'est pas celui d'un langage « poétique » – « les poètes mentent trop », dit Zarathoustra le poète : on n'est donc pas plus obligé de le croire que de croire Épiménide le Crétois –, c'est celui d'une

1. *OS*, § 115.
2. *APZ*, II « Sur les îles bienheureuses ».

suite d'événements, de rencontres, d'affects, de montées et de descentes, de passages et de traversées. Cela suppose une métamorphose de la pensée : son devenir parle du devenir et le met en images, affirmant ainsi que seul ce qui passe et périt est impérissable. Voir dans chaque pensée un événement est la manière de soustraire la philosophie à l'espace logique, de lui donner pour seul élément un temps rythmé par l'advenir des pensées qui surviennent et disparaissent. C'est parce qu'elles surviennent et disparaissent qu'elles pourront revenir éternellement.

L'antinomie dépassée : l'éternel retour

Au milieu du désert qu'il voit croître, du nihilisme et de la décadence dont il est partie prenante, le philosophe tragique qu'est Nietzsche dès qu'il se met à philosopher, se prescrit ceci : « Aux questions : "Peux-tu justifier du fond du cœur cette existence ? Te suffit-elle ? ", que répondras-tu ? Tu donneras la réponse d'Empédocle[1]. » Car celui pour qui notre monde est habité par « le meurtre, la rancune et les autres kères, la maladie, les putréfactions » a été l'avocat et le rédempteur de la vie : « Pour tous les temps, il importe de savoir ce qu'Empédocle a affirmé au sujet de la vie. » Il en a connu les insondables et multiples souffrances, la totale gratuité, et a dit oui à l'existence. Mais c'est seulement ensuite que Nietzsche a vraiment compris tout ce que ce « oui » impliquait : lorsque la pensée du retour éternel, et avec elle Zarathoustra, lui sont « tombés dessus ».

Cependant, Nietzsche ne reconnaît pas Empédocle comme le précurseur de sa pensée la plus haute et la plus lourde (ce serait « peut-être » Héraclite). Tel que Nietzsche le comprend,

---

1. *CIn III*, § 3.

Empédocle est le penseur du cycle de la domination alternée de deux puissances[1]. Quand la Haine prédomine et réussit à séparer les quatre éléments, elle fait régner la mort, alors que lorsque le monde est gouverné par l'Amour, puissance d'union et de fusion, il devient un Sphairos, vivant, rond et joyeux. Empédocle ne dissimule pas que l'homme et la pensée sont les produits de forces que nulle intelligence bienveillante ne gouverne, tout en faisant résider la joie et la seule forme possible d'immortalité dans la connaissance de l'unité profonde de la vie et de l'amour que la vie se porte à elle-même. Mais le cycle a chez lui pour effet de dissocier ces couples de contraires que sont distinction et fusion, multiple et un, mort et vie, désolation et joie, et d'assurer la domination provisoire d'un contraire sur l'autre. Héraclite, en revanche, est le penseur de l'unité inséparable des contraires. C'est à partir de l'unité tragique, dionysiaque, de la création et de la destruction, de la douleur et de la joie, qu'il faut interpréter l'éternel retour : non *à partir* de l'antinomie de l'être et du devenir, mais comme son dépassement.

L'interprétation de Heidegger : le maintien de l'antinomie grecque

Or une interprétation, et non des moindres, fait exactement le contraire : c'est celle, grandiose, et je le dis sans la moindre ironie, de Heidegger au chapitre II de son *Nietzsche*. Grandiose, d'abord parce qu'on y trouve de magistrales interprétations des chants de Zarathoustra où figure la doctrine, ensuite parce que la pensée de l'éternel retour y est questionnée dans toutes ses implications. Je vais rapidement, et grossièrement, commencer

---

1. Voir mon article « L'Empedocle di Nietzsche » dans *Empedocle tra poesia, medicina, filosofia e politica*, a cura di G. Casertano, Napoli, Loffredo, 2007, p. 310-330.

par m'expliquer avec elle pour en quelque sorte tenter de lever l'hypothèque de sa force [1].

L'interprétation heideggérienne est tout entière orientée par une volonté (en elle-même assez extraordinaire démonstration de volonté de puissance) de réintégrer Nietzsche dans le bercail de la métaphysique et de voir en chacune de ses thèses la réponse à ce qui, selon Heidegger, a toujours été l'unique question métaphysique : « qu'est-ce que l'étant ? ». L'antinomie grecque de l'être et du devenir est maintenue, de telle sorte que l'héraclitéisme d'un Nietzsche ainsi platonisé « constitue un des cas les plus singuliers ». Pour lui, comme pour le Platon du *Cratyle* et du *Théétète*, il est ou serait devenu impossible d'être héraclitéen et de se maintenir dans le vrai :

> la doctrine de l'éternel écoulement de toutes choses au sens de la perpétuelle inconsistance (*Bestandlosigkeit*) ne peut plus être tenue pour vraie ; en elle l'homme ne trouverait plus de quoi se maintenir comme dans le vrai, à moins d'être livré à un changement et une instabilité (*Unbestand*) sans fin, et ainsi à sa destruction totale, puisque pareille doctrine rend impossible quelque chose de ferme et de vrai (*weil dann ein Festes und damit Wahres unmöglich bleibt*). (…) Or, cette prise de position à l'égard de l'étant dans sa totalité, en tant qu'un éternel écoulement (*Fluss*), Nietzsche l'avait immédiatement adoptée avant que lui vînt la pensée de l'éternel retour du Même. Mais, (…) dès lors que cette pensée constitue la croyance proprement dite, soit l'essentiel « *se maintenir dans*

1. Pour d'autres interprétations, car « l'énigme » annoncée par Zarathoustra peut être comprise de bien des façons, voir E. Fink, *La Philosophie de Nietzsche*, trad. H. Hildenbrand et A. Lindenberg, Paris, Minuit, 1965, chap. III : « L'Annonciation » ; G. Deleuze, *Nietzsche et la philosophie*, Paris, P.U.F., 1962, p. 213-223 ; P. Wotling, « L'éternel retour comme instrument de culture », *Nietzsche et le problème de la civilisation*, Paris, P.U.F., 1995, p. 353-382 ; D. Franck, *Nietzsche et l'ombre de Dieu*, Paris, P.U.F., 1998, p. 87-104 et p. 398-428.

le vrai», dans le vrai en tant que ce qui est rendu ferme (*im Wahren als dem Festgemachten ist*), alors cette pensée de l'éternel retour du Même affermit «l'éternel fleuve» (*macht [...] den ewigen Fluss fest*). (…) Le devenir est maintenu en tant que devenir, et tout de même, dans le *devenir*, la constance (*die Beständigkeit*) est posée, c'est-à-dire au sens grec, l'Être[1].

Nietzsche veut certainement le devenir et le devenant en tant que le caractère fondamental de l'étant dans sa totalité; mais c'est précisément et avant tout le devenir qu'il veut en tant que *ce qui demeure* (*das Bleibende*) – en tant que l'«étant» proprement dit: étant notamment dans le sens des penseurs grecs[2].

Voilà la thèse générale. Qu'est-ce qui ne va pas? Ce n'est pas la réponse prêtée par Heidegger à Nietzsche qui est inadéquate, c'est la question. Une fois admis que cette question, celle de «l'étant dans sa totalité», est bien celle de Nietzsche, elle n'admet en effet que trois réponses, avec toutes les nuances qu'on voudra: ou bien celle de Parménide, ou bien celle d'Héraclite, ou bien, pour finir, la conjonction des deux, mais l'affirmation de l'être du devenir ne supprime à coup sûr pas l'antinomie originaire. Or dans «Les sept sceaux»[3], Zarathoustra ne dit pas qu'il affirme l'éternité de l'être, ni l'éternité du devenir comme être, ni l'éternité de l'être du devenir, mais qu'il est affirmation de «l'éternelle affirmation de l'être» : *il est l'affirmation d'une affirmation*, l'affirmation qui a pour contenu une affirmation et qui ne répond donc pas à la question de ce qu'est l'étant en totalité. C'est parce qu'il lui prête cette question que Heidegger peut intégrer Nietzsche dans l'histoire de la métaphysique, c'est en elle, et non pas dans

1. Heidegger, *Nietzsche*, *op. cit.*, I, p. 316-317.
2. *Ibid.*, p. 508-509.
3. *APZ*, III.

la réponse, que tout se joue. Si, comme le prescrit le fragment jugé par Heidegger décisif[1], « *Imprimer* au devenir le caractère de l'être » est le but et le sens de l'éternel retour, si Nietzsche veut « la consistance du devenir dans la présence (*die Beständigkeit des Werdens in die Anwesenheit*) », sa doctrine ne signifie que ce transfert de consistance de l'être au devenir. Mais il faut alors se poser la question : que signifie « être » ? La réponse de Heidegger est que Nietzsche donne à ce terme son sens parménidien (la consistance) : mais c'est à l'évidence le sens que lui, et non pas Nietzsche, donne à l'être de Parménide.

Un des auditeurs de Heidegger lui rappelle qu'il a peut-être omis quelque chose, ou plutôt quelqu'un : ce philosophe qu'est Dionysos. Heidegger répond que ce nom ne sera vraiment pensé qu'à la condition de chercher « ces déterminations de l'Être qui depuis le commencement de la pensée grecque dirigent toute pensée au sujet de l'étant en tant que tel », à savoir : « l'étant en tant que devenir, et l'étant en tant que consistance – Nietzsche les réunit en une seule dans ses pensées les plus essentielles sur l'éternel retour du Même ». Son inversion du platonisme « ne supprime pas la position fondamentale platonicienne, elle la consolide au contraire par l'apparence qu'elle donne de l'avoir supprimée »[2]. On ne saurait être plus clair : non seulement Nietzsche n'a pas dépassée cette antinomie, mais il en a simplement « réuni » les termes sans que cette conjonction les modifie, et, dionysiaque ou pas, il l'a ainsi renforcée.

On pourrait discuter bon nombre des présupposés de cette interprétation, mais je n'en retiendrai, trop rapidement, que trois. En premier lieu, le fait que Nietzsche s'expliquerait avec

---

1. FP XII, 7[54].
2. Heidegger, *Nietzsche*, I, p. 362-364.

«l'étant dans sa totalité»[1]. Heidegger explicite ce qu'il entend par là: la nature animée et inanimée, l'histoire, le Dieu, les dieux et demi-dieux; également ce qui devient, «ce qui n'est plus ou pas encore le néant»; et «le semblant, l'apparence», et enfin «le pur non-étant, le néant». À lire cet inventaire, on a un fort sentiment de déjà vu; est étant tout ce qui participe de l'être, de ce genre universellement participé qu'est l'être dans le *Sophiste*, auquel a part tout ce qui est réellement, mais aussi tout ce qui devient, ainsi que les images, les simulacres, et bien sûr le non-être. C'est donc le retour éternel de l'étant au sens platonicien qui serait affirmé par Nietzsche. Cependant, comme le reconnaît Heidegger, Nietzsche, lui, dit monde, existence et surtout vie, et baptiser tout cela «totalité de l'étant» est une assez singulière traduction... métaphysique. On peut, entre autres, lui opposer cette affirmation catégorique: «Plus rigoureusement: *d'une manière générale on ne doit admettre rien d'étant*, – parce qu'alors le devenir perd sa valeur et apparaît parfaitement insensé et superflu[2].» Le deuxième présupposé heideggerien est que selon Nietzsche «le devenir universel s'écoule dans le temps rétrospectivement et prospectivement infini», dans un temps infini qui, parce qu'infini, serait réel[3]. Or «le cours du temps», le flux, est pour Nietzsche une projection, une forme *a priori* non pas de la sensibilité mais de l'intellect: «Intemporalité et succession sont compatibles, dès lors que l'intellect est hors jeu[4].» Le temps n'est *interprété* comme un flux, un fleuve au cours irréversible, que par un certain type de volonté; il ne possède la double puissance de détruire toutes choses et de faire peser sur

---

1. Heidegger, *Nietzsche*, I, p. 219.
2. FP XIII, 11[72] (1887-1888).
3. Heidegger, *Nietzsche*, I, p. 288-289.
4. FP V, 11[318].

toute action le poids de l'irréversible et du sans recours que pour le pessimisme du bouddhisme, du christianisme ou de Schopenhauer. Enfin, Heidegger a pour troisième présupposé l'affirmation que, pour Nietzsche, la vérité «signifie toujours le vrai» – le vrai voulant dire l'étant, soit ce qui est solidement établi en tant que le «ferme», de telle sorte que «le vivant met en sécurité sa propre consistance dans le cercle ambiant de cette fermeté même». Si l'éternel retour a lieu dans le cercle ambiant de la sécurité, plus d'énigmes, d'abîmes, plus de possibles, de points de suspension et d'interrogation, et surtout plus de courage devant ces abîmes et la face de Gorgone d'une vérité meurtrière, si meurtrière que Nietzsche peut se demander «quelle dose» l'homme, et en particulier lui-même, peut en supporter.

Mais le plus important est que le problème devient un problème de définition de cet être que Nietzsche voudrait, par l'éternel retour, conférer au devenir, donc un problème conceptuel, théorique, métaphysique. C'est *cela* que les textes doivent confirmer ou infirmer. Autrement dit : la pensée de l'éternel retour se déploie-t-elle dans l'horizon de «l'unique question», ou dans un horizon radicalement différent ?

Comment les textes présentent-ils la plus lourde pensée ?

Il faut pour répondre examiner les présentations successives de ce que Nietzsche nomme la plus lourde pensée. Comment et où Nietzsche parle-t-il de l'éternel retour ?

La pensée s'énonce pour la première fois dans l'avant dernier aphorisme (§ 341) du livre IV du *Gai Savoir* : «*Le poids le plus lourd*» (*Das grösste Schwergewich*). «Et si un jour, si une nuit…» : une question est posée (*Wie*), pas à n'importe qui, à celui qui est capable de «la solitude la plus solitaire (*einsamste Einsamkeit*)», sur ce qu'il *ressentirait si…* Le poids le plus lourd est évoqué à titre de possible. Qui en donnerait la formule serait un démon ou un dieu, selon la manière dont il sera entendu. Que dit-il ? « "Cette vie, telle que tu la vis et l'a vécue, il te faudra la vivre encore une fois et encore d'innombrables fois ; et il n'y aura rien de nouveau en elle" », elle reviendra « "suivant la même succession et le même enchaînement" ». Une telle pensée arrive à quelqu'un, à un « toi »[1] qu'elle risque de broyer, qui risque de la maudire, et dont elle fera de toute façon « un autre ». Elle fera peser sa « question (*Frage*) » sur chacune de ses actions. L'interrogatif et le conditionnel sont ici les modalités d'une pensée qui ne se nomme pas encore éternel retour ; l'éternité est celle des retournements du sablier de l'existence (*des Daseins*) dans laquelle chaque vie se trouve comprise. C'est l'existence qui serait frappée d'un « sceau éternel (*ewige Besiegelung*) » *à condition* qu'un individu singulier puisse vouloir cette éternelle affirmation, sanction (*ewige Bestätigung*) de sa propre vie. « Combien te faudrait-il être bon envers toi-même et la vie pour ne *désirer* plus rien que donner cette approbation et apposer ce sceau éternel ? » Pour cela, il faut avoir vécu, ne serait-ce qu'une seule fois, un instant formidable (*ein ungeheurer Augenblick*) : un instant « immense, monstrueux, exceptionnel ». Cela suffit pour vouloir « ceci » non seulement une fois mais un nombre innombrable de fois et ne plus aspirer (*verlangen*) à rien d'autre. L'éternité a deux faces, vouloir vivre un nombre innombrable de fois a pour contrepartie nécessaire ne pas désirer une autre ou une nouvelle vie.

Dans *Ainsi parlait Zarathoustra* la doctrine de l'éternel retour trouve celui qui peut la penser sans se briser, et Nietzsche

---

1. Voir la répétition insistante des pronoms personnels à la deuxième personne (*du, dich, dir*).

déclarera dans *Ecce Homo*[1] que la pensée de l'éternel retour est la conception fondamentale de l'ouvrage, la formule « la plus haute du dire-oui qui puisse être atteinte ». Il situe sa venue en août 1881, à Sils Maria, « à 6000 pieds par-delà l'humain et le temps ». Si elle est implicite dans l'ensemble de l'œuvre, elle devient explicite dans le troisième livre. Il s'ouvre sur « Le Voyageur », et Zarathoustra s'interroge : « Le temps est écoulé où il pouvait y avoir des hasards pour moi, et que pourrait-il bien m'arriver maintenant qui ne me serait pas déjà arrivé ? » Il lui arrive bien encore quelque chose, mais non pas par hasard : il se trouve devant son dernier sommet, celui qui se confond avec l'abîme, l'épreuve qui représente à la fois le suprême danger et le suprême refuge. Zarathoustra doit « grimper par-dessus » lui-même et connaître sa dernière solitude, il doit descendre « au cœur du flot le plus noir de la douleur ». Suit le chant « De la vision et de l'énigme ». Embarqué sur un navire « qui venait de loin et voulait aller plus loin encore », voguant sur la mer terrifiante et ouverte, Zarathoustra s'adresse « aux chercheurs », « aux explorateurs audacieux ». Il leur raconte qu'un nain juché sur son épaule lui prédit que plus on monte haut, plus l'abîme s'approfondit et plus on tombe : rien n'est jamais définitivement surmonté et plus on a surmonté, plus l'abîme s'approfondit et plus on a encore à surmonter, mais on ne peut pas surmonter à l'infini, on retombera donc nécessairement. « il y a quelque chose en moi, répond Zarathoustra, que je nomme courage » : seul le courage peut vaincre l'esprit de lourdeur incarné par le nain, le courage qui « *attaque*, qui sonne comme un jeu ». Il est le meilleur meurtrier car il tue la douleur – et « la douleur humaine est la douleur la plus profonde » –, abolit le vertige au bord des abîmes (« et où donc l'homme ne se trouve-t-il pas au bord d'abîmes ? ») ainsi que la compassion pour la souffrance :

1. *EH*, « *APZ* », § 1.

« aussi loin que l'homme plonge son regard dans la vie, aussi loin plonge-t-il son regard dans la souffrance.» Le courage « tue même la mort, car il dit : "C'était *cela*, la vie ? Allons, encore une fois!" ». La vie, donc, est souffrance, et plus qu'aucune autre la vie humaine qui a en plus le malheur de savoir qu'elle est condamnée à souffrir et à mourir. Que l'homme pourrait-il dès lors offrir à l'homme d'autre et de meilleur que sa compassion ? Mais le courage de Zarathoustra lui fait dire : « Nain, c'est toi ou c'est moi ! » Ou le pessimisme, ou l'éternel retour : ou « le plus jamais cela », et même le « mieux aurait valu que cela n'ait jamais eu lieu »[1], ou le courage du « encore une fois ! ».

Débarrassé d'un pessimisme qui reste pourtant encore tout proche, car le nain va alors s'asseoir près de lui, Zarathoustra commence avec celui-ci un dialogue sur le temps : il lui montre une rue et un portique où butent l'une contre l'autre une longue rue en arrière qui dure une éternité, et une longue rue en avant qui dure aussi une éternité. « Le nom du portique est gravé tout en haut : "instant" est ce nom. » L'infinité du passé définitivement révolu vient se heurter à celle de l'avenir ouvert et elles se contredisent dans l'instant. Cette contradiction, demande Zarathoustra au nain, est-elle la vérité dernière du temps ? Et d'abord, de quelle nature est l'éternité du passé et de l'avenir ? Elle consiste à pouvoir courir indéfiniment sur chaque route, en arrière comme en avant à partir de l'instant présent. Un fragment de 1888 précise : « c'est seulement si je commettais la faute (…) d'assimiler cette idée correcte d'un *regressus in infinitum* à l'idée *tout à fait inapplicable* d'un *pro*gressus infini jusqu'à maintenant, si je posais la *direction* (en avant ou en arrière) comme logiquement indifférente que je pourrais prendre

---

1. Formule de la sagesse du Silène dans la *Naissance de la tragédie*, § 3.

la tête, l'instant présent, pour la queue[1]. » Pour que la route en arrière soit poursuivie à l'infini, il faut la parcourir à partir de l'instant où on est. De même, on ne peut penser une *progression* infinie du passé : il bute sur chaque instant présent et n'est infini que dans la mesure où sa *régression* ne connaît pas de terme, où il n'y a pas d'instant originel de la création du temps qui arrêterait la régression. Il y a progression infinie (vers l'avenir) et régression infinie (vers le passé) mais l'instant empêche d'additionner ces deux infinis de sens contraire et de parler (comme Heidegger) d'un « temps infini ». Le passé est éternellement condamné à passer et l'avenir à advenir, sans que jamais aucun des deux ne *soit*. Cependant, si passé et avenir sont éternels, ils ne peuvent pas se contredire : l'éternité ne peut laisser aucun temps en dehors d'elle, passé et avenir devraient contenir chacun tous les contenus temporels possibles, et en conséquence se confondre. Le nain trouve cette énigme assez misérable : « Toute vérité est courbée, le temps lui-même est un cercle. » L'éternité, selon lui, serait ce qui fait tourner indéfiniment en rond la roue du temps : rien de nouveau sous le soleil, tout ce qui est à venir est déjà passé et tout ce qui est passé reviendra quand les conditions qui l'ont fait advenir seront de nouveau réunies. Le temps perd son orientation indéfiniment linéaire, mais elle est remplacée par une orientation indéfiniment circulaire. On peut aussi bien parcourir indéfiniment un cercle qu'une droite.

La circularité ne permet pas de surmonter « la plus solitaire affliction de la volonté » : la volonté ne peut pas vouloir en arrière. Elle ne réussit à se délivrer de son ressentiment envers un passé irrévocable qu'en métamorphosant le « c'était » en « je l'ai voulu, le veux et le voudrai ainsi », en affirmant un vouloir qui s'étend dans les trois dimensions temporelles. Se

1. FP XIV, 14[188].

réconcilier avec le temps n'est pourtant pas la tâche ultime de la volonté créatrice, et en parlant ainsi Zarathoustra a parlé autrement qu'il ne se parle à lui-même[1]. C'est pourquoi Zarathoustra demande au nain de regarder le portique « Instant » qui, « entraînant toutes les choses à venir derrière lui », les fait passer ; ce n'est pas lui que le temps fait passer, c'est à partir de lui que les deux routes du temps se déterminent, et se déterminent comme infinies. Le courage consiste à ne plus éterniser le temps sous son double aspect de passé et d'avenir, puisque l'éternité de l'un passe dans l'éternité de l'autre, mais à éterniser l'instant. S'il en est ainsi :

> Ne faut-il pas que tout ce qui peut arriver soit déjà une fois arrivé, ait été déjà une fois fait ou soit déjà passé une fois en courant ?
> Et si tout a déjà été : alors que t'en semble de cet instant, nain ?
> Ne faut-il pas que cette porte de ville ait, elle aussi, déjà été ?

En entendant cela, un chien qui se met à hurler fait retourner Zarathoustra à sa propre enfance, et il est à nouveau envahi par la pitié. Son enfance est l'époque où Nietzsche partageait le pessimisme et le nihilisme de Schopenhauer et de Wagner, qui ne voient de salut que dans la négation de la volonté et de l'individu, « la fuite dans le néant et le sommeil ». Le chien ne hurle pas seulement la souffrance de la vie mais l'absence totale de sens de cette souffrance, l'absence d'espoir et de consolation que procure la croyance en une autre vie, bref il hurle la mort de Dieu, le nihilisme absolu, l'homme « seul, abandonné dans le clair de lune le plus désolé » qui ne peut plus trouver aucun sens à être homme. Zarathoustra se voit alors lui-même sous la figure d'un jeune berger : un serpent noir lui pendait de la bouche et s'était accroché à sa gorge. Ce serpent, on ne peut se

---

1. *APZ*, II, « De la réconciliation ».

contenter de le rejeter au loin, il faut le tuer une fois pour toutes, mordre à sa tête. De cette morsure qui triomphe du nihilisme naît le rire qui libère de l'humain et guérit de la compassion pour la douleur humaine : naît le gai savoir, et avec lui « *incipit tragœdia* »[1].

Ce gai savoir s'exprime dans « Sur le mont des oliviers ». Plus de nain, de chien ni de serpent noir, ce sont toutes les bonnes choses folâtres qui « sautent de joie dans l'existence » qui amènent l'exclamation : « comment ne le feraient-elles toujours – qu'une fois ! » Au-dessus de ces choses « se tient le ciel Hasard, le ciel Innocence, le ciel "Accident", le ciel Exubérance » (« Avant le lever du soleil ») : au ciel s'inscrit désormais la délivrance de la servitude du but, de la culpabilité, de la volonté divine, de la lassitude pesante. Malade encore de sa délivrance (« Le convalescent »), Zarathoustra, « le défenseur de la vie, l'intercesseur de la souffrance, l'intercesseur du cercle », reste étendu pendant sept jours au terme desquels ses animaux (l'aigle et le serpent, symboles de sa fierté et de sa sagesse) lui chantent la « rengaine » de l'éternel retour : « À chaque bref instant commence l'être ; autour de chaque ici, roule la sphère de là-bas. Le milieu est partout. Le chemin de l'éternité est courbe. » Entendu ainsi, l'éternel retour signifie ce qu'il signifiait pour le nain : « "Tout est pareil, rien ne vaut la peine, savoir étouffe" », et l'homme petit aussi revient éternellement. Une fois réprimandés, ses animaux prêtent à Zarathoustra ce discours : « Moi-même je fais partie des causes de l'éternel retour. Je reviens (…) – *non pas* à une vie nouvelle, à une vie meilleure ou à une vie semblable : – je reviens éternellement à cette même vie identique (…) afin d'annoncer à nouveau aux hommes le surhumain. » La pensée du retour permet de considérer les hommes d'aujourd'hui à

---

1. *GS*, IV, § 342.

partir du surhumain, de voir en eux les derniers hommes, et de surmonter en soi aussi ce dernier homme.

« L'autre chant de la danse » s'achève sur un magnifique poème qui fait sonner douze fois la cloche du temps ; il marque un sommeil puis un éveil au cœur de la nuit, et le « minuit profond » chante la profondeur du monde, de la douleur et de la joie. Mais le douzième coup est silencieux, et la dernière parabole du troisième livre : « Les sept sceaux (ou : Le chant du oui et de l'amen) » fait chanter ce silence. Chacune des sept strophes de ce chant d'affirmation commence par « Si » et se termine par le même refrain :

> Ô comment pourrai-je ne pas brûler, comme en chaleur, d'éternité et du désir du nuptial anneau des anneaux – l'anneau du retour !
> Jamais encore je n'ai trouvé la femme dont j'aurais aimé avoir des enfants, à l'exception de cette femme que j'aime : car je t'aime, ô éternité !
> *Car je t'aime, ô éternité !*

Chacun des « si » (*wenn*) qui ouvrent chaque vers dit ce qu'il faut avoir traversé pour brûler du désir de « l'anneau nuptial du retour », ou plus exactement dit que *si* cela a été traversé, il est impossible de ne pas en arriver à éprouver ce désir (« comment pourrai-je ne pas brûler » : c'est un futur, pas un conditionnel). Le seul verbe à l'indicatif présent est « aime » : l'amour de l'éternité existe, mais la juste détermination de la nature de cette éternité, celle qui est affirmée et scellée dans le retour, est mise au futur et exige que sept conditions soient remplies. Elles correspondent aux sept jours de convalescence de Zarathoustra.

Il faut : 1) s'être élevé au dessus de « tous les êtres exténués qui ne savent ni mourir ni vivre », être le rire qui dit oui : avoir dépassé et foudroyé les derniers hommes ; 2) avoir balayé, par la colère et le sarcasme, les idéaux et les dieux anciens, les détracteurs de ce monde : avoir brisé les vieilles tables de valeurs ; 3) avoir fait trembler la terre de « mots nouveaux et créateurs », célébrer le jeu implacable de « la nécessité céleste » : parler le langage du devenir et par ce langage créer des valeurs nouvelles ; 4) avoir mêlé la joie et la douleur, le pire au meilleur (*Schlimmstes zum Gütigsten*), être, dans la « cruche » de l'existence, le grain de sel qui lie le bien et le mal – la « cruche », c'est le « cycéon » d'Héraclite qui « s'il n'est pas remué, se dissocie »[1] : être par-delà toute antinomie, relier des contraires abusivement dissociés ; 5) avoir en soi la joie qui cherche et s'être écrié d'allégresse devant l'illimité de l'espace et du temps, devant l'affranchissement de toute chaîne : s'être rendu capable de faire de sa vie une expérimentation et donner à la connaissance pour but d'explorer un inconnu que nul ne déclare plus désormais inconnaissable en raison des « limites *a priori* de l'intuition sensible » : « Il existe mille chemins qui n'ont jamais été empruntés, mille santés, mille îles secrètes de la vie. L'homme et la terre de l'homme ne sont toujours pas épuisés et toujours pas découverts[2] » ; 6) alléger, par une méchanceté joyeuse, tout ce qui pèse, imposer à tout corps comme seule règle, « comme alpha et comme oméga » de devenir danseur et à tout esprit de se faire oiseau : avoir la sagesse du corps, car seul le corps sait danser et rire, et c'est seulement quand on l'a voulu tel que « la sagesse de l'oiseau-liberté peut venir » et que l'esprit de lourdeur est totalement surmonté ; 7) enfin, avoir déployé ses propres cieux et s'envoler vers eux, écouter la voix sage de l'oiseau qui dit « Chante, ne parle plus ! » : chanter l'hymne à l'éternité de la vie et dire

---

1. Il se disjoint en ces contraires que sont le liquide et le solide (fr. 131 Conche).
2. *APZ*, I, « De la vertu qui prodigue ».

« oui » à un monde profond non de mystères métaphysiques mais de la profondeur de la douleur et de la joie.

Ce chant des sept sceaux se trouve résumé dans cette phrase : « j'obéis à une nature dionysiaque qui ne sépare pas le "faire" négateur du "dire" affirmatif[1]. »

Il faut donc s'être élevé au-dessus, être allé au-delà, avoir détruit, surmonté, créé ses propres mots, sa propre sagesse, ses propres cieux et son propre idéal, un idéal de légèreté, de risque et d'allégresse, pour pouvoir, non pas s'unir à l'éternité qu'on aime, mais *désirer* s'y unir. L'homme avait jusque-là lancé son désir vers Dieu, mais vers un Dieu vivant, et à présent Dieu est mort ; « le temps approche où l'homme ne lancera plus par-delà l'homme la flèche de son désir », où il se satisfera de l'ennui et de l'insignifiance terrifiante d'une vie qui ne veut rien d'autre que se conserver et jouir de ses petits plaisirs et de ses petites drogues. Le surhomme est l'homme redevenu capable du « grand désir », du désir de l'éternité. Car si « La douleur dit : Passe et péris », « toute joie veut l'éternité ». Elle veut une éternité dont la profondeur réponde à la sienne, et la joie est plus profonde encore que la douleur. Elle ne peut pas vouloir l'éternité lourde de l'immuable, du stable et du toujours identique à soi : l'anneau nuptial est celui de la joie et de la douleur, non pas celui de l'être et du devenir.

La troisième présentation de la doctrine dans *Par-delà Bien et Mal*[2] reprend l'opposition de l'idéal propre à l'homme « le plus exubérant et le plus débordant de vie » à l'idéal des pessimistes encore dupes du charme de la morale. Celui qui dit oui au monde, à ce qui fut, et est tel que cela fut et est pour toute l'éternité, crie insatiablement *da capo* non pas seulement à l'ensemble du spectacle mais à lui-même. Il a besoin de rendre

---

1. *EH*, « Pourquoi je suis un destin », § 2.
2. *PBM*, III, § 56.

nécessaire ce spectacle parce qu'il a besoin de se rendre lui-même nécessaire; se rendre soi-même nécessaire, c'est être un destin. Nietzsche indique l'origine de cet «idéal» dans le *Crépuscule des idoles*[1] : c'est à «l'âme grecque», à «l'instinct hellénique» et à ce que lui, Nietzsche, est seul à en avoir compris, que se rattache la pensée de l'éternel retour, donc non pas à un philosophe grec, mais aux mystères. Par eux, les Grecs se garantissaient «la vie *éternelle*, l'éternel retour de la vie – la promesse d'avenir consacrée dans le passé; un oui triomphant à la vie au-dessus de la mort et du changement; la *vraie* vie, survie globale par la procréation, par les mystères de la sexualité. » Les mystères de Déméter, de la terre-mère, faisaient du pain, du vin et de l'acte sexuel les symboles périssables de la vie impérissable, alors que toutes les religions pessimistes voient dans la sexualité une chose mauvaise[2]. Pour qu'il y ait la joie éternelle de l'enfantement et de la création, pour que la volonté de vie s'affirme éternellement elle-même, il *faut* aussi qu'il y ait «les douleurs de l'enfantement». «Le mot Dionysos signifie tout cela», le dionysiaque n'est explicable que par un *excédent* de force. Nietzsche fait ainsi retour à ce dont il est parti jadis, à la *Naissance de la tragédie*, sa «première transmutation de toutes les valeurs ». Être le dernier disciple du philosophe Dionysos, c'est «*être soi-même*, au-delà de la terreur et de la pitié, l'éternelle joie du devenir, cette joie qui comprend également en soi la *joie* de *l'anéantissement*». Nietzsche cite ce passage dans *Ecce Homo*[3], et répète que le dire oui sans réserve à la vie est un dire oui «à la contradiction et à la guerre ».

1. *CId*, «Ce que je dois aux Anciens », § 4 et 5.
2. *HH I*, III, § 141.
3. *EH*, «*NT* », § 3.

La thématique de l'éternel retour

Le thème de l'éternel retour est *explicitement* présent dans neuf passages si on s'en tient aux œuvres publiées. Et s'il y a un problème qui impose de s'y tenir fermement et de ne faire appel aux fragments posthumes que s'ils contribuent à les éclairer, c'est bien celui-là. On peut en effet remarquer qu'on ne peut déceler dans les textes publiés aucune version « cosmologique » de la doctrine. Or nombre d'interprètes s'efforcent de démontrer – à juste titre – que la « cosmologie » n'en est pas une, mais aucun ne se demande pourquoi Nietzsche, jusqu'à *Ecce Homo* compris, n'a pas retenu un seul des arguments pouvant faire croire qu'il ait fait de l'éternel retour une théorie « scientifique ». On peut raisonnablement admettre que l'essentiel de sa pensée la plus lourde n'était pas là : l'éternel retour nietzschéen *n'est pas un fait, mais une pensée*, une pensée lourde de conséquences mais néanmoins une pensée.

Pour s'en tenir aux textes que je viens d'énumérer, quels en sont les principaux thèmes ? Que peut-on dégager comme constantes et comme différences ?

La constante la plus évidente est le « encore une fois », « pas une unique fois ». On en trouve l'esquisse dès la *Deuxième Inactuelle* : l'historien qui a affaire à un passé monumental « en conclut qu'une telle grandeur, qui a existé une fois, a été par conséquent une fois possible et qu'elle sera donc parfaitement possible encore une fois »[1]. À partir de 1881 le « encore une fois » devient « encore une multiplicité infinie de fois ». Faut-il entendre cela comme une répétition ? Doit-on se représenter l'éternité du retour comme l'étalement d'un nombre infini de fois dans un temps infini ? Si c'était le cas, la deuxième fois différerait nécessairement de la première dans la simple mesure

1. *CIn* II, § 2.

où elle est la deuxième. Mais comme il n'y a pas de mémoire de la première, compter les fois n'a pas de sens, et d'autant moins de sens qu'il y a une infinité de fois : qui pourrait compter l'infini ? Pour parler comme Aristote[1], l'infini se dit en plusieurs sens : ou bien il signifie que le mouvement peut toujours continuer sans rencontrer de limite – c'est l'éternité infinie des deux routes ou celle de la série infinie des nombres ordinaux, ou bien l'infini est contenu, enveloppé, « en puissance ». L'infinité du retour n'est pas celle d'une répétition à laquelle s'ajoutera toujours une fois de plus : elle est déjà *contenue* dans la première fois. La sorte d'éternité qui alourdit l'affirmation est contenue en chaque instant[2]. Il n'y aura pas « de long repos jusqu'à la renaissance (…) Entre le dernier instant de la conscience et la première lueur de la nouvelle vie il n'est "point de temps" – mais comme un éclair »[3]. Les fois ne se succèdent pas dans le temps. C'est pourquoi il faut encore plus de force et de courage pour comprendre que dire oui à la vie une fois (comme Nietzsche l'avait toujours fait jusque-là), c'est dire « alors, encore une fois ». Le oui s'approfondit de l'éternité ; l'affirmation qu'on fait et doit faire de la vie n'est vraiment affirmation, affirmation sans réserve, qu'à cette condition. L'éternité du retour est le critère du caractère affirmatif de l'affirmation, d'une affirmation qui est « au-dessus du temps », au-dessus de toute réconciliation avec le temps car au-dessus de toute représentation : la distinction des deux routes n'existe que pour qui se tient dans l'instant, mais qui s'y tient surmonte la fausse éternité du temps.

---

1. Aristote, *Physique*, III, 6.
2. *Cf.* FP V, 12[192] : « Une tout autre éternisation – la gloire progresse en une fausse dimension [celle d'une éternité temporelle]. Il nous faut y projeter l'éternelle profondeur, l'éternelle répétabilité. »
3. FP V, 11[318].

Comme le nain croyait le savoir depuis belle lurette et comme croient l'avoir compris les animaux, le temps serait-il un cercle? La pensée de l'éternel retour est-elle le retour de la grande année stoïcienne? Le temps n'est pas un cercle et l'éternité non plus: elle est un anneau. L'existence, la vie, le monde ne sont pas des spectacles dont le spectateur pourrait s'abstraire: il y est inclus, et plus encore il est lui-même cause de l'éternel retour de toutes choses et de lui-même. Comme il a «besoin de lui-même et de se rendre lui-même nécessaire», c'est sa vie qu'il doit vouloir éterniser. Dans le fragment de 1881 où la pensée de l'éternel retour apparaît pour la première fois, elle se formule ainsi: «Mais savoir si *nous autres voulons vivre* encore, voilà la question: et comment[1]!» Comment, car les erreurs fondamentales, les passions, le savoir et le savoir qui renonce, la compassion, tout cela nous est incorporé. Il faut donc libérer le corps et s'incorporer la doctrine en l'enseignant, et d'abord en se l'enseignant à soi-même, devenir le démon ou le dieu qui pose au vouloir la question[2]. Mais dire oui à sa vie, c'est dire oui à l'existence tout entière; une vie n'est devenue ce qu'elle est que parce qu'elle est prise dans la totalité de l'existence: tout se tient. Tant que la pensée de l'éternel retour pèse sur une vie singulière, cette pensée a une fonction sélective, elle distingue entre ceux qui peuvent ou non la supporter. «Pour peu que la répétition cyclique ne soit qu'une probabilité ou une possibilité, même la *pensée d'une possibilité* peut nous ébranler et nous transfigurer (…) Quel n'a pas été l'effet exercé par la *possibilité* de la damnation éternelle[3]!» La doctrine de l'éternel retour ne promet certes rien de tel, elle «est douce à l'égard de ceux qui se refusent à la croire, elle n'a point d'enfer

1. FP V, 11[141].
2. Voir p. 257-258.
3. FP V, 11[203].

ni ne profère de menaces. Qui ne la croit, n'a qu'une *vie fugitive* dans sa conscience[1] », c'est pour lui que le temps est un flux coulant dans un seul sens. Mais si elle a toujours cette fonction sélective, cette pensée prend dans *Ainsi parlait Zarathoustra* une tout autre dimension.

Elle lui est conférée par une troisième constante : le lien établi entre la joie et l'abîme sans fond de la douleur humaine. Ce n'est pas à un homme (ou à plusieurs) que s'adresse Zarathoustra, mais à de hardis explorateurs qui acceptent comme lui d'aller jusqu'au fond de cette souffrance. Elle naît de la dimension destructrice du devenir, mais elle est provoquée également par l'homme lui-même, l'animal le plus cruel. Ce n'est donc pas seulement au déclin, à la maladie et à la mort, ou encore aux famines, aux épidémies, à la dureté implacable de la vie, qu'il faut acquiescer, il faut aussi dire oui aux guerres, aux exterminations, aux massacres, qu'ils résultent de ce qu'il y a de plus grand ou de plus petit en l'homme. Alors : peut-on vouloir que reviennent éternellement, disons, Auschwitz ? Qui peut supporter de dire oui, même une fois, à Auschwitz ? Qui n'entend pas à ce moment le chien hurler et qui n'a pas dans la gorge le serpent noir du dégoût[2] ? Et pourtant... Lorsque Nietzsche entend résonner la voix de Platon dans les cloches de Gênes, un soir à l'heure du crépuscule, et la sent « tout à coup dans [s]on cœur », il entend ceci : « *Rien de ce qui est humain, rien, n'est digne du grand sérieux; et pourtant[3]...* ». Les vieilles tables de valeurs sont issues de la souffrance, du ressentiment et de la haine de la vie, en créer de nouvelles

---

1. FP V, 11[160].

2. Cela, pour tenter de faire mesurer le poids de la pensée la plus pesante ; mais, à la réflexion, à chacun de déterminer son poids le plus lourd.

3. *HH I*, IX, § 628 : « Le sérieux dans le jeu » ; cf. *Lois*, VII, 803 *b* ; je rappelle que Platon dit des *Lois* que c'est la plus belle des tragédies – ce n'est pas le Platon de Heidegger.

requiert de voir dans la vie un jeu. Cependant, voir la vie comme un jeu pourrait permettre de se débarrasser trop légèrement de la douleur humaine : face à l'impossibilité de connaître, à la pensée de la mort, à l'inutilité de toute lutte, le « parfait pessimiste » penserait que cela pourrait aussi faire rire. Ce rire serait le rire détaché d'un spectateur (peut-être celui des dieux qui, chez Platon, tirent les fils de ces marionnettes que sont les hommes). Or si le jeu est innocent et dépourvu de sens et de finalité, il faut malgré tout y mettre du sérieux ; il exige le courage de *vouloir* ce qu'on sait n'être qu'un jeu, le courage de dire « Et pourtant… ». En cela réside *un tragique qui ne se prend pas au tragique*, qui ne voit ni dans la souffrance ni dans la gratuité des objections contre la vie, mais qui joue sérieusement et se moque du sérieux qu'il met à jouer. Il faut « se comporter comme des enfants à l'égard de ce qui constituait jadis le *sérieux de la vie*. Mais notre propre aspiration au sérieux est de tout comprendre en tant que devenir[1] » Il suffit qu'à un seul instant on ait béni la vie pour pouvoir vouloir que toutes choses reviennent :

> À supposer que nous disions Oui à un seul instant, du même coup nous avons dit Oui non seulement à nous-mêmes mais à l'existence tout entière. (…) et si notre âme n'a vibré et résonné de bonheur qu'une seule fois, comme une corde tendue, il a fallu toute une éternité pour susciter cet unique événement – et toute éternité, à cet unique instant de notre Oui, fut acceptée, sauvée, justifiée et approuvée[2].

Cet instant n'a plus à être « monstrueux », comme il était dit dans *Le Gai Savoir*, il suffit qu'à un seul instant on ait préféré la vie au néant pour que soit éveillé un désir d'éternité.

---

1. FP V, 11[141].
2. FP XII, 7[38].

Il faut pour cela avoir été jusqu'au bout du nihilisme. Ma vie n'a lieu qu'une seule fois, et si j'admets qu'il n'y en aura aucune autre, nouvelle et meilleure, il est néanmoins possible de croire que la vie dans son ensemble et la mienne en particulier vont en s'améliorant. Cet idéal, celui du « plus jamais ça », est donc l'exact contraire du « encore une fois ». C'est un idéal moral, puisqu'il croit à un progrès, une amélioration, la mienne ou celle de l'humanité, et condamne en son nom le passé et le présent. L'idéal du « grand soir », d'un paradis possible non pas au ciel mais sur terre, est un rempart contre la douleur humaine jugée contingente et éliminable. Tout paradis est conçu comme une délivrance et un repos, un sommeil éternel, une fin de l'histoire et de ses soubresauts, un devenir qui enfin ne deviendrait plus et n'accoucherait plus dans la douleur (on veut bien admettre que cela se produise une fois, à condition que ce soit une fois pour toutes). Pétri de morale, un tel idéal empêche d'aller au fond, il est le dernier stade *avant* le nihilisme. Or c'est seulement quand le nihilisme se fait radical, « extatique », quand on est étouffé par lui et par son « rien n'a de sens, tout vaut tout, rien ne vaut la peine », quand Dieu est vraiment mort et que toute fin semble dérisoire, quand le monde est abandonné à son non-sens, que la pensée de l'éternel retour peut advenir, qui est l'opposé d'un remède et d'une consolation, qui est dionysiaque et tragique.

C'est donc la sagesse du premier philosophe tragique, « la transposition du dionysiaque en un *pathos* philosophique » [1] qui dépasse l'antinomie de l'être et du devenir. Affirmer le devenir, l'être et l'éternité de chaque instant et de tout ce qui devient, ce n'est pas leur donner un être consistant et cela ne procède pas d'une « décision résolue » façon heideggérienne. Cela exige un excès de force, un instinct surabondant de vie capable non de

1. *EH*, « *NT* », § 3.

supporter mais de vouloir le devenir, la vie inlassablement
créatrice et destructrice, de vouloir que «une fois» signifie
«pour toutes les fois». La question n'est pas «qu'est-ce que
l'étant?», elle est de savoir ce qu'on désire quand on dit à la
vie «encore une fois». On n'affirme la vie qu'à la condition
d'affirmer la double, égale et perpétuelle nécessité de la
douleur et de la joie, et l'affirmer c'est désirer leur éternité.
Nietzsche n'a pas créé en Zarathoustra seulement le penseur de
cette pensée, mais un voyageur qui, allé jusqu'au bout de la
nuit, a la force de rire «au-dessus» de la terreur et de la pitié. Le
dépassement n'a rien de théorique, encore moins de métaphysique, c'est une affaire de santé et de maladie, donc l'affaire
d'un corps et de la sagesse de sa force. Interpréter autrement,
c'est méconnaître ou ignorer la métamorphose «esthétique»
que Nietzsche a fait subir à l'antinomie. En la rendant *sensible*,
en substituant à l'antinomie de l'être et du devenir l'opposition
de la création et de la destruction donc de la joie et de la
souffrance, il en appelle au corps sain, enthousiaste et sage, et à
lui seul, pour la surmonter. Quand c'est du corps qu'advient et
quand c'est au corps que survient la pensée de l'éternel retour,
cette pensée s'affirme comme question, possibilité et désir. Ce
n'est pas là affirmer? Si, justement : affirmer, c'est lancer une
question, une possibilité et un désir, ce qui ne signifie rien
d'autre qu'enfanter et créer.

CHAPITRE VI

RÉALITÉ ET APPARENCE
L'ANTINOMIE SUPPRIMÉE

> *La ferveur et la finesse, je pourrais presque dire : l'astuce avec lesquelles on se lance aujourd'hui à l'assaut « du monde réel et du monde apparent », partout en Europe, donne matière à penser et à tendre l'oreille ; et celui qui n'entend ici, en fond, qu'une « volonté de vérité » et rien de plus ne jouit certes pas des oreilles les plus fines.*

Par-delà Bien et Mal

L'apparence est trompeuse, et d'autant plus qu'elle est belle apparence. On ne saurait donc trop s'en méfier. À la différence de l'antinomie « ontologique » de l'être et du devenir, la distinction entre réalité et apparence est une distinction empirique et commune : chacun sait qu'il ne faut pas se fier aux apparences car il est arrivé à chacun d'être dupé par elles. C'est l'expérience ou la sagesse qu'elle a permis d'acquérir qui révèlent qu'il n'y a qu'apparence. Alors qu'on a sur elle le pouvoir de la dissiper, de la percer à jour, de la faire disparaître quand, ce qui est souvent le cas, elle ne s'évanouit pas d'elle-même, on nomme réalité ce qu'elle dissimulait ou travestissait, ce qui s'impose et résiste même si on s'efforce de l'oublier ou de le nier. Ces critères de solidité et d'évanescence s'associent respectivement au vrai et au trompeur : réel et apparent sont pensés selon un schème d'opposition entre deux valeurs préalablement à toute problématique.

L'antinomie

Si l'antinomie de l'être et du devenir est « grecque », l'antinomie de la réalité et de l'apparence est « moderne ». Aucun terme grec ne correspond à « réalité » ; de plus, l'existence d'apparitions à la fois divines et trompeuses ou le fait que, même pour Platon, les images participent à leur manière à l'être signifie que la ligne de clivage ne passe pas par là. En toute philosophie grecque, la différence entre les choses mêmes et les apparences relève d'une ontologie, alors que l'antinomie du réel et de l'apparent suppose l'entrée dans des philosophies du sujet et de la représentation.

L'aspect « subjectif » de l'antinomie

Depuis le *Sophiste*, on sait quelle est la seule question possible à propos de l'être : non pas « qu'est-ce que ? » (l'être), ni « qu'est-ce qui ? » (est), mais « que signifie ? » ce mot, « être ». L'être est indissociable de la parole qui le fait signifier. En revanche, dans la notion de réalité est impliquée l'affirmation de la réalité *de quelque chose*. La mise en question, philosophique ou scientifique, de la réalité est solidaire de l'élaboration d'une problématique des critères et des conditions destinés à assurer la légitimité des jugements de réalité. La réalité en effet est conditionnée, elle ne peut être affirmée que médiatement, après doute, critique, médiations négatives : il faut être « en droit » de dire que telle chose est réelle. L'histoire du jugement de réalité est donc celle des théories de la connaissance. La question portant sur le statut de la chose pouvant être qualifiée de réelle recule aussitôt nécessairement d'un cran : à qui, ou à quoi, accorder la possibilité d'accéder à la réalité ? La nature du sujet connaissant et celle de ses facultés doivent être soumises à examen. Toute théorie de la connaissance suit ce parcours régressif conduisant de la chose, objet, phénomène, à un sujet connaissant dont les idées, ou concepts, sont tenus pour être représentatifs. Pour être certaine, la saisie de la réalité doit être médiatisée : elle passe par la prise de conscience d'une fausseté, erreur ou tromperie première, conscience qui est à la fois reconnaissance de l'erreur et évidence pour la raison, l'entendement, l'esprit, de leur possibilité de s'en dégager. Tout doute, même hyperbolique, toute critique, même radicale, toute négativité, même nécessaire, se transforme ainsi en affirmation de la validité d'une faculté de connaissance capable de résister, soit parce qu'elle a pu douter jusqu'au bout sans parvenir à s'abolir, soit parce qu'elle a elle-même réussi à déterminer ses limites propres, soit encore parce qu'elle contient en elle de quoi dépasser chacune de ses erreurs. Toute théorie de la connaissance suppose l'exercice d'une instance naturellement droite qu'elle érige en sujet connaissant. Ce qui implique une double ascèse (initiale ou, comme chez Hegel, poursuivie dialectiquement) : une ascèse éthique – il faut désirer la connaissance et la vérité « par-dessus tout » –, et une ascèse intellectuelle, une auto-purification ou une auto-éducation. Grâce à ce sujet impersonnel (qui peut être sensible ou intellectuel, intuitif ou rationnel, mais qui est toujours théoriquement constitué) tout nouveau contenu reçoit la forme prédéterminée que lui impose la nature de ce qui a été posé comme sujet connaissant. Quand elle réussit à lui imposer sa forme, la connaissance marque ce contenu du sceau de la réalité, et le disqualifie comme non réel si elle n'y parvient pas.

La notion de réalité n'a donc en elle même aucun contenu, c'est un marqueur flottant pouvant s'appliquer à des contenus différents et même opposés (à l'en-soi comme au phénomène, au rationnel comme au sensible, au donné comme au construit).

À la différence de l'être, la réalité ne peut être saisie que dans une expérience, qui, au contraire d'une expérience empirique distributive, aléatoire et incohérente, doit se conformer toujours aux mêmes conditions et aux mêmes règles. À partir d'une expérience théoriquement réglée et unifiée se constitue l'idée d'un monde réel. Peu importe qu'il soit distingué ou non du monde «empirique», et peu importent les rapports établis entre les espèces d'expérience, le monde réel est construit de manière à pouvoir s'opposer au monde des apparences : il dispose pour cela à la fois des principes et des définitions nécessaires. Lorsque réalités et apparences se trouvent localisées en deux mondes, ces deux mondes sont antinomiques et répètent d'un point de vue «subjectif» l'antinomie de l'être et du devenir. Mais face à un monde réel diversement déterminé au cours de l'histoire, le monde «apparent» a pris forcément aussi plusieurs sens, l'apparence (*Schein*) pouvant s'identifier au phénomène (*Erscheinung*) ou à la représentation (*Vorstellung*). Avec le «renversement copernicien», l'intelligibilité jusque-là associée à la «réalité vraie» change de camp et se dissocie de la chose en soi : seul le phénomène est connaissable mais, s'il n'est plus dévalorisé par l'entendement, il continue à l'être par la raison dont la chose en soi est l'inéliminable exigence. L'opposition subsiste entre inconditionné, consistant, substantiel, d'un côté, et conditionné, changeant, relatif, de l'autre. Le mode de distribution entre les deux mondes et le coefficient de réalité et de vérité attribué à l'un et dénié à l'autre comme le privilège accordé à une ou plusieurs facultés peuvent varier et même s'inverser, mais la dualité axiologique persiste. La valorisation issue de l'empirique se retrouve donc au sein du questionnement scientifique ou philosophique, avec cette différence que le «réel» devient l'objet d'un savoir dont les procédures sont rigoureusement déterminées. Tout dépend donc de la nature de la théorie élaborée car, en matière de connaissance, la théorie détermine entièrement la pratique, à savoir les méthodes, la logique, la hiérarchie des facultés ainsi que le découpage et la distribution de leurs champs d'application. Quelle que soit la théorie, la certitude qui accompagne la connaissance de la réalité s'oppose toujours à la croyance dépourvue de fondement issue de l'apparence.

Le monde comme volonté et comme représentation

À l'époque de Nietzsche, seules des visions mécanistes ou positivistes s'élèvent contre un dualisme auquel Schopenhauer venait de donner une nouvelle vie, moins usée, donc plus persuasive. Pourtant, dans *Le Monde comme volonté et comme représentation*, il n'y pas deux mondes distincts. La conscience ne peut accéder qu'à des phénomènes, il nous est impossible de sortir de la représentation et en notre être même nous ne découvrons qu'une existence phénoménale. Mais la connaissance n'est qu'un effet secondaire de la nature animale de notre moi : l'unique phénomène qu'il nous soit permis de percevoir immédiatement et « du dedans » est la volonté, « principe dernier et incontestable », « centre et noyau de la réalité ». « Nous y reconnaissons donc la chose en soi, parce qu'elle n'a plus l'espace pour forme ». Néanmoins, « elle emprunte la forme du temps », la volonté s'objective successivement et par « degrés » dans les forces naturelles gouvernant les corps inanimés et dans une pluralité d'individus animés qui apparaissent et disparaissent (l. II); la science les connaît par des représentations régies par le principe de raison suffisante, espace, temps et causalité (l. I). La connaissance d'un monde phénoménal est elle-même un phénomène, monde et connaissance sont intérieurs l'un à l'autre :

> L'essence des choses antérieure ou extérieure au monde, et par
> suite extérieure à la volonté, est fermée à notre examen, car la

connaissance même n'est d'une façon générale qu'un phénomène, et par suite n'existe que dans le monde, comme le
monde n'existe qu'en elle. (...) De là procède l'impossibilité
de concevoir complètement, jusque dans ses derniers principes et de manière à satisfaire à toute demande, l'existence, la
nature et l'origine du monde. En voilà assez sur les bornes de
ma philosophie et de toute philosophie [1].

Une seconde espèce d'objectivation de la volonté est celle
des Formes, ou Idées (au sens platonicien, Schopenhauer y
insiste); ce sont des paradigmes, des prototypes fixes et éternels
dont la pluralité des individus tirent leur conformation et leur
intelligibilité. L'existence de ces Idées «est toujours actuelle,
elles ne deviennent pas, tandis que les individus naissent et
meurent, deviennent toujours et ne sont jamais» [2]. Il n'y a donc
qu'un seul monde, et c'est à l'intérieur de lui que joue le dualisme de l'être et du devenir, *qui n'existe que pour la repré-*
sentation. L'Idée est soustraite au principe de raison; elle est
l'objectivité immédiate donc adéquate de la chose en soi,
pourtant, dans la mesure où elle se donne comme objet à un
sujet, elle conserve la forme la plus générale de la représentation: elle «est même toute la chose en soi, avec cette seule
réserve qu'elle est soumise à la forme de la représentation» [3].
La connaissance des Idées n'est accessible qu'à une intuition
pure qui ne considère plus les choses sous l'angle du «où»,
«quand» et «pourquoi» – seuls points de vue qui intéressent
l'individu, autrement dit le corps et la volonté –, mais les saisit
dans leur objectivité pure, leur être même. Le sujet doit donc

1. A. Schopenhauer, *Le Monde comme volonté et comme représentation*,
trad. A. Burdeau, revue et corrigée par R. Roos, Paris, P.U.F., 1966,
Suppléments, chap. I, p. 1416-1417.
2. A. Schopenhauer, *Le Monde comme volonté et comme représentation*,
l. II, § 25, p. 174-175.
3. *Ibid.*, l. III, § 32, p. 227.

cesser d'être un individu, se détacher de son corps puisque c'est lui qui est principe d'individuation, lui qui est vouloir-vivre acharné à se conserver et à conserver l'espèce et qui impose à toute connaissance de se mettre au service de la volonté. L'art atteste la possibilité d'une telle connaissance désintéressée, il est le « grand sédatif de la volonté »; il libère de l'acharnement insensé du vouloir-vivre mais ne procure qu'une délivrance momentanée (l. III). La volonté parvient donc, à travers ses objectivations, quelle qu'en soit la nature, à la connaissance de soi-même : elle comprend qu'elle veut se manifester dans un monde visible, qu'elle veut la vie éternelle à travers la succession des individus mortels et la pluralité des Formes fixes qu'elle leur confère. La vie éternelle, c'est-à-dire l'éternité de la douleur et de la mort.

Manque, désir « lancé dans l'infini » qui ne s'arrête que lorsqu'il rencontre un obstacle insurmontable et est donc perpétuellement torturé, la volonté est essentiellement souffrance : « Jamais de but vrai, jamais de satisfaction finale, nulle part un lieu de repos[1]. » Que vaut donc cette vie? Cette dernière question fait passer de la métaphysique à la morale (l. IV). La volonté veut la vie, et perpétuer la vie comme le veut le corps, c'est perpétuer la souffrance mais c'est aussi affirmer un vouloir insatiable qui s'oppose à lui-même dans la guerre incessante des phénomènes entre eux : c'est donc aussi perpétuer l'injustice. Chaque corps s'affirme aux dépens des autres : vivre, c'est être « égoïste », *a priori* fautif, coupable et injuste. Cependant, comme la volonté est une, le coupable est ontologiquement identique à sa victime et celui qui inflige une souffrance en subit le contrecoup sous forme de remords, en sorte que la volonté est la justice et la seule justice du monde. La compassion est le moyen par lequel l'homme bon dépasse le

1. *Ibid.*, l. IV, § 56, p. 391.

souci exclusif de son propre soi et, avec la sérénité de la bonne conscience, affirme sa volonté sans nier celle d'autrui. Cette volonté éthique, ascétique, est une négation de la volonté par elle-même. Elle apporte le salut par la pitié et l'abstention de la sexualité, un salut qui coïncide donc avec la fin de l'espèce, la négation de la vie et la disparition du monde de la représentation. Pour celui qui n'a pas renoncé au vouloir-vivre, la disparition de ce monde est la disparition du monde tout court, de toute réalité, le néant, mais « à l'inverse, pour celui dont la volonté s'est retournée contre elle-même, c'est notre monde, si réel, avec tous ses soleils et toutes ses voies lactées, qui est – néant » [1]. En se niant, la volonté ne fait que reconduire au néant un monde qui n'était que néant et n'avait de réel que l'apparence. En niant ce néant, elle n'affirme pas l'être, car la négation n'est pas une négation logique mais un acte de volonté, et ce n'est pas l'être que veut la volonté qui nie mais l'anéantissement de son propre être, le nirvâna, le néant bienheureux. Ainsi se trouve philosophiquement justifiée la sagesse du Silène :

> Quelle est cette fatalité extérieure à toute expérience qui l'a [la volonté] placée dans cette alternative si fâcheuse, d'apparaître sous la forme d'un monde où règnent la douleur et la mort, ou de renier son être propre ? Ou bien encore qu'est-ce qui l'a déterminée à quitter le repos infiniment préférable du néant bienheureux [2] ?

Si l'intellect est un accident de la volonté, le monde des phénomènes et de la représentation n'est lui-même qu'un accident de la volonté, de telle sorte que si on « reconnaît loyalement dans toute leur étendue les maux de ce monde »,

---

1. A. Schopenhauer, *Le Monde comme volonté et comme représentation*, *op. cit.*, l. IV, § 71, p. 516.
2. *Ibid.*, Suppl., chap. I, p. 1414-1415.

l'origine du monde et l'origine du mal ne font qu'un[1]. Schopenhauer partage avec les panthéistes l'affirmation du « tout est un » et de l'unité originaire de toutes choses, mais ce Tout-Un n'a pour lui rien d'une théophanie : il n'est pas l'œuvre d'un Dieu bon, pas non plus d'un Principe mauvais, seulement d'une volonté aveugle et stupide. Elle seule est « en soi » donc elle seule est réelle, et notre monde, cette comédie fantastique et fantasmatique, est apparence. Ce monde comprend des choses en devenir et des choses « toujours actuelles » (les Idées), mais le dualisme de l'être et du devenir, intérieur au monde de la représentation, n'est comme lui qu'une apparence ; il est lié à la connaissance (connaissance empirique, et connaissance métaphysique : l'art) et il s'abolit quand la volonté se nie. Le véritable dualisme est celui de la volonté, réalité en-soi et originaire, et celui du monde apparent, rêvé, de la représentation. Ce dualisme permet à Schopenhauer de supprimer l'antinomie des deux mondes. Après avoir adopté cette vision dans la *Naissance de la tragédie*, Nietzsche s'en détache car il veut en finir avec *tout* dualisme. Il emploie pour ce faire différents moyens, mais il ne se débarrasse définitivement du problème de la réalité et de l'apparence qu'avec l'hypothèse de la volonté de puissance.

La fable du monde vrai

Philosophies et religions ne tiennent pas seulement pour réel le monde qu'elles construisent, elles le tiennent pour vrai, et c'est au nom de la vérité qu'elles critiquent la fausseté de l'apparence. Montrer que cette vérité est une erreur et que cette erreur a une histoire est le premier moyen de supprimer le dualisme métaphysique des deux mondes.

---

1. *Ibid.*, p. 1418.

« Histoire d'une erreur »

La raison dans la philosophie

La foi en la fable du monde vrai est foi en la raison : depuis toujours les philosophes « croient précisément à la raison comme à une partie du monde métaphysique lui-même »[1]. Or la raison chère aux philosophes ne s'est développée qu'à partir du besoin, non pas de « connaître », mais de subsumer, de schématiser, de calculer, pour pouvoir communiquer. Ce besoin de s'entendre, au double sens du terme, de former une communauté en communiquant, est à l'origine du langage. La logique et la grammaire, « cette métaphysique du peuple », relèvent de cet instinct grégaire, d'une nécessité de vulgarisation. « Nous cessons de penser si nous refusons de le faire dans la contrainte du langage, mais aboutissons tout juste au doute, percevant là une frontière comme frontière. Toute pensée rationnelle est une interprétation selon un schéma que nous ne pouvons pas rejeter », « nous ne pensons que sous la forme du langage – et croyons ainsi à la vérité éternelle de la raison ».

Tenir ses yeux et tous ses sens, son corps même, pour l'avocat continuel de l'erreur, c'est croire au « fétichisme » d'un langage qui plaide sans cesse pour elle et qui est renforcé par le perfectionnement de l'exercice de la raison : plus le maniement de ses catégories devient sûr, plus ces catégories imprègnent notre langage. L'erreur de l'être « a pour elle chaque parole, chaque phrase que nous prononçons »[2]. La raison dans la philosophie est devenue cette « vieille femme trompeuse » qu'est la raison dans le langage, pas seulement dans celui des philosophes mais dans celui qu'ils ont réussi à nous persuader de parler. Notre langage tout entier est un plaidoyer

---

1. FP XII, 6[13].
2. *CId*, « La "raison" dans la philosophie », § 5.

pour l'être contre le devenir[1]. Le langage consacre le triomphe d'une connaissance qui veut se garder du danger de cette espèce de devenir qu'est la vie. Il n'est pas facile, il est peut-être même impossible de se dépêtrer de cette erreur qui pénètre tout notre langage : « Je crains bien que nous ne nous débarrassions jamais de Dieu, puisque nous croyons encore à la grammaire[2]. » La grammaire véhicule le préjugé de la substance dans tous ses substantifs, substance à laquelle elle accroche comme autant de prédicats tout ce qu'elle a commencé par en détacher ; elle qui donne à toute action un sujet-agent comme cause ; elle qui offre la possibilité de mettre au singulier, donc de ramener à l'identité, toute pluralité ; elle enfin qui distingue le pour quoi du pourquoi, la fin de la cause, le but du moyen. Mais l'impératif suprême de cette raison trompeuse est d'imposer ce langage, le *lógos*, comme seul langage légitime de la connaissance. Toutes les sciences, parce qu'elles l'utilisent, sont les multiples figures d'un seul et même mensonge, qui consiste « à ne pas vouloir voir les choses comme elles sont ».

« Phénomène et chose en soi »

Avant l'« histoire d'une erreur » racontée dans *Le Crépuscule des idoles*, on trouve dans *Humain trop humain*[3] une « histoire de la genèse de ce monde comme représentation ». « Ce monde », c'est le monde « sensible » tel qu'il nous apparaît, d'abord justifié parce que rapporté à un créateur bienveillant, puis le monde, non plus créé mais constitué, des

---

1. Nietzsche renverse ce qu'affirme Platon dans le *Cratyle* : voir mon article « La Rationalité projetée à l'origine, ou : De l'étymologie », dans *La Naissance de la raison en Grèce*, J.-F. Mattéi (dir.), Paris, P.U.F., 1990, p. 59-70, repris dans *Platon et la question de la pensée. Études platoniciennes I*, Paris, Vrin, 2000, p. 169-174.

2. *CId*, « La "raison" dans la philosophie », § 5.

3. *HH* I, 1 § 16.

phénomènes, enfin le monde de la représentation. Ces transformations ne résultent pas du devenir du monde lui-même mais
de la mutation du terme auquel on l'oppose ou dont on le
distingue : un Dieu créateur, puis un en-soi, puis la volonté au
sens de Schopenhauer. Il s'agit donc de raconter, non pas
l'histoire de cette erreur qu'est le monde vrai, mais son autre
face : l'histoire des erreurs commises sur cet autre monde – le
nôtre – qui ont conduit à en faire le monde sans réelle
consistance de la représentation.

Dans le premier chapitre d'*Humain trop humain*, «Des
principes et des fins», la fin de la métaphysique apparaît
comme un fait « aujourd'hui » acquis ; ce sont les conséquences
de ce fait qui posent problème. La métaphysique est le propre
d'une époque révolue dont elle a déterminé la culture,
mais notre époque ne l'a pas encore remplacée ; la libération
des anciennes superstitions s'accompagne d'une conscience
angoissée : comment en effet supporter «le contraste de
notre existence agitée d'éphémères avec la quiétude du long
souffle des âges métaphysiques » ? Quelle culture des individus
humains dont l'horizon se limite désormais à leur brève
existence peuvent-ils avoir la volonté de construire ? Car ce ne
sont plus seulement, comme l'a montré Schopenhauer, les
individus que la nature gaspille avec une inlassable et cruelle
indifférence, c'est l'existence même de l'humain qui semble
être « de trop » et pour rien, et l'homme a le sentiment « d'être
gaspillé dans son humanité » [1]. Tout ce premier chapitre a pour
but de dénoncer les forces illogiques, « la passion, l'erreur, l'art
de se tromper soi-même », qui ont enfanté une métaphysique
définie comme « la science des erreurs fondamentales de
l'humanité, mais en les prenant pour des vérités fondamen-

---

1. A. Schopenhauer, *Le Monde comme volonté et comme représentation*,
op. cit., § 33.

tales », et, d'un même mouvement, de rendre justice à ce qui a fourni « le meilleur de ce que l'humanité a réalisé jusqu'à présent ». Cette appréciation ambivalente est devenue possible grâce à l'émergence d'une philosophie historique, capable de percevoir que la véritable question est désormais pour nous « la question historique d'une mentalité non métaphysique de l'humanité ». C'est dans l'histoire et par elle que s'opère le dépassement de la métaphysique, ou plus exactement, c'est en arrivant au terme de son histoire que la métaphysique aboutit à son auto-suppression.

Dans ce contexte, l'existence d'un monde métaphysique ne peut donner lieu à une *réfutation* qui se situerait nécessairement sur le même terrain que ce qu'elle réfute. C'est pourquoi il ne s'agit pas de résoudre le problème mais d'en montrer l'inanité. « Il est vrai qu'il pourrait y avoir un monde métaphysique ; la possibilité absolue n'en est guère contestable. » Cependant, de ce monde logiquement et dans l'absolu non impossible, « on ne pourrait affirmer qu'une différence d'être, être et différence qui nous sont inaccessibles, inconcevables » [1] ; aucune intuition ne saurait nous les faire saisir. À supposer même que l'on puisse prouver l'existence d'un tel monde, elle n'aurait aucune conséquence. Faire du dualisme métaphysique des deux mondes un objet historique signifie que, relevant du passé, il a perdu la puissance d'imposer à un philosophe sa perspective.

> *Phénomène et chose en soi.* – Les philosophes prennent d'habitude devant la vie et l'expérience – devant ce qu'ils appellent le monde phénoménal – la même attitude que devant un tableau déployé une fois pour toutes et qui montre toujours le même déroulement immuablement fixé ; c'est ce déroulement, opinent-ils, qu'il faut interpréter correctement afin de conclure de là à l'être qui serait à l'origine du tableau : à la

1. *Ibid.*, § 9.

chose en soi, donc, qui est toujours considérée d'habitude comme la raison suffisante du monde des phénomènes [1].

Le point de vue théorétique des philosophes n'est plus qu'une habitude, autant dire un préjugé. Ils tiennent le monde phénoménal pour un spectacle dans lequel ils ne se sentent pas impliqués, et dont ils affirment le devenir immuable et régulier. L'attitude est générale mais elle a abouti à des conclusions diverses.

On conclut d'un monde sensible dont on constate la bonne organisation et le devenir réglé à un être qui en serait l'origine et la raison suffisante, bref à un auteur. C'est l'étape au cours de laquelle des philosophes théologiens se sont, de Platon à Leibniz, faits les « avocats de Dieu » et ont expliqué le monde comme l'œuvre d'une providence intelligente et bienveillante ayant tout ordonné en vue du meilleur [2]. Cette première étape aboutit à la philosophie kantienne et à un renversement copernicien consacrant le divorce de l'en-soi et de l'intelligible, mais qui n'en maintient pas moins le dualisme de l'en-soi postulé et des phénomènes. Le monde devient un monde de phénomènes soumis aux conditions *a priori* de la sensibilité et au pouvoir transcendantal de l'entendement, et il s'oppose à un en-soi inconditionné.

Des « logiciens plus rigoureux » ont réfléchi que l'inconditionné métaphysique ne pouvait être qu'*inconditionnant* : il ne peut être ni le substrat ni la cause de ses manifestations. Aucune relation ne peut exister entre le monde métaphysique et le monde connu de nous, « dans l'apparence n'apparaît absolument *pas* la chose en soi ». Nietzsche fait ici allusion à l'ouvrage d'Afrikan Spir, *Pensée et Réalité (Denken*

1. *HH I*, I, § 16.
2. *Cf.* § 28.

und Wirklichkeit, 1873)[1]. Selon Spir, le principe d'identité est la preuve de l'inconditionné, mais le monde réel, contradictoire et inintelligible est en désaccord avec ce principe fondamental. Ce désaccord suscite le besoin d'une pensée qui exige « *l'abdication* de notre intellect et de notre volonté personnelle », responsables du caractère « anormal » du monde, au profit d'un *lógos* impersonnel voué à la recherche théorique et pratique de l'inconditionné (d'où le terme « logicien » utilisé par Nietzsche). Un tel renoncement est le seul moyen d'abolir la contradiction entre l'homme et le monde, l'accès à l'essence des choses n'étant obtenu qu'« en *s'essentialisant* soi-même ».

Inversement, certains philosophes (schopenhaueriens) ont tenu pour coupable de notre monde et de son « caractère très inquiétant » non pas l'intellect, mais l'essence même des choses. Comme les autres philosophes, Schopenhauer « évolue presque continuellement, non sans en pâtir, au milieu des images (*Gleichnisse*) des choses au lieu d'avancer parmi les choses elles-mêmes »[2]. Mais contrairement à tous ceux pour qui l'en-soi est nécessairement bon, et pourtant encore piégé par l'idéal chrétien, il conclut de la douleur et de la méchanceté du monde à une imperfection originaire absolue. « Il fallait qu'elle [la chose en soi] fût mauvaise, stupide, absolument abominable[3]. » L'intellect n'est pas coupable de la fausseté du monde phénoménal, qui n'est que le voile de Maya, l'illusion recouvrant une volonté aveugle, répétitive et mauvaise ; la coupable, c'est la chose en soi, la volonté. Le seul salut possible consiste à la nier, mais la négation schopenhauerienne de la volonté n'est

---

1. Cf. *HH I*, I, § 18 et *La Philosophie…*, § 5.
2. *VO*, § 214 ; voir le bel article de M. Haar, « La critique nietzschéenne de Schopenhauer », dans le *Cahier de l'Herne Schopenhauer*, Paris, l'Herne, 1997, p. 314-370 ; repris dans *Nietzsche et la métaphysique, op.cit.*. Je m'en inspire dans ce qui suit.
3. FP XIII, 9[42].

même pas une négativité féconde à la manière hégélienne, elle ne détruit le monde « qu'en pensée » puisque le vouloir-vivre est éternel et indestructible, et elle fait du sage un spectateur désintéressé, homme théorique dont l'idéal est un état de contemplation indolore. La dualité est maintenue et l'inversion ne concerne que la valeur accordée au monde métaphysique, à l'en-soi.

« Ainsi s'éclaire très progressivement l'histoire de la genèse de ce monde comme représentation ». Nietzsche lui oppose trois critiques[1]. La première est que le spectacle du monde n'est pas une grandeur stable, le tableau « résulte d'un lent *devenir* » et il est « même encore *en plein devenir* » : on ne peut donc en tirer aucune conclusion, positive ou négative, qui soit définitive quant à l'existence de son auteur ou d'une raison suffisante[2]. La *possibilité* de l'existence d'une cause première capable de rendre compte de tous les phénomènes en devenir est néanmoins laissée ouverte. La deuxième objection récuse le jugement de valeur porté sur « notre monde » : fruit de transpositions anthropomorphiques millénaires et de « conceptions fondamentalement erronées », il n'en est pas moins devenu merveilleux, terrible, plein d'âmes et de couleurs, et « c'est nous qui en avons été les coloristes », nous, c'est-à-dire nos passions et nos pensées illogiques. Nous héritons d'un monde qui est le résultat d'une foule d'erreurs et de fantaisies mais cet héritage est un « trésor » ; aucune connaissance n'est capable de briser la puissance des habitudes archaïques de la sensibilité, et tant mieux car ce sont elles qui font du monde un monde *plein*. Enfin, la « chose en soi » ne mérite même pas d'être critiquée,

---

1. *HH I*, I, § 16.
2. Cf. *GS*, V, § 354 : « nous "connaissons" bien trop peu pour avoir simplement le droit de faire une telle *distinction* », donc encore moins pour nous autoriser à déterminer la nature de la possible « chose en soi ».

elle n'appelle qu'un « rire homérique » : elle paraît être et être tout, alors qu'elle est *vide* et vide de sens.

Les philosophes ont cru parvenir à une réalité fondamentale et éternelle cachée derrière les apparences, que ce soit grâce à la dialectique, comme Platon, ou grâce à l'intuition intellectuelle, comme Schopenhauer ; mais tous deux ont tort, car ce vers quoi ils vont n'existe pas[1]. Ils sont pourtant les « meilleurs prétendants de la réalité » précisément parce qu'ils ont été dupes le mieux et le plus longtemps[2]. Il faut même « donner raison à ces antiréalistes » que sont les schopenhaueriens. Aujourd'hui en effet, partout en Europe, on se jette avec fureur et finesse sur ce problème « du "monde réel" et du "monde apparent" »[3]. Or cela n'est pas seulement l'expression d'une volonté de vérité et de certitude, ou même d'un fanatisme s'appliquant à déprécier le corps et l'apparence sensible ; ce peut aussi être le propre de « penseurs plus forts », dotés d'une plus grande soif de vie, qui veulent reconquérir des idées permettant de vivre plus intensément que les « idées modernes ». La doctrine de Schopenhauer a ressuscité la conception du monde et l'image de l'homme du Moyen Âge chrétien, « malgré la destruction acquise des dogmes chrétiens ». Moyennant quoi, il a permis de rendre justice au christianisme et à « ses frères asiatiques », en corrigeant sur ce point essentiel la conception du siècle des Lumières[4]. Il s'est détaché du christianisme édulcoré de ces « Pères de l'Église » que sont Fichte, Schelling, Hegel, Feuerbach, Strauss, il a restitué la cruauté terrible, raffinée, impitoyable d'une conception qui a fait de l'homme un animal torturé, donc intéressant. De plus, au siècle de l'évolution-

---

1. *A*, V, § 474.
2. Cf. *PBM*, II, § 34.
3. *PBM*, I, § 10.
4. *HH I*, I, § 26.

nisme, du darwinisme et de l'historicisme hégélien, il est, avec sa conception fixiste des Prototypes de la nature, resté étranger à toute idée de progrès, cette mère de toutes les « idées modernes »[1]. Avec lui, on respire « un air plus pur, on hume même Platon »[2]. S'il a fait un pas en arrière, c'est par dégoût de la modernité : il s'est voulu, à ces deux points de vue, résolument inactuel. Mais « un soupçon de force et de courage en plus », et lui comme les « antiréalistes » « voudraient aller *vers le haut*, – et non en arrière »[3].

Ce mouvement vers le haut, à peine indiqué dans *Humain trop humain*, est le thème de l'histoire racontée dans le *Crépuscule des idoles*.

« Le problème de l'erreur et de l'apparence »

L'histoire du monde vrai est précédée de quatre thèses dans lesquelles Nietzsche condense la façon différente dont il conçoit « le problème de l'erreur et de l'apparence »[4]. La première thèse énonce que « les raisons sur lesquelles on se fonde pour qualifier "ce" monde-ci d'apparence prouvent au contraire sa réalité (*Realität*) – il est absolument impossible de prouver aucune *autre* sorte de réalité (*Realität*) ». Réclamer une preuve (*Nachweis*), c'est réclamer une opération logique dont seule est capable la raison, dont l'ensemble de cette section a pour but de dénoncer la tromperie. Toutefois, si Nietzsche récuse la possibilité d'une telle preuve, c'est évidemment parce que les métaphysiciens ont avancé des « raisons » pour nommer « apparent » notre monde, et qu'il devraient tout autant pouvoir en avancer quand ils affirment la réalité du leur. Or leur divine

1. *PBM*, I, § 10 ; cf. *CId*, « Divagations d'un "inactuel" », § 21-23.
2. X, 26[412].
3. *PBM*, I, § 10.
4. *CId*, « La "raison" dans la philosophie », § 5.

raison en est incapable. Disons que cet argument n'est qu'un argument *ad hominem*. Selon la deuxième proposition, «les signes distinctifs donnés à l'"être vrai" des choses sont les signes caractéristiques du non-être, du *néant*»; le «"monde vrai" » est en effet «un monde apparent (*eine scheinbare Welt*) dans la mesure où c'est une illusion d'*optique morale*». Le monde dit «vrai» est un monde d'apparences : l'apparence, ainsi appliquée au monde vrai pour le dévaloriser, n'est-elle pas du même coup elle-même dévalorisée ? Accuser l'autre monde de n'être qu'apparence, n'est-ce pas donner à ce terme le même sens que celui que lui donnent les tenants du monde vrai ? C'est de bonne guerre et sans doute est-ce encore un argument *ad hominem*, mais pas seulement, car l'apparence en question est qualifiée d'«illusion d'*optique morale*» : en tant que telle, elle n'est effectivement qu'«apparence». Les deux propositions suivantes remontent aux instincts qui sont à l'origine de cette illusion : ce qui pousse à parler d'un autre monde, c'est un «instinct de calomnie, de rapetissement, de suspicion», bref de vengeance envers la vie au profit d'une vie autre et meilleure (troisième proposition). Cet instinct est un symptôme de déca-dence, de vie déclinante (quatrième proposition). Remonter aux racines psychologiques et historiques de l'opposition permet d'en découvrir la véritable nature : la position d'un monde vrai n'est pas une simple erreur théorique, elle a une origine morale. Le monde vrai ne s'est pas construit sur l'op-position du vrai et du faux, il s'est construit sur l'opposition au monde réel (*wirklich*, deuxième proposition). Il ne procède pas d'une pure recherche de la vérité, il relève d'une volonté de répartir le bien et le mal entre deux mondes, donc de calomnier ce monde et de se venger de la vie. Le monde vrai n'est pas seulement une erreur, mais un mensonge, une fable.

« Comment, pour finir, le "monde vrai" devint fable »

Selon un fragment de 1888, ce chapitre du *Crépuscule des idoles* : « Comment, pour finir, le "monde vrai" (*die "wahre Welt"*) devint fable », *Histoire d'une erreur*, devait être le premier chapitre de *La Volonté de puissance*.

L'histoire comporte six étapes. Chacune commence par caractériser le monde vrai selon qu'il est ou non accessible : accessible à *certains*, les sages, les pieux, les vertueux (étape 1), il devient inaccessible ici-bas à *tous* (étape 2), puis, jugé *en soi* inaccessible, il conserve néanmoins une fonction (étape 3). Dans les trois dernières étapes, celui qui écrit l'histoire ne se trouve pas seulement impliqué en elle, il agit sur elle : « en quoi serions-nous engagés » (étape 4), « abolissons-la » (étape 5), « nous avons aboli (…) abolissons aussi » (étape 6). Chacun de ces énoncés est suivi d'une parenthèse qui, dans les trois premières étapes, trace le devenir de *l'idée* d'un monde de vérité, et dans la cinquième sa suppression. La quatrième étape est une étape-charnière où, simultanément, la raison commence à s'endormir et le positivisme à s'éveiller : elle prépare à la fois la suppression de l'idée et le commencement d'une autre histoire, celle d'un *esprit* qui va enfin découvrir qu'il est corps. L'ensemble est scandé par les métaphores du soleil qui se lève puis s'obscurcit, de l'aube grise, du matin où il fait grand jour, et enfin de l'heure de midi. Si on prête attention à ces métaphores, on s'aperçoit qu'il y a d'abord une courbe descendante – de (1) à (3) –, puis une courbe ascendante – de (4) à (6) : un déclin progressif de la lumière du « vieux soleil » suivi d'une montée vers la lumière du grand midi. L'histoire de l'erreur décrit donc dans sa première moitié les stades de son aurore et de son déclin, et dans la seconde ceux de son abolition. Les trois dernières étapes sont celles d'un esprit devenu assez fort pour être capable d'en tirer toutes les conséquences.

> 1. Le monde vrai, accessible au sage, au pieux, au vertueux – il vit en lui, *il est ce monde*.
>
> (Forme la plus ancienne de l'idée, relativement astucieuse (*klug*), simple, convaincante. Paraphrase de la formule : « Moi, Platon, *je suis* la vérité. »)

À son apparition, l'idée n'est ni objective, ni universelle : elle ne fait que développer la certitude qu'un philosophe a, non pas de posséder, mais d'*être* la vérité. Elle vérifie le diagnostic établi dans *Par-delà Bien et Mal* : sitôt qu'une philosophie commence à croire en elle-même, « elle crée toujours le monde à son image, elle ne peut faire autrement. La philosophie est cette pulsion tyrannique même, la plus spirituelle volonté de puissance, de "création du monde", de *causa prima* »[1]. Le sage, le pieux, le vertueux, c'est le philosophe lui-même en tant qu'il est philosophe, c'est lui qui est l'auteur, la cause première du monde qu'il construit ; on ne peut le distinguer de lui car il vit dans le monde qu'il crée autant que ce monde vit en lui. Le soleil qui se lève est celui de la vérité telle que l'a inventée la philosophie, une philosophie assez simple et même simplette (*simpel*) pour être convaincante, pour convaincre qu'en son monde et en lui seulement réside la vérité. Ce monde est réservé à ceux dont la sagesse, la piété et la vertu n'ont pour cause, pour objet et pour fin que la connaissance de la vérité qu'ils incarnent (« ma sympathie pour les pieux – c'est le *premier* degré [du surmontement de l'homme] : l'insuffisance qu'ils trouvent à *eux-mêmes*[2] »). En d'autres termes, ce monde est relativement une belle invention, l'invention d'un philosophe artiste. Platon ? Dans le brouillon de ce texte, son nom est importé par une double rature : c'est Spinoza qui disait initialement « Moi, Spinoza, je suis la vérité », et plus loin, c'était la raison et non

1. *PBM*, I, § 9.
2. FP X, 27[79].

pas Platon qui rougissait de honte (la seconde rature étant appelée par la première). Pourquoi initialement Spinoza ? Ce texte fait suite au chapitre sur « La raison dans la philosophie », et Platon n'est pas le meilleur exemple d'un philosophe séduit par « cette vieille femme trompeuse » : celle-ci a plutôt pour porte-parole Spinoza. De plus, la chronologie aurait été assez surprenante puisque l'étape qui suit est celle du devenir chrétien de l'idée. Il est vrai que Spinoza n'était pas plus chrétien que Platon et, par son éthique de la connaissance, il en reste encore proche. En fait, peu importe l'étiquette ou le repère que procure le nom propre : sous sa forme première, le monde où la vérité trouve son lieu s'identifie à son auteur et n'est accessible qu'à ceux qui, semblables à lui, méritent d'accéder à la joie intellectuelle que la connaissance procure.

> 2. Le monde vrai, inaccessible maintenant, mais promis à l'homme sage, pieux, vertueux (au « pécheur qui fait pénitence »).
> (Progrès de l'idée : elle s'affine, devient plus fine, plus insidieuse, plus insaisissable, – *elle devient femme*, elle devient chrétienne…)

La vérité devient *prédicat* d'un monde, elle n'est plus portée par une parole singulière, ou plutôt elle a la finesse de donner à cette parole une origine transcendante. Platon, en effet « se persuadait que le "bien" tel qu'il le voulait n'était pas le bien de Platon, mais le "bien en soi", le trésor éternel qu'un homme quelconque, du nom de Platon, avait rencontré sur son chemin ! Le même aveuglement volontaire se retrouve sous des formes plus grossières chez les fondateurs de religion ; quand ils disent "tu dois", « il ne faut surtout pas que l'on croie entendre "je veux" »[1]. En passant de la première étape à la

1. FP XI, 38[13].

deuxième, on passe d'une volonté créatrice de *sa* vérité, mais qui se dissimule à elle-même qu'elle en est l'origine afin de pouvoir tenir cette vérité pour éternelle, à des formes religieuses plus grossières. Ces formes affinent néanmoins l'idée en la rendant, non pas plus intelligente, mais plus séduisante, plus «femme». Parce qu'elle se donne pour transcendante et divine, la parole chrétienne devient imprenable et garantit que le monde qu'elle promet est vrai : le monde a le même auteur que la parole qui parle de ce monde, et cet auteur n'est pas de notre monde. Le monde vrai se sépare alors du nôtre et devient monde de l'au-delà, inaccessible à tous dans cette vie mais promis à tous, sous conditions. Les conditions sont toujours sagesse, piété et vertu, mais elles changent de sens. À la fois conditions et résultats de la connaissance dans le premier stade, les vertus deviennent morales dans le second : la piété ne s'adresse plus à un intelligible ou à une Nature rationnelle divinisés mais à un Dieu juste et bon. Inaccessible au pécheur que tout homme est par nature, l'autre monde est promis à tous ceux que la pénitence et le repentir auront rendus vertueux, d'une vertu chrétienne bien différente de celle des philosophes, qui est dite non seulement à la portée de tous mais plus aisément atteinte par les plus humbles et les plus déshérites. En devenant moins orgueilleusement sélective, l'idée devient plus insidieuse, elle pénètre dans toutes les âmes dont l'égale immortalité a été proclamée en même temps que l'égale culpabilité ; elle progresse et devient plus puissante dans la mesure où elle s'intériorise et fait miroiter une promesse impossible à réfuter.

> 3. Le monde vrai, inaccessible, que l'on ne peut ni prouver ni promettre, mais qui, du seul fait qu'il est pensé, est une consolation, une obligation, un impératif.
> (Le vieux soleil au fond, mais traversant le brouillard et le scepticisme ; l'idée devenue sublime, diaphane, nordique, kœnigsbergienne.)

C'est toujours, « au fond », le même monde vrai, mais revu et corrigé par la critique kantienne. Même mis en doute et posé à titre d'illusion par une raison qui cesse de raisonner pour imaginer, il n'est pas sans conséquences : inaccessible théoriquement, il reste subjectivement consolant et pratiquement impératif. Avec la raison pratique, la jonction s'opère entre la philosophie et une religion qui se prétend comme elle universelle, le christianisme. Le sujet humain se dédouble et, grâce à ce dédoublement, il garde un pied, mais un seul, dans le monde postulé de l'en-soi. L'idée de ce monde est maintenue, non plus à titre de promesse certaine mais d'illusion théorique ou de postulat pratique.

> 4. Le monde vrai – inaccessible ? En tous les cas pas encore atteint. Et, puisque non atteint, *inconnu*. Par conséquent il ne console pas, ne délivre pas, n'oblige pas : comment quelque chose que nous ne connaissons pas pourrait-il nous obliger à quoi que ce soit ?
> (Aube grise. Premier bâillement de la raison. Chant du coq du positivisme.)

En cessant d'être dit inconnaissable pour devenir inconnu, le monde vrai n'est pas nié et rien n'exclut qu'il puisse être atteint : il ne l'est simplement « pas encore ». Mais il perd à la fois sa fonction chrétienne de promesse de salut et de consolation, et sa fonction pratique d'obligation. Le premier éveil de la raison est positiviste : un monde inconnu posé à titre de simple possible ne la concerne pas, elle attend d'en savoir plus pour trancher de son existence, mais se décide libérée de tout devoir envers lui. L'inconnu ne peut être le contenu d'une idée, l'idée du monde vrai est une idée vide.

> 5. Le « monde vrai », – une idée qui ne sert plus de rien, qui n'oblige même plus à rien –, une idée devenue inutile et superflue, *par conséquent*, une idée réfutée : supprimons-la !

(Il fait grand jour; petit déjeuner; retour du *bon sens* et de la
gaieté; Platon rougit de honte. Tous les esprits libres font un
vacarme du diable.)

L'idée remonte de la parenthèse au paragraphe qui énonce
la nature du monde, car le monde vrai n'est plus qu'une idée.
Un monde réduit à son idée n'est plus un monde, il mérite d'être
mis entre guillemets. De son côté, une idée qui a pour seul
contenu un inconnu inaccessible échappe à toute réfutation
logique : ce n'est pas une idée mais un article de foi. On adhère
à une croyance dans la mesure où elle favorise des conditions
d'existence; si ce n'est plus le cas, on ne la réfute pas, elle est
réfutée par là même. Celui qui la « supprime » ne fait que s'en
débarrasser parce qu'il n'en a plus besoin, a acquis assez de
force pour s'en passer. La conséquence qui figure dans la
parenthèse ne concerne donc plus l'idée mais l'*esprit* : c'est
l'histoire de sa libération qui commence une fois l'idée de
monde vrai abolie. La possibilité, encore conservée par une
raison positiviste que quelque chose comme un « en-soi » existe
est supprimée par les esprits libres. Ce retour du bon sens et de
la gaieté, cette santé retrouvée correspondent à un *gai savoir*
qui n'est pas le propre de la raison mais celui de l'esprit,
autrement dit du corps : il peut enfin déjeuner et se nourrir
d'autre chose que d'« idées ». Surnommée « Platon », la raison
rougit de honte à la pensée des lourdes calomnies qu'elle a fait
peser sur lui et sur notre monde.

6. Le monde vrai, nous l'avons aboli : quel monde nous
est resté ? Le monde apparent peut-être ? … Mais non, *avec le
monde vrai nous avons aussi aboli le monde apparent !*
Midi; moment de l'ombre la plus courte; fin de l'erreur
la plus longue; point culminant de l'humanité; INCIPIT
ZARATHOUSTRA.

Une fois que l'esprit a pris conscience que le monde vrai n'était qu'une idée, supprimer celle-ci, c'est abolir ce monde. Mais le monde vrai prétendait être le monde *réel* : la dernière étape détruit cette prétention. En abolissant le monde vrai, on n'a pas aboli le monde réel – auquel cas il ne resterait en effet qu'un monde d'apparences, on a aboli un monde qui n'était ni réel ni apparent mais imaginaire, et qui avait imposé un dualisme imaginaire. L'abolir, ce n'est donc pas abolir un des deux mondes, c'est abolir les deux mondes *comme mondes*.

Une fois ces deux mondes abolis, quel monde nous reste-t-il ? Celui de Zarathoustra, c'est-à-dire celui des volontés de puissance. C'est avec lui et seulement par lui que le monde vrai finit de projeter son ombre. Mais si finit ainsi l'erreur la plus longue, est-ce à dire que commence enfin le règne de la vérité ? Ce monde est-il autre chose que celui qu'annonce et incarne Zarathoustra ? Pourrait-il être éclairé par autre chose que par le nouveau soleil qu'il fait lever ? Bref, « *incipit* Zarathoustra », est-ce que cela ne veut pas dire « Moi, Zarathoustra, je suis la vérité » ? En ce cas, la fin répéterait le commencement. Mais toute la différence entre les deux vient justement de l'histoire qui les sépare : elle est l'histoire d'une erreur qui prétendait être une vérité, et si la conscience de cette erreur en triomphe, elle ne triomphe pas pour autant de l'illusion. Un monde, quel qu'il soit, ne sera jamais que l'image de son créateur ; il ne vaudra donc que ce qu'il vaut, ce que valent ses instincts, sa volonté, son degré de vie et de force. Parce qu'il sait cela et se refuse à le dissimuler, Zarathoustra n'est pas un prophète de vérité, il est celui d'une vie exubérante et capable de se surmonter elle-même. Capable, donc, de détruire un monde et d'en créer un autre. Ce monde n'est, comme tout monde, qu'illusion, mais Zarathoustra représente ce philosophe nouveau, tragique, qui peut vouloir et affirmer l'illusion en la connaissant comme telle. Dans le brouillon, il était écrit : « INCIPIT PHILOSOPHIA ». La philosophie commence, elle commence *enfin*, parce qu'elle n'est plus la servante d'une morale ou d'une religion, donc plus la servante d'une volonté de vérité mais l'expression d'une volonté de puissance.

Ce texte ne retrace donc pas l'histoire de la métaphysique mais bien l'histoire d'une *erreur*, d'une idée fausse et de son affaiblissement progressif, d'une idée qui disparaît non parce qu'elle est fausse mais parce qu'elle est devenue superflue. Les trois dernières étapes, qui ne sont incarnées dans aucun nom propre, ne correspondent à aucune doctrine, religieuse ou philosophique : un « nous » prend la relève, et ce « nous », c'est Nietzsche. La sortie de l'erreur, la sortie de la métaphysique, ne peut être le fruit d'une nécessité historique : *quelqu'un* doit intervenir. Il doit intervenir d'abord pour affirmer que vrai et faux sont relatifs au *droit* que l'on s'octroie de dire le vrai ou le faux, le seul critère étant ce dont une pensée, à un certain moment, a besoin ou n'a pas besoin ; le droit de tenir pour faux ce qui était tenu pour vrai appartient à une nouvelle vie, un nouvel équilibre des forces. Il doit intervenir ensuite pour, en même temps qu'il met fin à la fable, affirmer un autre commencement – l'un ne va pas sans l'autre. Mais il faut pour cela avoir traversé les trois derniers moments, être passé du positivisme ou rationalisme d'*Humain trop humain* et d'*Aurore* à la grande santé du *Gai Savoir*, puis avoir, dans *Zarathoustra*, réussi à faire ce qu'il savait déjà : que « c'est seulement en créateurs que nous pouvons anéantir ! – Mais n'oublions pas non plus ceci : il suffit de créer de nouveaux noms, de nouvelles évaluations et vraisemblances pour créer à la longue de nouvelles "choses" » [1].

1. *GS*, II § 58.

La nécessité de l'erreur

Comment alors qualifier le monde qui nous reste (il doit bien nous en rester un) ? Ce n'est plus un monde d'apparences si par « apparence » on entend ce qui s'oppose à la réalité, donc si on est encore à l'intérieur de la fable du monde vrai. Mais celui qui en est sorti, Nietzsche, qu'affirme-t-il du monde qu'il a libéré du monde vrai ? Sa réalité, ou son apparence ?

« Réalité » et réalité

Chez Nietzsche aussi le terme « réalité » (*Realität*) est un terme flottant, instable, qui semble prendre deux sens opposés selon qu'il entre dans la vieille opposition entre réalité et apparence, ou selon qu'il est reproché aux idéalistes (à Platon en particulier) ou au christianisme leur fuite devant la réalité : « Dans le christianisme, ni la morale ni la religion n'ont un quelconque point commun avec la réalité[1]. » Or « *le sens des faits* » est « l'ultime et le plus précieux de tous les sens »[2]. Il est donc valorisé négativement dans le premier cas, positivement dans le second. Chez Kant, *Realität* est une catégorie de la qualité « qui correspond à une sensation en général, par conséquent, ce dont le concept indique en lui-même une existence (dans le temps) ». Terme relativement acceptable, donc, à la différence de *Wirklichkeit*, réalité effective, catégorie kantienne de la modalité qui ne contribue en rien à la détermination du contenu et ne concerne que le jugement, mais surtout terme hégélien (l'emploi de *Wirklichkeit* dans *La Naissance de la tragédie* est une des preuves de l'hégélianisme que Nietzsche déplore dans l'« Essai d'autocritique »). Cependant, sa valorisation « positive » n'implique aucun avis favorable

1. *Ant*, § 15.
2. *Ibid.*, § 59.

quant à la *vérité* du jugement de réalité. Même dépouillée de toute opposition implicite à l'apparence la réalité est le résultat d'une falsification. Notre monde est un monde arrangé « que *nous ressentons en tant que réel* ». « La "réalité" réside dans le retour constant de choses égales, connues, apparentées, dans leur *caractère logicisable*, dans la croyance qu'ici nous calculons et pouvons supputer[1]. » Ce monde arrangé est celui où nous pouvons vivre, un monde de « choses » et de cas identiques où la diversité sensible est réduite « à de grossiers traits capitaux », où la diversité est soumise à l'unité, le ressemblant assimilé à l'identique, la permanence posée sous le changement, l'exceptionnel tenu pour un accident : dans ce monde « connaître » signifie « reconnaître ». Qui est ce logicien qui nous accommode ainsi un monde vivable ? Notre corps. C'est lui qui nous fournit un monde de choses identiques et relativement permanentes alors qu'il n'y a ni choses, ni identité, ni permanence. Mais qu'est-ce qui permet de soutenir cela ? Le corps, encore lui. Quand il est pris comme « fil conducteur », le corps conduit à affirmer que « rien ne nous est "donné" comme réel que notre monde d'appétits et de passions »[2].

D'une part, donc, notre corps est un système d'interprétations falsifiantes d'où nous tirons notre concept de « réalité » dans son opposition à une apparence inconsistante, fluctuante, protéiforme, et, d'autre part, c'est grâce à lui que nous pouvons affirmer comme réel notre monde d'appétits et de passions et dénoncer la fiction utile et nécessaire d'une réalité sur laquelle nous pouvons assurer nos prises. Le refus du dualisme du réel et de l'apparent est donc prononcé au nom même du responsable de ce dualisme et de notre croyance en lui. Car notre croyance la plus certaine est « aujourd'hui » la croyance à notre propre

1. FP XIII, 9[106].
2. *PBM*, II, § 36.

corps [1], mais en fait « de tout temps, on a cru davantage au corps comme à notre être le plus certain, bref notre moi (*ego*), que l'on a cru à l'esprit (ou à "l'âme", ou au sujet, mot qui remplace aujourd'hui le mot âme dans notre vocabulaire scolaire) ». Même les philosophes et les croyants, qui avaient « les raisons les plus convaincantes de tenir ce qui est corporel (…) pour une illusion dépassée et révolue, n'ont pu s'empêcher de reconnaître le fait stupide que leur corps n'avait pas disparu » [2]. Notre croyance à la réalité de notre corps est notre croyance première, indéracinable.

Cependant, Nietzsche est le premier à dire qu'une croyance n'est pas une preuve ; en outre, la réalité du corps ne suffit pas à garantir la réalité de ce qu'il nous donne pour réel. Enfin, pour toute théorie de la connaissance, le corps n'a qu'une façon de connaître : sentir. Or, selon Nietzsche lui-même, nos sens ne sont-ils pas trompeurs ?

Le témoignage des sens

Ceux qui croient encore à la saisie d'une réalité non interprétée, tout en désespérant d'y arriver, cherchent la raison de cette impossibilité. Ils désignent comme responsables les sens, « ces sens qui, *par ailleurs, sont tellement immoraux*, ils nous trompent sur le monde *vrai* ». L'adoration portée par les philosophes aux idées est leur moyen d'affirmer leur supériorité de philosophes, d'où leur condamnation première du corps, « cette pitoyable *idée fixe* des sens », ce corps non seulement immoral mais imperméable à toute logique et qui a pourtant « l'impertinence de se comporter comme s'il était réel ! ». Un philosophe, cependant, fait exception : « Je mets à

---

1. *PBM*, I, § 10.
2. FP XI, 36[36].

part avec un profond respect le nom d'Héraclite[1]. » Héraclite est l'exception qui permet de parler « du peuple des autres philosophes » : dans leur volonté de s'opposer au peuple, les philosophes aussi « font peuple » puisqu'ils partagent tous la même croyance et que, de ce point de vue, les différences entre eux sont superficielles. Pourtant, si Héraclite mérite « un profond respect », il ne garde « éternellement raison » que dans son « affirmation que l'Être est une fiction ». Car lui aussi a rejeté le témoignage des sens, non parce qu'ils montrent « diversité et changement », donc appréhendent le devenir, le surgissement et la disparition de toutes choses, mais pour la raison exactement inverse : parce qu'ils nous présentent les choses comme si elles avaient permanence et unité, donc pour une raison qui peut paraître assez nietzschéenne. Mais il n'a pas vu qu'en général les sens ne mentent pas : « c'est ce que nous *faisons* de leur témoignage » qui y introduit ces mensonges que sont l'unité, l'objectivité, la substance, la durée. Les sens ne mentent pas tant qu'ils « montrent le devenir, la disparition, le changement », c'est la « raison » qui fausse leur témoignage[2].

Selon l'« Analytique transcendantale » kantienne, la diversité sensible est aussitôt liée par l'entendement, intégrée dans un ordre qui est celui du sens interne et dans une organisation qui est celle des catégories, d'où une maîtrise de la représentation dont on oublie ainsi la contingence : une représentation surgit n'importe quand, puisque tout ce qui est connaissable sous la forme du sens externe l'est parce qu'il est déjà soumis à la forme du sens interne ; et n'importe comment, car la diversité des intuitions sensibles ne tient pas longtemps devant l'organisation imposée par ce pouvoir spontané de liaison qu'est l'entendement. Celui-ci tient son pouvoir

1. *Ibid.*, § 2.
2. *Ibid.*

transcendantal du fait de sa propre structure interne : il est lié synthétiquement à lui-même en tant qu'il est le système des catégories, et analytiquement à lui-même en tant qu'il est ce qui pense, ce « je pense » qui doit accompagner toutes nos représentations : c'est lui qui confère son unité et son homogénéité à toute expérience possible. La rupture effectuée par Nietzsche est totale sur tous ces points, sauf sur le fait que, pour lui non plus, le « chaos des sensations » ne tient pas longtemps : il est immédiatement interprété. Il n'y a jamais d'« expérience sensible » pure, de données immédiates. Toute expérience est déjà interprétée par des pulsions, de la mémoire, des mots, des jugements moraux – telle est la transposition nietzschéenne d'une Analytique qui n'a plus rien de transcendantal. Car pour Nietzsche c'est le corps qui interprète, de sorte que rien ne décide d'avance de l'homogénéité de l'expérience ; elle a autant de dimensions que le corps en a : politique, physio-psychologique, historique, esthétique et morale. La représentation est donc « libre » de revêtir telle ou telle dimension, et c'est cette spontanéité non maîtrisée par la conscience qui est le propre de l'« art » (au sens d'imposition d'une forme). L'homme est « une créature qui *invente des formes et des rythmes* ; c'est à cela qu'il est le mieux exercé et il semble que rien ne lui plaise *autant que d'inventer* des formes ». L'œil se crée quelque chose à voir, l'oreille s'exerce à entendre. « Sans cette transformation du monde en formes et en rythmes, il n'y aurait rien pour nous qui fût "identique" », donc rien qui se répète, aucune possibilité d'expérience ni d'assimilation, de *nutrition*. Sa passivité nous semble garantir que la sensation puisse être une première forme de connaissance, alors qu'elle n'est « qu'un *moyen au service de la nutrition*. Mais nous sommes des êtres difficiles à nourrir, nous avons partout des ennemis »[1]. En toute perception, c'est-à-dire dans la forme la plus primitive d'assimilation, réside une force qui refuse, choisit, modèle, ramène à ses schèmes propres. Il n'y a donc que des actes, pas des « impressions » : accueillir une excitation et l'accueillir comme telle sont des activités, mais, au lieu d'appréhender les propriétés sensibles comme des modifications de nous-mêmes, nous croyons que nous ne faisons que « percevoir » (donc pâtir) d'excitations. Nous convertissons des événements, des échanges d'actions et de réactions en « propriétés » attachées à une entité.

Pourtant, dans le *Crépuscule des idoles*, c'est la « raison » qui fausse le témoignage des sens et il faut réhabiliter « ces délicats instruments d'observation »[2]. Il ne suffit pas de reconnaître leur finesse (celle du nez en particulier, « capable de discerner des différences minimales dans le mouvement »), de les préférer à l'entendement ou à la raison comme instruments de connaissance, il faut être « décidé à *accepter* » leur témoignage. Croire cependant que les sensations nous enseignent des vérités sur les choses est un « grossier préjugé sensualiste », le sensualisme ne doit être adopté qu'à titre d'« hypothèse régulatrice, pour ne pas dire de préjugé heuristique »[3]. Les sens ne mentent pas quand ils enregistrent changements et mouvements, mais ils mentent quand ils nous présentent des choses et des qualités stables et distinctes. Ils ne mentent pas quand ce qu'ils transmettent n'est pas interprété en fonction de l'utilité pour la vie :

> Nous ne possédons à l'heure actuelle de science que dans la mesure exacte où (…) nous les [les sens] aiguisons encore, les armons, où nous avons appris à aller jusqu'au bout de leur

---

1. FP XI, 38[10].
2. *CId*, « La "raison" dans la philosophie », § 2 et 3.
3. *PBM*, I, § 15.

savoir. Tout le reste est avorté, ou encore pré-scientifique : je veux dire métaphysique, théologie, psychologie, théorie de la connaissance [1].

À une connaissance qui ne croit en elle-même que si elle va d'étant stable en étant stable, il faut substituer une pensée qui ne pense pas « à partir » des données ou des intuitions sensibles, mais qui soit l'affinement et le prolongement du sentir. Le « flair » que Nietzsche s'accorde comme psychologue, la « troisième oreille » de Zarathoustra ne sont que « métaphores », transpositions aiguisées d'une sorte de sentir. Dire que les sens ne mentent (généralement) pas ne veut pas dire qu'ils n'interprètent pas mais que leurs interprétations ne se donnent pas pour autre chose que des interprétations. Toute sensation en est une, mais, dans la mesure où couleur, odeur, saveur, forme ou rythme ne sont pas interprétés comme des traits communs intégrables dans des genres et des espèces (pendant des temps infinis, « il suffisait d'une seule qualité, la couleur par exemple, pour qu'une chose passât pour semblable et identique à une autre » [2]) et sont donnés dans leurs variations, leurs nuances qu'on dit justement « indéfinissables », bref comme des événements multiples, changeants et contradictoires, les sens ne mentent pas. C'est, *mutatis mutandis*, assez proche de ce que dit Bergson : sont artistes ceux en qui la nature a oublié d'attacher leur faculté de percevoir à leur faculté d'agir. Notre corps est artiste parce qu'il possède au suprême degré l'art d'interpréter, et ses interprétations ne sont pas toujours des falsifications utiles, ou plutôt, utile doit s'entendre en deux sens : est utile ce qui sert à la conservation de la vie, mais est utile également ce qui la stimule et excite sa volonté d'accroître sa puissance.

1. *CId*, « La "raison" dans la philosophie », § 3.
2. FP XI, 38[14].

« Le corps est une grande raison »

« On ne se lasse pas de s'émerveiller à l'idée que le corps humain est devenu possible. » Ce qu'il a de merveilleux est la cohésion de la diversité innombrable des êtres vivants microscopiques qui le constituent, êtres qui, de plus, « croissent, luttent, s'augmentent ou dépérissent perpétuellement », si bien que notre vie, « comme toute vie, est en même temps une mort perpétuelle ». La cohésion et l'ajustement sont indéfiniment à instaurer et maintenir, aucune organisation n'est définitive. Il y a cohésion, mais aussi coopération : le corps est constitué comme « un groupe de dirigeants, une régence à la tête d'une collectivité », chacun des êtres vivants qui le constituent étant tour à tour dominant et dominé ; il est le lieu d'une « obéissance multiforme, non pas aveugle, bien moins encore mécanique, mais critique, prudente, soigneuse, voire rebelle ». Cohésion des supérieurs et des inférieurs, coopération entre dominants et dominés : ces êtres vivants et conscients ne s'obéissent pas seulement les uns aux autres à l'issue de multiples luttes, il y a obéissance générale de toutes ces consciences « à une conscience de rang supérieur, l'intellect, qui lui aussi est une collectivité, mais une "collectivité régnante", une aristocratie ». Nietzsche utilise régulièrement ce vocabulaire pour parler du corps : il semble que la lecture la plus adéquate du texte du corps comme celle du rapport entre notre conscience et les différentes consciences corporelles soit pour lui politique. Plutôt qu'une métaphore la politique a plutôt la fonction de ce que Platon appelle un paradigme, une mise en analogie qui a une fonction heuristique. Ce que fait Platon dans la *République*, utiliser un paradigme politique pour découvrir la nature, les conflits et la hiérarchie des forces en l'âme, Nietzsche le fait pour le corps (et probablement non sans être conscient de sa transposition ironique de la méthode). Le corps est une foule d'individus réglés par des rapports mutuels de domination et d'obéissance, l'intellect est une aristocratie : sa « conscience » est inconsciente des consciences innombrables qui résident dans le corps. L'homme a autant de « consciences » qu'il y a d'êtres qui à chaque instant constituent son corps et ce qui distingue la conscience qu'on s'imagine unique est qu'elle est protégée de la diversité innombrable des expériences de ces diverses consciences. Aucun chef n'a à connaître le détail de ce que fait chacun de ses subordonnés ni comment il le fait, il a juste à en être obéi.

> notre corps n'est en effet qu'une société composée de multiples âmes [1].

Parler le corps dans un langage psychologique a une autre fonction : destituer l'âme, mais aussi la conscience, l'intellect, la raison, des privilèges qu'on leur a toujours accordés, et les situer dans leur lieu d'origine, le corps. Nous ne sommes dotés de conscience, d'intellect et de raison que parce que notre corps l'est. Le corps est esprit : cette affirmation est le contraire d'une réduction matérialiste, ce n'est pas l'esprit qui est corps, mais bien le corps qui est esprit. L'instrument de la destitution n'est donc pas la réduction du psychologique au physiologique (le physiologique *est* psychologique), c'est la *multiplication* : consciences, intellects, raisons sont en chacun innombrables. Prendre le corps comme fil conducteur, c'est affirmer la priorité méthodologique du multiple sur l'un, du complexe sur le simple, de l'obscur sur le clair. Les instances « supérieures » en perdent à la fois leur unité et leur autonomie : leur unité, parce qu'elle n'est, dans la forme supérieure, que de convergence, leur auto-nomie, parce qu'il n'y a là qu'inconscience de la dépendance. Cette double illusion est cependant nécessaire à toute instance

1. *PBM*, I, § 19.

régnante : elle doit être certaine de sa différence et prétendre tenir d'elle son droit d'exercer son autorité.

Dans le corps, et non dans les profondeurs de l'âme humaine, réside donc une multiplicité d'artistes à l'œuvre. Ce sont d'abord ces intellects artistes qui font mentir les sens en les utilisant pour construire un monde dans lequel nous puissions vivre[1]. Notre corps nous trompe en assimilant, égalisant, simplifiant et en transmettant à la conscience « un choix d'expériences et d'expériences simplifiées, faciles à dominer du regard et à saisir, donc falsifiées ». Le corps présente à la conscience des choses et des qualités permettant de juger et d'agir, et la conscience consciente achève le travail « de simpli-fication et de clarification, donc de falsification, et prépare ce qu'on appelle communément un "vouloir" »[2]. « Les autres "êtres" agissent sur nous ; notre monde apparent ainsi *arrangé* est un arrangement et une *façon de surmonter* leurs actions ; une sorte de mesure *défensive* »[3]. Qu'est-ce, toutefois, qu'ajoute le fait de nommer « falsification » l'organisation qui avait été décelée par Kant dans l'Analytique, sinon un jugement de valeur ? Chez Kant aussi il y avait un jugement de valeur, mais il était implicite. Nietzsche *déplace* la valeur en ne rapportant pas l'arrangement au pouvoir transcendantal de l'intellect mais au corps, et en multipliant l'instance organisatrice : consciences et intellects sont en chaque corps innombrables.

Le corps n'est pas que sensorialité, il n'est pas voué à ne nous fournir que des moyens de défense et de domination, il est aussi sensibilité : il communique à la conscience des émotions, sentiments, passions. S'il prête au monde les qualités de l'utile et du nuisible, il lui prête aussi celles du beau et du laid,

1. Cf. *GS*, III, § 121.
2. FP XI, 37[4].
3. FP XIII, 9[106].

du séduisant et du repoussant, du sublime ou de l'effroyable.
Il y a falsification dans les deux cas, mais autrement. Le corps
est artiste dans le premier cas puisqu'il impose des formes
et des rythmes, schématise, mais, dans le second cas, ce qu'il
transmet à la conscience n'a pas l'unité d'une chose, la
permanence d'une propriété, c'est une pluralité de sentiments,
de goûts et de dégoûts. « Avec l'affinement des sens, avec le
développement et le combat de la vie la plus multiple, l'égalité
et la ressemblance se firent de plus en plus rares ». Le corps
s'est mis à nous faire percevoir quantité de qualités inutiles : il y
a aussi en lui un instinct de jeu, il n'est pas qu'une multiplicité
d'intellects au travail, il est « vaniteux », il donne au monde des
qualités « pour le plaisir » de les lui donner. Si notre corps est
intelligent et sensible à la beauté, comment a-t-on pu dire que le
« sensible » n'était pas intelligible, et « l'intelligible » pas sensible, émouvant, exaltant ? C'est au corps qu'appartiennent
enthousiasme, inspiration, ivresse, même « philosophiques »
(« laissons l'âme en dehors du coup »). Le corps est « une
grande raison, une multitude *unanime* »[1], mais l'« unanimité »
de cette multitude est variable, et « la pensée n'est qu'un rapport des pulsions les unes par rapport aux autres »[2], autre
manière de dire ce que proclame Zarathoustra : « il y a un sage
inconnu qui s'appelle le soi. Il habite ton corps, il est ton
corps ». Le corps est ce « soi qui ne dit pas "moi" » mais agit en
moi. À la fois sensoriel et sensible, donc jamais inerte ni impas-
sible, il possède la puissance d'être multiplement et diversement affecté par d'autres forces. Ce sont ses fonctions – auto-
régulation, assimilation, nutrition, sécrétion, échanges – que
nous accordons à l'esprit en les métaphorisant, en en faisant des
opérations logiques : jugements, raisonnements, inférences,

1. *APZ*, I, « Des contempteurs du corps ».
2. *PBM*, I, § 36.

analyses, synthèses etc. C'est donc à partir du corps, pris comme « fil conducteur » qu'il faut déterminer la réalité, précisément parce que notre *croyance* au corps est la plus ferme et la plus forte (mais non la plus vraie).

Le résultat de cette analytique du corps

« L'*apparence*, au sens où je l'entends, est la véritable et l'unique réalité des choses[1]. » Si on coupe la phrase ici, l'affaire est entendue et il semble que l'analytique du corps et de la sensibilité conduise à inverser l'antinomie : ce qui est nommé réel serait ce qui avait toujours été dévalorisé sous le terme « apparence ». L'apparence, c'est la réalité, et ce qu'on appelait « réalité » n'est donc… qu'une apparence. Évidemment, quelque chose ne va pas. Lisons la suite de ce fragment. L'apparence est

> – ce à quoi seulement s'appliquent tous les prédicats existants et qui dans une certaine mesure ne saurait être mieux défini que par l'ensemble des prédicats, c'est-à-dire aussi par les prédicats contraires. (…) Je ne pose donc pas l'« apparence » en opposition à la « réalité », au contraire, je considère que l'apparence c'est la réalité, celle qui résiste à toute transformation en un imaginaire « monde vrai ».

À l'apparence considérée comme réalité s'appliquent tous les prédicats existants, mais, en tant qu'apparence, elle se définit par tous les prédicats contraires. Les prédicats existants, ce sont ceux attribués autrefois à la « réalité » : stable, identique, régulier ; les prédicats contraires sont donc l'instable, l'irréductiblement divers, l'aléatoire. Le dualisme du « réel » et de l'« apparent » consiste à n'attribuer à chacun *que* les prédicats contraires de ceux attribués à l'autre, alors que la réalité-

---

1. FP XI, 40[53].

apparence *les contient tous*. Avoir le sens de la réalité, c'est donc la comprendre comme essentiellement contradictoire. La réalité (sans guillemets), c'est la « réalité » comprise comme apparence, plus ce qui était appelé « apparence ». Il n'y a pas renversement, mais identification des deux termes. Supprimer l'opposition, ce n'est pas la renverser en la maintenant, c'est englober sous un même terme ce qu'on avait précédemment opposé, rendre possible la subsomption de l'ancienne « réalité » et de son prétendu contraire sous l'unité de la réalité-apparence. Le dualisme rejeté, il n'y a plus, indifféremment, que de la réalité ou de l'apparence, ce qui désigne exactement la même chose. Désigne, mais non pas signifie : l'ensemble réalité-apparence est nommé « réalité » dans des contextes polémiques et par opposition à tout l'imaginaire moral et métaphysique ; dissociée de l'apparence, la « réalité » appelle en effet sa conversion en monde vrai et devient du même coup imaginaire, alors qu'identifiée à l'apparence, la réalité n'a aucun rapport avec la vérité. Affirmer que « l'apparence c'est la réalité », c'est exclure toute possibilité de transformation en « un imaginaire monde vrai ». Il y a donc un avantage psychologique à nommer la réalité « apparence » : dans le terme « réalité » résonne comme un appel à la croyance, au moins quelque chose comme un enjeu sérieux, alors que dans l'« apparence » est présente une conscience ironique :

> *La conscience de l'apparence.* – (…) Qu'est-ce pour moi à présent que l'« apparence » ! Non pas en vérité le contraire d'une quelconque essence, – que puis-je énoncer d'une quelconque essence sinon les seuls prédicats de son apparence ! Et pas non plus un masque mort que l'on pourrait plaquer sur un X inconnu, et tout aussi bien lui ôter ! L'apparence, c'est pour moi cela même qui agit et qui vit, qui, dans sa façon de se moquer d'elle-même, va jusqu'à me faire

sentir qu'il n'y a là qu'apparence, feu follet et danse des esprits, et rien de plus[1] –.

Le mot apparence a sur celui de réalité l'avantage de ne pas se prendre, et de ne pas vouloir se faire prendre, au sérieux. L'apparence se fait sentir comme telle, elle possède la désinvolture et la légèreté dont est dépourvue la dure réalité. Car la réalité doit selon nous être dure, résistante, frustrante même, tout le contraire d'un feu follet : nous l'éprouvons musculairement et quand nous nous y heurtons nous n'en doutons pas, alors que nous savons bien que nos sensations peuvent être trompeuses. C'est pourquoi la disjonction de la réalité et de la vérité est fondamentale : c'est elle qui rend *indifférente* la dénomination et qui oblige à entendre apparence chaque fois que Nietzsche dit réalité, et *vice versa*. « Regarder la réalité en face », ne pas la fuir, faire preuve d'un « sens de la réalité », c'est affronter ce qui n'a pas et ne peut prétendre à aucune vérité, qui n'est qu'interprétation, interprétation de cette interprétation première opérée par ce « miracle des miracles » qu'est le corps humain. Ce qui était nommé « réalité » n'était qu'une interprétation privilégiée par rapport à une autre ; la noble réalité métaphysique, idéale, avait pour origine la falsification utile à laquelle le corps travaille spontanément. Mais quand on l'oppose à « l'apparence », on double la « réalité » d'une croyance au fait qu'elle est seule réelle, et on ajoute à la falsification innocente du corps un mensonge. En redoublant ainsi la réalité, on en fait un concept normatif et on prépare une troisième falsification qui est à la fois un mensonge et une erreur : la réalité ne doit plus seulement être réelle, mais vraie. Notre monde n'ayant pas de vérité, il ne peut être qu'apparence. D'où l'erreur de ces conclusions :

1. *GS*, I, § 54.

Ce monde est apparence – *par conséquent* il doit exister un monde vrai.

Ce monde est conditionnel – *par conséquent* il y a un monde inconditionnel.

Ce monde est empli de contradictions – *par conséquent* il y a un monde sans contradictions.

Ce monde est en devenir – *par conséquent* il y a un monde de l'étant[1].

Si on fait la genèse de ces concepts (vrai, inconditionné, non contradictoire), on comprend qu'ils proviennent tous de la sphère pratique, de la sphère de l'utilité : le monde vrai est le monde falsifié de la « réalité » empirique élevé à la seconde puissance, les conditions de la pratique érigées en vérités éternelles. L'apparence résiste à ce montage imaginaire, qui va de la « réalité » à la « réalité réellement réelle », et de là à la « vraie réalité ». L'apparence résiste parce qu'elle connote le fluctuant, l'évanescent, le contradictoire, la « danse des esprits », tout ce qui est incompatible avec la « vérité ». Ce n'est donc pas le « réel » qui s'oppose à l'imaginaire, c'est l'apparence, ou plutôt c'est l'ensemble réalité-apparence, la coexistence contradictoire du changeant et du stable, la duplicité du devenir qui est à la fois celui de forces innombrables et chaotiques et le mouvement réglé et prévisible d'une multiplicité dénombrable d'étants. Deux perspectives, donc deux interprétations : rien ne légitime de tenir l'une pour se rapportant au monde « réel » et l'autre au monde « apparent », or c'est justement ce que l'on fait lorsque, à partir d'une croyance issue de la pratique aux prédicats de la « réalité », on tire sa foi en un monde vrai.

1. FP XII, 8[2].

CHAPITRE VII

RÉALITÉ ET APPARENCE
LE MONDE VU DU DEDANS

Le monde vu du dedans, le monde déterminé et désigné par son « caractère intelligible » – il serait précisément « volonté de puissance » et rien d'autre. –

Par-delà Bien et Mal

C'est lorsqu'il dépassait quelque chose que la vérité parlait par sa bouche, sans qu'il pensât pouvoir tenir cette vérité. C'est cela qui le rend invincible.

Karl Jaspers, Nietzsche

« Le "vrai monde" et le "monde apparent" – traduction allemande : le monde *inventé par mensonge* et la réalité… » Il faut faire preuve de vertus pour déceler et dénoncer un mensonge. Quand ce mensonge est un refus de voir comment la réalité est faite, quand il exprime une « horreur de la réalité, de la grande économie générale » (passions, désirs, volontés de puissance) et se double d'une erreur, la vertu nécessaire pour l'apercevoir se nomme lucidité ou probité : la posséder, c'est percer à jour la fausseté des grands concepts et des grands mots, l'idéalisme et tout ce qu'il proclame comme vertus, valeurs et devoirs de la connaissance (l'idéalisme aussi a son *pathos*). Dire que tout cela est erreur, n'est-ce pas prétendre dire la vérité ? Oui, car dénoncer un mensonge exige une seconde vertu, la véracité, qui accomplit le destin destructeur de la volonté de vérité : elle est liée au nihilisme, cette « passion psychologiquement nécessaire ». Elle ne se contente pas de voir la fable comme fable, elle remonte de l'erreur au mensonge, elle oppose un non radical à tout ce qu'on a voulu lui faire croire : l'esprit libre « porte une main sacrilège en arrière ». La véracité remonte à la falsification première qui s'exprime derrière tout concept et toute catégorie, et cette genèse suffit à détruire le mensonge qui s'exprime en toute théorie de la connaissance, en toute théorie de l'erreur et de la vérité. Ces vertus de la connaissance, probité et véracité, sont celles d'un esprit devenu libre et qui porte un regard libre sur la réalité, et qui est libre même à l'égard de ses vertus : elles sont autant d'humeurs, de goûts qui lui viennent. Il est impossible de les déduire l'une de l'autre, comme il est impossible qu'elles suppriment les pulsions contraires – celle, par exemple, qui veut rendre justice à l'énorme énergie inventive dont témoignent ces erreurs et ces mensonges, ou tout simplement celle qui les affirme nécessaires. Mais une fois qu'elle a compris que « l'intellect pose *sa faculté et son pouvoir* les plus libres et *les plus forts* en tant que critère de ce qu'il y a de plus précieux, par conséquent du *vrai* » [1], donc qu'une hypothèse n'est tenue pour vraie qu'en fonction d'un sentiment de puissance accrue, la connaissance doit ou bien continuer à s'aveugler et à tenir pour vérité ce qui n'est qu'imaginaire, ou bien renoncer à la vérité comme vraie. En ce dernier cas, elle est condamnée à l'héroïsme. Si on ne sent pas l'héroïsme de celui qui sait que rien n'est vrai et que donc tout est permis, on ne peut savoir ce qu'est la connaissance. On a voulu la rendre possible à tout prix, au prix de sa « belle croissance » et de son avenir, il faut désormais l'éprouver comme passion. Il faut penser la connaissance,

---

1. FP XIII, 9[91].

passée et à venir, du point de vue de l'art : d'un mensonge qui, chaque fois, doit inventer sa forme, et qui, par probité et véracité, doit dire qu'il ment. Mais quand on dit qu'on ment, on dit vrai, alors que quand on dit qu'on dit la vérité, on ment.

Le combat de la vie et de la connaissance

« L'origine de la connaissance »

Un très important paragraphe du *Gai Savoir*[1] retrace la genèse de la connaissance dans son rapport à la vérité et à l'erreur. Important, parce qu'il montre qu'aucune origine n'est unique et ponctuelle : toute origine comporte des moments, il y a toujours une histoire de l'origine et cette complexité fait qu'elle n'est pas absolument déterminante, que ce qui se développe à partir d'elle peut s'infléchir dans telle ou telle direction. À l'origine de la connaissance, il y a un instinct qui n'est pas un instinct de connaissance mais de domination et d'appropriation. L'histoire de l'origine de la connaissance est l'histoire de la croissance et des mutations de cet instinct.

1) Multiplicité des erreurs, puis transmission sélective des erreurs utiles. « L'intellect, durant d'immenses périodes, n'a produit que des erreurs. » Certaines, utiles à la conservation de l'espèce et transmises héréditairement, deviennent des articles de foi, des opinions fondamentales invétérées : la croyance à l'existence de choses durables et identiques, d'objets, de matières, de corps, au fait qu'une chose est ce qu'elle paraît être, à un vouloir libre, à l'identité du bon pour moi et du bon en soi. La connaissance ne commence pas par être représentative, elle est volonté de stabilisation, d'annexion, de digestion et elle constitue son sujet. Disons que c'est son moment « préhistorique ».

---

1. *GS*, III, § 110.

2) L'erreur utile devient la norme du vrai et du non-vrai. Est tenu pour vrai tout ce qui est condition d'existence, vie et connaissance ne peuvent pas être en contradiction : « la contestation et le doute passaient alors pour folie. » Celui qui nie une condition d'existence n'est pas dans l'erreur, il est fou. La connaissance est en accord avec l'existence telle qu'elle est vécue dans son devenir contradictoire, et toute « théorie » se donne pour tâche de l'expliquer. Disons que c'est le moment présocratique, celui de la naissance de la philosophie.

3) L'illusion du dépassement. Certains crurent au contraire percevoir une contradiction entre le devenir changeant et le besoin de stabilité de la connaissance. Ils inversèrent alors le vrai et le non-vrai, appelant « vraie » l'erreur utile poussée à la limite, autrement dit « l'être », et « non vrai » le mouvant, le changeant, le multiple, tout ce qui relève du devenir. Ils furent donc victimes d'une double illusion, d'abord sur eux-mêmes, puisque pour pouvoir nier le devenir et affirmer une constance immuable ils « durent se méprendre sur l'essence du sujet connaissant, nier la violence des impulsions dans le connaître » et concevoir la raison comme une faculté autonome et auto-engendrée. Sur la possibilité de *vivre* selon une telle raison tout en maintenant les erreurs naturelles, ensuite, car ils pensèrent pouvoir concilier une connaissance forcément erronée des phénomènes en devenir avec la pure logique de l'être. Ils dépassèrent donc illusoirement une contradiction elle-même illusoire, car « leur vie et leurs jugements aussi s'avérèrent dépendre de ces pulsions et erreurs fondamentales de toute existence sentante (*alles empfindenden Daseins*) qui remontent à la nuit des temps ». C'est le moment de l'exception éléatique, l'impossible juxtaposition des deux parties du *Poème* de Parménide. Mais Parménide reste un présocratique dans la mesure où il croit que ce qu'on connaît, il est possible de le vivre.

4) La connaissance devient besoin, puis instinct. « Bien plus tard » apparaissent le doute et la conscience que toutes les fonctions de notre organisme, des sensations jusqu'aux facultés supérieures, collaborent à ces erreurs : erreur et vérité entrent en contradiction. À partir de là, la connaissance se développe dans deux directions : probité et scepticisme (le « scepticisme » englobant ces réalistes que sont sophistes et sceptiques) constatent que deux propositions contradictoires sont également applicables à la vie : il devient possible de discuter de leur plus ou moins grand *degré d'utilité* (et non pas de *vérité*, ce qui imposerait de faire jouer le principe de contradiction et empêcherait la conversion en degrés). Il existe cependant des propositions qui ne sont ni utiles ni nuisibles : elles expriment « une pulsion de jeu intellectuel », innocente et heureuse comme tout jeu. Le sens de l'utilité et celui du plaisir, mais aussi toutes sortes d'impulsions, prennent alors part à une lutte intellectuelle qui devient occupation, devoir, dignité, et charme. Partie intégrante de la vie, la connaissance devient besoin, connaître le vrai est un besoin au même titre que les autres besoins. Croyance et conviction mais également tous les mauvais instincts – « mise à l'épreuve, négation, défiance, contradiction » – sont alors des puissances à son service et finissent par être tenus pour bons. La connaissance devient puissance et instinct. Disons (mais Nietzsche ici ne le dit pas) que c'est le moment sophistique, puis socratique, et tout ce qui a suivi de ce dernier.

5) De ce moment résulte tout ce qui s'en est suivi jusqu'à maintenant : le combat de la vie et de la connaissance. Car « maintenant » le penseur est « désormais l'être chez qui la pulsion de vérité et ces erreurs conservatrices de la vie livrent leur premier combat ». Pourquoi ce combat est-il à présent ce qui a le plus d'importance ? La réponse semble simple : parce que l'exigence de vérité propre à la connaissance est devenue

antinomique d'une vie à laquelle l'erreur est non seulement utile, mais indispensable à sa conservation. Vie et vérité combattent de puissance à puissance. Mais la fin de cet aphorisme du *Gai Savoir* est déroutante, et semble même contradictoire : le combat n'advient qu'« après que l'aspiration à la vérité a *prouvé* qu'elle est aussi une puissance conservatrice de la vie ». Si le désir de vérité contribue à conserver la vie, pourquoi y aurait-il lutte ?

La genèse de la connaissance est racontée ici du point de vue des mutations du vrai et du non-vrai, de ce qui, *à un moment*, a été tenu pour erreur ou pour vérité. La mutation décisive advient quand c'est la connaissance et non plus la vie qui devient la norme du vrai. Or sa « vérité » n'a été jusqu'à « maintenant » que le prolongement de l'erreur utile à la vie, c'est pourquoi l'aspiration à la vérité a été une puissance conservatrice. Qu'est-il donc arrivé à la vérité pour qu'on puisse se demander « dans quelle mesure elle supporte l'assimilation » ? Il est arrivé qu'à force de la prendre pour but – la philosophie et la science se proclament « recherches de la vérité » – on a fini par découvrir quelle sorte d'erreur elle avait pour origine. Mais est-ce simplement cette conscience de l'erreur qui entre en lutte avec la vie et qu'il est peut-être impossible de supporter ? De quelle vérité parle la fin déroutante de ce texte ?

Vérité et « vérité »

La connaissance et la vie se sont compromises dans des erreurs vitales et se les sont incorporées au point de ne plus pouvoir penser ni vivre en dehors d'elles, de sorte que « la question n'est pas de savoir comment l'erreur est possible, mais : *comment un genre de vérité est-il* seulement *possible en dépit* de la fondamentale non-vérité dans la connaissance ? »[1].

1. FP V, 11[325].

La connaissance est fausse parce qu'elle a toujours tiré sa norme du vrai d'une conception imaginaire du réel; or sans référence au réel aucune vérité n'est possible, dire la vérité est dire ce qui est, même si on n'attribue à cet « être » qu'une existence phénoménale. Les « vérités » de la connaissance ne sont que les erreurs utiles à la vie baptisées « vérités », c'est la valeur pour la vie qui a décidé de ce qui s'est appelé vérité, et c'est pourquoi on peut dire que l'aspiration à la vérité « a *prouvé* qu'elle est aussi une puissance conservatrice de la vie ». Mais la vie n'a pas toujours besoin des *mêmes* erreurs et toutes ne lui sont pas utiles au même degré. La vérité a une histoire qui n'est pas du tout un progrès au cours duquel les erreurs s'élimineraient successivement de telle sorte que tout espoir d'arriver à une vérité absolument vraie ne serait pas perdu. L'histoire de la vérité la relativise et montre qu'elle n'est pas le contraire de l'erreur – c'est précisément l'erreur de la connaissance de l'avoir cru : il n'y a que des degrés, des degrés *de fausseté ou de vérité*, ce qui revient au même. Les erreurs diffèrent comme diffèrent « des ombres et des tonalités » et les « vérités » également : ce qui finit par apparaître comme étant une « erreur » n'est qu'une erreur moins ancienne, moins profondément incorporée, ou moins nécessaire à la vie [1]. Ce qui passe pour être une vérité est donc une nouvelle erreur se substituant à une erreur plus ancienne, une moindre erreur qui ne surgit que lorsque l'ancienne vérité, ayant cessé d'être nécessaire à la vie, peut être considérée comme une erreur. Mais la nouvelle vérité apparaîtra à son tour comme une erreur : le devenir de la vérité et de l'erreur est un seul et même devenir, et il coïncide avec l'histoire de la connaissance. Ce sont donc les variations de puissance de la vie qui retournent en « erreurs » ce qu'on a tenu pour « vérités » successives. Toute vérité est une erreur tenue

---

1. *Cf.* FP XI, 34[247] et 38[4].

pour vraie, toute vérité qui se prétend adéquate à quelque chose d'existant, de « réel », est une erreur. Mais une certaine espèce de vivant, l'homme, ne peut pas vivre sans croire à la vérité : « *La vérité est ce type d'erreur* sans laquelle une sorte déterminée d'êtres vivants ne pourrait pas vivre [1]. » Ce qui caractérise l'homme n'est pas qu'il a besoin de tenir pour réel le monde dans lequel il peut survivre – cela est vrai de tout vivant – mais qu'il a besoin de croire à la « vérité » : la genèse de l'humanité de l'homme est contemporaine de l'avènement de cette croyance.

Lorsque le jeune Nietzsche pose la question : « Qu'est-ce donc que la vérité ? », il répond :

> les vérités sont des illusions dont on a oublié qu'elles le sont, des métaphores qui ont été usées et qui ont perdu leur force sensible, des pièces de monnaie qui ont perdu leur effigie (*Bild*) et qui entrent dès lors en considération, non plus comme pièces de monnaie, mais comme métal [2].

La « vérité » est aussitôt mise au pluriel. De plus, elle est liée à une usure, une perte de force sensible, un oubli de l'origine, c'est-à-dire de la force illusionniste et créatrice qui est à l'œuvre dans la sensation : ce que Nietzsche nomme alors force métaphorique est déjà le propre du corps. La croyance à la vérité est croyance à la solidité « métallique » des concepts, jugements et catégories, elle fonctionne comme refoulement et oubli de la force artiste et totalement illogique qui est à l'origine de nos « vérités » et de notre logique. La vérité n'a donc pas à être niée, elle est démystifiée quand on remonte à ses origines et elle périt comme concept unifié en étant excédée par la multiplicité de vérités de tous ordres : « Il y a diverses sortes

---

1. FP XI, 34[253].
2. *Sur la vérité...*, § 1.

d'yeux. Le sphinx aussi a des yeux : il y a par suite diverses sortes de "vérités", donc il n'y a pas de vérité[1]. » L'esprit libre est « une déclaration de guerre et de victoire *personnifiée* contre toutes les vieilles notions de "vrai" et de "faux" »[2]. Leur opposition supprimée, la vérité explose par prolifération. Trop de vérités entraînent la question de la vérité de ces vérités, et dès qu'est posée cette question la vérité se met à fuir indéfiniment une conscience qui s'identifie à son exigence de vérité et ne peut plus se satisfaire d'aucune vérité en particulier. Poussée à son terme, la volonté de vérité ne rencontre que falsifications. Le scepticisme en résulte, mais si le sceptique soutient qu'aucune vérité n'est vraie, il en rend responsable l'impuissance de la connaissance : il continue donc à croire à la valeur d'une vérité dont il conserve le concept tout en la posant comme inaccessible. Le scepticisme des « grands esprits » et de Zarathoustra[3] n'est pas de cet ordre, il ne désigne pas une *position* philosophique mais une liberté à l'égard de toute conviction, donc ne fait pas de l'absence de vérité une conviction. C'est lorsqu'elle fait preuve de ce genre de scepticisme que l'exigence de vérité finit par se retourner contre une connaissance qui s'était mise au service de la vie. De quelle vie ? D'une vie qui requiert sécurité et repos, et toute métaphysique et toute science s'étaient jusque là efforcées de les lui procurer. Mais le philosophe est devenu sceptique. Ce ne serait pas encore trop grave : ce qui serait grave est que ce vivant qu'est l'homme devienne sceptique, incapable de croire aux erreurs nécessaires à leur vie. C'est à cette volonté excessive de vérité que Nietzsche pose cette question : « À supposer que

1. FP XI, 34[230].
2. *Ant*, § 13.
3. Voir le § 54 de *L'Antéchrist*.

nous voulions la vérité, *pourquoi pas plutôt* la non-vérité? Et l'incertitude? Même l'ignorance[1]?»

Pourquoi pas en effet, mais «*peut*-on rester sciemment dans le mensonge?»[2]. Ce «problème implique un risque, et peut-être n'en est-il pas de plus grand». Mensonge et erreur sont des formes de lâcheté («L'erreur … ce n'est pas de l'aveuglement, c'est de la *lâcheté*»), or tout pas en avant dans la connaissance résulte du courage. A présent, le courage consiste à comprendre que «ce qu'on a jusqu'à présent par principe interdit, c'est seulement la vérité»[3]. Qui a le courage de «découvrir» ce qui passait pour «vérité» et de la révéler comme erreur prétend donc dire la vérité : «la vérité parle par ma bouche. Mais ma vérité est *terrible* : car jusqu'ici c'est le mensonge qui s'appelait vérité[4].» Vérité contre «vérité» donc, la première ayant pour condition le courage, qui a pour condition «un surplus de *force*» :

> car c'est exactement aussi loin que le courage *ose* s'aventurer, exactement selon le degré de sa force, qu'on s'approche de la vérité. La connaissance, le dire-oui à la réalité est pour le fort une nécessité du même ordre que pour le faible, la lâcheté et la *fuite* devant la réalité[5].

Voilà donc renoué le nœud entre réalité et vérité. La vérité serait-elle donc toujours affirmation de la réalité? Elle l'est, à ceci près qu'affirmer ne signifie pas se conformer mais dire-oui. Ce dire-oui est dionysiaque, son oui s'adresse à une réalité insensée et sans fond. La vérité dont on s'approche est terrible et tragique, elle ne peut venir prendre rang dans l'histoire de

1. *PBM*, I, § 1.
2. *HH*, I, § 34.
3. *EH*, Préface, § 3 ;
4. *EH*, «Pourquoi je suis un destin», § 1.
5. *EH*, «*NT*», § 2.

l'erreur puisqu'elle n'a pas l'erreur pour contraire. Celui qui ose la dire ose affronter la vie, et la vie n'*a* pas de vérité, elle *est* la vérité qui détruit toute possibilité de vérité, la réalité impossible à dissocier de l'apparence, le chaos de forces excluant toute constitution d'un monde unifié, la nécessité implacable et sans finalité. La force de regarder la vérité qu'est la vie a sa source dans la vie elle-même, celui qui en a la force jouit d'une vie qui a en lui une surabondance telle qu'elle supporte de se connaître elle-même, y compris dans son besoin d'erreur et d'illusion. C'est à elle que le philosophe tragique dit oui, et c'est seulement elle qu'il accepte de nommer vérité, non parce qu'il veut la vérité mais parce qu'il *veut* et que dans cette volonté parle la volonté de puissance. « Dans quelle mesure la vérité supporte-t-elle l'assimilation ? », « Combien de vérité un esprit supporte-t-il ? » : ces questions parlent d'une autre vérité et d'une autre connaissance parce qu'elles parlent d'une autre vie. Sans garantie et sans possibilité, la vérité est une expérience à faire ; c'est pour découvrir la force et la limite de son esprit que le philosophe met sa vie au service de la connaissance. Car c'est le « *grave* péril » qui seul nous apprend à « connaître nos ressources, nos vertus, nos armes et nos défenses, notre *esprit*, – bref qui nous *contraint* à être forts… *Premier* principe : il faut avoir besoin d'être fort : autrement on ne le devient jamais »[1]. La vérité que dit la connaissance héroïque est terrible, terrible et non pas vraie, mais agissante, destructrice, libératrice. Le monde libéré du mensonge est un monde fécond « en choses belles, étranges, problématiques, terribles et divines », mais surtout inconnues, et la connaissance devra prendre le risque de les déchiffrer. Le monde n'est plus une unité, ni comme monde sensible, ni comme « esprit » : « *cela seul est la grande délivrance*

_____

1. *CId*, « Divagations d'un "inactuel" », § 38.

– c'est par là et par là seulement que *l'innocence* du devenir est restauré[1]. »

« *La contradiction de la vie* »

La vie a besoin d'un monde falsifié, non du mensonge qui érige cette falsification en vérité et condamne aussi bien le corps que la vie. Mais la falsification n'est pas seulement nécessaire à la vie, elle est nécessaire à la connaissance car « une partielle persistance, des corps relatifs, des processus identiques, analogues – c'est par cela que nous *falsifions* le réel état de fait, mais il serait impossible d'en savoir quoi que ce soit sans d'abord l'avoir falsifié »[2]. Toute connaissance représentée est fausse parce qu'elle repose sur une erreur fondamentale : la somme des conditions nécessaires à l'existence du sujet de la représentation. Mais le propre de l'erreur est précisément de ne pas savoir qu'elle en est une : à la différence du mensonge (le menteur sait qu'il ment), l'erreur est sans sujet (le *Théétète* peut se lire tout entier comme la recherche d'un introuvable sujet de l'erreur). Celui qui reconnaît s'être trompé prend en revanche forme de sujet, il est constitué par la distance qu'il prend par rapport à son erreur passée. Mais si c'est « nous » qui falsifions, autrement dit notre corps, quelle sorte de distance prendre par rapport à lui ? Une distance rétrospective, qui ne devient possible que lorsque l'erreur est allée jusqu'au bout d'elle-même : ce n'est « qu'après qu'un monde imaginaire se fut formé, en contradiction avec l'écoulement absolu (…) que l'erreur fondamentale a pu finalement être reconnue ». Le devenir ne devient accessible qu'à partir de l'erreur de l'« être », le changement ne devient pensable (pensable mais

---

1. *CId*, « Les quatre grandes erreurs », § 8.
2. FP V, 11[325].

non pas *sensible*) que lorsque toute permanence se révèle enfin être imaginaire.

La tâche de la connaissance est dès lors de remonter à la falsification initiale, d'en comprendre la nécessité mais aussi d'établir une échelle de « degrés du faux ». Découvrir qu'il y a falsification et en quoi elle consiste est le propre de l'analytique du corps ; comprendre sa nécessité relève de la question de la valeur de la vérité pour la vie : elle signifie que le problème de la connaissance doit être posé dans la perspective de la vie. Connaître l'erreur comme telle ne signifie pas la supprimer, mais au contraire *en reconnaître la valeur*. Il faut donc saluer l'artiste, ce corps calomnié qui connaît la valeur de l'erreur et du mensonge et n'est pas animé d'une volonté meurtrière de vérité.

La connaissance se limite-t-elle cependant à cela, est-ce cela que Nietzsche appelle « passion de la connaissance » ? Parler de passion, c'est déjà ne plus parler de théorie :

> À la place de la « théorie de la connaissance » *une doctrine des perspectives des affects* (dont fait partie une hiérarchie des *affects*).
> les affects *transfigurés : l'ordre supérieur de ceux-ci*, leur « *spiritualité* »[1].

Faire de la spiritualité le prolongement d'un sentir affiné, seul à même de « flairer » les affects qui jouent en toute connaissance, constitue le moyen de désolidariser la connaissance de sa théorie. La connaissance se résout alors en une multiplicité d'expérimentations grâce aux seuls instruments qui ne soient pas infectés de mensonge, ce qui ne signifie évidemment pas qu'ils donnent accès à la vérité d'un réel « en soi ». Ce sont les affects qui, en se transfigurant, se spiritualisant, peuvent

---

1. FP XIII, 9[8].

donner jour à une connaissance nouvelle, libre – libérée de la volonté de vérité – et créatrice. La connaissance devenue héroïque veut expérimenter, risquer des hypothèses qui ne demandent pas à être crues et ont pour seul but d'exprimer la puissance de la vie en accroissant la puissance de l'esprit. Mais intensifier la vie, c'est la risquer, car c'est dans la vie qu'est inscrite la contradiction de la vie et de la vérité, comme c'est dans la vie qu'est inscrite la contradiction entre une vérité mensongère destinée à la conserver, et une vérité meurtrière qu'elle dissimule sous ce voile.

C'est donc vers la vie qu'il faut se tourner, vers ce qu'elle a à dire, ce qu'elle fait voir à qui sait la regarder et l'écouter. La suppression du monde vrai a fait surgir des contradictions dont il faut à présent découvrir l'origine, non pour les dépasser, mais pour les fonder. Mais si la vie est en lutte avec la connaissance et si cette lutte est celle qui l'oppose à elle-même dans ses deux vérités, qu'est-ce, *au fond*, que la vie ? Ce « au fond » appelle une nouvelle interprétation, l'intervention d'un « philosophe tragique », « dionysien », d'un philosophe qui philosophe autrement. L'hypothèse nietzschéenne sur la nature de la vie se rencontre pour la première fois dans *Ainsi parlait Zarathoustra*, car c'est dans la parole de Zarathoustra que se prononce pour la première fois l'affirmation de la volonté de puissance.

Le monde de la volonté de puissance

C'est le sens du *Versuch* nietzschéen que d'être une aventure. Tout aventurier, tout *Wanderer* sait où il est, mais ne sait pas d'avance où il va, et ne veut surtout pas aller quelque part. Le savoir n'est libre et joyeusement créateur que s'il est mouvement vers de l'inconnu. Or, jusqu'ici, rien n'a été plus calomnié et méconnu que la vie, car c'est elle qui est encore un monde inconnu. La vie s'est emprisonnée elle-même dans un mensonge qui lui était nécessaire et qu'elle a cru vrai parce qu'il lui était utile : comment peut-elle s'en libérer? En prenant en quelqu'un assez de force pour qu'il ne puisse plus la considérer comme un objet de «science» ou de régulation morale, sans pourtant y voir l'acharnement stupide d'un vouloir-vivre. Il faut écouter la vie, la regarder, la *sentir* de telle sorte que l'on découvre en elle la force de se connaître elle-même comme perpétuelle volonté de dépassement d'elle-même – comme volonté de puissance.

La volonté de puissance

L'expression apparaît pour la première fois dans «Des mille et un buts» : «Aucun peuple ne saurait vivre sans fixer des valeurs [1]», et la table des valeurs qu'il suspend au-dessus de lui «est la table de toutes ses victoires sur lui-même, c'est la voix de sa volonté de puissance». Une valeur est honorée et sacralisée parce qu'elle symbolise ce qui a été réputé par un peuple comme le plus difficile, elle indique la façon dont une certaine espèce d'hommes, donc un aspect de l'humain (*der Mensch*), a réussi à se surmonter. Chacune est en guerre contre toutes les autres car c'est ce qui fait qu'un peuple règne, triomphe et resplendit qui suscite la jalousie et l'horreur de ses voisins. Ces valeurs ne sont pas tombées du ciel, elles résultent d'une évaluation humaine et rien qu'humaine. Elles ont été créées, d'abord par des peuples puis par des individus, mais «l'individu» est lui-même une création tardive, et en fait «la plus récente». Tout passage à d'autres valeurs implique un nouveau créateur, et un but différent. Mais il y a eu mille et un buts, il a manqué un but unique et, tant qu'il fait défaut, l'humanité se fera sans doute défaut à elle-même. La volonté de puissance est donc liée d'emblée à la *difficulté* de la victoire sur

1. *APZ*, I.

soi-même, à la nécessité de se surmonter ou de périr, à la destruction comme face indissociable de la création, enfin à l'assignation du but à venir, but unique parce que c'est l'humain, tout entier et en tant que tel, qui doit être surmonté. Mais d'abord simplement posée comme origine de toute création de valeurs, la volonté de puissance va être affirmée comme « ce qui est au cœur de la vie » dans « De la victoire sur soi-même »[1].

« De la victoire sur soi-même »

Zarathoustra s'adresse aux sages parmi les sages, aux créateurs des anciennes valeurs. Leur bien et leur mal émanaient de leur volonté de vérité, et Zarathoustra leur oppose une autre volonté, découverte en observant la vie et la nature de tout ce qui vit, « l'inépuisable volonté de vivre créatrice ». Quel monde ont créé les « sages les plus sages », ou plutôt quel monde ont-ils *voulu* créer ? La question est généalogique : le monde des sages est d'emblée posé comme *créé* par eux et rapporté à une volonté. Cette volonté est interprétée par une autre volonté qui y voit tout le contraire d'une volonté de connaissance, mais une volonté de domination : les sages ont voulu s'approprier l'« être » par la « pensée ». Le monde qu'ils ont créé n'est pas le résultat d'une « immaculée connaissance », ils ont voulu « rendre périssable tout ce qui est », expulser de l'être tout ce qu'ils estimaient ne pas pouvoir être pensé. Or n'est pensable que ce en quoi l'esprit peut se reconnaître : tout ce qui est est donc devenu à la fois « miroir et image de l'esprit », c'est une projection de l'esprit sur le monde, et cette image devenue monde est le miroir dans lequel l'esprit reconnaît son image. L'« esprit », par un jeu de reflet-reflétant, a constitué le monde comme pensable et s'est lui-même constitué en monde. L'être est devenu idée, l'essence existence, l'imagi-

---

1. *APZ*, II.

naire réalité, de telle sorte que le constituant a constitué le constitué autant qu'il a été constitué par lui. Ce qui s'est appelé «esprit» n'est donc que le moyen d'une appropriation du monde. Mais les sages n'ont pas seulement inventé un monde conforme à leur volonté, ils ont créé un monde de valeurs supérieures qu'ils puissent vénérer. Celles-ci sont les expressions d'une «ancienne volonté de puissance» qui s'était baptisée elle-même volonté de vérité, volonté d'obéir à des valeurs sacrées, dotées de «noms somptueux» – bien et mal, en particulier, car la valeur qui se précède elle-même sous la forme d'une pure représentation, c'est le Bien. Ces valeurs sont devenues les croyances de la foule : la foule est le «fleuve» qui porte en avant la nacelle où ont été placées les valeurs. Les «hallucinés de l'autre monde» les ont imposées à tous en «lançant leur volonté de vérité et leurs valeurs sur le fleuve du devenir» et, ce faisant, ils ont à la fois nié leur volonté comme volonté et oublié que leurs valeurs n'avaient qu'elle pour origine. Le propre de cette vieille volonté de puissance est en effet de vouloir s'ignorer comme telle, de se dissimuler derrière ce qu'elle a lancé. Elle n'est cependant pas entièrement dénuée de méfiance, les sages s'évertuent d'autant plus à croire qu'ils ne croient pas tout à fait. La «foule» croit à leurs valeurs, mais précisément parce qu'elle ne *veut pas* y croire, parce qu'elle est dépourvue de «mauvaise conscience», elle altère et fait «devenir» toutes les valeurs qu'on lui a données à porter. Ceux qui composent la foule sont «semblables» au fleuve du devenir parce qu'ils savent qu'ils deviennent, naissent, croissent et meurent, parce qu'ils sont encore assez naïvement vivants pour ne pas voir dans l'être et le monde des sages le seul monde réel. Le devenir «résiste avec colère» aux valeurs des sages, mais même s'il les altère il les porte et les fait durer : ce n'est pas lui qui les menace, ni en tant qu'il dégrade les valeurs en les «popularisant», ni en tant qu'il s'y soumet difficilement. Ce qui représente un danger pour les sages et risque de détruire leur bien et leur mal, c'est leur volonté elle-même, car toute volonté est volonté de puissance et elle est vouée à détruire ce qu'elle a créé.

Pour faire entendre une autre parole du bien et du mal (« afin que vous compreniez ma parole du bien et du mal ») Zarathoustra va dire « un mot à propos de la vie et de la manière (*Art*) de tout ce qui est vivant ». Ce qui est vivant peut parler, mais la vie se tait ; comment alors « entrer au cœur de la vie » ? En capturant son regard avec cent miroirs, donc en substituant au miroir qui ne reflète que l'esprit des miroirs qui démultiplient le regard de la vie. L'œil de la vie ne parle qu'à celui qui ne la simplifie pas, ne préjuge pas de son identité à elle-même, l'accueille dans toute sa complexité. Pourquoi utiliser à son tour des miroirs, pourquoi ne pas regarder directement dans l'œil de la vie ? Sans doute pour se protéger, pour ne pas sombrer dans son abîme sans fond, pour ne pas regarder la Gorgone en face, pour s'en tenir à des « apparences ». Dans le *Phédon*[1], Platon dénonce le risque d'aveuglement que comporte une connaissance directe grâce à une comparaison avec celui que ferait courir la vision directe d'une éclipse de soleil : il faut en regarder l'image dans l'eau si l'on ne veut pas ruiner ses yeux ; la connaissance « directe », c'est-à-dire sensible, ne saisit que des images des êtres : c'est le détour par la réflexion et les raisonnements, les *lógoi*, qui permet d'accéder à ce qu'ils sont. Dans ce chant de Zarathoustra, la vision qui se croit « directe » est la vision falsifiée que l'intellect a de la vie et c'est la vision indirecte des images dans les miroirs qui pénètre au cœur de la vie. Pour tous les deux, il s'agit de disqualifier une vision

---

1. Le parallèle avec ce passage du *Phédon* (99 d *sq.*) est relevé par S. Rosen, *The Mask of Enlightenment, Nietzsche's Zarathustra*, 2e éd., New Haven-London, Yale University Press, p. 159.

prétendument directe, sensible pour Platon, intellectuelle pour Nietzsche, et d'affirmer qu'une médiation est nécessaire : seule une connaissance indirecte est capable de saisir la chose même. Il y a sans doute aussi chez Nietzsche le souci de se préserver de l'erreur de l'unité : il faut se servir d'au moins cent miroirs – et non pas *être* le miroir unique de l'esprit qui, même s'il a « mille regards » regarde avec « une volonté morte » et « un corps tout entier froid », donc ne voit jamais dans les choses que son propre reflet inerte. Les cent miroirs où Zarathoustra regarde la vie sont les miroirs du désir que la vie lui inspire. Il veut capturer tout ce qui se manifeste en elle de manière nécessairement multiple et contradictoire. Et il tient à signaler que ce qu'il va dire n'est pas la vérité de la vie, que c'en est une réfraction, une interprétation, mais une interprétation *innocente*. La vérité doit *paraître* vraie, et pour cela elle doit se *voiler* : « Nous ne croyons plus que la vérité reste vérité si on lui ôte ses voiles ; nous avons trop vécu pour croire à cela[1]. » L'innocence ne consiste pas à « ne rien demander aux choses », il n'y a d'innocence que « là où il y a volonté d'engendrer »[2]. Ainsi reflété, l'œil de la vie parle – un œil dit souvent plus de choses qu'une bouche. Zarathoustra entend alors trois choses.

La première est l'obéissance : Zarathoustra découvre en elle le trait propre à tout vivant. La volonté de puissance n'est donc pas l'explosion incontrôlable et incontrôlée d'une force : même si elle est volonté de dominer, toute domination rencontre une limite externe dans ce qu'elle veut dominer et elle requiert une limite interne, une maîtrise, une raison :

> On s'agenouille toujours devant la *force* – selon la vieille habitude servile – et pourtant, lorsqu'il s'agit de déterminer le degré de *vénération méritée*, seul le *degré de raison au sein de*

1. *GS*, Préface, § 4.
2. *APZ*, II, « De l'immaculée connaissance ».

> *la force* est décisif : il faut précisément mesurer jusqu'à quel
> point la force a été surmontée par quelque chose de plus haut,
> au service duquel elle est désormais devenue un instrument et
> un moyen[1] !

S'agenouiller n'est pas obéir : obéir, c'est agir, exécuter
l'ordre reçu et compris. L'obéissance suppose en outre la
reconnaissance d'une différence de rang entre celui qui commande et celui qui obéit : il y a une juste évaluation et de la
raison dans toute obéissance. Que l'obéissance soit la première
caractéristique de vie, donc de la volonté de puissance, interdit
de comprendre celle-ci comme une volonté de pouvoir. Elle est
ce que tout vivant *éprouve*, un *pathos*, tout le contraire d'une
soif effrénée d'agir en vue d'obtenir un pouvoir.

On commande à celui qui ne sait pas s'obéir à soi-même.
Même ceux qui commandent obéissent : toute obéissance n'est
donc pas obéissance à une volonté étrangère, c'est pourquoi
l'obéissance est le trait commun le plus visible. Tout vivant
obéit, à lui-même ou à un autre[2]. Mais il y a ceux qui sont
seulement capables d'obéir à d'autres et qui ont besoin d'être
commandés pour survivre. En cela Darwin s'est trompé : la vie
n'opère pas une sélection des plus forts au détriment des plus
faibles, les plus faibles ne survivent que commandés par de
plus forts.

Or commander est plus pénible qu'obéir. Celui qui
commande est responsable de ceux qui lui obéissent, il en
porte le fardeau. Il doit déterminer des buts et des valeurs, oser
choisir et décider, ce qui, dans le tourbillon du devenir, se fait
sans garantie. Le fort doit être puissant et sage. De plus, celui
qui commande « se met toujours lui-même en jeu ». Il ne répond

---

1. *A*, V, § 548.
2. Pour l'analyse psychologique de la « volonté » définie comme l'état du
« s'obéir à soi-même », voir *PBM*, II, § 19.

pas seulement devant les autres, il doit être « le juge, le justicier et la victime de sa propre loi ». Sa loi est plus haute que sa force, c'est pour l'imposer qu'il commande, et c'est à elle qu'il obéit. Toute loi, tout but sont la projection d'une évaluation de la volonté de puissance, l'illusion nécessaire qu'elle pose pour se surmonter. Or il est plus pénible de s'imposer sa propre loi que d'obéir à celle d'un autre : celui qui obéit ne tient qu'un seul rôle, alors que celui qui commande en tient toujours deux.

La structure fondamentale de la volonté de puissance est donc celle de l'obéir et du commander. « Qu'est-ce qui décide ce qui est vivant à obéir, à commander et à être obéissant même en commandant ? » Cette question introduit au « secret de la vie ».

Que veut-on, en effet, lorsque l'on obéit ? On veut dominer : même celui qui obéit veut être maître, il veut la puissance. Obéir, c'est toujours obéir à une volonté de puissance. Tout vivant veut dominer, mais on domine comme on peut. La distinction entre forts et faibles est donc une distinction entre (1) ceux qui, en commandant, s'obéissent à eux-mêmes, et du même coup risquent leur puissance et leur vie, et (2) ceux qui obéissent à de plus forts, mais ne peuvent renoncer au plaisir de commander à d'encore plus faibles qu'eux (par exemple à sa femme, ses enfants, son bétail, à mon avis surtout à sa femme – je suis seule responsable de cette remarque). La volonté de puissance du faible veut dominer, alors que le fort, parce qu'il domine effectivement, ne peut vouloir rien d'autre que risquer sa propre puissance : il la joue audacieusement sur des coups de dés « dont l'enjeu est la mort ». Mourir est ce que ne voudra jamais risquer le faible (il n'y a chez Nietzsche nulle dialectique du maître et de l'esclave) : s'il le fait, c'est qu'il n'est pas faible mais fort. Pour arriver à commander sans risque, le plus faible doit dérober au plus fort sa force : sa volonté de puissance est obligée de suivre des voies détournées, obliques. Comment dérobe-t-on au plus fort sa force ? En inspirant sa compassion, donc en l'affaiblissant, ou en lui faisant honte de sa force ; le faible peut encore tenter de rendre le fort responsable et coupable de sa propre faiblesse, le faire plier sous le poids de sa propre misère. D'où la maxime : « Il faut défendre les forts contre les faibles » – les faibles en effet ne manquent pas de ressources pour faire payer aux forts leur force et ils inventent ainsi la puissance de leur impuissance. Darwin a commis l'erreur d'oublier l'esprit, l'esprit grâce auquel les faibles finissent toujours par l'emporter sur les forts, non seulement en raison de leur nombre mais parce qu'« ils sont aussi *plus intelligents* »[1].

D'où le puissant tient-il sa puissance ? De la vie elle-même, qui est « ce qui doit toujours se surmonter soi-même ». Dans le « toujours » est comprise la répétition indéfinie propre à l'acte de se surmonter. Ce ne sont donc pas seulement les buts et les moyens qui sont multiples, c'est la volonté de puissance elle-même dans la répétition du dépassement de soi ; la répétition n'est pas quantitative – « toujours plus haut » – mais qualitative : toujours autrement. La force du fort n'est donc qu'un moyen pour une volonté de puissance créatrice de formes. Parfois, Nietzsche dit que créer signifie imposer une forme à une matière, lui incorporer sa propre évaluation. Il est difficile de dépasser le schéma matière-forme et le paradigme du sculpteur, mais on y parvient par le dionysiaque : la tension d'une énergie dionysiaque suscite la forme, c'est une énergie pure qui se dédouble en forme et matière. C'est pourquoi toute forme a pour destin d'être détruite au nom de la même puissance dont elle a été à un moment la projection, car rien de ce qui est créé n'est à la mesure d'une volonté de puissance qui est volonté sans cesse réaffirmée de se surmonter. Ce que veut la vie en étant volonté de puissance, c'est l'avenir contre le passé.

1. *CId*, « Divagations d'un "inactuel" », § 14 : « Anti-Darwin ».

Donc partout, et même dans la volonté de connaître, dans la volonté de vérité, c'est la volonté de puissance qui parle. Elle n'est pas vouloir-vivre (la volonté ne veut pas vivre, mais partout où il y a de la vie, il y a de la volonté : Schopenhauer a inversé la relation), et elle ne veut pas la puissance : la volonté de puissance n'est pas une espèce de volonté que son objet, ou son but, déterminerait (le *zur = zu der* de *Will zur Macht* l'exclut), elle signifie que la puissance prend toujours forme dans un vouloir qu'elle oriente. La puissance n'est pas neutre, elle s'exprime dans un but, une loi, un ordre donné. L'expression « volonté de puissance » est indécomposable.

L'extension de l'hypothèse

Dans le paragraphe 36 de *Par-delà Bien et Mal*[1], Nietzsche « risque » l'hypothèse d'une lecture unique de « notre monde de désirs et de passions » et du monde dit « matériel ».

> À supposer que rien d'autre ne nous soit « donné » comme réel que notre monde de désirs et de passions, que nous ne puissions descendre ou monter vers aucune autre « réalité » que celle, précisément, de nos pulsions (…) : n'est-il pas licite de faire la tentative et de poser la question suivante : est-ce que ce donné ne *suffit* pas à comprendre aussi, à partir de son semblable, le monde que l'on appelle mécanique (ou « matériel »)?

L'hypothèse consiste à établir un nouveau texte du monde en établissant une similitude entre le monde matériel et mécanique et le monde pulsionnel. Le second est le seul qui nous soit « donné » (donné par notre corps, donc senti, éprouvé)

---

1. Ce paragraphe est expliqué en détail dans P. Wotling, *La Pensée du sous-sol. Statut et structure de la psychologie dans la philosophie de Nietzsche*, Paris, Allia, 1999, p. 59 *sq.*, et dans les notes 207 à 220 de son édition de *PBM* : je suis à peu près son découpage en quatre stades

comme réel, alors qu'au premier, au « monde extérieur » a été conféré soit le statut d'apparence (Berkeley) soit celui de représentation illusoire (Schopenhauer). Etendre l'hypothèse permettrait de lui accorder « le même degré de réalité qu'à notre affect lui-même »; il serait considéré comme une forme plus primitive – « une *préforme* de la vie » – et plus unifiée, l'ensemble des fonctions organiques y étant liées synthétiquement et pas encore différenciées. Le monde des affects en serait alors le développement et la ramification, une continuité génétique pourrait être établie entre les deux.

Une telle extension est légitimée par une obligation méthodologique, une « morale de la méthode ». Elle enjoint de pousser « jusqu'à l'absurde » l'hypothèse d'une espèce unique de causalité.

La question est donc : la volonté est-elle efficiente (productrice d'effets) ? Car c'est d'elle que nous tenons notre croyance à la causalité (selon le principe que toute catégorie de la raison a une origine empirique). La croyance à la causalité de la volonté rend nécessaire la tentative d'extension de l'hypothèse. Le principe méthodologique d'économie rendait la tentative légitime, la croyance à la causalité issue de la croyance à la causalité de la volonté la rend nécessaire. Or « de la "volonté" ne peut naturellement produire des effets que sur de la "volonté" – et non sur des "matières" ». Pourquoi les guillemets ? Dans le paragraphe 19, l'unité de la volonté est récusée comme purement verbale : la volonté est « *compliquée* ». Elle consiste d'abord en une « pluralité de sentiments » – celui de l'état dont on part, de l'état auquel on va, de *ce* dont on part et de *ce* vers quoi on va, à quoi s'ajoute un sentiment musculaire (« joué », esquissé et retenu, dirait Bergson); ensuite, « dans tout acte de volonté, il y a une pensée qui commande »; enfin, la volonté est un affect, et plus précisément elle est l'affect du commandement. Dans la plupart des cas, on ne veut que là où on est en droit d'attendre *l'effet* de l'ordre, donc *l'obéissance*, donc *l'action*. Dans tout vouloir il s'agit simplement de commander et d'obéir au sein d'une communauté complexe. La volonté est mise ici entre guillemets pour qu'on y entende la référence à cette complexité et qu'on ne la prenne pas pour la volonté-faculté de la métaphysique et de la psychologie classiques[1]. Si donc la causalité de la volonté est l'unique forme de causalité, et si toute volonté agit sur de la volonté, l'unité de la cause entraîne l'unité de ses effets : partout où une force agit, elle est, par hypothèse, une force de volonté, donc tout effet est également effet-de-volonté (*Willens-Wirkung*). La relation de causalité est interprétée comme expression d'une force en relation avec d'autres forces.

À supposer donc que l'ensemble de la vie pulsionnelle (le monde de « désirs et de passions ») se ramène au développement et à la spécification d'une unique forme fondamentale de volonté, et qu'il en aille de même pour toutes les fonctions organiques (génération et nutrition), « on se serait ainsi acquis le droit de déterminer de manière univoque *toute* force exerçant des effets comme : *volonté de puissance* ». La volonté (tout court) suffisait à nous faire croire à sa causalité, mais la manière dont cette causalité s'exerce – c'est une force s'appliquant à d'autres forces – pose la question de l'orientation de cette *Willens-Kraft*. La volonté de puissance semble surgir comme un diable de sa boîte à la fin de ce paragraphe 36, entre deux tirets qui précisent, si on peut dire, qu'elle est un concept propre à celui qui parle : « ainsi que c'est *ma* thèse ». Mais elle était déjà apparue, toujours sans crier gare, dans le paragraphe 9 de *Par delà bien et mal* : « La philosophie est (…) la plus spirituelle volonté de puissance », puis dans le paragraphe 13 : « Avant

---

1. Sur l'erreur qu'est la croyance à la causalité d'une volonté ainsi entendue, voir les § 3 et 4 du *Crépuscule des idoles*, « Les quatre grandes erreurs ».

tout, quelque chose de vivant veut *libérer* sa force – la vie elle-même est volonté de puissance », enfin dans le paragraphe 22 où son universalité sans faille et son caractère inconditionné servaient à rendre compte de l'implacable nécessité du cours du monde. Dans le paragraphe 19, elle n'est pas nommée, mais la structure fondamentale de la volonté y est décrite : une force agissant sur d'autres forces leur transmet un ordre que celles-ci doivent exécuter, et elle doit surmonter leur résistance s'il y a lieu. Cette puissance affecte non seulement celui qui obéit (il est transformé par l'ordre donné) mais aussi celui qui commande (en commandant, il *s'obéit à lui-même*, donc s'affecte). Puissance et force se caractérisent par un certain *quantum*, or tout *quantum* de puissance est évalué par un autre ; il se définit par l'effet qu'il produit et par la force à laquelle il résiste, par son « rayonnement de puissance ». Toute force a donc « une dimension intérieure que j'appellerai "volonté de puissance", c'est-à-dire appétit insatiable de démonstration de puissance ; ou d'usage et d'exercice de puissance, sous forme d'instinct créateur, etc. » [1]. La lecture en volonté de puissance est capable d'unifier forces pulsionnelles et forces dites mécaniques car elle est la dimension interne, le « dedans » de toute force agissante. Si le monde n'est pas un monde d'objets donnés à la représentation mais un monde de forces, et si en toute force s'exprime une volonté de puissance, alors « le monde vu du dedans » « serait précisément "volonté de puissance" et rien d'autre ».

Conclusion : un seul monde

C'est donc bien en creusant jusqu'à la volonté de puissance, en descendant et non pas en montant, que l'antinomie du réel et de l'apparence est supprimée. Mais il est difficile de ne pas

---

1. FP XI, 36[31].

tenir cette hypothèse pour une vérité, de ne pas penser qu'avec elle Nietzsche nous fait voir le vrai fond de la réalité. Où Nietzsche *veut-il* en venir? D'abord, à *empêcher la reconstitution de l'antinomie du réel et de l'apparent* : sans cette extension, elle persisterait en effet sous la forme d'une antinomie entre, d'une part, une réalité organique « vue du dedans » et dont la réalité comme la causalité seraient seulement psychologiques, et d'autre part, l'apparence illusoire que serait le monde extérieur et « matériel ». Même le monde extérieur peut se voir du dedans, comme l'avait déjà montré Schopenhauer. Ensuite, et contre lui, Nietzsche veut *supprimer la forme générale de la représentation* : si toute volonté agit sur une volonté, l'objet n'est pas un objet inerte, mais il oppose une résistance, exerce sa force sur notre intellect; il n'est donc plus à proprement parler un objet. C'est la seconde implication d'un mode unique de causalité : « l'objet n'est qu'une sorte d'action de sujet sur des sujets, un mode du sujet. Le *sujet est seul démontrable* : hypothèse – *qu'il n'existe que des sujets*[1]. » Des sujets, non pas au sens de substances dotées d'un ensemble de capacités, mais conçus comme autant de foyers d'initiatives et d'actions : de volontés, c'est-à-dire de fulgurations de volonté dont la puissance croît et décroît sans cesse. Car la cause, la volonté agissante, est une puissance (*Macht*) et non pas une force mécanique (*Kraft*). Enfin, *il s'agit de définir la réalité par sa structure interne*. Un monde d'instincts nous inspire un sentiment de réalité, mais sous ce monde joue la volonté de puissance, et c'est elle qui est réelle. De l'apparence considérée comme réalité, Nietzsche affirme que le nom précis serait « la volonté de puissance, ainsi désignée d'après sa structure interne »[2]. L'apparence dit la nature « protéiforme, insaisissa-

---

1. FP XIII, 9[106].
2. FP XI, 40[53].

ble et fluide » d'une réalité en perpétuel devenir, la réalité dit la structure interne, celle du commander-obéir, de la volonté de puissance : « la volonté de puissance, non un être, non un devenir, mais un *pathos* est le fait le plus élémentaire, d'où ne fera que résulter un devenir, un "agir sur" [1]. » *Pathos*, car toute volonté de puissance est sensible aux autres forces dont elle évalue le *quantum* de force, et elle est sensible à sa force propre (elle lui obéit). Une volonté de puissance n'est pas un devenir, elle est ce dont résulte un devenir : il y a donc autant de devenirs que de volontés de puissance, le devenir ne peut plus être interprété comme un flux, il est pluralité irréductible et impitoyablement nécessaire car une puissance va, à chaque instant, jusqu'au bout de ce qu'elle peut (il n'y a jamais aucune rétention de puissance, pas de puissance « en puissance »). C'est de cette pluralité qu'est affirmé le retour éternel.

Tout concept est « biographique », il exprime un degré de force ou d'affaiblissement de la vie, il a un devenir et des modifications qu'il faut épouser, il est expression d'une volonté noble ou ignoble. Celui de volonté de puissance n'échappe pas à la règle : découvert par Zarathoustra, il est à son aurore, mais Zarathoustra peut se prévaloir de ce que le vie elle-même lui dit, il n'en est que l'interprète. Quand il s'agit d'étendre ce qu'il a entendu au monde tout entier, Nietzsche est tout seul. C'est lui qui ressent hypothèse de l'extension comme une nécessité : ressentir *l'hypothétique* comme *nécessaire*, la *tentative* comme un devoir, *un impératif*, et prendre une *croyance* psychologique comme point de départ *suffisant* pour une extrapolation à la limite de l'absurde, tout cela suppose une mutation de la modalité. Cette assez extraordinaire mutation n'est pas le fait d'un « on » ou d'un « nous » impersonnel, elle est le pari d'un homme seul, Nietzsche, qui n'a d'autre support que sa manière d'inter-

1. FP XIV, 14[79].

prêter et qui ne cesse de la signaler comme étant une interprétation. L'antinomie du réel et de l'apparence est surmontée par *l'hypothèse* de la volonté de puissance. Il n'y a rien au-dessus mais rien non plus au-dessous de son monde : l'extension de l'hypothèse est la seule manière d'affirmer un monde unique mais commandé par aucun principe d'unité, un monde sans cesse travaillé par l'irruption de devenirs en tous sens. Son extension est encore plus hypothétique que l'hypothèse elle-même, c'est l'hypothèse arrivée à son midi et qui dissipe toutes les ombres jetées par les dualismes passés. Il ne faut pas la dissocier de celui qui l'énonce, substituer à la tentative son résultat, à l'affirmant l'affirmé, au conditionnel l'indicatif : c'est Nietzsche qui risque, tente l'extension au monde tout entier. Mais que signifie ce « il ne faut pas », d'où sort-il ? Comment ne pas interpréter celui qui interprète ? Et comment ne pas le faire à l'aide de schémas toujours prêts à réapparaître tant ils sont familiers et commodes ? Comment empêcher que l'assignation – toujours équivoque, toujours plurielle – de l'origine ne se mette à fonctionner selon un schéma de causalité mécanique ? Éviter que l'imposition à la connaissance d'une tâche absolument nouvelle et singulière se pétrifie en finalité ? que le monde de la volonté de puissance soit tenu pour un monde vrai et ne devienne à son tour fable ? ou encore, ou surtout, que l'accroissement de conscience vienne occuper la place du sujet, d'un sujet qui croira d'autant plus à lui-même que Nietzsche l'aura assuré de sa puissance ? Comment éviter, en un mot, que la volonté de puissance fasse fonction de catégorie nouvelle et vienne revivifier les anciennes, imposant ainsi à la vie une grille de lecture tout aussi étrangère que les précédentes ?

Je n'ai évidemment aucune réponse à apporter, sinon rappeler qu'à la tentation de faire de sa philosophie un système Nietzsche oppose une philosophie qui chante la danse de la sagesse et de la vie. S'il affirme que l'illusion est divine, il veut comprendre pourquoi il nous est nécessaire d'y croire, donc comprendre qu'une autre manière de penser implique une autre manière de sentir : il veut « briser son corps respectueux ». Il joue une vérité contre l'autre, affirmant sagement l'absolue nécessité et la merveilleuse ingéniosité de l'erreur utile, et mesurant sa force à la dose de vérité qu'il peut supporter quand il en vient à scruter une vie qu'il aime « comme une femme dont on doute ». Vie et sagesse sont deux femmes et elles se ressemblent, elles sont toutes deux aussi séduisantes, fuyantes et perfides. C'est pourquoi il ne peut aimer du fond du cœur ni l'une ni l'autre. « Je te crains quand tu es près de moi, je t'aime quand tu es loin de moi » dit Zarathoustra à la vie, à la vie qui ne cesse d'être une terrifiante, exaltante et toujours décevante énigme.

> Fondamentalement, je n'aime que la vie, – et en vérité surtout quand je la hais !
> Mais que je sois bon avec la sagesse et souvent trop bon : cela vient de ce qu'elle me rappelle tant la vie [1].

Il n'y a pas de cesse à cette danse, et c'est cela être homme : ne pouvoir ni seulement vivre, ni seulement connaître. La vie fuit ceux qui la poursuivent, elle n'est aimable qu'à l'égard de ceux qui ne se contentent pas de vivre et la trahissent avec la sagesse. Car c'est à distance, mais seulement à distance, que la vie est rieuse et riante, et cette distance, seule la « sagesse » permet de la prendre, une sagesse qui est à la fois passion de la connaissance et méfiance envers la connaissance. La vie dit à Zarathoustra :

> Et même si nous ne nous aimons pas du fond du cœur – faut-il donc s'en vouloir quand on ne s'aime pas du fond du cœur ?

1. *APZ*, II, « Le chant de la danse ».

Et que je t'aime, que je t'aime souvent trop, tu sais cela ; et la raison en est que je suis jalouse de ta sagesse. Ah ! cette vieille folle de sagesse ! Si quelque jour ta sagesse se sauvait de toi, hélas ! vite mon amour lui aussi se sauverait de toi [1].

Métamorphoser en danse le combat de la vie et de la connaissance n'est pas le rendre moins sérieux ni rendre la contradiction moins déchirante, c'est réussir à vivre en sachant ce qu'on sait et de l'une et de l'autre.

1. *APZ*, III, « L'autre chant de la danse ».

TROISIÈME PARTIE

L'ANTINOMIE DE LA MORALE

CHAPITRE VIII

GÉNÉALOGIE

Le « voyageur » parle. – Pour considérer à distance notre moralité européenne, pour la mesurer à l'aune d'autres moralités, antérieures ou à venir, il faut faire ce que fait un voyageur qui veut connaître la hauteur des tours d'une ville : pour ce, il quitte la ville. Des « pensées sur les préjugés moraux », si l'on ne veut pas qu'elles soient des préjugés sur des préjugés, supposent une position à l'extérieur de la morale, quelque par-delà bien et mal vers lequel il faut monter, grimper, voler –

Le Gai Savoir

L'idée d'« au-delà », de « vrai monde » inventée pour dévaloriser le seul monde qui existe – pour ne laisser à notre réalité terrestre aucun but, aucune raison, aucune tâche de reste !

Ecce Homo, « *Pourquoi je suis un destin* »

« L'ANTINOMIE DE LA MORALE »

Au cours de la longue « préhistoire » de l'humanité, l'humanisation de l'animal humain est obtenue par un rude et impitoyable dressage : l'homme pose le problème de sa socialisation, de son acculturation, non de sa moralisation. Le dressage ayant fait son œuvre, le destin de l'homme ne se joue plus entre nature et culture, le combat s'intériorise, l'homme est conçu comme un être double en lequel luttent une part naturelle, mortelle, basse, animale, et une part surnaturelle, immortelle, intelligence ou raison. Humaniser l'homme consiste désormais à le persuader de sa supériorité sur l'animal, de son appartenance à un autre monde : il faut bien qu'il se croie libre et raisonnable pour pouvoir être jugé moralement. Kant reprend l'opposition chrétienne entre fins morales et fins naturelles mais le conflit entre ces fins n'est pas une antinomie : les fins naturelles ne prétendent ni être les seules fins, ni être universellement valables, c'est seulement le problème de leur compatibilité avec ses propres fins que la morale a pour tâche de résoudre. En son exigence d'universalité et de nécessité, la morale doit échapper à toute casuistique, ce qu'elle ne peut selon Kant réussir à faire que grâce à une double abstraction, en refusant de considérer lescirconstances de l'action et la nature singulière de l'agent. Transgresser ou même seulement aménager un impératif moral, c'est obéir à son affectivité, pas à sa raison, or l'affectivité est variable et conditionnée par une culture. Seule sa raison impersonnelle peut permettre à l'homme d'être un sujet moral : bien agir est agir par devoir et il n'y a pas de conflits de devoirs, seulement des conflits entre des valeurs, culturelles ou personnelles, des intérêts et des désirs. Pourtant, même si chez Kant le bien cesse d'être déterminé dans son contenu pour laisser place à un impératif formel, Dieu et le souverain Bien restent les postulats de la raison pratique et maintiennent ainsi catégoriquement leur règne. Car dès qu'une possibilité de choix est ouverte, le bien fait sa réapparition ; quel que soit le nombre de sens en lequel on veuille le dire, il reste toujours bon, et même si on lui reconnaît des degrés, il a toujours un contraire, le mal. Croire par ailleurs s'affranchir à bon compte du bien et du mal en se tournant vers une éthique des vertus, en passant de la question autour de laquelle s'organise toute morale : « que dois-je faire ? », à la question éthique : « comment faut-il vivre ? », « quel genre d'être humain est-ce que je veux être ? », c'est être dupe, encore plus dupe, d'un idéal moral qui se fait omniprésent parce qu'il s'est dégradé et a abaissé ses exigences jusqu'à les rendre acceptables par tous : la morale est devenue « moraline »[1].

Au regard de la morale, il n'y a pas d'antinomie de la morale : elle ne croit s'opposer à rien, même pas à la nature, puisqu'elle se donne au contraire pour but de la sauver, ou de l'amener à la plus grande perfection dont elle soit capable. Il n'y a d'antinomie de la morale que dans une perspective nietzschéenne. Pour la reconnaître, il faut faire de la morale un problème, questionner la valeur de ses valeurs, l'examiner, la mettre en doute, et soumettre la croyance à la morale à une « vivisection »[2]. C'est donc l'interprétation morale de l'existence qu'il faut interpréter, ce qui impose de se situer en dehors d'elle : il faut jouir d'une grande santé pour voir dans ce qui jusqu'ici s'est appelé « morale » un symptôme de maladie. Sa manifestation la plus évidente est l'invention d'un monde « idéal » : tout idéal est une invention de la morale, la morale a toujours été la Circé des philosophes et tout monothéisme est une morale avant d'être une religion. Qu'elle soit philosophique ou religieuse, la représentation d'un autre monde conclut toujours au désavantage de ce monde-ci, à sa moindre valeur. « Le monde meilleur, le monde vrai, le monde de l'"au-delà", la chose en soi »[3], tout cela relève d'une même prétention : juger notre monde « de haut ». Le regarder ainsi signifie que notre existence dans ce monde ne nous *suffit* pas, nous la sommons de s'expliquer : « exister, pour quoi ? », « où allons-nous ? », nous lui demandons de se justifier : « en quoi et à quoi l'existence est-elle bonne ? » L'exigence de sens, de but – « tout but est un sens » – est une exigence à laquelle seules la

---

1. Cf. *Ant*, § 2 et 6 ; *EH*, « Pourquoi je suis si avisé », § 1. Il existe cependant une autre sorte d'éthique des vertus, une éthique aristocratique qui appelle au dépassement de l'humain.

2. *A*, Avant-propos, § 3 et 4 ; *PBM*, V, § 186.

3. FP XIII, 11[72].

morale, la métaphysique, la religion (toutes choses qui, en Europe aujourd'hui, désignent la même chose) peuvent répondre, et non pas l'existence. Interpréter moralement l'existence, poser des valeurs *au-dessus* de l'existence parce qu'on présuppose que toute valeur doit être « inconditionnée », c'est estimer qu'en *elle-même* et *par elle-même* l'existence ne vaut rien. Toute valeur morale se prétend inconditionnée, ce qu'elle ne peut être qu'en *Idée*, comme elle l'est depuis Platon en passant par le christianisme et par Kant jusqu'à Schopenhauer. But, Sens, Bien, Vérité se conjuguent en un même idéal, et confronter l'existence à cet idéal, c'est la condamner :

> *Voici l'antinomie* : pour autant que nous croyons à la morale, nous *condamnons* l'existence [1].

Il faut donc aborder le problème des deux mondes sous un angle différent. Il a été longtemps le principal problème de la connaissance parce que celle-ci était imprégnée de morale et perpétuait, sous une forme ou une autre, l'antinomie fonda-mentale, l'« antinomie de la morale ». Fondamentale parce qu'elle n'oppose pas la morale à l'amoralité ou immoralité de la nature, mais à l'existence elle-même.

Mais qu'est-ce, au juste, que Nietzsche appelle « morale » ? La réponse, en tout cas la majeure partie de la réponse, se trouve dans l'une des œuvres les plus fortes que la philosophie ait jamais produites, *La Généalogie de la morale*.

LA GÉNÉALOGIE DE LA MORALE

Nietzsche résume son œuvre, qu'il appelle son « pamphlet », dans *Ecce Homo*, et fournit un précieux fil conducteur pour en dégager les thèses principales. Il commence par en définir le

---

1. FP XIII, 10[192].

rythme et l'« art de la surprise » qui le rendent si « étrangement inquiétant »[1] :

> Chaque fois, un début qui *doit* induire en erreur, froid, scientifique, ironique même, intentionnellement placé au premier plan, intentionnellement faisant diversion. Petit à petit, l'agitation croît ; des éclairs isolés ; de très déplaisantes vérités venues du lointain faisant un bruit de roulement sourd, – jusqu'à ce qu'on atteigne enfin un *tempo feroce* où tout se précipite en avant dans une formidable tension. À la fin, chaque fois, au milieu de détonations absolument effroyables, une *nouvelle* vérité visible entre d'épais nuages.

Les très déplaisantes vérités sont celles qui creusent jusqu'aux racines immorales de la morale. Mais quelle est « la nouvelle vérité » ? Dans la *Généalogie de la morale*, elle n'est visible « qu'à travers d'épais nuages », et on est renvoyé en arrière, au *Zarathoustra*, et en avant, à l'*Essai de transmutation de toutes les valeurs*. Car cette vérité nouvelle ne répond pas à la question de la valeur de la morale, mais à celle de la valeur de la vérité.

L'articulation des problèmes

L'Avant-propos raconte la genèse de l'œuvre, la compréhension progressive du lien existant entre différents problèmes qui pouvaient sembler indépendants alors que chacun conduit à l'autre selon un mouvement d'approfondissement. Au début, un éveil en sursaut, et après coup ces questions : « qu'avons-nous donc vécu en réalité ? Bien plus, qui *sommes*-nous en réalité ? » Nous cherchons la connaissance, mais nous ne nous connaissons pas nous-mêmes, nous sommes pour nous des étrangers[2]. Reprise « froide et ironique »

---

1. *EH*, « *GM* ».
2. *EGM*, Avant-propos, § 1.

de la vieille maxime delphique du « Connais-toi toi-même » ?
La vieille maxime intimait aux hommes de se tenir à leur juste
place, à mi-chemin entre l'animal et le dieu, d'éviter le danger
toujours menaçant d'une double démesure : s'identifier à l'un
ou l'autre visage de l'animalité, la férocité des grands fauves ou
l'apathie engourdie des mollusques, ou se prendre pour un dieu,
usurper la puissance, l'immortalité et la félicité divines.
L'impératif émanait de la déesse Justice, de Dikè, qui imposant
au Tout un ordre intangible en fait un *kósmos*. Avec le christianisme, se connaître soi-même signifie se savoir originellement
pécheur ; l'homme n'est plus un être mis en demeure de
connaître sa juste place dans un ordre juste mais un coupable
dont la rédemption passe par la répression de sa nature mauvaise et coupable. Toute morale semble recevoir sa conception
du « soi-même » d'une vision cosmologique, théologique,
religieuse, ou de son contraire, le positivisme, les sciences
humaines. Pourquoi alors commencer une généalogie de la
morale par la question de la connaissance de soi ? Sans doute
parce que les « idéalistes » qui ont prétendu chercher la
connaissance avaient de bonnes raisons pour ne pas vouloir se
connaître eux-mêmes : « *Ne pas* avoir à se connaître soi-même :
sagesse de l'idéaliste[1]. » L'idéaliste ne veut se connaître que
comme « pur » sujet connaissant, alors que toute connaissance
de soi, « aussi loin qu'un homme puisse la pousser », est une
image très incomplète « de l'ensemble des *pulsions* qui
constituent son être. (…) leur nombre et leur force, leur flux et
leur reflux, leurs actions et leurs réactions mutuelles et surtout
les lois de leur *nutrition* lui demeurent totalement inconnues »[2].

Dans le paragraphe 2 de l'Avant-propos de la *Généalogie
de la morale*, Nietzsche semble passer à un tout autre problème,
à des réflexions sur la provenance des préjugés moraux,

1. FP XIII, 11[58].
2. *A*, II, § 119.

réflexions dont il affirme la «racine commune» avec celles d'*Humain trop humain*: elles relèvent «d'une même *volonté foncière* de connaître». Mais, dans *Humain trop humain*, c'était l'humain qu'il fallait connaître, en posant la question de l'histoire, des causes et des conséquences de son humanisation. Or, même si les hommes ont cessé de se croire gouvernés par une justice divine, ils n'ont pas cessé pour autant de croire au Bien et au Mal : privés de leur fondement théologique, les jugement moraux n'en continuent pas moins de régner, mieux, c'est en eux qu'on reconnaît la différence spécifiquement humaine. Est-ce donc la connaissance du Bien et du Mal qui définit l'homme, comme le judéo-christianisme nous l'enseigne? Se connaître soi-même, est-ce se connaître comme un être qui, alors même qu'il transgresse une loi morale, sait qu'il le fait et nie ainsi son humanité? Poser la question des origines du Bien et du Mal, se demander si la capacité de les discerner a favorisé ou entravé le développement de l'humanité : une telle volonté de connaître est en même temps une volonté de *se* connaître, non dans sa singularité mais comme un chercheur de connaissance qui se trouve à un certain moment d'une histoire et se demande ce que cette histoire a fait de lui. La réponse à cette question exige l'emploi d'une méthode historique (dont fait partie l'étymologie utilisée dans le premier Traité), l'application d'une bonne philologie, et un sens inné de la psychologie aboutissant à un «corps d'hypothèses» sur l'origine de la morale[1].

L'homme, être naturel, animal, est devenu un être moral : la religion judéo-chrétienne s'est servi pour s'imposer de la morale, mais c'est elle qui en est devenue l'instrument. C'est pourquoi la morale subsiste quand la religion disparaît. Schopenhauer, en particulier, s'est dispensé de toute garantie divine (il est «le seul athée loyal») mais a néanmoins prétendu

---

1. *EGM*, Avant-propos, § 3-4.

fonder une morale de la pitié et du déni de soi. Elle est devenue le plus grand danger d'une humanité qu'elle égare vers le néant, vers une espèce de nihilisme bouddhiste[1]. La pitié se trouve élevée au rang de valeur en soi, à la différence des philosophes qui ne lui accordaient qu'une « valeur négative »[2]. Schopenhauer appelle morale la fatigue d'exister, la volonté de ne-plus-vouloir. Cette critique de la morale schopenhauerienne pourrait sembler n'être qu'un « point particulier », un problème limité à la valeur d'une morale datée ; elle ouvre en réalité à celui qui « *apprend* à questionner (…) une perspective nouvelle et immense ». Car à partir de là, la foi en toute morale vacille : si une morale peut se fonder sur une volonté de néant, cela n'a-t-il pas été le cas de toute morale ? C'est donc la valeur des valeurs morales qu'il faut commencer par mettre en question[3]. Que gagnera-t-on à le faire ? La possibilité de prendre la morale avec belle humeur[4], la possibilité de jouir du spectacle de cette ancienne comédie dont Dionysos est l'auteur et dont il saura se servir pour inventer une nouvelle péripétie et une autre possibilité[5]. Le long sommeil d'une existence engourdie par des instincts, des sentiments et des jugements moraux s'interrompt et fait place à une passion joyeuse. Celui qui cherche la connaissance se connaît enfin lui-même autrement, il a fini par apprendre ce qui en lui veut la connaissance et quelle sorte de connaissance il est capable de vouloir. Une telle « connaissance

---

1. *Ibid.*, § 5.
2. *Cf.* Platon, *République*, X, 504 *b*, Spinoza, *Éthique*, III, 22, scolie, La Rochefoucauld, *Maximes*, 264 et Kant, *Métaphysique des mœurs*, Doctrine de la vertu, § 34 ; pour la critique de la pitié, voir *A*, § 131-148 ; il existe toutefois selon Nietzsche une sorte de pitié, celle du fort pour le faible, qui est un « miel » (*GM*, I, § 10).
3. *Ibid.*, § 6.
4. *Heiterkeit* ; voir, sur ce terme en lequel s'associent la joie spinoziste, l'allégresse sereine de Mozart et la passion stendhalienne, l'Introduction de Blondel à son édition d'*Ecce Homo*, *op. cit.*, p. 17-19.
5. *EGM*, Avant-propos, § 7.

de soi est modestie – car nous ne nous sommes pas notre œuvre propre – mais tout autant reconnaissance – car nous sommes bien réussis »[1]. Transmuer la condamnation d'une existence accusée d'être contingente, passagère et contradictoire parce que toujours en devenir, en une gratitude envers sa propre existence, donc envers l'existence entière, tel est le mouvement d'une connaissance de soi qui finit par comprendre pourquoi on est un destin.

Il faut cependant commencer par se débarrasser de la dramatisation, de la mauvaise comédie de l'ancienne morale. De la valeur des jugements moraux à celle des instincts dont ils dérivent, et de là à la valeur des valeurs morales : l'enchaînement de ces problèmes n'est que le chemin suivi par la découverte menant à ce par quoi il faut en réalité commencer. La généalogie va parcourir ce chemin à rebours, commencer par le commencement et mettre en question la valeur des valeurs en remontant à des origines que ces valeurs ont pris grand soin de dissimuler. L'origine (*Ursprung*) recouvre à la fois la provenance (*Herkunft*) et l'émergence[2]. La provenance, ce sont les réseaux complexes, la prolifération d'événements accidentels, de déviations, de retournements, l'ensemble de couches hétérogènes qui pullulent derrière l'aspect unique d'un caractère (national ou individuel); tout cela s'inscrit dans le corps, et une analyse de la provenance « doit montrer le corps tout imprégné d'histoire et l'histoire ruinant le corps ». L'émergence est le point de surgissement d'un phénomène « soumis au jeu hasardeux des dominations », l'entrée en scène des forces, l'irruption et la lutte de diverses interprétations s'achevant sur un équilibre instable – elle appelle une généalogie lisant dans les idéaux et les concepts autant d'avènements

1. FP XII, 2[16].
2. *Entstehung*, voir M. Foucault, « Nietzsche, la généalogie, l'histoire », art. cit., p. 108-115.

de tels équilibres. Il semble cependant que, si la recherche de la provenance revêt une forme historique, celle de l'émergence relève à proprement parler d'une généalogie : l'histoire vise à relativiser, pluraliser, complexifier et ainsi démasquer ce mensonge qu'est toute prétention à une origine unique. La généalogie a une autre fonction : comme elle a affaire à des forces, donc à des évaluations, elle peut révéler comment une valeur est née de son contraire, ce qui en fait le principal instrument de démystification des valeurs morales. La généalogie nietzschéenne n'est plus solidaire d'une définition du *genre* («homme» ou «peuple») mais d'une typologie, elle a affaire à des *espèces* d'hommes. En suivant cette voie, on ne rencontre plus des étapes d'acculturation mais des types de volonté. Une étape historique en laisse derrière elle une autre, ou plutôt une multiplicité d'autres qu'elle transforme en les assimilant, en en «héritant», alors que les types persistent : il ne cessera jamais d'y avoir des faibles et des forts. En réalité, les faibles ne sont pas si faibles que cela, ils s'arrangent toujours pour inventer des moyens de triompher des forts ; et les forts ne sont pas non plus si forts que cela, ils ont besoin des faibles et de leur ruse, de cette ruse qui s'appelle l'esprit : «voudrions-nous vraiment d'un monde où l'influence des faibles, leur finesse, leurs scrupules, leur intellectualité, leur *souplesse* manquerait totalement[1]... »

De la croyance à la grammaire comme croyance morale

Ce ne sont pas seulement les mots qui véhiculent une «métaphysique spontanée», les structures grammaticales fournissent les fondements d'une logique rudimentaire et sont aussi implicitement à l'œuvre dans toute interprétation morale. La croyance à la justesse de la description grammaticale de

1. FP XIV, 14[140].

l'agir induit en effet les deux principales erreurs propres à cette sorte d'interprétation. À l'exception des verbes «imperson-nels» (il pleut), tout verbe actif implique un sujet. La distinc-tion entre l'acte et son sujet implique la permanence du sujet alors que l'acte est exprimé par un verbe conjugué : le premier est posé comme indépendant de toute détermination tem-porelle, le second situé dans le temps. L'acte relève du devenir, le sujet est posé comme un «étant» qui peut s'y inscrire quand il agit ou y être inscrit par le regard d'un autre, et les seuls verbes qui conviennent sont alors des verbes d'état. Quand il agit, le sujet reçoit le statut d'agent, le sujet du verbe actif est pensé comme *cause* de l'acte, ce qui apparaît avec évidence dans le cas des verbes à la voix passive : tout verbe passif requiert un «complément d'agent» («L'arbre a été abattu» suscite la question : par quoi ou par qui ?) : il appelle la question de la cause de l'acte. Il suffit d'énoncer ces distinctions grammaticales pour comprendre qu'elles véhiculent une exégèse «métaphysique» de l'action, exégèse devenue objet de foi pour les gouvernantes : «Les gouvernantes ont toute notre estime : mais ne serait-il pas grand temps pour la philo-sophie de renier la foi des gouvernantes ? », et d'user d'un peu d'ironie à l'égard de la grammaire[1]. La *Généalogie de la morale* est un texte violent, d'autant plus violent qu'il est aussi ironique.

Première erreur : tout verbe actif a un sujet

La vérité du *premier* traité est la psychologie du christianisme : la naissance du christianisme par l'esprit de ressentiment, *et non*, comme on aime à le croire, par l'«Esprit», – dans son essence même mouvement d'opposition (*Gegenbewegung*),

---

1. *PBM*, II, § 34.

le grand soulèvement contre la domination des valeurs *nobles*[1].

Le premier Traité de la *Généalogie* est la psychologie du christianisme car c'est avec lui qu'on assiste à la fois à un renversement des valeurs et à une volonté d'effacement de leurs origines au profit de fondements transcendants. Ainsi, l'Esprit, le saint Esprit, est censé avoir inspiré les valeurs chrétiennes, elles procèdent d'une immaculée conception; l'esprit émerge bien avec le christianisme, mais c'est l'esprit de ressentiment. Si le fort, le noble, impose ses valeurs par la puissance de sa volonté et son sens de la distance, le faible, l'impuissant, ne peut créer les siennes qu'en s'opposant aux valeurs des forts. Les valeurs qu'il crée sont l'expression d'«une vengeance essentiellement spirituelle». Tandis que «toute morale aristocratique naît d'une triomphale affirmation d'elle-même», d'un dire-oui du puissant à lui-même, la morale des esclaves relève d'une réaction à quelque chose d'extérieur, d'autre, d'opposé, et lui dit non[2]. D'où les formules inversées: «Je suis bon, donc tu es mauvais» dit spontanément le noble heureux qui se délecte de sa différence; pour la morale des maîtres, bon et mauvais équivalent à noble et méprisable. «Tu es méchant, donc je suis bon» dit le faible qui ne peut se valoriser qu'en dévalorisant et en se posant comme le contraire de ce qu'il dévalorise, mais peut néanmoins être fier d'avoir inventé la bonté d'âme, donc son contraire, la méchanceté, et avec elle la profondeur – seules propriétés distinguant l'homme de l'animal[3]. Les puissants ne réfléchissent ni ne justifient leurs valeurs; comme chez tout artiste, pensée et création en eux ne font qu'un et sont instinctives. Le faible doit au contraire

---

1. *EH*, «*GM*».
2. *EGM*, I, § 10; *cf.* la «Double préhistoire du bien et du mal» dans *HH I*, II § 45 et le vigoureux tableau des deux morales dans *PBM*, IX, § 260.
3. Voir Deleuze, *Nietzsche et la philosophie*, *op. cit.*, p. 136.

concevoir son ennemi comme méchant, et de ce concept dérive son concept de « bon » : « partout, les désignations des valeurs morales se sont d'abord appliquées à des *hommes*, et seulement de manière dérivée et tardive à des *actions* »[1]. Le faible transforme son impuissance en vertu et fabrique contre les forts l'arme de l'idéal ascétique.

Cette vengeance est spirituelle, et appuyée sur une croyance en la grammaire : tout comme le « peuple » sépare la foudre de sa lueur et voit en cette dernière l'*action* d'un sujet – la foudre luit –, la morale du peuple « sépare la puissance des manifestations de la puissance », comme s'il y avait derrière une puissance un substrat indifférent qui serait libre de la manifester ou non. « Quand je dis "l'éclair luit", j'ai posé le luire une fois comme activité et une seconde fois comme sujet : j'ai donc subsumé sous l'événement un être qui ne se confond pas avec l'événement mais bien plutôt, *demeure*, *est* et ne "*devient*" pas[2]. » Cette entité imaginaire, le sujet, demeure *parce qu'*il est séparé de l'acte et est supposé pouvoir à volonté agir ou ne pas agir. La faiblesse a besoin de la fable du libre arbitre et de la liberté d'indifférence : c'est grâce à elle que le puissant peut être dit méchant (le loup n'est jugé méchant que si on le croit *libre de ne pas* manger l'agneau). C'est également grâce à elle que tous les traits propres à l'impuissance peuvent, dans une « ténébreuse officine », se transmuer en vertus : renoncement à la vengeance, non-agression, patience, humilité[3]. Tant que bon et mauvais étaient des prédicats « politiques », ils n'avaient de sens qu'en se référant à des types d'hommes, dominants ou dominés. La distinction du sujet et du prédicat n'existait pas dans la « préhistoire » et toute action était extériorisation. Mais si l'acte est inhibé ou différé, il y a entre l'excitation et la

1. *PBM*, IX, § 260.
2. FP XII, 2[84].
3. *EGM*, I, § 13 et 14.

réponse un intervalle où peuvent s'accumuler désir de vengeance et ressentiment. Le ressentiment, et non plus la noblesse
naïve du fort, devient créateur de valeurs : « bon et méchant »
prennent un sens psychologique et non plus politique. Or
« la race d'hommes du ressentiment finira nécessairement par
devenir *plus intelligente* que n'importe quelle race noble », car
l'intelligence n'est pas nécessaire aux nobles et aux puissants,
elle représente pour eux quelque chose comme un luxe[1].
Présenté comme la négation de ce péché « luciférien » qu'est
l'intelligence l'idéal du Bien et du Mal a fini par triompher et
s'est substitué à l'idéal ancien du bon et du mauvais. Ces deux
idéaux reposent sur deux antithèses contraires (bon et mauvais
pour l'idéal noble, bon et méchant pour l'idéal humble) et sont
mutuellement antithétiques. Qu'en est-il alors de celui pour
qui l'ancien idéal subsiste malgré tout, pour qui la Judée
n'a pas réussi à en finir complétement avec Rome ? Il tente
de ressusciter l'idéal aristocratique. Celui-ci a connu des
renaissances qui ont abouti à des « embrasements terribles » :
ne faut-il pas souhaiter qu'il y en ait encore un[2] ?

Le premier Traité commence effectivement par le
commencement. Il pose la question de la valeur de ces valeurs
premières que sont Bien et Mal et remonte à leur origine : le
sentiment du rang, de la distance, ou un désir de vengeance
impuissant à se traduire en acte et transmué en ressentiment.
La conclusion est qu'*aucune valeur n'est « morale »*, ni celles
posées par les nobles, ni celles fabriquées par les faibles, car
toutes procèdent d'origines fondamentalement immorales.

1. *EGM*, I, § 10.
2. *Ibid.*, § 17.

Seconde erreur : tout verbe actif a pour sujet un agent

Le *deuxième* traité donne la psychologie de la *conscience* (*Gewissen*) : celle-ci n'est *pas*, comme on aime à le croire, « la voix de Dieu dans l'homme », – c'est l'instinct de cruauté qui se retourne contre lui-même, une fois qu'il ne peut plus se décharger vers l'extérieur. La cruauté est mise ici pour la première fois en lumière comme l'un des soubassements les plus anciens et les plus inévitables de la civilisation [1].

À l'époque de la moralité des mœurs, du travail préhistorique de dressage, le but était de rendre l'homme prévisible, régulier, responsable, égal parmi ses égaux : « élever et discipliner un animal qui puisse promettre » est la tâche que s'est proposée la nature à l'égard de l'homme. Relayée par une volonté sociale, elle a imposé une mémoire spécifiquement humaine à un animal qui, comme tout animal, est naturellement oublieux : il fallait que ce pauvre animal, l'homme, devînt maître du temps et acquière une mémoire. Or la mémoire en elle-même est souffrance car tout ce qui est passé est irrévocable, imperfectible s'il s'agit de malheurs, fautes ou erreurs, et à jamais révolu s'il s'agit de joies ou de bonheur : « seul ce qui ne cesse de *faire souffrir* reste dans la mémoire [2]. » Voir souffrir fait plaisir et faire souffrir plus encore car la cruauté est une forme de domination et le plaisir qu'elle procure est lié à l'exercice de la puissance. D'où l'utilisation politique de la cruauté par des maîtres brutaux : la cruauté a d'abord été le moyen de rendre ineffaçables des interdits et des dettes (envers les dieux, les ancêtres, les institutions, d'autres hommes) en marquant au fer rouge, dans son corps, tout coupable d'une transgression ou d'un engagement non tenu. La logique archaïque de la dette et du

1. *EH*, « *GM* ».
2. *EGM*, II, § 3.

châtiment institue la douleur comme lien social. Pourquoi est-ce la douleur qui est la première médiatrice entre l'individu et la société, pourquoi est-ce elle qui permet l'insertion de l'individu dans la société? Parce que la douleur est le seul processus physiologique qui *retentit*. Le plaisir est « explosif » et peut être partagé, la douleur est solipsiste – c'est moi qui souffre, personne d'autre : en m'isolant elle fait de moi un individu – et elle se diffuse dans le corps et dans le temps. Si on me fait souffrir, me châtie, je m'en souviendrai (pas forcément si on me fait plaisir…). Le châtiment apprivoise l'animal humain, le rend plus intelligent et plus prudent, plus sage. Cependant, la moralisation des mœurs n'atteint son but que dans l'individu souverain, autonome et supra-moral : il en est le rejeton paradoxal. « À l'impossibilité purement passive de se délivrer de la rayure d'une impression passée » se substitue une mémoire active, la mémoire d'une volonté qui « veut encore et encore vouloir ce qu'elle a une fois voulu ». Une émotion ou un sentiment présents sont affirmés devoir être plus forts que tout ce qui pourra survenir : l'individu souverain se donne une mémoire qui ne restitue plus son passé mais répond de son avenir. Du « fier privilège de la responsabilité » naît un instinct de liberté qui n'est rien d'autre que le sentiment de la puissance acquise. Le « grand homme » a mauvaise conscience d'avoir ébranlé la société dont il est issu : « aussi longtemps que la bonne conscience se nommera troupeau, seule la mauvaise conscience dira : Moi[1]. » La mauvaise conscience se transforme en bonne conscience quand le grand homme comprend qu'il a « mis en mouvement le marécage ». Le passage d'une vie encore en grande partie naturelle, et dont la survie dépend de l'agressivité, à une vie sociale dominée par un idéal de paix civile finit par rendre inefficaces les vieux instincts régulateurs et infaillibles, et contraint à refouler l'instinct de liberté.

1. *APZ*, I, « Des Mille et un buts ».

L'homme en est réduit à sa conscience, l'organe « le plus misérable, le plus trompeur »; les anciens instincts n'en continuent pas moins à réclamer satisfaction, des satisfactions qui ne peuvent plus être que « nouvelles », imaginées, et « souterraines », c'est-à-dire rusées. La force séparée de sa puissance ne peut plus se décharger vers l'extérieur et se tourne vers l'intérieur : cette fois, « c'est l'instinct de cruauté qui se retourne contre lui-même » puisqu'il lui est interdit de l'exercer sur un autre, et avec la mauvaise conscience naît l'homme qui souffre de lui-même, l'homme malade[1]. Ce qui était chez les maîtres force active, instinctive et créatrice, conscience cruelle mais ni morbide ni mauvaise, devient mauvaise conscience; elle n'est cependant en eux que « le premier degré de la bonne conscience »[2], alors qu'elle s'installe chez ceux qu'ils dominent comme une force destructrice à laquelle on doit l'art de se torturer soi-même.

Quand la mauvaise conscience sort de la sphère politique et sociale, elle devient conscience coupable : l'homme souffre, non pas d'avoir fait cela, mais d'être là, d'être ce qu'il est. Ce tournant est pris parce que le sentiment de la dette envers la divinité n'a cessé de croître parallèlement au sentiment de la divinité de Dieu : plus dieu devient Dieu, plus ce sentiment se moralise et plus la mauvaise conscience se complique. « désormais, il *faut* que les notions de "dette" et de "devoir" rebondissent en arrière – (…) contre le débiteur ». Il faut qu'en lui la mauvaise conscience s'incruste et s'étende, l'insolvabilité de la dette signifiant une expiation infinie car aucun châtiment n'est à sa mesure, qu'il s'agisse du péché d'Adam ou du sacrifice « du créancier pour son débiteur »[3]. Le sentiment de

1. *EGM*, II, § 16.
2. *OS*, § 90.
3. Autre coup de génie du christianisme : *EGM*, II, § 21.

la faute devient avec le christianisme une conscience obsession-
nelle du péché. L'interprétation chrétienne apporte une souffrance « plus profonde, plus intérieure, plus vénéneuse, plus
corrosive pour la vie : elle mettait toute la souffrance sous le
signe de la *faute* »[1]. Le concept de Dieu, d'un absolu imaginaire, devient un instrument aux mains d'une caste sacerdotale
qui fait de tout homme un débiteur envers un créancier qui est la
bonté et la justice incarnée. Tout bonheur est présenté comme
une récompense, tout malheur comme un châtiment mérité.
Le prêtre dit alors : quoi qu'il t'arrive et arrive, « le coupable,
c'est toi ». Il commet ainsi un second sophisme grammatical, non plus celui de la permanence indifférente de l'agent
sous l'action, mais celui du sujet comme *cause* de l'action,
accomplie ou subie.

Les deux premiers Traités montrent qu'il a existé et existe
encore des morales différentes, dont les jugements moraux
doivent être rapportés à la volonté de différents peuples de
s'affirmer contre d'autres peuples, et à la volonté de classes
et de castes aspirant à se distinguer des classes inférieures.
L'étymologie et l'histoire du langage montrent que tous les
concepts sont les produits d'un devenir, ou sont encore en
devenir, et cela vaut pour les concepts de valeurs. Mais la
morale chrétienne prétend à l'éternité que lui garantit son
origine divine et entend se situer ainsi hors de l'histoire et au-
delà de toute critique. La morale kantienne en découle ; bien
qu'elle découvre son fondement inconditionné dans la raison,
la raison est en l'homme le signe indiscutable de sa nature
suprasensible : cette morale est encore la servante d'une théologie. Pour lutter contre une morale qui prétend être la preuve
de l'existence d'un autre monde, il ne suffit pas de remonter
à ses origines immorales, puisqu'une telle critique serait
encore morale et maintiendrait l'opposition entre « moral » et

1. *EGM*, III, § 28.

« immoral ». Le ressentiment et la mauvaise conscience sont les moyens immoraux « par lesquels jusqu'ici l'humanité a été rendue morale » mais il a fallu qu'une volonté les utilise. Démontrer que cette volonté n'est en rien divine, révéler quel instinct, quelle passion elle sert, c'est cela qui dévoilera ce que veut vraiment la morale, ce qui *au fond* parle en elle.

L'idéal ascétique

Le *troisième* traité donne la réponse à la question de savoir d'où vient la *puissance* formidable de l'idéal ascétique, de l'idéal du prêtre, bien qu'il soit, *par excellence*, l'idéal *nuisible*, une « volonté d'en finir », un idéal de *décadence*. Réponse : *non pas* parce que Dieu agit derrière le prêtre, ce qu'on aime à croire, mais *faute de mieux*, – parce que c'était le seul idéal jusqu'ici, parce qu'il n'avait pas encore de concurrents. « Car l'homme préfère encore vouloir le Rien plutôt que *ne rien vouloir*[1]… »

Pour répondre à la question de savoir d'où l'idéal ascétique tire sa puissance, le troisième Traité commence par poser que cet idéal signifie beaucoup de choses différentes pour beaucoup de gens différents ; il en existe une multiplicité de formes et il existe en fait une multiplicité d'idéaux, mais tous répondent à un même besoin : la volonté humaine a besoin d'un but, et l'idéal ascétique lui en procure un. Mais tout d'abord, *pour qui* signifie-t-il quelque chose[2] ? Pour les artistes, il ne signifie rien du tout, sauf si, fatigués d'être artistes, ils se mettent à parler en métaphysiciens ou en croyants. Plus sérieux est le problème de l'allégeance d'un véritable philosophe à cet idéal. Il signifie pour lui deux choses car il lui est doublement nécessaire. En tant que mode de vie l'ascétisme fait partie des conditions d'existence du philosophe, mais en l'adoptant il ne

1. *EH*, « *GM* ».
2. *EGM*, III, § 3-9.

nie pas l'existence, il affirme *son* existence. En outre, l'idéal
ascétique a dû, pour triompher, s'incarner dans un personnage ;
pour ne pas être méprisés, les hommes contemplatifs, religieux,
ont dû inventer des moyens d'être craints : emprunter leur
masque a été pour les philosophes la condition qui leur a permis
d'être simplement *possibles*. Car un philosophe n'aime jamais
les autres, tous les autres (au mieux, quelques-uns), il fuit
la place publique, et son côté asocial, apolitique, inactuel,
inadapté ne trouve dans la cité aucune institution pour le
défendre. En prenant le masque du prêtre, de l'homme sage,
frugal, respectueux des vraies valeurs, il se fait craindre, non
pour sa critique et son ironie, ou sa mise en question de tout
donné, mais pour ses vertus, preuves qu'il est dépositaire d'une
vérité « transcendante ». On ne reconnaît aucune valeur à la
pensée si elle n'est capable que de penser : elle doit donner des
devoirs, prescrire (la forme la plus édulcorée de la prescription
étant la recette, « l'art de vivre »). Les philosophes devaient
représenter l'idéal ascétique pour pouvoir être philosophes, et
ils ont dû y *croire* pour pouvoir le représenter. Leur croyance a
résulté d'une nécessité, mais une fois cette nécessité disparue la
croyance a persisté.

   L'analyse des différents types s'arrête là, car elle a réussi
à déplacer le problème en passant de la froide et socratique
formule : « que signifie », à une question lourde de vérités
déplaisantes : « qui représente » l'idéal ascétique ? La réponse
est que c'est celui dont le philosophe a pris le masque, le prêtre.
Lui seul y trouve, non seulement sa foi, mais sa volonté, sa
puissance, son intérêt. C'est lui qui donne à la mauvaise
conscience sa dimension morale et à la cruauté ses dernières
figures : le désir de *se* détruire, la volonté de néant et son ultime
avatar, la volonté de ne plus vouloir.

   Comment un prêtre ascétique évalue-t-il en effet notre vie,
et la « nature », le « monde », tout ce qui devient ? Il l'oppose à une
autre existence et à une autre vie et dévalorise ainsi toutes les

valeurs du monde et le monde lui-même : « Le "monde", expression chrétienne de mépris [1]. » Le renversement chrétien des valeurs aristocratiques est un acte de vengeance dont la haine est le ressort, mais cette haine ne s'adresse aux puissants qu'en tant qu'ils affirment la vie. Le nouvel idéal est l'affirmation d'une volonté qui veut triompher de la vie elle-même et de ses conditions de possibilité, « utiliser les forces pour tarir les sources de la force » [2]. Celui qui veut un autre monde n'accorde de valeur à la vie terrestre que pour autant qu'en souffrant elle se rachète du péché d'exister et serve de chemin vers l'autre vie. Lorsque le prêtre ascétique se met à philosopher, c'est la négation de la vie, la contre-nature, qui philosophent : il place l'erreur là où « l'instinct vital place le plus inconditionnellement le vrai et le réel », et en tient pour responsables non seulement les sens mais la raison elle-même. Cette inversion des perspectives est au demeurant utile à la connaissance : elle lui enseigne la diversité des interprétations, la multiplicité des affects qui jouent dans la diversité des jugements, elle l'éduque à l'objectivité et à la possibilité de contredire « l'évidence ». Bref, la philosophie contre-nature enseigne à philosopher.

Si l'espèce sacerdotale, espèce hostile à la vie, se répand et croît partout, ce doit être en vertu d'un intérêt de la vie elle-même : « *l'idéal ascétique procède de l'instinct de protection et de sauvegarde d'une vie décadente* » – il veut cette sorte de vie contre la vie [3]. Le prêtre ascétique protège les faibles, il règne sur les souffrants, il arrive même à infecter la conscience des forts qui ont « honte d'être heureux devant tant de misère ». Le prêtre emploie pour dominer des moyens *innocents*, qui consistent à anesthésier. Tandis que la souffrance se décharge « normalement » en rendant un autre responsable : « c'est ta

---

1. *CW*, Épilogue.
2. *EGM*, III, § 10 et 11.
3. *Ibid.*, § 13.

faute », le prêtre ascétique dévie la direction du ressentiment de sorte que le malade trouve la cause en lui-même et dise « c'est ma faute ». L'activité machinale constitue un autre anesthésiant, ainsi que « la petite joie facile », l'excitation la plus infime de la puissance. Mais les moyens les plus intéressants sont les moyens *coupables*, qui se ramènent tous à un « débordement du sentiment », aux grands sentiments grâce auxquels les plus puissants affects se trouvent « moralisés ». Le chef-d'œuvre de l'interprétation religieuse est son exploitation du sentiment de culpabilité : la souffrance est interprétée comme châtiment, la faute comme péché. Grâce « à la folie du péché et de la croix », l'homme sacerdotal a transformé la souffrance d'une vie appauvrie, tourmentée par le ressentiment et la mauvaise conscience, en affirmation de la puissance de l'Esprit.

Le prêtre ne travaille que dans l'imaginaire, il n'opère qu'avec des causes, des effets, des êtres, une nature, une psychologie et une téléologie imaginaires[1]. Les nouvelles valeurs sont posées *au-dessus* du monde réel, elles sont les produits d'« une observation extravagante de la vanité et de la déraison humaines »[2]. Pourtant, grâce à elles, l'existence se trouve du même coup dévalorisée et justifiée : elle trouve son sens comme juste châtiment du péché. Moyennant quoi, le christianisme sauve la volonté, car « l'homme préfère encore vouloir le néant plutôt que ne pas vouloir du tout », il préfère vouloir ce néant que tout monothéisme nomme « Dieu ». Le prêtre n'est le maître de la culture qu'en tant qu'il est le maître du sens, et sur ce point il n'a pas de concurrents : « Quiconque n'est pas capable de mettre sa volonté dans les choses (…), y met tout au moins un *sens* : c'est-à-dire la croyance qu'il existe déjà une

---

1. *Ant*, § 15.
2. *GS*, V, § 346.

volonté, laquelle veut dans les choses ou doit vouloir en elles »,
la volonté de Dieu [1].

Morale et religion

La *Généalogie de la morale* établit des relations complexes
et variables entre religion, morale et métaphysique. Laquelle
des trois, finalement, se trouve à l'origine de l'antinomie des
deux mondes ?

La morale n'a pas toujours été une anti-nature, tout dieu n'a
pas toujours incarné le bien, l'homme ne s'est pas toujours
pensé comme l'alliance contradictoire d'un corps empli de
répugnants désirs et d'une âme immortelle : un tel dualisme est
la conséquence d'« un faux-monnayage, érigé au rang de principe, de l'interprétation psychologique ». Il existe une pluralité
de religions, que Nietzsche réduit à deux espèces. Le poly-
théisme est caractérisé par une pluralité de normes situées
dans un lointain monde supérieur : « C'est d'abord là qu'on se
permet des individus. » Le monothéisme, en revanche, est
la « conséquence rigide de la doctrine d'un homme normal
unique », d'où « la croyance à un dieu normal unique, à côté
duquel il n'y a que des faux dieux mensongers »[2]. Le monothéisme a donc pour conséquence un appauvrissement des types
humains, il égalise. Le fragment intitulé *Païen et chrétien*[3]
oppose au « dire oui » païen, « au naturel, au sentiment d'innocence dans le naturel », le « dire non » chrétien, le « sentiment
d'indignité dans le naturel ». Les valeurs combattues puis
détruites par le judéo-christianisme étaient les valeurs vitales et
sociales d'une moralité des mœurs ; leur renversement consiste
à ne reconnaître de valeurs qu'idéales. Le « païen » montre
qu'il a été une fois possible de diviniser l'existence, la nature, le

1. FP XIII, 9[60].
2. *GS*, III, § 143.
3. FP XIII, 10[193].

monde, de vivre sa naturalité avec innocence – ce n'est pas un Grec, ni un philosophe, qui est convoqué, c'est Pétrone, « immortellement bien portant, immortellement de belle humeur et bien réussi »[1]. Une religion païenne n'a rien de moral, la moralité s'identifie à une somme d'impératifs sociaux intériorisés ayant pour but de rendre possible la coexistence des individus, tout en élevant certains individus en modèles avec lesquels chacun a à cœur de rivaliser : il y a différence et hiérarchie. Les dieux païens sont des forces naturelles divinisées, non des autorités – pour en être une, il faut que Dieu soit bon et vrai, autrement dit que la religion soit morale. Quand cela advient, s'instaurent la perte d'innocence, le mensonge qu'on se fait à soi-même sur ce qu'on est, l'incapacité d'admettre la réalité et le désir d'une satisfaction hallucinatoire dans l'idéal. Ce faux-monnayage n'est donc pas le propre de toute religion, il caractérise le monothéisme, cette doctrine en laquelle un seul Dieu est censé accaparer tout le divin. « En soi, la religion n'a rien à voir avec la morale », mais les trois monothéismes sont « *essentiellement* des religions morales »[2]. La religion chrétienne est une anti-nature non en tant qu'elle est une religion mais en tant qu'elle est morale. C'est pourquoi elle doit être attaquée à ce titre : en tant qu'elle est une religion, c'est une mythologie comme une autre et on peut ne pas croire à des mythes sans forcément devoir les attaquer. S'agissant de la morale, c'est une tout autre affaire.

Le fragment suivant, « *Vouloir la morale pour la morale* », condense l'histoire des rapports de la morale et de la religion :

> « *Vouloir la morale pour la morale* » – degré important de sa dénaturation : elle apparaît même comme ultime valeur. Dans cette phase elle a pénétré de sa substance la religion : dans le judaïsme par exemple. Et il existe également une phase où

---

1. Cf. *Ant*, § 46 et *EH*, « Pourquoi je suis un destin », § 7.
2. FP XII, 2[197].

de nouveau *elle sépare d'elle-même* la religion, et où aucun
dieu ne lui semble assez « moral » : c'est alors qu'elle préfère
l'idéal impersonnel... et c'est le cas présent[1].

Le Dieu judéo-chrétien est une condamnation de
l'existence parce qu'il est moral, mais toute religion n'implique pas une condamnation morale, le paganisme en est la
preuve, dont les dieux sont l'exaltation de certains aspects
« immoraux » de l'existence. Une première phase de dénatura-
tion donne à la religion une substance essentiellement morale.
À cette phase succède celle de l'état présent : le Dieu de la
phase précédente est encore trop personnel, trop incarné, il a en
lui une trop grande part de mythe, bref il est encore trop dieu
pour être purement moral. Séparée de la religion, la morale
devient entièrement rationnelle, impersonnelle, elle fait l'économie de Dieu et se prend elle-même pour fin. Elle s'éloigne
encore d'un degré de ce qu'elle prétend régler, puisqu'elle ne
s'adresse qu'à ce que l'homme a de moins naturel, et elle
adopte un idéal ascétique laïcisé pour lequel la volonté du bien
s'identifie à la volonté de vérité. C'est pourquoi « la morale
pour la morale » est « un principe dangereux » qui renverse le
rapport de la fin et des moyens : la morale ne devrait être qu'un
moyen au service de la vie.

En tant qu'elle se déclare recherche de la vérité, la
métaphysique n'a plus été depuis l'avènement du christianisme
que la forme spéculative de la religion, et l'exigence scientifique de vérité est la dernière figure de l'idéal moral car elle
conserve « le préjugé moral que la vérité vaut mieux que
l'apparence »[2]. La morale peut survivre à la religion parce
qu'elle fabrique inlassablement de l'idéal, non pas tel ou tel
idéal, mais l'idéal *en tant qu'idéal*, l'idéal comme prédicat

1. FP XIII, 10[194].
2. *PBM*, I, § 3 et 4.

essentiel de toute valeur. Dès qu'une valeur est prise comme idéal, on dispose des moyens de juger l'existence et le monde. Ces valeurs idéales donnaient à ce monde un sens et permettaient d'y vivre, car rien n'arrive en ce monde de façon divine ou même simplement humaine, raisonnable, juste. Mais il n'est plus possible de croire à ces valeurs dès que l'on comprend qu'elles ne sont que les sublimations du besoin trop humain de se préserver du sentiment de l'absurdité de l'existence et de la peur de la mort. L'opposition entre un monde où nous avions projeté des valeurs à vénérer, vénérations «grâce auxquelles nous *supportions* de vivre», et le monde où nous vivons, «un monde *que nous sommes nous-mêmes*», risque de déboucher sur cette alternative : «Supprimez ou bien vos vénérations, ou bien – *vous-mêmes!*» L'alternative signifie : détruisez ces «valeurs», objets de vos vénérations, ou alors, puisqu'il ne vous reste plus *rien* à vouloir, détruisez votre volonté elle-même, abîmez-vous dans un néant qu'aucune idole ne masque plus. «Cette dernière situation serait le nihilisme ; mais la première ne serait-elle pas également – le nihilisme[1]?» Oui, mais pas le même : dans le premier cas, le nihilisme est actif et destructeur, et il est passif dans le second. Détruire les idoles est une forme de nihilisme, mais ce nihilisme-là pourrait bien signifier un auto-dépassement du nihilisme. Le nihilisme a une histoire, il est l'histoire même de l'Europe, l'histoire de l'anti-nomie de la morale : il se pourrait que son histoire ne soit pas terminée.

La morale pouvait sembler avoir pour but de poser des valeurs capables de donner à l'existence humaine à la fois une valeur, – elles seraient capables de la rendre «bonne» à condition qu'elle s'y conforme –, et un sens : contribuer à l'avène-ment du bien sur cette terre. L'antinomie consiste en ce que, posant des valeurs pour améliorer ou sauver l'existence, la

---

1. *GS*, V, § 346.

morale les pose en les idéalisant de telle façon que ces valeurs servent de critères à des jugements qui condamnent l'existence. Cette antinomie est l'antinomie fondamentale, car c'est à l'existence, à la vie, à la nature, à l'innocence du devenir que la morale s'oppose. Mais elle ne s'y oppose pas en elle-même. Pour qu'il y ait antinomie, il faut qu'intervienne un « nous », et c'est ce « nous », nous nihilistes, qui croyons et condamnons. Nous ne croyons plus aux valeurs d'aucune morale ni d'aucune religion, mais nous croyons à la morale parce que nous croyons à la valeur de la vérité. L'antinomie semble d'autant plus définitive qu'elle n'implique qu'une croyance « purifiée » par un nihilisme actif. Nous sommes nihilistes, mais nous sommes encore pieux : « nous autres sans dieu et anti-métaphysiciens, nous puisons encore notre feu à l'incendie qu'une croyance millénaire a enflammées », la croyance que la vérité est divine. Or cette volonté de vérité pourrait être secrètement une volonté de mort. De sorte que la question « pourquoi vouloir la vérité ? » ramène à celle-ci « à quoi bon, somme toute, la morale » si, détournant de la volonté d'exister, c'est à la mort qu'elle conduit et c'est le néant qu'elle veut ? L'antinomie naît, non de la morale, mais de notre croyance en la morale, et comme notre croyance en la morale est une croyance en la vérité à tout prix, cette croyance en la vérité nous pousse à nier l'existence. Logique superbement vicieuse qui conduit du pessimisme au nihilisme, de la condamnation à la négation.

Le dépassement à venir : le surhumain ?

> Avant tout, il manquait un « *contre-idéal* » – *jusqu'à Zarathoustra*. – On m'a compris. Trois importants travaux préliminaires d'un psychologue pour une réévaluation (*Umwerthung*) de toutes les valeurs [1].

---

1. *EH*, « *GM* ».

Le troisième Traité répond aux trois interrogations sur lesquelles s'achevait le deuxième : s'agissait-il jusqu'ici d'ériger un idéal ou d'en détruire un ? qui serait capable d'opposer à l'idéal ascétique un contre-idéal ? est-ce aujourd'hui chose encore possible ?

Il est apparu qu'il s'agissait bien de détruire un idéal, car tout idéal s'édifie sur la destruction d'un ancien idéal : tout nouveau dieu implique d'en sacrifier d'autres, toute nouvelle conscience en bouleverse profondément une ancienne. Or l'idéal ascétique n'a pas fini de laisser des traces et parmi elles figure notre conscience elle-même. Nous sommes les héritiers d'une conscience qui a commencé par être mauvaise conscience. Celle-ci s'attache à tous les penchants naturels, à tous les instincts les plus vitaux. C'est elle qui fait que l'idéal ascétique persiste en nous, non pas en ses dogmes, mais en sa morale. Il a eu l'incroyable puissance d'opérer un renversement contre-nature et il faudrait une puissance au moins égale pour renverser ce renversement, pour donner à l'homme mauvaise conscience d'avoir pu croire en ces mensonges, falsifications et sophismes et pour, réciproquement, lui donner bonne conscience de ses instincts sexuels, agressifs, aventuriers, cruels...

Mais cette inversion des objets de la bonne et de la mauvaise conscience ne se fera pas toute seule. Si le premier renversement a requis l'intervention du prêtre, qui pourrait être l'auteur du second ? Tout idéal implique une condamnation de la réalité : où pourrait-on bien trouver un « anti-idéaliste » ? – « contre-idéal », *Gegen-Ideal*, ne veut en effet pas dire « idéal contraire », mais « anti-idéal ». Être anti-idéaliste aujourd'hui veut dire faire de la valeur de la vérité un problème. Car ce n'est pas la vérité qui est une erreur, c'est notre croyance en elle, en son évidence, en sa valeur incontestable, et de cette croyance émanent tous nos jugements. Mais le réel n'a que faire de nos jugements, et encore moins de notre croyance. Il réclame une «immersion», un «enfouissement», un «enfoncement» en lui, il signifie «naturel» et «terrestre» par opposition à mensonger et imaginaire. La critique de l'ancien idéal a indiqué, et pouvait seulement *indiquer*, que la réalité est à chercher du côté de ce qui avait été nié et calomnié : du côté de la nature, des pulsions vitales, de la vie forte. Mais pour faire de cela la source de nouvelles valeurs, il faut avoir été assez seul assez longtemps pour ne pas être contaminé par le nihilisme moderne, il faut «rassembler sa force, son enthousiasme», être l'homme «d'une conscience nouvelle pour des vérités restées muettes», avoir la volonté de l'homme et de la terre.

Ce «rédempteur» viendra, il viendra quand cela lui chante et pour toujours[1]. Mais, écrit Nietzsche, ce sera quelqu'un «de plus jeune, de "plus futur", de plus fort que moi» : «Zarathoustra le *sans-dieu*». Assez jeune pour ne pas avoir été décadent, assez fort et assez «futur» pour ne plus vouloir la vérité et affirmer, non pas son absence, mais sa nécessité d'être créée. Créer la vérité? Cela ne revient-il pas à en faire une fiction? Certes, et Zarathoustra aussi en est une. Mais dans son nom s'annonce la volonté qui créera des valeurs affranchies de tout idéal, des valeurs terrestres et seulement terrestres, ce qui ne veut pas dire humaines et seulement humaines, des valeurs auxquelles il ne sera pas nécessaire de croire pour les affirmer. La responsabilité sans la faute et sans la mauvaise conscience, la conscience que les valeurs sont à créer, le divorce de la valeur et de la vérité – qui conteste la valeur de la vérité tout autant que la vérité des valeurs : c'est cette bonne conscience qui sauvera l'homme en ne lui promettant qu'un beau risque, une aventure sans garantie, en faisant appel non à sa culpabilité mais à son innocence et à son courage, à son excédent de force. L'homme ne peut espérer qu'en lui-même, il n'est porté par rien d'autre que par

1. *GS*, «Plaisanterie… », § 45.

lui-même, il doit « monter sur ses propres épaules », il est seul responsable de lui-même et des valeurs qu'il se donne. Il ne peut tenir son sens que de son avenir, pas de l'au-delà. Son avenir, c'est le surhumain, et le surhumain est le dépasse-ment du réel par le possible et non pas, comme l'idéal, son dépassement imaginaire dans le néant.

CHAPITRE IX

LE CARACTÈRE NIHILISTE DE L'ANTINOMIE

> *Des jugements, des jugements de valeur sur la vie, pour ou contre la vie, ne peuvent, en fin de compte, jamais être vrais : ils ne valent que comme symptômes, ils ne méritent d'être pris en considération que comme symptômes, car en soi, de tels jugements ne sont que des sottises.*
>
> Le Crépuscule des idoles, « *Le problème de Socrate* »

LE NIHILISME

Le terme« nihilisme », assez rare dans les œuvres publiées, apparaît pour la première fois dans le *Gai Savoir*[1] : « la croyance à l'incroyance jusqu'au martyre » est un nihilisme façon « Saint-Pétersbourg », la preuve d'un « besoin de croyance, d'appui, d'épine dorsale, d'assise », un besoin de « tu dois » poussé jusqu'au désespoir. Ce paradoxe – un certain nihilisme naît d'un besoin éperdu de croire – n'en est un qu'en apparence. Le besoin de foi est d'autant plus pressant que la volonté manque : il y a alors aspiration violente à une autorité qui commande, Dieu, État, dogme ou parti. Cet être de l'« éternel futur » qu'est l'homme, qui ne trouve aucun repos, qui est sans cesse contraint de vouloir, « cet animal si courageux et si riche », est forcément exposé aux maladies les plus longues

1. *GS*, V, § 347.

et les plus terribles, et le nihilisme est un énorme accès de « maladie de la volonté ». Quand une grande pitié pour l'homme s'ajoute à une épidémie de satiété de vivre et de dégoût de l'homme, advient cette « chose monstrueuse entre toutes » : la « dernière volonté » de l'homme, sa volonté de néant, le nihilisme [1].

Signification du terme

Que signifie ce néant, ce *nihil* ? Il n'est pas la négation logique de l'être dont on peut se demander, comme le fait Platon dans le *Sophiste*, si elle en affirme le contraire ou seulement l'autre. Le *oúden*, le *nihil*, le rien, n'est pas le non-être, le *mè ón*. Selon Bergson [2], le rien exprime une attente déçue : « il n'y a rien » (dans ce lieu, dans cette œuvre) veut généralement dire « rien qui me convienne », « m'intéresse », « rien qui corresponde à mon désir ». En un second sens, dire d'un homme qu'il « n'est rien » signifie qu'il ne *vaut* rien et, là aussi, cela correspond à une déception. Pourtant, si en affirmant le néant du monde, le nihiliste porte bien un jugement sur sa valeur, le néant qu'il *veut* n'est pas de cet ordre. Il conçoit le néant comme un état contraire de l'existence, comme un repos, une négation du vouloir. Cette négation ne vise pas à dénier

---

1. *EGM*, III, § 28.
2. Voir H. Bergson, *La Pensée et le Mouvant*, « De la position des problèmes », p. 1305-1306, et « Le possible et le réel », dans *Œuvres, op. cit.*, p. 1336-1338. Le néant désigne « la présence d'une chose (...) qui ne nous intéresse pas (...) ; c'est notre déception qui s'exprime quand nous appelons absence cette présence » (p. 1305). « "Rien" désigne l'absence de ce que nous cherchons, de ce que nous désirons, de ce que nous attendons » (p. 1337). Selon Heidegger (*Nietzsche* II, p. 46-49), ce néant « pensé à partir de la chose niée » n'est que « billevesées », comme ce l'est pour Bergson qui y voit une « pseudo-idée » issue d'une pluralité de suppressions imaginaires poussée à la limite. Toute négation est donc le fait d'un acte de l'esprit : il n'y a pas de « négatif ».

toute valeur à l'existence (la négation nihiliste *résulte* de la condamnation pessimiste mais ne lui est pas identique), elle veut la suppression de l'existence elle-même : le nihiliste veut détruire activement ce qui est et se détruire lui-même pour atteindre un néant qui s'identifie au sommeil et à la mort. Le nihilisme est une maladie de la volonté, mais la maladie est pour l'homme un état normal, donc le nihilisme aussi est un état normal.

Les espèces de nihilisme

Il faut découvrir de quoi cette maladie est le symptôme. Mais le nihilisme est « équivoque », il en existe plusieurs espèces. Il a donc plusieurs origines.

Un fragment de l'automne 1887 propose l'hypothèse de deux espèces de nihilisme [1] :

> A) Nihilisme en tant que signe *de la puissance accrue de l'esprit* : en tant que nihilisme actif. Il peut être un signe de *force* : la force de l'esprit a pu s'accroître de telle sorte que les buts fixés *jusqu'alors* (« convictions », articles de foi) ne sont plus à sa mesure. (…)
> D'autre part, un signe de force *insuffisante* pour pouvoir productivement *s'assigner* un nouveau but, un pourquoi, une croyance.

Quand il résulte de la conscience que les buts fixés jusqu'alors ne sont plus à la mesure de la force nouvelle de l'esprit et de ses exigences, le nihilisme « atteint son maximum de force relative en tant que force violente de destruction », c'est un nihilisme *actif*. L'esprit détruit une croyance qui a été nécessaire à l'accroissement de sa puissance mais qui a fini par devenir un obstacle à son développement. Sa force ne suffit

---

1. FP XIII, 9[35].

pourtant pas à créer de nouveaux buts : le nihilisme actif est un état intermédiaire pathologique, pathologique parce qu'il conclut à une absence totale de but, intermédiaire parce qu'il est le propre d'un âge où les forces productives ne sont pas assez puissantes pour créer des valeurs, ou parce qu'il est le propre d'une époque où la décadence, menée à son terme, n'a pas encore inventé ses remèdes. Dans le premier cas, il découle d'un affaiblissement passager, de nouvelles forces surgiront et créeront de nouvelles valeurs ; dans le second, il risque d'être définitif car il est le symptôme du double affaiblissement de la puissance de l'esprit et de la puissance de la volonté :

> B) Nihilisme en tant que *déclin et régression de la puissance de l'esprit* : le nihilisme passif.
> en tant qu'un signe de faiblesse : la force de l'esprit peut être fatiguée, *épuisée* en sorte que les buts et les valeurs *jusqu'alors* prévalentes sont désormais inappropriées, inadéquates et ne trouvent plus de croyance –

Le nihilisme passif n'attaque pas, ne détruit pas, il se contente de ne plus croire. La volonté est lasse d'avoir cru si longtemps et si souvent à des « emblèmes cliquetants » et elle fait de son incroyance sa seule croyance. En conséquence, « la synthèse des valeurs et des buts (sur laquelle repose toute culture) » se dissout, d'où un conflit des buts individuels entre eux et avec les buts collectifs [1]. L'homme ne sait plus en quoi il doit croire, et il cesse de croire en lui-même. Il ne recherche plus que ce « qui réconforte, tranquillise, étourdit », les calmants que la religion, la morale, la politique, l'esthétique peuvent lui procurer.

Les négations nihilistes ne sont ni logiques ni dialectiques, et en ce sens elles ne sont pas négatives. Une négation est néga-

1. FP XIII, 9[43].

tive lorsqu'elle est impuissante à détruire : dans la mesure où toute destruction est l'œuvre d'une force, seul le ressentiment, dans son impuissance, peut être négatif. Volonté de destruction des valeurs ou volonté d'anéantissement de l'existence, le nihilisme implique un « non » actif dont la différence ne tient qu'à la qualité, plus ou moins faible ou forte mais toujours malade, de la volonté. C'est seulement lorsque la volonté atteint un degré maximal de faiblesse que le « non » destructeur se retourne en un « oui », un consentement passif au néant. C'est en cela, et non pas logiquement, que les deux espèces de nihilisme sont contraires.

Les origines du nihilisme

Quelles sont donc les causes de ces espèces de nihilisme ? Tout d'abord, ce serait une « erreur de renvoyer à des "états sociaux de détresse" ou à des "dégénérescences physiologiques" », car cela pourrait s'interpréter autrement que de manière nihiliste. La détresse, la détresse spirituelle, physique, intellectuelle est en soi totalement incapable de produire le nihilisme. C'est dans l'interprétation christiano-morale qu'il se tapit, mais cette interprétation périt victime de sa propre morale : véracité et haine de la fausseté se retournent contre elle et dégénèrent en la « croyance fanatique que "Tout est faux" ». La cause principale de tout nihilisme, c'est la croissance d'une véracité destructrice de la fausseté de toute valeur supérieure. Elle peut cependant être envisagée sous trois perspectives différentes.

Perspective historique

Tout nihilisme traduit une force croissante ou une faiblesse croissante. Mais quelle espèce de force ou de faiblesse, force et faiblesse de quoi ? La fin du fragment cité plus haut précise que le nihilisme est « seulement un symptôme de force chez *ceux qui ont institué des valeurs* » [1]. Une force créatrice n'est donc pas nécessairement une *bonne* force : elle peut créer « des valeurs de déclin, des valeurs *nihilistes* », qui « règnent sous les noms les plus sacrés » [2]. Même dissimulée, la volonté de puissance crée des valeurs qui sont les expressions de sa perversion ou de son auto-négation : elle veut oublier qu'elle les a créées pour pouvoir les vénérer et c'est cette « volonté inversée », ce manque de volonté qui s'inscrit dans toutes les valeurs supérieures de l'humanité. Instituer des valeurs est néanmoins toujours le symptôme d'une force créatrice, alors que le nihilisme *actif* possède uniquement une force de *destruction* : la force de l'esprit s'attaque à ce en quoi il ne peut plus croire, ce qui n'exclut pas que subsiste en lui un besoin de croire. Il se manifeste dans la question « pour quoi ? ». Tout « pourquoi », toute demande de cause est en effet demande d'une « *causa finalis* » étant donnée notre « *incapacité à interpréter* un événement autrement que comme un événement *intentionnel* » [3], y compris cet événement qu'est l'existence. La « question "pour quoi" est la question du nihilisme ». Son présupposé est qu'« il ne devrait pas y avoir d'être pour rien ni dépourvu de sens » et que tout devenir doit atteindre quelque chose, un but [4].

Les forces productives n'ont pas manqué de ressource pour créer des buts répondant à cette exigence, mais un but ne suscite la croyance qu'à la condition d'être garanti par une autorité. L'histoire de l'Europe s'identifie à celle de la destruction des autorités successives par lesquelles elle a cherché à remplir la place vide du Dieu chrétien, le Dieu bon et juste des mono-

---

1. FP XIII, 9[35].
2. *Ant*, § 6.
3. FP XII, 2[83].
4. FP XIII, 11[97].

théismes. Nietzsche en dresse la liste[1] : après la mort de Dieu, il reste l'autorité de la conscience, cet « instinct divin » ; plus elle s'émancipe de la religion, plus la morale se fait impérative et plus « l'immortelle et céleste voix » de la conscience est certaine de savoir distinguer le bien du mal. Lorsqu'on ne croit plus à sa divinité, elle devient Raison, instance sinon divine du moins encore supra-humaine, mais on a pu voir quel déferlement de violence engendre le culte de la déesse Raison. La remplacent alors des instances supra-individuelles : l'État, ou la société grégaire avec sa valeur suprême, le bonheur – et, « avec quelque tartuferie », le bonheur de la plupart, le comble du nihilisme passif (« nous avons inventé le bonheur » disent les derniers hommes). La science peut également prendre le relais, avec le regard glacé, désintéressé qu'elle jette sur cette machine qu'est le monde, et même la science historique. Car les historiens aussi sont devenus nihilistes[2] : le « regard triste, dur, résolu » qu'ils jettent sur l'histoire humaine, leur décision de se borner à constater et à décrire, font taire toute vie ; on n'entend plus dans l'histoire qu'ils racontent que les dernières corneilles qui coassent « À quoi bon ? », « À rien ! », « *Nada !* ». Cette absence de sens serait même selon Schopenhauer le sens de la science historique, dans sa volonté « de percer à jour sa propre absurdité et de se dégoûter d'elle-même ». L'avant-dernière croyance possible en un but est le fatalisme : il n'y a pas de réponse, mais tout cela *doit* bien mener quelque part ; c'est le stade d'« un agnosticisme à l'égard du but ». Mais pour finir c'est la négation de la vie qui devient le but d'une vie qui cesse d'être vécue pour être appréhendée dans son manque de valeur ; cette négation est le propre des « fanatiques » qui préfèrent la certitude du néant à l'incertitude d'une réalité qui a

1. FP XIII, 9[43].
2. Cf. *EGM*, III, § 26.

le mauvais goût de devenir. La mortification chrétienne laisse place au vide «bouddhique». Devenu incapable d'inscrire sa volonté dans les choses, l'homme n'a conservé que les «valeurs jugeantes»: les valeurs sont dévalorisées mais persiste la croyance que toute valeur devrait être garantie par une autorité, laquelle reste malheureusement introuvable.

Quand la force de l'esprit augmente, c'est une force de destruction qui augmente et en arrive à l'«énorme généralisation» du «en vain»: celle-ci n'a rien de nécessaire, elle est née du découragement et de la faiblesse. Le nihilisme passif survient à l'époque où l'esprit a été jusqu'au bout de sa force de désillusion, tous les buts possibles s'étant révélés décevants et toutes les valeurs incohérentes; or «à l'heure même où la volonté serait le plus nécessaire, elle est à son plus faible degré»[1]. La force négatrice croissante de l'esprit s'accompagne d'une faiblesse croissante de la volonté. L'origine principale du nihilisme est donc la coexistence de deux mouvements de sens contraire: le premier est augmentation de la puissance destructrice de l'esprit, le second affaiblissement croissant de la volonté de puissance. La conscience du manque de valeur des valeurs successivement créées engendre une fatigue de vivre, un dégoût de l'homme et une pitié pour les hommes que la volonté n'a plus la force de combattre. Privées de toute culture, les forces productives sont réduites à rien: l'homme ne sait littéralement plus quoi inventer.

Perspective typologique

Lorsque le nihilisme atteint cette forme passive, la vie est évaluée en fonction de la proportion respective de souffrance et de plaisir. Ce calcul conduit à juger bon ce qui est conforme à un besoin de stabilité, d'identité, de sécurité, autant dire ce qui

1. FP XIII, 9[43].

est agréable, agréable voulant dire qui ne menace pas, ne nuit pas : le plaisir est identifié à une absence de douleur. Plaisir et déplaisir sont pris pour *fins*, alors qu'ils ne suscitent que des «jugements de valeur de second ordre» où s'expriment les notions d'utile et de nuisible : ils ne sont que des *signes* d'accroissement ou de déclin de la puissance. De son déclin résulte une hypersensiblité à la douleur, c'est pourquoi, si christianisme et bouddhisme sont deux religions de la décadence, la seconde est en avance sur la première : elle a éliminé Dieu et évacué le ressentiment, de sorte qu'il ne s'agit plus de lutter contre le péché mais uniquement contre la souffrance. L'égoïsme devient un devoir [1].

Quel genre d'homme interprète l'existence de cette façon ? Quand il manque des hommes supérieurs capables de maintenir la croyance en l'homme, l'espèce du «troupeau», la masse, «désapprend la modestie et gonfle ses besoins en valeurs cosmiques et métaphysiques». Elle perd ses vertus grégaires – labeur, modération, ferme conviction – et s'approprie le mode de vie des puissants «oisiveté, aventure, incroyance, débauche même», ce qui la ruine. Or il n'y a de types supérieurs que sur la base de l'existence parfaite, accomplie, d'un type inférieur : «la haine de la médiocrité est indigne d'un philosophe (…) Précisément parce qu'il est l'exception il se doit de préserver la règle, d'entretenir pour tout ce qui est médiocre le courage de lui-même [2].» Mais quand une masse qui a perdu ses vertus propres règne, ce qu'elle n'est pas faite pour faire, elle tyrannise les exceptions au point que le type supérieur, puissant et fécond, décline, perd sa foi en lui-même et devient nihiliste. L'art se vulgarise, on n'a plus besoin de génies et un génie

---

1. *Ant*, § 20.
2. FP XIII, 10[175].

aurait même honte d'en être un[1] : il se désespère et se soumet. Des exceptions ou des « évadés » que la nature a dotés d'un excédent de force l'utilisent pour inventer les remèdes propres à satisfaire cette vie épuisée : des prêtres bouddhistes, des philosophes (Schopenhauer), des artistes (les romantiques, Wagner), des hommes qui compromettent leur génie et l'utilisent pour flatter les instincts de cette vie déclinante. Wagner en particulier raffine l'alliance de la beauté et de la maladie et exaspère la haine mortelle de la connaissance[2]. La disparition des types supérieurs et l'échec de toutes les tentatives pour en imaginer de nouveaux sont causes de nihilisme quand celui-ci est envisagé du point de vue des types de volonté de puissance.

Perspective psychologique

Le nihilisme a contaminé tous les philosophes parce qu'ils ont repris à leur compte, sans en questionner la légitimité, la mauvaise question posée au devenir, au monde et à l'existence : celle du but et du sens qu'ils devraient selon eux comporter. Le nihilisme est chez eux un état psychologique qui a revêtu trois formes[3].

Il survient « en premier lieu quand nous aurons cherché dans tout événement un sens qui ne s'y trouve pas ». Il naît de « la conscience progressive d'un long *gaspillage* de forces », de la « honte de s'être livré à une trop longue *imposture* ». Quelle que soit la manière dont on se représente le but, toutes les représentations ont en commun la croyance que quelque chose doit « être *atteint* par le processus même, et voici que l'on comprend que le devenir n'aboutit à rien » : « La déception quant à une prétendue *fin du devenir* est cause de nihilisme. »

---

1. FP XIII, 9[44].
2. *CW*, Post-scriptum.
3. FP XIII, 11[99].

Une seconde sorte de nihilisme résulte d'une volonté d'insérer l'homme dans une totalité parfaitement unifiée et organisée. Toute forme de monisme (stoïcien ou spinoziste, par exemple) fait de l'homme un élément de la Nature, un mode de la substance divine; cette totalité peut aussi être «une société dans le vieux sens du terme». Mais ce qui anime fondamentalement un architecte de l'avenir est la croyance «qu'un homme n'a de valeur et de sens qu'autant qu'il est *une pierre dans un grand édifice*». Or cette croyance n'existe plus, nous ne sommes plus assez durs ni assez solides pour être «*un matériau propre à la construction d'une société*»[1], ou de n'importe quelle totalité capable d'agir à travers l'individu et d'exiger de lui des sacrifices et un dévouement au bien général. Lorsque l'homme perd cette sorte de foi, il perd la foi en sa propre valeur – «ce qui prouve que c'est *pour pouvoir y croire*» qu'il l'avait conçue[2].

Une fois compris que le devenir n'aboutit à rien et qu'aucune grande totalité ne vaut les sacrifices qu'elle réclame, double compréhension qui est une double déception, il ne reste d'autre échappatoire que de condamner le monde du devenir et d'inventer un monde *vrai*. Mais, là encore, l'esprit devient progressivement assez fort pour s'apercevoir que ce monde est construit en fonction de besoins physiologiques et psychologiques: les hommes ont élevé leurs conditions de conservation à la dignité de prédicats de l'être et ont tiré de là un monde «vrai», un monde qui ne soit pas un monde en perpétuel devenir. Une troisième forme de nihilisme «inclut l'incroyance quant à un monde métaphysique». La réalité du devenir devient dès lors l'*unique* réalité, mais le monde du devenir est un monde où l'on ne peut supporter de vivre.

1. *GS*, V, § 356.
2. FP XIII, 11[99].

Un devenir insensé, un tout impossible à totaliser et à unifier, un monde vrai illusoire : on en arrive enfin à la conclusion que « le caractère de l'existence dans son ensemble ne saurait être interprété ni par le concept de *"fin"*, ni par le concept d'*"unité"*, ni par le concept de *"vérité"* ». Le nihilisme philosophique finit par découvrir la cause des erreurs passées : la valeur du monde était mesurée par rapport « à des catégories qui relèvent d'un monde purement fictif » et qui se révèlent inapplicables au tout. C'est la « *croyance aux catégories* de la raison qui est la cause du nihilisme », mais quand cette croyance disparaît le monde manque cruellement de valeur. Pour les philosophes, le monde *devrait être* un monde sans changement, sans contradictions, sans tromperie, un monde conforme aux exigences de la raison. Mais pourquoi le caractère de l'existence devrait-il faire plaisir au philosophe [1] ?

Les origines du nihilisme sont donc aussi multiples que ses espèces. Du point de vue historique, il y a entre la force et la faiblesse respectives de l'esprit et de la volonté (de la volonté de puissance) un jeu d'interactions qui permet des interruptions, des retours en arrière, des accélérations ; le nihilisme actif recouvre une pluralité de variantes et de transitions qui le conduisent finalement toutes à un nihilisme passif représentant le déclin commun de la force de l'esprit et de la volonté. Dans une perspective typologique, le nihilisme naît de ce qu'il manque l'espèce supérieure, mais le type supérieur peut lui aussi se faire complice de la décadence. Quant au nihilisme philosophique, il résulte d'une déception quant à la valeur des catégories de la raison, or comment l'esprit pourrait-il conserver sa force s'il cesse de croire aux catégories de la raison ?

1. FP XIII, 11[97].

Où sont passées les forces réactives ?

Dans *Nietzsche et la philosophie*, Gilles Deleuze distingue pour sa part trois espèces de nihilisme : négatif, réactif et passif. Le nihilisme négatif serait une dévalorisation de la vie à laquelle les valeurs supérieures confèrent une valeur de néant alors que c'est une volonté de néant qui s'exprime en elles. Puis la vie dépréciée se retourne contre elles et ne reconnaît plus d'autres valeurs que les siennes propres : le nihilisme devient réactif ; enfin, cette vie exténuée « préfère s'éteindre passivement plutôt qu'être animée d'une volonté qui la dépasse »[1]. Mais, un peu plus haut[2], le nihilisme n'avait que deux sens : négatif, résultant d'une dépréciation de la vie au nom de valeurs supérieures, et réactif, effet d'une dévalorisation des valeurs supérieures elles-mêmes. Or selon Deleuze, si toutes les valeurs créées ont été « nihilistes », si l'histoire du nihilisme est celle du passage d'une dépréciation (de la vie) à une dévalorisation (des valeurs supérieures), ces valeurs doivent logiquement être l'œuvre de « forces réactives ». Mais la logique n'est pas bonne.

> La seule *force* qui existe est de même nature que celle de la volonté : un ordre donné à d'autres sujets et suivant lequel ils se transforment[3].

Il n'y a qu'une seule sorte de force, il n'y a pas de force « mécanique », une force est toujours l'expression d'une volonté de puissance. Toute force agit sur d'autres forces (il n'existe pas de force isolée), *toute force est active*. Une force est active quand elle tend à la puissance, de sorte qu'« être inhibé dans le mouvement en avant est donc un acte de

---

1. G. Deleuze, *Nietzsche et la philosophie*, *op. cit.*, p. 174.
2. *Ibid.*, p. 170.
3. FP XI, 40[42].

résistance et de réaction »[1]. Réagir est un « acte de réaction »,
réagir, c'est agir. Une force peut donc agir ou réagir, mais
quand elle réagit, elle agit, elle n'est pas « réactive ». Il existe
une autre manière de réagir (c'est le sens le plus courant du
terme) : non pas agir en résistant, en refusant, mais réagir à une
excitation extérieure. Il n'existe qu'un seul texte de Nietzsche
où le terme force (*Kraft*) voisine (sans être associé) avec
l'adjectif « réactif » : « est-ce à partir d'une force accumulée que
l'on est "spontanément" stimulé, excité, ou de façon purement
réactive[2]... ». Être stimulé de façon réactive ne veut toutefois
pas dire « exercer une force réactive » : c'est avoir besoin
d'une stimulation extérieure pour agir, propre de ces « talents
réactifs » que sont « l'historien, le critique, l'analyste, l'interprète, l'observateur, le collectionneur, le lecteur ; et *toute*
science ! ». Chacun d'eux est un homme « qui ne fait plus que
réagir aux excitations du dehors »[3]. Les savants « ne pensent
plus autrement que de façon *réactive* : c'est-à-dire qu'il leur
faut lire d'abord pour pouvoir penser »[4], mais quand, ainsi
stimulés, ils pensent, les savants agissent. En résumé : « réagir »
peut désigner : 1) un « acte de réaction », une résistance à une
excitation (qui requiert une puissance défensive de la part de la
volonté) ; 2) l'action d'une volonté qui n'est pas assez puissante
pour agir d'elle-même et qui a besoin d'une excitation extérieure, le fait d'y réagir n'impliquant aucun jugement négatif
sur l'excitation. L'adjectif « réactif » appartient dans ces
deux cas – c'est-à-dire lorsqu'il est lié au fait de « réagir » – au
vocabulaire d'une psychologie de l'acte, non à un vocabulaire
moral ; 3) quand l'excitation extérieure est dévalorisée, elle ne

1. FP XII, 5[64].
2. FP XIII, 10[145].
3. FP XIII, 10[18].
4. FP XIII, 10[165].

l'est pas en tant que préalable d'une *action* mais en tant que déclenchant un *sentiment* qui, impuissant à s'exprimer par un acte, devient *ressentiment*. C'est alors que le terme « réactif » prend un sens moral. Mais à quoi s'applique-t-il ?

Nietzsche n'emploie jamais l'expression «forces réactives». Pour les œuvres publiées, l'adjectif *reaktiv* n'est présent que dans deux pages de *La Généalogie de la morale* consacrées à la justice[1], où se trouve examinée une thèse de Dühring « suivant laquelle il faut chercher le foyer de la justice sur le terrain du *ressentiment* ». Or l'homme actif « qui agresse et transgresse est toujours cent fois plus près de la justice » car « il n'a nullement besoin d'évaluer son objet faussement et par préjugé » comme le fait et est contraint de le faire l'homme réactif. L'homme réactif évalue faussement par besoin, non parce qu'il est mû par une force réactive. En outre, un acte ne peut être dit juste ou injuste qu'à partir de l'instauration de la loi ; ce sont les puissances actives et agressives, représentées par le droit, qui mènent la guerre contre les sentiments réactifs dont fait partie le désir de vengeance. Le droit veut freiner le « débordement du sentiment réactif », mettre fin « à la fureur insensée du *ressentiment* ». La force du droit combat des affects (*Affekte*), un *pathos*, des valeurs biologiques, des sentiments (*Gefühle*) ainsi que l'homme en lequel domine cette espèce de sentiments : rien d'autre n'est nommé réactif, la force active de la loi s'oppose à des *instincts réactifs*, non à des forces réactives. Un instinct n'est pas une force mais le résultat d'un compromis ou d'une hiérarchie, il est issu d'un complexe de pulsions qui sont toutes des passions de commandement, des espèces de volontés de puissance. Il s'exprime immédiatement dans une action, mais quand cela est ou est devenu impossible, quand l'action est inhibée, l'instinct est simplement *ressenti*, il

1. *EGM*, II, § 11.

s'exprime dans des sentiments qui sont autant de ressentiments. Le ressentiment n'est pas une force, mais un sentiment. Il peut donc, en tant que tel, *orienter la force* de la volonté vers telle ou telle sorte d'action, colorer l'*action*, la rendre réactive (comme fait la fureur de la vengeance quand elle débouche sur un acte), mais il n'est pas en lui-même une *force*. Il n'y a qu'une seule sorte de force, et c'est celle de la volonté.

Il en va de même dans les Fragments Posthumes : à part les deux occurrences d'« instincts réactifs » figurant dans les longues notes prises par Nietzsche sur le livre de Dühring à l'époque des *Inactuelles*[1], *reaktiv* ne réapparaît que dans le vol. XIII, automne 1887-mars 1888, et caractérise : des affects (expression donc empruntée à Dühring), le romantisme[2], l'esprit (*Geist*)[3], quand l'esprit classique qui « mène en avant » est opposé à l'esprit réactif, sentimental, enthousiaste du retour à la « nature » propre au romantisme, des talents (*Talente*)[4], une manière de penser dépendant d'une excitation extérieure[5], enfin l'idéalisme[6] (entendre l'idéalisme politique, et non pas métaphysique). Donc toujours des affects et des styles ou mouvements esthétiques et politiques caractérisés par des sentiments réactifs. C'est tout.

Mais l'hôpital n'est-il pas en train de se moquer de la charité ? Il n'y a pas non plus beaucoup d'occurrences du terme antinomie chez Nietzsche… Le fait qu'il ne soit jamais question de forces réactives n'est pas forcément une preuve : si le mot est absent (et là, il est *totalement* absent), la chose peut néanmoins exister. Dans la *Généalogie*, l'adjectif appartient au

---

1. FP II-2, 9[1].
2. FP XIII, 9[112],
3. FP XIII, 9[166].
4. FP XIII, 10[18].
5. FP XIII, 10[165].
6. FP XIII, 12[1] n° 144.

registre « affectif » ou s'applique à des valeurs. Si une force procède d'un instinct réactif et invente des valeurs réactives, ne doit-elle pas elle-même être réactive ? Si toutes les valeurs qu'elle instaure sont des idoles, la volonté qui en est l'origine pourrait-elle être autre chose qu'une volonté de néant, cette même volonté se manifestant dans toutes les espèces de nihilisme ? Ce sont, il me semble, les deux postulats de Deleuze. Or une force productive peut *utiliser* des instincts réactifs pour *imposer* des valeurs nihilistes mais, dans la mesure où elle introduit du sens dans les choses (aussi fictif et mensonger qu'on voudra) et réussit à imposer ses valeurs (même si c'est à des faibles et des malades), cette force est celle d'une volonté qui peut être malade mais n'en est pas moins une force active : le prêtre est malade mais il faut qu'il soit fort et inébranlable dans sa volonté de puissance[1]. Il a la puissance de rendre réactifs tous les instincts humains et jusqu'à la conscience humaine, mais ce sont ces instincts et cette conscience qui se retournent contre eux-mêmes, pas la force, et encore moins la volonté de puissance des prêtres. Celle-ci veut *agir* sur les valeurs des forts en les *détruisant* comme valeurs et en les retournant en vices ; la dévalorisation est l'instrument de cette destruction, mais elle ne s'identifie pas à elle. Et c'est la même force, accrue, du même esprit qui détruira les valeurs qu'elle a instaurées. La force de destruction est une force active, qu'elle s'applique aux valeurs des forts ou à des valeurs devenues inefficaces parce qu'incroyables. En substituant « dévalorisation » à « destruction », Deleuze convertit le nihilisme actif (qui brille chez lui par son absence) en nihilisme réactif. Là où Nietzsche voit une opposition : le nihilisme passif est le *contraire* du nihilisme actif, s'éteindre passivement le

---

1. *EGM*, III, § 15 ; *cf.* 9[35].

contraire de détruire activement[1], Deleuze voit une continuité entre des degrés de décadence. L'histoire du nihilisme serait l'histoire de l'homme car l'esprit a pour *origine* la mauvaise conscience. Or celle-ci a certes été un *moyen* d'intérioriser l'esprit, de le fortifier et de l'approfondir, mais c'est le corps qui est esprit, et autant un corps a de force, autant un esprit en a. La mauvaise conscience n'est pas un péché originel, sinon Zarathoustra ne serait pas possible, c'est-à-dire un homme que la grande sagesse de son corps rend capable de surmonter toute mauvaise conscience. L'histoire humaine n'est pas tout entière nihiliste, c'est l'histoire de l'Europe chrétienne qui l'est. En outre, ce n'est pas le *même néant* que veulent les deux espèces de nihilisme opposées par Nietzsche : le nihilisme actif veut anéantir des valeurs, le nihilisme passif, lui, veut le néant de la volonté, un néant auquel il aspire à se laisser aller. Réciproquement, là où Nietzsche voit une même force destructrice, négatrice, Deleuze perçoit une contrariété entre force active et réactive, et construit sur elle la majeure partie de son interprétation, voyant une « affinité » entre réactif, négation et néant d'une part, actif et affirmation d'autre part. Or toute force agit, même quand elle réagit et même quand elle nie. Même quand elle procède d'instincts réactifs, la volonté de puissance veut *s'affirmer*. Mais non pas quand elle veut son propre néant, et s'éteindre doucement ; c'est alors passif qui est le contraire d'actif, et non pas réactif.

Pour conclure sur une fort belle mais fort contestable interprétation, voici le fragment qui suit celui où Nietzsche énumère « Les points de vue pour mes propres valeurs »[2] :

---

1. FP XIII, 9[35].
2. FP XIII, 10[145].

NB. À partir d'ici, libre à une autre sorte d'esprits que la mienne de poursuivre. Je ne suis pas assez borné pour un système – pas même pour *mon* système [1].

LE NIHILISME RADICAL

Le plus grand nombre d'indications sur le problème du nihilisme se trouve dans les fragments posthumes des années 1887-1888. Nietzsche rédige alors trois cahiers en vue de l'œuvre qu'il projette. Une fois terminé, ce recueil de 372 aphorismes fut désigné par lui comme « La première rédaction de mon essai d'une transvaluation des valeurs » [2]. Il écrit à Peter Gast (Lettres des 13 et 26 février 1888) que cette première rédaction était « une torture », qu'elle était *pour lui* et que toute idée de publicité est proprement exclue : « Je ferai mieux dans dix ans. »

Un projet de plan de la partie intitulée « Pour l'histoire du nihilisme européen » [3] définit le « nihilisme radical » comme impliquant une conviction pessimiste quant à la valeur de l'existence, née de la position de « valeurs supérieures ». Une fois montrée l'origine de l'antinomie de la morale, le fragment s'achève de façon abrupte sur cette question : si la morale détourne de la volonté d'exister, qu'est-ce alors que la morale ? Les termes « antinomie », « logique du pessimisme », « jugement », « conséquence », ainsi que l'aspect définitionnel donné à la première phrase (« Le nihilisme radical est… ») et au problème final (« qu'est-ce que la morale ? ») déterminent un

---

1. FP XIII, 10[146] ; sur la notion de système, *cf.* XIII, 9[188] et *CId*, « Maximes et traits », § 26.

2. Dans la *Généalogie de la morale*, III, § 27, Nietzsche renvoie son étude de l'« Histoire du nihilisme européen » à une œuvre en préparation, la *Volonté de Puissance, Essai de transvaluation de toutes les valeurs*.

3. FP XIII, 10[192] : « Pour le plan. »

niveau de questionnement et d'analyse qui semble plus logique que généalogique. Même si « qu'est-ce que ? » signifie toujours selon Nietzsche « que signifie pour moi ? », une définition ainsi rapportée à une perspective reste une définition, et on ne rencontre ici ni instincts réactifs, ni ressentiment, ni mauvaise conscience, ni idéal ascétique : aucun des thèmes qui structurent la généalogie psychologique et typologique de la morale. Là réside précisément l'intérêt du fragment : Nietzsche semble s'y proposer de réfléchir sur la logique de son œuvre précédente et d'en dégager les articulations de telle sorte qu'apparaisse ce problème : si vivre c'est évaluer, et si toute évaluation est une évaluation morale, comment serait-il possible d'en finir avec la morale ? Si, jusque là, tout jugement de valeur porté sur l'existence en a été une condamnation et une négation, n'est-ce pas là l'essence même de la morale ? À quelles conditions une *autre* définition de la morale serait-elle possible ? La *Généalogie* n'a répondu que partiellement à ces questions, elle a seulement posé les « préliminaires » permettant d'y répondre.

Le nihilisme radical et l'antinomie de la morale

Le *nihilisme radical* (*der radikale Nihilismus*) est la conviction du caractère absolument insoutenable de l'existence, dès qu'<il s'agit> des valeurs supérieures que l'on reconnaît, y compris la *compréhension* (*die Einsicht*) que nous n'avons pas le moindre droit de poser un au-delà ou un en-soi des choses qui serait « divin », [qui serait] la morale incarnée. Cette compréhension est une conséquence de la « véracité » (*Wahrhaftigkeit*) amenée à sa maturité ; et de la sorte elle-même une conséquence de la croyance à la morale [1].

---

1. FP XIII, 10[192] : « Pour le plan ».

Le nihilisme radical est l'aboutissement d'une histoire : il est *devenu* radical quand la véracité est arrivée à maturité. Pour être radical, le nihilisme doit présenter deux aspects : la *reconnaissance* de valeurs supérieures qui persuadent du caractère insoutenable de l'existence, et la *compréhension* de l'illégitimité de toute position d'un au-delà et d'un en-soi. Autrement dit, ce nihilisme continue à poser des valeurs « au-dessus » de notre monde sans pour autant poser le monde où elles régneraient. C'est un nihilisme *actif* qui, ayant fini par voir de quels besoins est né et à l'aide de quelles catégories – « fin », « unité » et « vérité » – a été construit un monde fictif, a poussé sa force de destruction jusqu'à son terme (ou presque jusqu'à son terme). Il ne reste plus à cette espèce de nihiliste que le monde d'ici-bas, le monde du devenir, qu'il estime dépourvu de sens et de but, rempli de contradictions et trompeur. Disant la vérité sur le monde vrai, il croit aussi la dire sur l'existence en affirmant qu'elle est insupportable. Sa conscience que rien n'autorise à poser un monde vrai fait partie des raisons de sa conviction. En effet, celle-ci ne résulte pas du fait que l'existence est pleine d'expériences contradictoires et que les moments de joie ne cessent d'alterner avec les moments de souffrance : « l'existence est insoutenable » est une formule trop catégorique pour que l'expérience puisse l'inspirer. La conviction est une conviction théorique, philosophique, une interprétation généralisante. En un mot, ce nihilisme radical est celui de Schopenhauer.

L'en-soi que cette sorte de nihilisme estime illégitime de poser n'est pas l'en-soi distinct des phénomènes et posé comme étant leur substrat connaissable ou inconnaissable : c'est un en-soi « bon », « divin », « la morale incarnée ». Y a-t-il lieu de distinguer les deux ? On les distingue quand on estime qu'instaurer un monde supérieur n'implique pas nécessairement la condamnation du monde dont on le sépare ; cela peut au contraire résulter d'une volonté de rendre intelligible, de « sauver les phénomènes ». Quand il relève d'un idéalisme philosophique, le jugement porté sur le monde phénoménal en devenir ne semble pas être plus « moral » que le monde vrai du point de vue duquel on le considère. Le monde des phénomènes peut être dit apparent et même faux mais n'est pas nécessairement condamné comme mauvais. Il conviendrait donc de distinguer le monde vrai des métaphysiciens du monde religieux et moral de l'au-delà. Le premier peut en effet n'établir entre les deux mondes que la relation hiérarchique du supérieur à l'inférieur, et accorder au monde inférieur une *moindre* réalité et une *moindre* vérité sans lui dénier toute réalité et toute vérité. Mais cette différenciation entre en-soi métaphysique et au-delà moral serait possible si le monde supérieur de la métaphysique était un monde *réel*. Or il ne tient justement sa réalité que de la négation de notre monde, il est le *produit* des antinomies de l'être et du devenir, de la réalité et de l'apparence, de l'éternel et du temporel, de l'intelligible et du sensible, de la vérité et de l'erreur. Il est entièrement construit par un ensemble de négations et ces négations transforment ce qui aurait pu n'être qu'un degré en un contraire. Quand on tient pour absolue la valeur du monde idéal, ce monde accapare toute la valeur, et dénie toute valeur à ce qui n'est pas lui : la valeur de toute valeur réside désormais dans son caractère idéal. Mais la réalité aussi est une valeur : si toute la réalité appartient au monde idéal, ce monde-ci est dépourvu non seulement de réalité mais de valeur. Ce n'est donc pas la croyance en des valeurs idéales mais *la croyance qu'une valeur ne peut être qu'idéale* qui est la croyance persistante et inaperçue propre à cette forme radicale de nihilisme. Il est possible de ne plus croire à l'*existence* de semblables valeurs, mais la seule idée de valeurs que l'on continue à dire « supérieures » possède la puissance de refuser toute valeur à une réalité qui n'est pas idéale. « Dès qu'on isole un idéal de la réalité, on abaisse le réel, on l'appauvrit, on le calomnie[1].» L'existence n'est donc pas jugée insoutenable dans l'expérience qu'on en fait mais dans l'interprétation qu'on en donne dès qu'on admet des valeurs supérieures.

Le monde tel qu'il devrait exister n'existe pas, et le nôtre ne devrait pas exister : «qui réfléchit de la sorte[2]?» Un homme qui veut dire la vérité et qui croit à la vérité de son jugement sur l'existence comme il croit à la fausseté de toute position d'un autre monde : «le *pathos* du vrai est le *pathos* nihiliste.» La succession des réponses décevantes à la question du sens et du but de l'existence humaine rend la volonté de plus en plus incapable d'inventer ce dont elle a besoin : des valeurs qu'elle puisse tenir pour de *vraies* valeurs. Son degré de nihilisme constitue donc le critère auquel évaluer le degré de puissance d'une volonté : «le point où l'on s'arrête» et juge «qu'ici est la vérité», c'est ce dont «décident le degré et la force de son courage»[3]. Cette force se détache de l'une après l'autre des valeurs auxquelles elle avait cru, elle a usé sa force à y croire et finit par ne plus croire en aucune. C'est alors que le nihilisme devient radical. Subsiste toutefois l'idée que le but «doit être posé, donné, exigé de quelque chose d'extérieur»[4], d'extérieur donc de supérieur et, faute d'une telle autorité, la valeur supérieure est vidée de tout contenu et réduite à sa seule forme : la vérité. La dernière volonté du nihiliste est sa véracité. Conviction et véracité sont antagonistes[5], pourtant la véracité de ce nihiliste laisse intacte sa conviction de la valeur absolue de la

1. FP XIII, 10[194].
2. FP XIII, 9[60].
3. FP XIII, 9[52].
4. FP XIII, 9[43].
5. *Ant.*, § 54.

vérité, et c'est en son nom qu'il a rejeté tous les idéaux. Le nihilisme radical est donc un « nihilisme incomplet ».

Le « libre penseur » appartient à cette variété de nihilisme : il « se dispense désormais sans façon de l'idéal – la dénomination populaire de cette abstinence est "athéisme" – abstraction faite de sa volonté de vérité »[1]. S'il prétend se dispenser de *tout* idéal, la prémisse sur laquelle sa liberté se fonde devrait être universelle, or, si on y réfléchit (ce que marque le second *Gedankenstrich*, « tiret de pensée ») elle comporte une exception : la volonté critique s'arrête trop tôt et, ne s'attaquant pas au fondement même de ce qu'elle critique, elle en reste encore dupe. Voulant dire la vérité sur le monde idéal, le « véridique » en fait une critique théorique aboutissant à se refuser le droit de le poser ; parlant au nom d'une philosophie non historique et non généalogique, il conserve à la vérité son statut de suprême valeur et ne *détruit* ce monde que parce qu'il croit savoir ce qu'est une valeur, ou plutôt ce qu'elle doit être : vraie. Il met sa foi dans la science parce qu'il pense qu'elle représente une libération par rapport à toute croyance religieuse, mais, avec sa croyance en la science, le véridique, « *affirme en cela un autre monde* que celui de la vie, de la nature et de l'histoire ; et dans la mesure où il affirme cet "autre monde", comment ne doit-il pas par là même – nier son opposé, ce monde, *notre* monde[2] ? » Toute volonté qui accepte de se mettre au service d'une valeur qu'elle estime supérieure – quelle qu'elle soit, cette valeur est jugée « divine » – relève d'une croyance morale en un autre monde et d'une condamnation de ce monde-ci. La croyance en la vérité n'est pas un résidu d'idéal, elle est cet idéal lui-même sous sa forme la plus rigoureuse et la plus abstraite, elle est le

1. *EGM*, III, § 27.
2. *GS*, V, § 344.

Dieu chrétien de vérité et la haine chrétienne de la fausseté
retournés contre eux-mêmes.

La logique du pessimisme

> *La logique du pessimisme jusqu'au dernier* nihilisme : qu'est-
> ce qui agit là ? – notion de *manque de valeur* (*Werthlosigkeit*),
> de *manque de sens* (*Sinnlosigkeit*) : dans quelle mesure les
> évaluations (*Werthungen*) morales se cachent derrière toutes
> les évaluations. Résultat : *les jugements de valeur* (*die mora-
> lischen Werthurtheile*) *sont des condamnations* (*Verurtheil-
> ungen*), *des négations* (*Verneinungen*), *la morale est le
> détournement de la volonté d'exister …*

De l'*expérience* de la misère de l'existence, on ne saurait
tirer les notions négatives de manque de valeur et de sens (en
allemand, deux substantifs). En tant qu'il est un simple sentiment, le pessimisme naît d'instinct réactifs, il procède d'un
désir de se venger d'une vie accusée d'être en elle-même
cruelle et injuste. On condamne l'existence parce qu'elle fait
vivre, souffrir et mourir en vain, parce qu'elle est coupable
d'être mauvaise alors qu'elle devrait être bonne. La justice
n'est pas de ce monde, or c'est l'injustice – celle de souffrances
non méritées – qui est ce qu'il y a de plus dur à supporter.
Ce sentiment naît d'une incapacité à supporter la douleur
et il ne fait que croître : « on hait bien davantage la douleur
aujourd'hui[1]. » Affirmation qui peut paraître étrange, mais
c'est que nous manquons de sens historique : il nous manque
la connaissance des retournements du jugement moral, « du
nombre exact de fois où « le "Mal" a déjà été rebaptisé
"Bien" »[2]. À l'« époque de la crainte », – la plus longue de
l'humanité –, « l'homme traversait alors une riche école de

---

1. *GS*, I, § 48.
2. FP XII, 2[170].

tortures et de privations physiques et voyait même dans une certaine cruauté envers lui-même, dans une pratique spontanée de la douleur, un moyen nécessaire à sa conservation ». Depuis, on la trouve à peine tolérable même « *sous forme de pensée* » [1] : « Je méprise ce *pessimisme de la sensibilité* [2]. » En revanche, le pessimisme qui interprète la douleur comme mal et le mal comme essence de l'existence procède d'une volonté de vérité et, à ce niveau, « la volonté de vérité est essentiellement un art (*Kunst*) de l'interprétation : elle suppose au moins la force (*Kraft*) de l'interprétation » [3]. Il existe donc deux espèces contraires de pessimisme, parce qu'il existe « deux sortes de souffrants : par surabondance (on rejette alors le dieu des malades, le Dieu sauveur) et par appauvrissement » [4]. La première espèce est le symptôme d'une force supérieure de la pensée, d'une plénitude de vie plus victorieuse – Schopenhauer, malgré tout, reste éducateur. Pourtant, la mise en question philosophique de la valeur de l'existence, avec pour principal argument l'existence de la souffrance, advient paradoxalement à un âge et sur un continent, l'Europe, où les véritables expériences douloureuses font défaut. Un pessimisme philosophique comme celui de Schopenhauer n'est pas l'expression d'une grande détresse, il apparaît au contraire à une époque où la faiblesse d'une volonté qui n'a plus besoin de s'endurcir pour survivre engendre une hypersensibilité physique et psychique telle que n'importe quelle douleur semble insupportable. Ce n'est donc pas une souffrance réelle, c'est une souffrance *représentée*, une souffrance *en idée*, qui torture le philosophe pessimiste et dont il fait le reproche à l'existence tout entière.

---

1. *GS*, I, § 48.
2. FP XIII, 11[61].
3. FP XIII, 9[60].
4. *NW*, « Nous autres antipodes ».

C'est pourquoi une interprétation pessimiste ne peut pas être contredite : c'est un symptôme dont il faut faire le diagnostic, une maladie de la volonté, non un problème à discuter.

Un tel pessimisme « ne crée pas un seul *décadent* de plus »[1], mais la force de sa logique conduit au nihilisme. La question schopenhauerienne : « *l'existence a-t-elle seulement un sens ?* », le regard jeté sur un monde « devenu stupide, aveugle, insensé et problématique » ne *deviennent* possibles qu'à partir du moment où l'interprétation chrétienne s'est effondrée[2] car cette interprétation passait pour être « l'Interprétation ». La reprise de l'idée gnostique d'un monde gouverné par une force mauvaise est une *manière d'interpréter* le manque d'une interprétation contemporaine capable de donner un sens à la douleur et au mal, et un but à l'existence. L'intuition première de Schopenhauer d'une volonté qui ne cesse de vouloir, de « tendre vers », mais qui tend vers « rien », qui ne veut que son propre dynamisme indifférent au bien et au mal et dépourvu de toute finalité, nous révèle que nous avons l'illusion de poser des buts alors que nous ne faisons que jouer le jeu d'une volonté aveugle. La seule solution est de la nier, hors de nous et en nous : « une fois affranchis (...) de la douleur d'un monde dont toute l'essence se réduit pour nous à la douleur, le dernier mot de la sagesse ne consiste désormais pour nous, qu'à nous abîmer dans le néant[3]. » La *logique* du pessimisme conduit au « dernier » nihilisme, le pessimisme est une « préforme » de nihilisme :

1. *CId*, « Divagations d'un "inactuel" », § 36.
2. *GS*, V, § 357.
3. Schopenhauer, *Le Monde comme volonté et comme représentation*, § 71.

Développement du pessimisme en nihilisme

Contraires introduits à la place des degrés et des rangs naturels. (…)
Le monde *abject* face à un monde artificiellement édifié, « vrai, précieux ».
Enfin : on découvre avec quels matériaux l'on a construit le « monde vrai » : et désormais il ne reste plus que le monde abject et *on met cette déception sur le compte de son abjection.* De ce fait le *nihilisme* est là : on n'a gardé que les *valeurs jugeantes* – et rien de plus [1] !

Le premier et le deuxième alinéa correspondent au christianisme, le troisième au pessimisme et le quatrième au nihilisme. À quelle espèce de nihilisme conduit le pessimisme ? Pas à un nihilisme « radical », actif, mais à un nihilisme passif qui a trouvé son expression « la plus ancienne et la plus forte » dans le bouddhisme, et son expression moderne avec le romantisme et Schopenhauer. Son aspect « populaire » est le nihilisme des derniers hommes, de ceux que ne tourmente plus aucune question et qu'aucune absence de valeur n'inquiète. En tout cas pour eux-mêmes : ils ne croient plus aux anciennes valeurs, aux valeurs mortes, et pourtant ils défendent avec ardeur le droits pour d'autres d'y croire. Que certains y croient est d'ailleurs plutôt rassurant, l'absence de croyances et de valeurs risquerait bien de faire tout exploser. C'est la fine pointe du nihilisme passif, moins dangereux qu'insidieux, pernicieux, mortel. Quand une maladie n'est pas un accident mais un état, elle est incurable.

Le pessimisme, c'est certain, évalue l'existence. Mais pourquoi *toute* évaluation est-elle une évaluation *morale* ? « Tout "instinct" est l'instinct de "quelque chose de bon", d'un

1. FP XIII, 9[107].

point de vue ou d'un autre : il y a un jugement de valeur en cela[1]. » Si un jugement est au fond de tout instinct, il n'y a rien d'immédiat (si l'interpréter est premier, il est exclusif de *toute* immédiateté). Tout jugement traduit la certitude que quelque chose est tel et pas autrement, il est un tenir-pour-vrai, mais cette certitude n'est nullement objective, elle exprime une *volonté de croire* que cette chose est telle et pas autrement. « La croyance est une maladie sacrée, une contrainte intérieure stupide que quelque chose doit être vrai[2]. » Pourtant, le jugement n'est pas, en toute rigueur, une croyance, mais la *volont*é qu'une chose *soit* telle ou telle. Le tenir-pour-vrai est donc un tenir-pour-bon ordonné à une volonté de puissance, les jugements dits « prédicatifs » ne sont qu'une espèce déguisée de jugements de valeur[3]. Ces derniers sont des phénomènes terminaux : notre corps, cette « collectivité » de pulsions et d'instincts, ne cesse d'évaluer en termes de bon et de mauvais et transmet ses évaluations simplifiées et rendues compréhensibles à une conscience qui prononce son « oui » et son « non ». La décision dépend du degré de puissance, qui évalue ce qui peut servir à sa conservation ou à son intensification. Il n'existe pas d'instincts spécifiquement moraux, mais toutes nos sensations et tous nos instincts sont imprégnés d'évaluations morales : « Il n'y a pas d'expériences vécues qui ne soient morales, même dans le domaine de la perception sensorielle[4]. » Les instincts « prononcent leur oui et leur non » selon qu'une excitation entre dans « les catégories générales des valeurs du nuisible, du dangereux, du suspect ou du bienfaisant ». Percevoir n'est pas *pâtir* d'une excitation mais

1. FP X, 26[72].
2. FP XIII, 9[136].
3. Voir Frank, *Nietzsche et l'ombre de Dieu*, *op. cit.*, p. 278-314.
4. *GS*, III, § 114.

vouloir s'emparer d'une chose ou *résister* à sa puissance et la repousser. « Valeur » dans « jugement de valeur » signifie que tout jugement est énoncé du point de vue « *des conditions de conservation et d'intensification* eu égard à des formations complexes d'une relative durée de vie au sein du devenir »[1].

Si « on ne peut cesser de parler moralement » à propos des sensations[2], et si « les jugements *esthétiques* (le goût, le malaise, le dégoût etc.) sont ce qui constitue le fond de la table (…) des jugements *moraux* »[3], il s'ensuit que des jugements moraux sont présents dans tout jugement. Tous nos états psychiques, depuis nos sensations jusqu'à nos opinions les plus « intellectualisées », sont imprégnés de morale parce qu'ils ont pour origine les jugements effectués par la multiplicité des intellects travaillant dans les profondeurs du corps. Toutes nos valeurs, le laid et le beau, le vrai et le faux, sont donc des valeurs morales car elles entrent forcément dans la catégorie générale des valeurs biologiques du nuisible et du bienfaisant. Il est possible de se situer par-delà Bien et Mal, mais il ne nous est pas possible de nous situer par-delà bon et mauvais pour la simple raison que notre corps est un corps vivant.

Ce résultat est souligné avec force par les italiques et les allitérations dans le fragment qui tire la conséquence des affirmations précédentes : 1) tout jugement est un jugement de valeur ; 2) tout jugement de valeur est un jugement moral en tant qu'il exprime une volonté de puissance évaluant positivement ce qui la conserve ou l'augmente, et condamnant ou niant ce qui la menace[4]. Or l'homme ne trouve les conditions de sa conservation que dans le monde falsifié et stable de l'« être » ;

1. FP XIII, 11[73].
2. FP XI, 37[4] : « Morale et physiologie ».
3. FP V, 11[78].
4. FP XIII, 10[192].

quand il devient incapable d'y croire, reste le monde du devenir auquel il dit non parce qu'il lui semble impossible d'y vivre. À la question « pour quoi », la réponse pessimiste est « pour rien ». La question contenait en germe le nihilisme et, en y donnant la seule réponse qui semble désormais possible, le pessimisme aboutit au nihilisme et lui donne sa dernière et, si on peut dire, plus parfaite formulation. Comment pourrait-on en effet *vouloir* une existence dépourvue de toute valeur et de tout sens ? Tout pessimisme aboutit à du nihilisme parce qu'il est une évaluation morale de l'existence : « La morale est le détournement de la volonté d'exister. »

La morale comme problème

Problème : mais alors qu'est-ce que la MORALE ?

Le lien entre le pessimisme et le nihilisme radical a mis en évidence les conséquences d'une évaluation morale de l'existence. Mais celui qui juge ainsi l'existence est un être qui est compris en elle, le jugement moral est porté sur la vie par une espèce de vie : c'est « la vie contre la vie », la vie descendante et faible contre la vie ascendante et forte, la vie qui n'est plus que volonté de nier contre la vie affirmative. La morale change alors de sens : elle n'est plus entendue comme un système de valeurs « supérieures », comme détermination du Bien et du Mal, elle est consubstantielle à toute volonté de puissance qui, lorsqu'elle affirme ou nie, le fait en fonction de valeurs opposées : conservation ou intensification. La morale appelle donc sa redéfinition du point de vue de la volonté de puissance et des qualités de cette volonté. On sait ce qu'a été la morale : un remède pire que le mal, une condamnation du monde au profit d'un monde imaginaire, un voile d'illusions jeté sur l'abîme du non-sens. La vie qu'elle a conservée est une vie appauvrie et malade. Mais est-ce là l'essence de toute morale ? Et en ce cas comment serait-il possible de guérir de cette maladie ? Il faudrait qu'entre la morale et la vie et, par delà, entre la morale et l'existence tout entière le lien ne prenne plus la forme d'une condamnation de l'une par l'autre.

> *Définition de la morale* : la morale – l'idiosyncrasie de *décadents* avec l'arrière-pensée – couronnée de succès – de *se venger de la vie*. Je tiens beaucoup à cette définition [1].

Nietzsche tient à préciser que c'est en ce sens qu'il se dit « immoraliste ». La morale est le triomphe des instincts de décadence sur les instincts d'épanouissement, le triomphe de la volonté de néant sur la volonté de vivre, mais ce n'est que la définition de ce *qu'a été* la morale. La morale pourrait être, devrait être, un moyen d'intensification de la vie, car ce que veut la volonté n'est pas vivre (c'est la grande erreur de Schopenhauer), et pas non plus la puissance, mais l'intensification de la puissance. La morale peut en être un moyen à la condition de prendre « le parti de la vie », ce qui signifie « prendre en main la plus grande de toutes les tâches, le dressage supérieur de l'humanité » [2] : à condition d'être une morale délivrée de toute valeur idéale, une morale de la vie ascendante. La morale des maîtres est triomphante, elle « transfigure la mort, l'embellit, l'*imprègne de raison* » alors que la morale chrétienne « appauvrit, décolore, enlaidit la valeur des choses » [3].

Affirmer le monde c'est l'éclairer, dissiper l'ombre de Dieu, l'embellir, redonner aux choses le poids et les couleurs que leur avait retirés l'ombre de l'autre monde, mais c'est aussi le *rationaliser* : détruire cette fantasmagorie qu'a été le

---

1. *EH*, « Pourquoi je suis un destin », § 7.
2. *EH*, « *NT* », § 4.
3. *CW*, Épilogue.

christianisme et tous ses résidus. Il n'y a pas d'affirmation qui ne se double d'une destruction, mais une destruction qui est l'envers d'une affirmation n'est pas négative, détruire est la contrepartie nécessaire de l'instauration de valeurs nouvelles. La négation chrétienne du monde est négative parce qu'elle est impuissante à *détruire* ce qu'elle nie : elle ne peut que le calomnier.

Comme l'art et la connaissance, la morale peut créer des évaluations nouvelles qui produiront « un excédent de vie » et la rendront plus désirable, plus libre, plus victorieuse, plus joyeuse. La suppression de l'absolu des valeurs ne supprime pas la question des valeurs, mais celle-ci ne doit être posée qu'une fois l'antinomie de la morale surmontée, et avec elle *l'antinomie des deux mondes*.

DU PESSIMISME DE LA FORCE AU NIHILISME EXTRÊME

On peut croire surmonter le pessimisme en adoptant une attitude « optimiste » à l'égard de l'existence, parce que, tout compte fait – c'est-à-dire tout calcul de la proportion de joies et de douleurs qu'elle comporte – on la tient pour bonne. Sentiment contre sentiment, calcul à la merci du premier événement venu qui inversera l'évaluation, cela laisse évidemment subsister la possibilité d'un pessimisme non pas « accidentel » mais, comme celui de Schopenhauer, justifié par une intuition de l'essence même de l'existence. Est-ce ce chemin qui constitue ce que Nietzsche nomme « un chemin vers moi-même » :

> je pris alors parti (…) *contre* moi-même et *pour* tout ce qui justement me faisait mal et m'était rude : c'est ainsi que j'ai retrouvé le chemin de cet audacieux pessimisme qui est le

contraire de tout mensonge idéaliste et, également, il me semble, le chemin de *moi-même*, – de *ma* tâche à *moi*[1]...

Le pessimisme de Schopenhauer n'est pas, ou pas suffisamment « intrépide » puisqu'il continue à voir dans la souffrance un mal, donc à évaluer moralement l'existence. Existe-t-il une autre sorte de pessimisme, un pessimisme qui ne soit pas un symptôme de décadence ?

Le pessimisme de la force

Le problème d'un *autre* pessimisme est le premier problème qu'ait posé Nietzsche. Pourquoi les Grecs, « de toutes les races d'hommes la plus accomplie, belle, enviée, séduisante, auraient-ils eu *besoin* de la tragédie ? Plus encore de l'art ? Et à quelle fin ? » Tel est « le plus grand point d'interrogation quant à la valeur de l'existence »[2], celui qui, selon la *Naissance de la tragédie*, est posé par les Grecs de l'époque tragique, donc ceux d'avant Socrate. Les Grecs étaient des pessimistes : en témoignent suffisamment la sagesse du Silène, « la formule oraculaire gravée à l'aurore de la philosophie grecque », la parole énigmatique d'Anaximandre[3], et la vision empédocléenne de l'homme, créature que se crachent l'un à l'autre les éléments et qui n'existe que lorsque le monde est

---

1. *NW*, « Comment je me suis détaché de Wagner », repris de *HH II*, Préface, § 4 ; c'était alors « le mensonge romantique » qui était le contraire du « pessimisme audacieux ».

2. *EA*, § 1.

3. Nietzsche, qui n'avait pas la bonne version de ce fragment, le traduit ainsi : « D'où les choses prennent naissance, c'est aussi vers là qu'elles doivent toucher à leur fin, selon la nécessité ; car elles doivent expier et être jugées pour leurs fautes, selon l'ordre du temps. » Il fait appel aux *Parerga* de Schopenhauer : « Le critère qui convient pour juger tout homme est qu'il est un être qui ne devrait pas exister. (…) Nous expions notre naissance une première fois par notre vie et une deuxième fois par notre mort. »

dominé par la Haine. Il n'y a donc pas que les déshérités qui souffrent : une santé exubérante recherche ce qui est terrible, elle ne le fuit pas, elle n'aspire pas aux mensonges qui le lui dissimuleraient ou l'en consoleraient. Affirmer l'existence sans en supprimer le caractère effroyable témoigne de la possibilité d'un pessimisme de la force, mais celui des Grecs ne peut plus être le nôtre : il faut surmonter le décadent en nous pour arriver à le reconquérir sous une autre forme. La « prédilection pour la dureté, l'horreur, la cruauté, l'incertitude » de l'existence ne peut plus être naturelle, il faut d'abord « retraduire l'homme en nature » afin qu'il retrouve les sources d'une force et d'un courage que le christianisme a taries. Le pessimisme grec était un pessimisme dionysiaque et celui de l'avenir en sera un aussi – pessimisme, parce qu'il est l'interprétation d'un être souffrant, mais dionysiaque parce qu'il est le propre de l'homme le plus exubérant et le plus vivant. Nietzsche le nomme « classique », en référence aux Grecs et par opposition avec « romantique », ou plutôt « dionysien ». Mais en réalité il n'appartient qu'à lui : « ce pressentiment et cette vision m'appartiennent (…) comme mon *proprium* et mon *ipsissimum*[1]. » Ce qu'il y a de plus nietzschéen en Nietzsche est sa puissance d'affronter joyeusement, avec ivresse, ce que l'existence a de cruel, de dur et d'incertain.

Le nihilisme extrême

Le pessimisme de la force conduit logiquement toujours au nihilisme mais à un nihilisme que Nietzsche nomme « extrême » ou « extatique ». « Ce que je raconte est l'histoire des deux siècles prochains. Je décris ce qui vient, ce qui ne peut plus venir d'une autre manière : *l'avènement du nihilisme*. »

---

1. *GS*, V, § 370.

Nietzsche peut le raconter parce qu'il est « le premier parfait nihiliste de l'Europe mais qui a déjà vécu en lui-même le nihilisme jusqu'à son terme, qui l'a derrière lui, dessous lui, hors de lui [1]… » En quoi consiste ce nihilisme « extrême » ? Il ne peut être que la forme extrême du nihilisme actif, celui qui requiert un maximum de force et procède à la destruction la plus violente. Ce « nihilisme extrême » se dispense non seulement de l'idéal mais du sens, c'est un nihilisme complet et complètement actif, la « suprême puissance de l'esprit, de la vie surabondante : mi-destructeur, mi-ironique » [2]. L'ironie est le propre de « l'esprit qui *regarde en arrière* lorsqu'il raconte ce qui va venir », elle dénonce le mensonge partout où il s'est installé, mais sans invoquer la vérité car le menteur est justement celui qui dit qu'il dit la vérité, « l'homme bon », l'homme véridique. Etant admis qu'il n'existe aucun but donné ou révélé, ce nihilisme se donne pour tâche de créer des buts, et pour cette tâche « *il manque le philosophe*, l'exégète de l'acte, *non pas* seulement le ré-inventeur poétique » [3], c'est-à-dire le héros et l'artiste capables de séduire l'homme en faveur de lui-même. Les « hommes supérieurs » ne suffisent pas, il faut « une réinterprétation de l'acte », « *poser un but* en vue duquel il s'agit de façonner les faits » [4]. Réinterpréter l'acte, en faire une nouvelle exégèse, signifie refuser les distinctions grammaticales qui sous-tendent la morale et affirmer le lien indissociable entre l'agent et son l'action ; c'est aussi savoir qu'un acte n'a ni valeur ni but préalables auxquels se conformer, et qu'il n'existe pas d'acte isolé. Interpréter un acte est se faire l'exégète de sa *nécessité* et de son *origine*, mais *non pas de son sens*. Une telle

1. FP XIII 11[411].
2. FP XIII, 9[39].
3. FP XIII, 9[44].
4. FP XIII, 9[48].

exégèse n'est ni théorique, ni pratique, car elle serait alors forcément morale : l'acte doit être rapporté à une volonté de puissance en interaction avec toutes les autres.

Le nihilisme extrême est un refus absolu et brutal de toute comparaison de l'existence avec quoi que ce soit de «supérieur». Cela veut dire s'accepter radicalement fini, mais par rapport à aucune sorte d'infini, s'affirmer terrestre et seulement terrestre, mais par rapport à aucun ciel. La négation d'un monde de vérité, d'un monde de l'être, la capacité de justifier la vie «dans ce qu'elle a de plus effrayant, de plus équivoque, de plus mensonger» pourrait bien être une manière divine de penser[1]. Pour penser ainsi il faut non seulement avoir été nihiliste, mais avouer qu'on l'a été : «Lorsque l'on marche vers un but, il semble inconcevable que "l'absence de but en soi" puisse être notre principe de croyance[2].» «Même le plus courageux d'entre nous a rarement le courage d'assumer tout ce qu'il *sait*[3]...» Mais pour qui a ce courage, la négation absolue s'identifie à une affirmation absolue, puisque ni l'une ni l'autre ne comportent aucun jugement de valeur. Le nihilisme extrême n'est pas la *conscience* pessimiste de l'absence totale de but mais *l'affirmation* qu'il n'existe aucun but, et en particulier l'affirmation que la «vérité» n'en est pas un.

> À *quoi je reconnais mes pairs.* – La philosophie, telle que je l'ai jusqu'à présent comprise et vécue, c'est la recherche délibérée des aspects même les plus maudits et les plus infâmes de l'existence. (...) Quelle dose de vérité un esprit sait-il *supporter*, quelle dose de vérité peut-il risquer? Voilà qui devient pour moi le vrai critère des valeurs. L'erreur est une *lâcheté*... toute acquisition de la connaissance est la

---

1. FP XIII, 9[41].
2. FP XIII, 9[123].
3. *CId*, «Maximes et traits», § 2.

conséquence du courage, de la dureté envers soi, de la probité
envers soi... Une *philosophie expérimentale* telle que
celle que je vis anticipe même, à titre d'essai, sur les possibilités du nihilisme fondamental (*die Möglichkeiten des
grundsätzlichen Nihilismus*) : ce qui ne veut pas dire qu'elles
en restent à un « non », à une négation, à une volonté de nier[1].

Le nihilisme actif est incomplet : il veut la vérité et il y croit
encore. Les possibilités inexplorées qui le radicaliseraient
encore davantage conduiraient donc à nier jusqu'à la valeur de
la vérité. Mais n'est-ce pas nier du même coup la valeur
d'une interprétation de l'existence en termes de volonté de
puissance ? N'est-elle pas elle aussi comme un voile d'illusion
jeté sur l'abîme et le chaos ? C'est sans doute cela, la dose de
vérité qu'un esprit a à supporter[2], et qui est le véritable critère
de la valeur. D'abord, de la valeur des grands esprits, des
« grands noms de la philosophie », des seuls que Nietzsche
pourrait reconnaître comme « ses pairs ». Or la plupart se sont
trompés, par lâcheté : la question qui leur est posée signifie que
la vérité est affaire de courage, non de connaissance. Ensuite,
ce critère vaut pour les valeurs que les philosophes ont posées
car il permet d'en évaluer l'origine : lâcheté et volonté de se
tromper, plus encore de se mentir, de ne pas voir, ou au contraire
courage, dureté et probité. Cependant, être extrêmement
nihiliste, n'est-ce pas « s'en tenir à une négation » et n'évaluer
que négativement ? S'agissant du nihilisme extrême la négation
n'est pas logique, elle est « expérimentale ». La question qui
préside à cette expérience de pensée est : que se passe-t-il si on
accepte l'existence dans sa totalité ? On découvre qu'*accepter*
ne suffit pas.

---

1. FP XIV, 16[32].
2. Cf. *EH*, Préface, § 3.

> Elle [la philosophie expérimentale] veut bien plutôt parvenir à l'extrême opposé, à une *affirmation dionysiaque* de l'univers tel qu'il est, sans possibilité de soustraction, d'exception ou de choix – elle veut le cycle éternel – les mêmes choses, la même logique ou le même illogisme des nœuds. État le plus haut auquel puisse atteindre un philosophe : une attitude dionysiaque en face de l'existence ; ma formule pour cela est *amor fati...*
> – Pour cela, il faut considérer les aspects jusqu'ici reniés de l'existence non seulement comme *nécessaires*, mais comme souhaitables [1].

Pour que l'affirmation soit aussi extrême que la négation, elle implique que les aspects jusqu'alors *reniés* de l'existence, les plus maudits, les plus infâmes, soient conçus non seulement comme *nécessaires*, mais comme *souhaitables*. Il ne s'agit plus de les comprendre comme les conditions ou les compléments de leurs contraires – les aspects « approuvés » –, mais de les vouloir pour eux-mêmes, parce que ce sont les aspects « les plus puissants, les plus féconds, les plus vrais de l'existence ». Les plus vrais *parce que* les plus féconds et les plus puissants : en eux réside la vérité de l'existence. Cette vérité est meurtrière, c'est pourquoi la question : « Quelle somme de vérité supporte un esprit, quelle somme de vérité ose-t-il ? » constitue l'étalon de mesure de sa force. L'acceptation prend toujours la forme d'une cosmodicée, le mal est justifié comme faisant nécessairement partie d'un tout à la perfection duquel il contribue : le mal ne semblerait mauvais qu'à celui qui s'enferme dans une perspective partielle mais, du point de vue du tout, il serait nécessaire, donc justifié. Or le tout est inévaluable, ne serait-ce que parce qu'il ne cesse de devenir. Nietzsche semble pourtant tomber dans une cosmodicée de ce genre quand il affirme :

---

1. FP XIV, 16[32].

« Ainsi que me l'enseigne ma nature très personnelle, tout inéluctable, vu de haut et interprété au sens d'une économie *générale*, est aussi l'utile en soi[1]. » Mais utile à quoi ? Non pas à la bonté du tout, mais à l'économie « générale » des volontés de puissance : la philosophie expérimentale suppose cette nouvelle interprétation de l'univers comme chaos de volontés de puissance. L'utile est utile à l'augmentation globale de la puissance, il en accroît le caractère conflictuel et chaotique. Il serait presque aussi bête de vouloir éliminer la détresse que de vouloir éliminer le mauvais temps : « Dans la grande économie du Tout, les aspects terribles de la réalité (dans les affects, les désirs, la volonté de puissance) sont incommensurablement plus nécessaires que cette forme de petit bonheur, la prétendue "bonté"[2]. » Il faut donc, non plus seulement accepter, mais « rechercher volontairement les aspects même abhorrés et méprisés de l'existence ». Une volonté forte peut *avoir besoin* de la prépondérance de la souffrance car elle n'éprouve sa force qu'en se mesurant à elle et sait qu'après une lutte et une victoire remportée sur soi-même, « quelque chose importe plus que se sentir bien ou mal ». Il existe en effet deux sortes de plaisir : le plaisir de dormir (de se sentir bien, c'est-à-dire de ne pas se sentir mal, le petit bonheur), et le plaisir de triompher. Seul le second, celui qu'éprouve une volonté de puissance non anesthésiée, contribue à une économie supérieure.

L'affirmation dionysiaque : *éternel retour et* amor fati

Le philosophe dionysiaque ne juge pas l'existence, il la veut tout entière, sans rien y ajouter ni en retrancher, dans son absence de sens et de but, dans ce qu'elle comporte d'énigmatique, dans sa totale gratuité et sa totale nécessité. Et c'est à

1. *NW*, Épilogue.
2. *EH*, « Pourquoi je suis un destin », § 4.

cette existence qu'il dit «*Da capo*». L'homme dionysiaque a la force de «surmonter les valeurs jugeantes – *ce qui au total constitue l'*âge tragique»[1]. L'attitude dionysiaque noue ensemble la pensée du retour et l'*amor fati*. Cette dernière expression représente le terme du chemin menant à l'affirmation : non plus tolérer comme nécessaires les pires aspects de l'existence, non plus même les rechercher, mais les *aimer* :

> Ma formule pour la grandeur en l'homme, c'est *amor fati* : que l'on ne veuille rien autrement, ni en avant, ni en arrière, ni dans toute l'éternité. Ne pas simplement supporter la nécessité, encore moins se la dissimuler (…) –, mais l'*aimer*[2]…

«Il ne faut rien demander d'autre» à l'existence, ni dans le passé, ni dans l'avenir : pour toute éternité il faut qu'elle *suffise*, il faut l'aimer et l'affirmer comme unité parfaite du hasard et de la nécessité, comme *fatum*, destin. Pourtant, le destin, cela pèse, c'est lourd, d'ailleurs n'est-ce pas justement cela qui est le ressort de la tragédie ? C'est cela, si on la moralise et si on confond déterminisme et nécessité. Or c'est tout le contraire : le destin, parce qu'il est à la fois parfaitement gratuit et parfaitement nécessaire, *allège* l'existence, la libère de l'exigence torturante du sens et du but. «Je suis celui qui annonce les bonnes nouvelles… Par là même, je suis aussi une fatalité.» Pour aimer le destin, il faut soi-même être un destin, être prédestiné au labyrinthe[3] et «ne pas se vouloir autrement». Si le devenir est d'égale valeur à tout instant et si la valeur totale du monde est inévaluable (par rapport à quoi l'évaluer ?), «le pessimisme philosophique est au nombre des choses comiques»[4]. L'*amor fati* n'exclut pas qu'on aime l'ironie «et même

1. FP XIII, 9[107].
2. *EH*, «Pourquoi je suis si avisé», § 10.
3. *Ant*, Avant-propos.
4. FP XIII, 11[72].

l'ironie des grands événements historiques », d'ailleurs les grandes pensées sont les plus grands événements[1]. L'affirmateur dionysiaque n'a plus besoin d'interprétation d'ensemble ni de donation de sens, mais il n'a plus non plus besoin de nier, il peut rire ou détourner son regard : « Je ne veux pas faire la guerre au laid. Je ne veux pas accuser, je ne veux même pas accuser les accusateurs. Que *détourner mon regard* soit mon unique négation ! En somme, en grand : je veux même, en toutes circonstances, n'être plus qu'un homme qui dit oui[2] ! » Tel est le vœu de nouvel an que Nietzsche s'adresse à lui-même. Il veut se détourner de ce qui « obligerait toujours et encore à répondre par un "non" », à un gaspillage inutile de force (celui que demanderait, par exemple, le fait qu'en sortant de chez soi on trouve une petite ville allemande au lieu de l'aristocratique Turin)[3]. « Le mot courant pour cet instinct d'autodéfense est le goût », il prouve qu'on n'est pas un objet du hasard mais une nécessité, il est la forme supérieure de « l'instinct de conservation » (qui n'est donc pas un « mauvais » instinct par rapport au bon instinct d'intensification). Avoir du goût n'est pas rejeter ce qui est nuisible, mais esquiver toute situation qui obligerait inutilement à se défendre : une somme de petits « non » futiles occasionne une plus grande dépense de force qu'un grand refus.

Dans l'affirmation dionysiaque, il n'y a pas de négation, puisqu'il n'y a rien à nier ni dans l'existence ni dans sa propre existence (approuver, *gutheissen*, c'est « dire bon », *gut heissen*). Pourtant, Nietzsche dit de lui-même : « Je réfute (*Ich widerspreche*) comme on n'a jamais réfuté et suis néanmoins le contraire d'un esprit négateur (*der Gegensatz*

1. *PBM*, IX, § 285.
2. *GS*, IV, § 276.
3. Cf. *EH*, « Pourquoi je suis si avisé », § 8.

eines neinsagenden Geistes : d'un esprit-qui-dit-non)[1]»?
N'est-il pas nécessaire de détruire pour créer, de nier pour
affirmer? Certes, tant que le nœud du retour et de l'*amor fati*
n'est pas noué. Car alors, le «il est nécessaire» ne signifie plus
«il est *d'abord* nécessaire» : ce qui était *condition préalable*
devient *simultané*. «Dionysiaque» signifie exactement cela,
c'est ce en quoi «ne saurait se séparer le faire-non du dire oui
(*das Neinthun vom Jasagen*). Je suis le premier *immoraliste* :
par là, je suis le *destructeur par excellence*»[2]. Si croire à la
morale, c'est condamner l'existence, affirmer l'existence,
c'est détruire cette sorte de morale. En faire la généalogie avait
conduit à la comprendre comme maladie et mensonge, non
à la détruire. Mais la grande approbation de l'existence *est en
elle-même une destruction* de la morale chrétienne et de tous
ses avatars, non pas un «dire non», mais bien un «faire-non».
Le dire affirmatif est une *parole* qui bénit, une parole d'amour,
d'*amor fati*, et un *acte* de destruction. Ni condition, ni
conséquence : la joie qui approuve est simultanément joie de
détruire.

Dionysos contre le Crucifié : c'est cette contradiction
absolue qu'il ne faut pas avoir peur de voir, pas tenter de
réconcilier et encore moins de surmonter, mais qu'il faut
restaurer. «Les valeurs *chrétiennes* – les valeurs *nobles* :
nous sommes les premiers, nous autres esprits *libérés*, à avoir
restauré la plus grande antithèse de valeurs qu'il y ait au
monde[3]!» Tout ce en quoi on a cru jusque-là sous le nom de
«morale» est un attentat contre la vie : *refuser de voir leur
contradiction, c'est maintenir* «*l'antinomie de la morale*».

---

1. *EH*, «Pourquoi je suis un destin», § 1.
2. *Ibid.*, § 2.
3. *Ant*, § 37.

L'union de la pensée des pensées, de la volonté du retour éternel et de l'*amor fati* s'accomplit dans le dionysiaque. L'*amor fati* est « l'état suprême auquel peut atteindre un philosophe », l'éternel retour est la « suprême contemplation », « la pensée des pensées ». Cela fait au moins un état suprême de trop. Y a-t-il deux noms pour une même chose ? Oui et non : ce sont les deux faces d'une même affirmation. L'Éternel retour est le poids le plus lourd, l'*amor fati* un allégement compatible avec une vision ironique. Le premier sélectionne celui qui est capable d'affirmer ce que l'existence a de plus terrible, le second la voit comme un jeu d'autant plus aimable qu'il est fatal. Mais tous deux ont un même contenu : *le devenir*. Eric Blondel se demande si l'*amor fati* ne revient pas « à substituer à la morale un fatalisme peu original, surtout trois siècles après Spinoza ». Plus loin, il reconnaît que ce qui est affirmé n'est pas du tout de même sorte : « le fond de l'Être » serait pour Nietzsche volonté, désir affectivité, passion, etc [1]. Je ne tiens pas à épiloguer sur « le fond de l'Être », mais voudrais insister sur ceci : l'*amor fati* tout comme la pensée du retour éternel n'ont de sens que *rapportés au devenir*. La seconde en affirme *l'éternité* : aimer l'éternité, c'est vouloir que le devenir revienne, ne plus y voir ce flux irréversible qui dégrade, détruit, tue et rend fugitives toutes choses ; le premier en élimine toute idée d'accident : dans l'*amor fati* c'est la *nécessité* du devenir, sa nécessité parfaite, à tout instant, qui est affirmée : « mon amour ne s'enflamme qu'à la nécessité [2]. » Le devenir est nécessaire à chaque instant, mais aucun instant ne prédétermine l'autre. C'est pourquoi tout est possible à chaque instant,

---

1. É. Blondel, Introduction à son édition d'*Ecce Homo* (*Ecce Homo*, suivi de *Nietzsche contre Wagner*, trad. inédite, introd., notes, bibliographie et index par É. Blondel, Paris, GF-Flammarion, 1992), p. 35 et 38.

2. *APZ*, III, « Les Sept Sceaux ».

pourquoi « je veux » est possible à chaque instant, parce qu'il est un possible sans possibilité antérieure, un impossible possible. Le devenir est la nécessité la plus implacable, mais ce qui adviendra ne trouve pas sa possibilité dans ce qui est advenu, de sorte que ce qui advient est à la fois absolument nécessaire et absolument contingent. Cette alliance constitue le sens du mot « destin » : ce qui advient est sans possibilité, sans cause, sans raison, sans finalité, et pourtant est absolument nécessaire. Le *fatum* est une pensée exaltante pour celui qui comprend qu'il en fait partie, comme l'éternel retour est une pensée exaltante pour celui qui l'affirme. La pensée de l'éternel retour affirme que l'existence est devenir ; l'*amor fati* n'est pas amour *de* l'existence, il est amour *pour* ce qui transforme en destin cette espèce de devenir qu'est la vie, et qu'est une vie, et c'est cet amour qui les transforme ainsi. Le oui n'est pas un oui dit *au* retour, l'amour pas amour *du* destin, il n'y a rien à affirmer qui précéderait le « dire oui », rien à aimer qui précéderait l'amour : affirmation et amour *sont* le retour et le destin.

Les deux sont nécessaires pour ne voir dans le devenir qu'*innocence*. L'affirmer comme retour éternel et l'aimer comme destin, c'est jouir de la joie sombre, de la volupté dionysiaque : « La douleur est joie aussi, la malédiction est bénédiction, la nuit est un soleil aussi. Allez-vous-en, ou apprenez qu'un sage est aussi un fou. » La double transmutation de la valeur du devenir entraîne celle de toutes les valeurs et les rapatrie sur terre. Les vraies valeurs sont dynamiques, stimulantes, on ne peut se les représenter, elles ne peuvent être que créées, affirmées, voulues. Donc, *elles ne sont pas vraies*, et à cette condition sont des valeurs. Elles doivent transmettre leur énergie, non être posées et contemplées. Débarrasser le devenir des « vraies valeurs » est lui rendre son innocence. Toutefois, le devenir ne sera innocent que lorsque le corps le sera. Le corps, certes, nous trompe, identifie, simplifie, évalue comme cela l'arrange, mais pourquoi ne pas vouloir se tromper ni être trompé ? Pourquoi est-ce absolument la vérité qu'il nous faut, pourquoi pas l'erreur ? Pourquoi donc ne pas vouloir l'illusion, la belle illusion, le superbe monde fictif que le corps fabrique ? Pourquoi pas en effet, puisque cette vérité mensongère nous préserve de la vérité meurtrière de l'abîme et du chaos ? Tous ces « pourquoi » et « pourquoi pas » font partie d'une stratégie ironique de dépassement de la morale : l'affirmation passe aussi par ce type d'interrogations. Car l'affirmation tragique est celle d'un philosophe, pas celle d'un « artiste ». Vouloir l'illusion, c'est ce que fait l'artiste en la redoublant et en l'épurant, et seul l'art qui falsifie peut nous préserver de la vérité effroyable et équivoque de la vie (toute espèce d'art : pas seulement celui propre aux « artistes » mais celui qui est enfoui dans le corps, à l'œuvre dans les concepts et les catégories, dans la logique et en toute science). Mais le philosophe, parce qu'il l'est, ne veut pas se préserver de cette vérité.

Il faut donc pour finir réfléchir sur cet ultime dépassement qui contient en lui tous les autres : le philosophe artiste, dionysiaque, et néanmoins philosophe.

DIONYSOS PHILOSOPHOS

> *Des oreilles nouvelles pour une musique nouvelle.*
> *Des yeux nouveaux pour des lointains extrêmes. Une*
> *nouvelle conscience pour des vérités jusque là restées*
> *muettes. Et la volonté d'une économie de grand style :*
> *rassembler sa force, son enthousiasme...*
>
> L'Antéchrist, Avant-propos

> *L'homme, énigme des philosophies qu'il écartèle en*
> *antinomies dont les termes se renvoient à l'infini, inconnue*
> *de leurs problèmes dans l'implication des données et de la*
> *solution, point de vue absolu : métaphysicien, monade parmi*
> *d'autres : individu, partie du tout : objet pensé, totalité des*
> *parties : sujet pensant, accuse de tout système la méprise,*
> *l'erreur, l'équivoque, le paradoxe.*
>
> Jeanne Delhomme, *Nietzsche*

Toutes les antinomies sont imaginaires, mais ce n'est pas parce qu'elles le sont qu'il faut en finir avec elles : c'est parce qu'elles sont nuisibles, calomnient l'existence et la vie, rapetissent l'homme, interdisent l'avenir. Si Nietzsche invente les moyens de se situer tantôt par-delà et tantôt en deçà d'elles, c'est parce *qu'elles masquent les véritables contradictions*, les contradictions fécondes, dynamiques d'où naissent les forces créatrices d'un nouvel homme, d'une nouvelle conscience, d'une nouvelle culture, d'une nouvelle espèce de philosophe. Les dépassements nietzschéens ne sont pas le résultat d'un « tu dois » mais d'un « je veux ».

CONTRADICTIONS IMAGINAIRES ET CONTRADICTIONS RÉELLES

Depuis les sophistes, et ce grand sophiste qu'était Socrate, le lieu où se traitent les contradictions se nomme « dialectique ». La contradiction devient une arme servant à mettre en évidence l'absence de fondement et la mobilité de toute opinion. Mais c'est une arme de plébéien, l'antipode de la pensée aristocratique : dans le champ du *lógos* toutes les opinions se valent, c'est-à-dire ont autant ou aussi peu de valeur, qu'elles émanent d'un général ou d'un cordonnier. Le logos implique l'égalisation et la suppression *a priori* de toute hiérarchie. C'est pourquoi la dialectique n'est pas une arme efficace, elle n'a pas d'effet hors du champ qu'elle instaure : « On sait qu'avec elle on éveille la méfiance, qu'elle persuade peu. Rien n'est plus facile à effacer qu'un effet de dialecticien : c'est ce que prouve l'expérience de toute assemblée où l'on tient des discours[1]. » Ce qu'a compris Platon, qui s'en remet à de tout autres moyens pour convertir les âmes : l'éducation, la grande politique. Toutefois, l'attitude de Nietzsche à l'égard de la dialectique grecque est ambivalente :

> Celui qui ne perçoit pas la jubilation constante qui traverse tout propos et toute réplique d'un dialogue platonicien, la jubilation que procure la découverte récente de la pensée *rationnelle*, que comprend-il de Platon, que comprend-il de la philosophie antique ? Alors les âmes s'emplissaient d'ivresse à pratiquer le jeu rigoureux et aride des concepts, de la généralisation, de la réfutation, des strettes – (…) on chantait

---

1. *CId*, « Le problème de Socrate », § 6.

et balbutiait la dialectique, l'« art divin », comme dans le délire amoureux [1].

Perçue comme une forme de joute intellectuelle et érotique, la dialectique peut « se chanter », elle procède d'une ivresse, c'est-à-dire d'une surabondance de force qui pratique avec joie un jeu rigoureux et aride. Liée à l'ivresse et au délire, la dialectique est à son aurore un « art divin ». C'est quand elle cesse de procéder d'une âme et devient purement intellectuelle qu'elle devient un « répugnant et pédantesque épluchage de concepts », un « déclin du bon goût intellectuel : déjà incapable de sentir la laideur et le caquetage de toute dialectique directe » [2]. Dans ce fragment, le nom de Platon est suivi d'un point d'interrogation. Quand commence en effet ce déclin ? Il n'est pas certain qu'il commence avec Socrate, ni même avec Platon, dont Nietzsche se plaît à citer la phrase du *Phèdre* : « C'est par le délire que les plus grands biens sont advenus à la Grèce [3]. » Chez Platon la dialectique est rarement « directe » puisque toute thèse est soutenue par un personnage, incarnée dans un type d'homme déterminé par l'orientation de son désir. La dialectique grecque était inséparable du démon Erôs et c'est quand elle s'en détache qu'elle devient scolastique.

« L'échappatoire hégélienne »

Le pédantesque épluchage des concepts est plutôt le propre de la dialectique hégélienne. Nietzsche lui emprunte pourtant parfois le terme « dépassement »; et puisqu'il ne cesse de répéter qu'on ne peut créer sans détruire, ne maintient-il pas le rôle médiateur du négatif ? Détruire, n'est-ce pas, comme le dit

---

1. *A*, V, § 544.
2. FP XIII, 11[375].
3. *A*, I, § 14 ; cf. *Phèdre*, 244 *a*.

Kant, supprimer un obstacle, de sorte que ce qui semblait négatif se retourne en utilité positive ?

> C'est pourquoi une critique qui limite la raison spéculative est *négative* en tant que telle ; mais supprimant du même coup un obstacle qui en menace l'usage pratique, ou qui menace même de l'anéantir, elle est en réalité d'un utilité *positive* [1].

Chez Kant on critique pour mieux affirmer *après et ailleurs*. Le négatif n'est positif qu'en tant qu'il rend possible cette translation, alors que la dialectique hégélienne renverse *effectivement* le négatif en positif ; en ce sens, elle est la forme suprême de la dialectique. Elle suppose un sujet substantiel identique à soi dans toutes ses figures, donc ses écarts à soi, et la position de ce sujet est confirmée à travers toutes ses contradictions.

> La différence en soi est la différence se rapportant à soi ; ainsi est-elle la négativité de soi-même, la différence non pas par rapport à un autre mais *de soi par rapport à soi* ; elle n'est pas elle-même, mais son autre [2].

Un terme ne devient lui-même qu'en s'opposant à *son* autre puis en se réconciliant avec lui. Cet autre n'est pas un autre quelconque, ni l'autre en général, il est l'autre qui doit venir *après*. Le devenir dialectique écarte toutes les oppositions « intempestives », il est le milieu commun d'un déroulement nécessaire et ordonné, il exclut que les oppositions puissent survenir *en même temps*. Que le processus soit historique, logique ou phénoménologique, ce qui vient à la fin devait déjà

---

1. Kant, *Critique de la raison pure*, dans *Œuvres philosophiques, op. cit.*, Préface à la 2ᵉ édition, p. 744-745 (Ak. III 16).
2. Hegel, *Science de la logique*, I-2 : *Doctrine de l'essence*, section I, chap. 2, B. 1, trad. P.-J. Labarrière et G. Jarczuk, Paris, Aubier-Montaigne, 1976, p. 47.

être au commencement; c'est pourquoi l'expérience complète que le sujet de ce devenir fait de lui-même est une expérience dont « les stations sont fixées d'avance » :

> le chemin de la conscience naturelle (...) exerce sa poussée en direction du savoir vrai, – (...) parcourt la série de ses configurations en tant que stations qui lui sont fixées d'avance par sa nature, afin qu'elle se purifie de façon à être esprit, en parvenant, moyennant l'expérience complète d'elle-même, à la connaissance de ce qu'elle est en elle-même [1].

Le devenir ne fait rien advenir, il est le mouvement par lequel un sujet-substance prend pleinement possession de lui-même et accède à sa vérité. Il devient ainsi riche de sa propre histoire et de sa propre mémoire de soi; toutes ses erreurs n'étaient pas vraiment des erreurs mais seulement les figures partielles, abstraites, d'une vérité qui ne deviendra concrète que lorsqu'elle se sera totalement développée. Le sujet peut donc se reconnaître en toutes, il ne rejette rien hors de soi. Son histoire est le moyen par lequel il apprend tout de lui-même et réalise sa fin. Vie et Histoire se trouvent identifiées à leur Idée et l'esprit peut ainsi croire que, par son mouvement propre, il peut récupérer en totalité le mouvement de l'histoire comme celui de la vie.

Qu'est-ce que Nietzsche a à répliquer à cela? À vrai dire, il ne réplique rien. S'opposer spéculativement à une telle dialectique, c'est accepter de se situer sur un terrain qu'elle maîtrise entièrement. Il doit d'ailleurs bien y avoir une, ou plusieurs figures, dans lesquelles la «pensée nietzschéenne» est déjà intégrée, car la dialectique hégélienne non seulement n'oublie rien, n'ignore rien, mais prévoit tout. Nietzsche est méfiant: aucune trace chez lui d'une critique de ce système,

---

1. Hegel, *Phénoménologie de l'esprit*, Introduction et trad. de B. Bourgeois, Paris, Vrin, 1997, p. 189.

mais quelques jugements sur Hegel – c'est un Allemand, un décadent, un esprit fumeux, et aussi un événement de la pensée européenne, un athée courageux et conséquent – puisque tout système philosophique est pour lui l'expression de la psychologie de son auteur, et toute critique également :

> *En faveur de la critique.* – Quelque chose que tu as aimé autrefois comme une vérité ou une vraisemblance t'apparaît aujourd'hui comme une erreur : tu le repousses loin de toi et t'imagines que ta raison a remporté en cela une victoire. Mais peut-être cette erreur te fut-elle alors, quand tu étais encore un autre – tu es toujours un autre – aussi nécessaire que tes « vérités » d'à présent, comme une sorte de peau qui te dissimulait et te cachait bien des choses que tu n'avais pas encore le droit de voir. (…) Lorsque nous critiquons, cela n'est en rien arbitraire ni impersonnel, – c'est, très souvent tout au moins, une preuve qu'existent en nous des forces vivantes qui font pression et sont en train de percer une écorce. Nous nions et devons nier parce que quelque chose en nous *veut* vivre et s'affirmer, quelque chose que nous ne connaissons peut-être pas encore, ne voyons pas encore ! – Cela dit en faveur de la critique [1].

Une critique n'est jamais *impersonnelle*, une critique ne critique pas mais *nie*. Celui qui nie le fait parce qu'il a en lui une force vivante qui veut *affirmer* quelque chose qu'il ne connaît et ne voit peut-être pas encore mais qui veut vivre. Le texte joue sur les deux métaphores du bouillonnement « volcanique » et de la gestation ; dans les deux cas, quelque chose d'inconnu, de non encore visible, détermine une transformation interne qui se traduit par une rupture sans qu'ait pris encore forme ce qui la rend nécessaire. Mais Hegel n'avait-il pas déjà décrit ce mouvement et parlé de la fleur qui réfute le bouton ? La

---

1. *GS*, IV, § 307.

différence est que, pour Nietzsche, c'est la volonté d'affirmer qui est première, la négation n'en est que l'envers, pas la condition mais l'autre face. Il y a bien nécessité, mais c'est la nécessité *ressentie* de dire non à ce qui ne sait que dire non à toute nouvelle forme de vie. Le dire oui et le dire non échappent à la problématique du jugement comme au renversement dialectique, ils sont entièrement relatifs à un *style* de volonté, ils ne posent que des questions de force ou de faiblesse, de noblesse ou de bassesse. Tout jugement est un jugement de valeur, et la valeur d'un jugement dépend du *rang* de la volonté qui s'y exprime. Tout dépend donc de ce qu'on devient (car on ne cesse de devenir), d'une volonté, consciente ou non, qui croît et fait exploser une ancienne croyance et une ancienne « vérité ». Cette nouvelle volonté donne le *droit* de dire non, et elle ne tient son droit que de la force de s'assigner un nouveau but, qu'elle n'a pas à légitimer par une critique préalable des buts anciens mais qui entraîne leur décomposition. La nouveauté ne doit pas se comprendre « par rapport à », « relativement à », elle est l'éternelle nouveauté de ce qui n'était pas déjà contenu et impliqué dans ce qui précède.

La nouvelle volonté de vivre et d'affirmer est nécessairement injuste, sa négation est aveugle à ce qui, dans la chose niée, méritait et mériterait peut-être encore qu'on lui dise oui. Elle détruit ce qu'elle a besoin de ne pas comprendre pour se comprendre elle-même, et détruit d'autant plus qu'elle rencontre plus de résistance : une force ne s'éprouve que quand elle rencontre des ennemis dignes d'elle : « L'évaluation de type aristocratique (…) agit et croît spontanément, elle ne recherche son antithèse que pour se dire oui à elle-même, avec plus de joie et de reconnaissance[1]. » C'est seulement quand elle s'est dit oui à elle-même et a dit non à ce qui lui était ennemi

---

1. *EGM*, I, § 10.

qu'elle peut tenir son pour *et* son contre, être juste. Le double regard porté sur Hegel aboutit à cette conclusion : Hegel a vu que la contradiction était le moteur du monde et que « toutes choses se contredisent elles-mêmes », mais il n'a pas vu que *la dialectique aussi* se contredit elle-même. C'est cela, être pessimiste « jusque dans la logique » : comprendre qu'ayant atteint sa suprême puissance avec la rationalisation hégélienne de l'histoire, la logique, arrivée à épuisement, s'auto-détruit.

Quelles sont les affirmations nietzschéennes qui *se trouvent* entrer en guerre avec cette logique sans jamais avoir pour *but* de lui faire la guerre ? Le devenir, processus total et absolument nécessaire de confrontation de forces, modifie à chaque instant leur valeur réciproque et est donc totalement dépourvu de but. Il ne peut jamais être moyen d'arriver à une fin, il atteint sa fin à chaque instant et chaque fois autrement. Le mouvement dialectique est au contraire un mouvement mécanique que tout contenu doit identiquement répéter : le contraire d'un mouvement vivant. Le devenir résulte de la lutte entre une multiplicité innombrable de volontés de puissance : c'est un chaos de conflits entre forces, une pluralité de hiérarchies, de triomphes et de défaites provisoires. La multiplicité est première, elle n'a pas pour condition l'altérité (Hegel reste platonicien en ce qu'il voit dans l'altérité la condition de la multiplicité) : les différences naissent des évaluations que de multiples forces font d'autres forces auxquelles elles s'unissent ou s'affrontent. Une même force s'oppose à une foule de forces et est agressée par une foule de forces : « Les événements qui sont vraiment liés entre eux doivent avoir lieu *absolument en même temps*. (…) Nous devons supposer un *rythme vivant* et *non* des causes et des effets[1]. » Les contradictions réelles sont celles qui se produisent *en même temps*. Leur simultanéité peut engendrer,

1. FP IX, 24[36].

non pas une mais une pluralité de négations, et aussi une pluralité d'affirmations, chaque « oui « et chaque « non » étant prononcé dans une perspective différente. La quantité de force d'un vivant se mesure à sa capacité d'oublier (ce dont il n'a plus besoin) et de se détourner (de ce qui pourrait lui nuire). Ce qui vit doit rejeter ce qu'à un moment donné il tient pour une erreur, ce qu'il estime ne pas mériter d'être affirmé et aimé parce qu'autre chose lui semble digne de l'être ; mais cette « chose » n'est pas le contraire de la précédente, les deux ne s'opposent qu'en tant qu'elles sont liées, l'une à un nouveau et l'autre à un ancien besoin. L'esprit de Hegel n'a pas l'estomac délicat, il avale tout, rien ne lui répugne, et il conserve tout contenu en lui imposant la même forme, le même type de déterminations. Enfin, les pensées viennent quand elles veulent, au gré des instincts, des goûts et des dégoûts, des humeurs : c'est sans doute la plus éclatante façon qu'a Nietzsche de *s'éloigner* de la dialectique hégélienne, car selon celle-ci c'est la négativité qui anime uniformément le mouvement de la pensée et lui confère son unité.

Un devenir dialectique de type hégélien ne dépasse et réconcilie que les contradictions qu'il pose :

> L'échappatoire hégélienne, en annexe de Platon, beau morceau de romantisme et de réaction, et en même temps symptôme du sens historique, d'une nouvelle *force* : l'« esprit » lui-même est l'idéal se dévoilant et se réalisant (…). On le voit, la critique ne s'est *jamais* attaquée à l'idéal lui-même, mais seulement au problème de savoir d'où vient la contradiction avec lui, pourquoi il n'est pas encore atteint ou pourquoi il n'est pas démontrable, en particulier et en général [1].

1. FP XII, 2[165].

La dialectique est impuissante à résoudre cette contradiction parce qu'elle est insensible à la grande différence qui existe entre poser un problème imaginaire ou ressentir la détresse que recèle l'impossibilité d'atteindre un idéal auquel on croit :

> Cela fait la plus grande différence : si c'est par passion, par besoin qu'on ressent cette détresse comme détresse, ou si on l'atteint, réduite à un simple problème, par une pensée de pointe et une certaine force d'imagination historique [1]...

Hegel est trop optimiste et la pensée est chez lui bien trop consciente pour être vraiment malheureuse : elle ne risque rien et n'est jamais délaissée par rien, et surtout elle ne se délaisse ni ne se risque jamais elle-même.

Une nouvelle conscience

Il faut une autre conscience, procédant d'un autre état et d'une autre volonté de puissance, pour ressentir la détresse résultant de la décomposition de tout idéal et avoir la force de la surmonter. La conscience capable d'être sensible aux contradictions réelles est une conscience dionysiaque, tragique, car pour elle il n'y a pas de réconciliation. Tout idéal, même s'il comporte de la grandeur, est une fuite devant la réalité, une lâcheté, une inspiration de la faiblesse. Il suffit que survienne un être « dionysiaque », une force de vie étrangère à toute logique, pour que la décomposition devienne manifeste, c'est-à-dire l'impuissance de l'idéal à empêcher ou à inclure le surgissement d'une telle force [2]. Il suffit que Dionysos fasse

---

1. *Ibid.*

2. Voir les *Bacchantes* d'Euripide, mais la scène de *Fellini Roma* au cours de laquelle les fresques romaines se décomposent et s'effacent lorsqu'entre de l'air frais en serait également une assez bonne illustration.

retour pour qu'éclate l'impuissance de la logique et de la rationalité qui se sont constituées de son expulsion.

> Qui, non seulement comprend le mot « dionysiaque », mais encore *se* comprend dans le mot « dionysiaque », n'a pas besoin de réfutation de Platon ou du christianisme ou de Schopenhauer – il y *flaire d'emblée la décomposition* [1]...

Le dionysiaque est un concept, mais il est le concept de la plus agissante des pulsions : « Mon concept "dionysiaque" s'est fait ici *action d'éclat* (*Mein Begriff "dionysisch" wurde hier höchste That*) », déclare Nietzsche à propos d'*Ainsi parlait Zarathoustra* [2]. Or Zarathoustra est celui qui a la plus grande capacité d'accès à ses opposés. Il possède :

> L'âme qui est munie de l'échelle la plus longue et qui peut descendre le plus bas (…)
> l'âme la plus spacieuse, celle qui porte en elle-même le plus d'espace où courir, s'égarer et vagabonder, l'âme qui porte en elle le plus de nécessité et prend plaisir à se précipiter dans le hasard,
> l'âme gorgée d'être et qui plonge dans le devenir, l'âme qui possède tout et cependant se lance *volontairement* dans le vouloir et le désir,
> l'âme qui se fuit elle-même afin de se retrouver dans le cercle le plus vaste, l'âme la plus sage et qui a le plus de plaisir à écouter la folie,
> l'âme qui s'aime le mieux et en qui toutes choses mêlent leurs courants et leurs contre-courants, leur flux et leur reflux [3].

On a bien ici une table de contradictions, mais elles désignent toutes les *actions contradictoires* dont est capable l'âme de Zarathoustra : monter le plus haut, et descendre le plus

1. *EH*, « *NT* », § 2.
2. *EH*, « *APZ* », § ?.
3. *APZ*, III, « Des tables anciennes et nouvelles », § 19.

profond; vagabonder, explorer au hasard, et porter le poids de la nécessité; se gorger d'être, tout posséder, et plonger dans le devenir, vouloir vouloir et désirer, donc éprouver un manque; se fuir soi-même en devenant et se retrouver éternellement en pensant le cercle du retour; faire preuve de la plus grande sagesse mais prendre plaisir à écouter la folie, être prophète, législateur et bouffon; enfin s'aimer soi-même alors qu'on est habité de toutes les contradiction du devenir et qu'il est difficile de dire de ce soi qu'il est *même*. Parce que ce sont des actions, on ne peut pas les *poser* comme les termes de contradictions à dépasser: ce sont des mouvements qui se contredisent, pas des termes. L'âme en laquelle ces mouvements adviennent est une âme qui suit le rythme, le flux et le reflux du devenir qui tantôt se fait être, maîtrise, possession, nécessité, monde – sagesse, et tantôt hasard, égarement, fuite, volonté, désir – folie. De cette table, Nietzsche conclut: « Mais c'est là le concept même de Dionysos (*Aber das ist der Begriff des Dionysos selbst*)[1]. » En l'âme (ou ce que Nietzsche nomme aussi la « nouvelle conscience ») éduquée par Dionysos, s'unissent donc l'inquiétude de l'immense solitude de la vie humaine, celle de l'animal fabulateur qui représente tout ce qu'il sent et est affecté par tout ce qu'il représente, et l'affirmation la plus tranquille, la plus sereine, qui imprime au devenir le sceau de la nécessité et à la vie celui de l'éternité: « l'homme *suprême*, si toutefois un tel concept est permis, serait l'homme qui représenterait le plus fortement *le caractère contradictoire de l'existence*, comme gloire et justification de celle-ci[2]… »

Cependant, peut-il émaner autre chose d'une conscience tragique que des dithyrambes et des tragédies? Un artiste peut être tragique, mais un philosophe? Nous voilà revenus à notre

1. *EH*, « *APZ* », § 6.
2. FP XIII, 10[111].

première question : Nietzsche est-il un philosophe ? On peut à
présent l'affiner ainsi : n'est-il philosophe que lorsqu'il détruit
les idoles, et doit-on regretter que ses excès lyriques et toute une
mythologie aux accents romantiques gâtent la force d'une
philosophie qui ne vaut que par son aspect critique et démystifi-
cateur ? Faut-il déplorer qu'il ait à peu près tout démystifié,
sauf cette partie de lui-même ? Tout ce fatras « dionysiaque »[1]
n'était pas nécessaire, et la preuve en est qu'il l'a renié dans
l'« Essai d'autocritique ». Il reparaît pourtant dans le « dernier
Nietzsche ». Qu'entend-il donc par « dionysiaque » ?

LE DIONYSIAQUE

« Nous aurons fait un grand pas dans la science esthétique
lorsque nous serons parvenus non seulement à la compréhension logique mais à l'immédiate certitude que l'entier
développement de l'art est lié à la dualité de l'*apollinien* et du
dionysiaque[2]. » La science esthétique se développera à deux
conditions : en cessant de réfléchir « logiquement » sur les arts,
et en atteignant la certitude intuitive que l'art ne procède pas
d'une source unique mais de deux sources distinctes. Pour
le Nietzsche de cette époque, l'art est la véritable activité
métaphysique[3]. Il faut donc l'aborder, non du côté des œuvres,
mais de l'activité créatrice : l'art est créateur de monde.

Dionysos et Apollon

Or, à l'époque de la *Naissance de la tragédie*, il n'y a pas
pour Nietzsche un, mais deux mondes de l'art ; deux divinités
grecques, Apollon et Dionysos sont « les vivants représentants,

---

1. Le « toc et kitsch » reprochés par Blondel à *APZ* dans la note 246 de son
édition d'*Ecce Homo*.

2. *NT*, § 1.

3. Cf. *ibid.*, Dédicace à Richard Wagner.

à l'évidence, de deux mondes distincts de l'art – et distincts dans leur essence la plus profonde comme dans leurs buts les plus élevés[1] ». Apollon et Dionysos n'appartiennent pas à une mythologie dépassée, ils sont les symboles vivants des deux sources de l'activité artistique. Apollon, entouré par les Muses, préside à la haute culture, alors que Dionysos est un dieu sylvestre et sauvage de la nature et de la fertilité, associé aux Ménades et aux cultes orgiaques d'où est sorti le théâtre grec. Ces caractères « mythologiques » disent leur « essence la plus profonde », car ces dieux ne sont pas des principes métaphysiques imposant un ordre nécessaire mais des forces pulsionnelles jouant librement, soit séparément, soit l'une contre l'autre, soit l'une avec l'autre. Chacune de ces deux figures est riche à la fois de la profondeur du mythe, c'est-à-dire de sa « généalogie » et de sa « légende », et de la puissance d'une pulsion capable d'engendrer un monde. Cependant, même dans cette première œuvre, Dionysos jouit d'une prééminence par rapport à Apollon. Il est *mythiquement plus signifiant*. Tout d'abord, son ambivalence est plus marquée que celle des autres dieux[2] (celle d'Apollon est presque totalement effacée dans la *Naissance de la tragédie*) : il s'exprime dans le jaillissement de la vie féconde, l'exubérance de la végétation, mais aussi bien dans la vigne que dans le lierre qui enlace et étouffe ; maître de ce *pharmakon* qu'est le vin, il fait oublier douleurs et deuils mais inspire violence et folie meurtrière, il anime le rythme de la musique et de la danse comme il abrutit et fait tituber. Il est donc aussi bien la force qui ligote et paralyse que l'impulsion qui brise tous les interdits, libère et déchaîne tous les instincts

1. *NT*, § 16.
2. Je m'inspire du livre de C. Vatin, *Ariane et Dionysos. Un mythe de l'amour conjugal*, préface de J. de Romilly, Paris, Presses de l'ENS, 2004, p. 13 *sq*. Cet ouvrage, à la fois simple et savant, repose des délires en tous genres inspirés par Dionysos et par le couple Dionysos-Ariane.

vitaux. De plus, Dionysos est maître d'immortalité : comme son nom l'indique, il a eu une « double naissance » (une fois sa mère Sémélé foudroyée par Zeus, celui-ci se l'implante dans la cuisse) ; il en a même eu trois, car selon le mythe orphique, les Titans, forces telluriques, ont déchiré et dévoré l'enfant divin, à l'exception de son cœur : Zeus foudroie les Titans et fait renaître Dionysos du cœur resté intact. Celui-ci va passer alors son enfance dans une région éloignée, puis revient en Grèce pour s'y faire honorer ; le culte dionysiaque s'installe à Delphes, ce lieu sacré, ce nombril du monde dont Apollon était le maître. Dionysos châtie alors férocement ceux qui le repoussent : c'est l'épisode raconté dans *Les Bacchantes* – le schème de la réapparition d'une vie vengeresse en un lieu dont une rationalité excessive l'avait expulsée est un des schèmes les plus profonds et les plus constants de la pensée nietzschéenne. Adorer Dionysos, c'est adorer un dieu qui aime les humains et leur témoigne son amour autant quand il se montre cruel et impitoyable et leur rappelle le danger qu'il y a à bannir la violence des pulsions naturelles et des instincts érotiques, que lorsqu'il s'unit à Ariane, seule mortelle qu'un dieu ait assez aimée pour en faire son épouse et lui conférer l'immortalité.

Dans la *Naissance de la tragédie*, Dionysos a également une priorité chronologique sur Apollon, symbole de l'Olympe entière : « C'est du *sourire* de Dionysos que sont nés les dieux de l'*Olympe*, mais de ses larmes que sont faits les hommes[1]. » L'Olympe est née du sourire alcyonien de Dionysos car les dieux Olympiens sont des affirmations, des divinisations de la vie sous tous ses aspects. Et selon le mythe orphique (Orphée est ce poète qui honore exclusivement la beauté apollinienne et que mettent à mort les bacchantes), les hommes sont nés des

---

1. *NT*, § 10 ; je souligne.

cendres des Titans, ils sont l'union d'une force sauvage et de morceaux de vie divine, donc des larmes de Dionysos. Enfin, le monde «dionysiaque» est le monde de la musique, seul langage universel et immédiatement senti comme signifiant, sans qu'on puisse dire *ce* qu'il signifie. Cependant, la puissance des deux dieux est égale parce qu'ils symbolisent «des forces artistiques qui jaillissent de la nature elle-même *sans la médiation de l'artiste*[1]». L'art imite la nature au sens où la nature cherche à satisfaire des pulsions artistiques. Elle les satisfait par «un monde d'images du rêve» ou par la réalité de l'ivresse. Le «dionysiaque» est ivresse, aussi bien «enivrement» grossier qu'extase, ravissement et terreur; il supprime tout sentiment d'individuation donc toute barrière entre les hommes comme entre eux et la nature. Il incarne la souffrance et la démesure de l'existence, et a joie de son éternelle fécondité et son irrépressible tendance à l'unité. C'est ce savoir et cette joie que la musique exprime[2]. En Dionysos s'affirme l'éternelle volupté du devenir dans sa puissance créatrice et destructrice; la douleur et la joie de la nature parlent en lui d'une voix «non déguisée», alors que sous le nom d'Apollon se rassemblent les innombrables illusions de la belle apparence qui effacent mensongèrement la douleur. Le dionysiaque est donc davantage enraciné dans la contradiction immanente à l'Un originaire, et la musique en est l'expression transfigurée.

Apollinien et dionysiaque

Des noms propres des deux dieux dérivent deux adjectifs et non pas deux substantifs: apollinien et dionysiaque. Ils servent à qualifier des pulsions et les hommes en qui ces pulsions

---

1. *NT*, § 2.
2. La musique sous sa forme la plus haute, c'est-à-dire à cette époque celle de Wagner.

dominent, mais le fait que les termes ne soient pas utilisés comme *noms communs* marque qu'il faut toujours entendre leur dérivation, se souvenir du caractère divin de la force qu'ils nomment et qui interdit d'avoir avec eux un rapport *théorique*. Dionysiaque et apollinien peuvent néanmoins devenir des « concepts » déterminées à la fois par la nature spécifique de leurs manifestions et par l'évaluation de la force pulsionnelle qui en est l'origine. Dans la *Naissance de la tragédie*, ces forces s'expriment dans deux espèces d'images correspondant aux deux états, ivresse et rêve, en lesquels l'homme atteint également la volupté[1]. L'ivresse est le jeu de la nature avec l'homme, mais l'homme purement dionysiaque n'est pas encore pleinement humain ; il n'existe pas de différence de nature entre l'homme et l'animal, la différence réside uniquement dans la capacité de résister à l'aspect sauvage de la pulsion dionysiaque (Dionysos Zagreus est la figure du chasseur qui déchire et mange les animaux vivants, la figure de la vie qui doit tuer d'autres vies pour s'en nourrir et subsister). C'est dans « la simultanéité de la lucidité et de l'ivresse » que se fait voir non pas l'état *naturel* mais l'état *esthétique* dionysiaque. Grâce à lui, un art extatique exprime une vérité qui met en fuite les arts de l'apparence, des choses reçoivent une voix « que le monde apollinien avait artificiellement cachées ». S'il y a un monde apollinien, il n'y a pas d'homme purement apollinien : l'homme ne peut pas se tenir quitte de l'horreur de l'existence. L'art apollinien est une *réponse* à cette horreur, il simplifie, sélectionne, distingue, dessine et donne ainsi force et netteté à ce qu'il détache. Il possède la puissance de voiler l'horreur, de la rendre supportable et même désirable en présentant l'unité

---

1. Voir *La Vision dionysiaque du monde* (§ 1), exposé très pédagogique destiné à Cosima mais qui contient déjà le déplacement du tragique, de la tragédie vers la pensée.

originaire sous la forme d'une multiplicité d'images plastiques disséminées dans l'espace : la sérénité des arts « doriques », le sourire des statues, refoulent le dionysiaque. Nietzsche dira plus tard que le nom de Dionysos s'inscrit dans la *Naissance de la tragédie* « comme un point d'interrogation supplémentaire »[1]. Le dionysiaque n'y était en effet envisagé que comme l'état primitif d'un homme encore à demi animal ou comme une pulsion esthétique. Après *Ainsi parlait Zarathoustra* et l'hypothèse de la volonté de puissance, une autre réponse s'impose : par « dionysiaque » il faut entendre un délire issu d'un excès de force qui veut, pour éprouver cette force, « l'image de tout ce qu'il y a de terrible, de cruel, d'énigmatique, de destructeur, de fatal au fond de l'existence ». Mais, du début à la fin, dans le dionysiaque, c'est Dionysos qu'il faut entendre. Naissance et renaissance, déchirement et réunification, exil et retour, exubérance et maîtrise lucide de la force, vie humaine trop humaine et vie divinisée, ces thèmes traversent toute l'œuvre nietzschéenne. Ils sont tragiques, et la philosophie pour Nietzsche est tragique.

Le *pathos* tragique ne peut cependant donner naissance à une philosophie qu'à la condition de le saisir tel qu'il s'est exprimé dans la tragédie grecque, et uniquement en elle. À la condition, donc, de ne pas faire de la tragédie un genre littéraire.

La tragédie

La tragédie grecque est pour Nietzsche ce moment miraculeux où une pulsion effroyable (le plaisir de la cruauté et de la destruction) se transforme en une pulsion d'art et de jeu, où l'histoire, la parole, l'image, viennent correspondre à la musique et se hissent à la même hauteur. C'est dans cette

1. *EA*, § 3.

histoire *mythique*, dans cette mimétique gestuelle, dans ces masques, que l'homme se reconnaît en cela qui n'est pas lui-même, qui n'est pas non plus ce qu'il pourrait, voudrait ou devrait être, qui n'a aucun rapport avec sa nature *naturelle* ou *idéale*. Les tragédies ont offert à l'homme une multiplicité de héros mythiques où se chercher et se reconnaître, sans qu'il se soit *d'abord* connu. Ainsi comprise – ou interprétée – elle est tout autre chose qu'un fait littéraire ou politique, elle est radicalement *poétique* : elle a *fait* de l'homme autre chose qu'un être biologique, elle l'a arraché à son existence empirique sans pour autant comme la philosophie lui conférer une essence idéale, essence dont l'homme serait par nature le détenteur et qu'il n'aurait plus qu'à accomplir. La tragédie a produit des *images* en lesquelles l'homme a pu se comprendre – non pas au sens assez plat où ces images lui auraient révélé le sens de sa destinée, mais au sens où il s'est reconnu dans sa puissance la plus haute : celle d'être un créateur de mythes, une créature de masques et de métamorphoses. En s'identifiant à ces images, il s'est transformé et inventé. Cette « alliance fraternelle » des deux pulsions ne s'est réalisée qu'une seule fois. L'énergie brutale du dionysiaque est dans la tragédie maîtrisée par la danse, masquée, articulée, chantée, tandis que la belle apparence, l'image individuelle du héros est vouée à la destruction (tous les héros sont des masques de Dionysos). Œil et oreille trouvent leur satisfaction, l'ivresse se chante, le plaisir de voir se fait désir d'outrepasser le visible car l'image tragique conserve la trace du sens dionysiaque de telle sorte qu'on succombe à son illusion dans le temps même où on cherche à la dépasser. C'est ce jeu de la surface et de la profondeur, l'équilibre des images et de la musique qui expliquent le *plaisir tragique* : la contradiction et l'horreur « se résolvent en un accord ravissant» et tous deux «vont jusqu'à justifier l'existence du "pire des mondes" »[1].

Cet événement unique qu'a été la tragédie athénienne ne peut selon Nietzsche se comprendre qu'à partir de son *origine* : il faut remonter aux sources dont elle a jailli pour saisir *d'où* lui viennent ses forces, sa puissance et le plaisir qu'elle provoque. Ce qui revient évidemment à prendre le contre-pied de la toute-puissante *définition* qu'Aristote a donné de la tragédie dans sa *Poétique* :

> La tragédie est la représentation d'une action (*mímēsis práxeos*) noble, menée jusqu'à son terme et ayant une certaine étendue, au moyen d'un langage relevé d'assaisonnements d'espèces variées, utilisés séparément selon les parties de l'œuvre ; la représentation est mise en œuvre par les personnages du drame et n'a pas recours à la narration ; et, en représentant la pitié et la terreur, elle réalise une épuration de ce genre d'émotions[2].

La tragédie est pour Aristote la représentation d'une action et « d'hommes agissants ». Dans une note au § 9 du *Cas Wagner* Nietzsche fait remarquer que le terme dorique *drâma*, dérivé du verbe *drân*, ne désigne pas une action, mais un événement hiératique, une « histoire » sacrée qui sert de fondation à un culte local[3]. Dès 1864, dans son *Introduction aux leçons sur l'Œdipe Roi de Sophocle*, Nietzsche affirme que « l'action n'est que peu de choses, le lyrisme tout ». La tragédie ne représente pas un « drame », mais de grandes scènes de *pathos* : « On voulait entendre le *pathos*, non pas voir le *drân*. » L'action est

---

1. *NT*, § 25.

2. Aristote, *Poétique*, 6, 1449 *b* 24-28, texte, introd et notes par R. Dupont-Roc et J. Lallot, Paris, Seuil, 1980.

3. Cela a été confirmé après la découverte, en 1954, d'une inscription attique où *dramosúnę* signifie « service sacré », preuve que Nietzsche n'était en effet pas un mauvais philologue

extérieure au temps comme à l'espace tragiques : elle se situe avant ou en dehors. Mais le lyrisme est tout : « Comprendre le monde du point de vue de la souffrance : c'est le tragique de la tragédie. » En faisant abstraction de la dimension sacrée du mythe, Aristote situe l'action tragique dans le domaine de l'intention morale et de la responsabilité. Quant au plaisir qu'un tel spectacle peut procurer, la raison en est selon lui « qu'*apprendre* est un plaisir non seulement pour les philosophes mais également pour les autres hommes ; en effet si l'on aime à voir des images, c'est qu'en les regardant on apprend à *connaître* et on *conclut* ce qu'est chaque chose, comme lorsque l'on dit : celui-là, c'est lui »[1]. Apprendre, conclure, et enfin reconnaître : le plaisir du spectateur naît de ce qu'il reconnaît « ce qu'un certain type d'homme fait ou dit vraisemblablement et nécessairement »[2]. Reste que « si celui-là, c'est lui », celui-là n'est pas moi, il n'est que mon semblable. La reconnaissance suppose l'horizon général de la *philanthropie* : ce n'est pas moi, mais ce pourrait l'être. Il faut en effet que le héros n'ait pas mérité son malheur, que sa faute soit involontaire (condition pour susciter la pitié), et que je puisse le reconnaître comme mon semblable (sans quoi je n'éprouverais pas de terreur)[3]. Quant à l'embarrassante question de la *kátharsis*, la position de Nietzsche a varié. Les philologues de son temps (et du nôtre) ne savent trop s'ils doivent la compter « au nombre des phénomènes médicaux ou moraux »[4]. À l'époque des leçons sur l'*Œdipe Roi*, Nietzsche ne connaît que l'interprétation morale de la *kátharsis*-purification telle qu'on peut la trouver chez Lessing et chez Goethe : après avoir profondément ébranlé

1. *Poétique*, 4, 4448 *b* 12-17.
2. *Ibid.*, 9, 1451 *b* 9.
3. *Ibid.*, 13, 1453 *a* 5 *sq.*
4. *NT*, § 22.

le spectateur, la tragédie l'amènerait progressivement à un état de juste équilibre psychique. Nietzsche s'y range tout en ironisant lourdement : cette théorie aristotélicienne marque le triomphe du spectateur non artiste, celui qui « se réjouit de n'être pas cet Œdipe ». Mais lorsqu'il prépare la *Naissance de la tragédie*, Nietzsche prend connaissance de l'interprétation physiologique de Bernays, appuyée sur un passage de la *Politique* [1] : la *kátharsis* serait un processus organique de purgation ou d'évacuation, une décharge (*Entladung*). Un texte du *Crépuscule des idoles* [2] montre qu'il a désormais tenu pour acquis que la *kátharsis* consiste à « se purifier d'une émotion dangereuse en la faisant se décharger violemment », tout en objectant que terreur et pitié ne sont pas, comme le plaisir sexuel, la « décharge » d'une pulsion puisqu'elles ne correspondent à aucun organe. En fait, la détermination exacte de la nature de la *kátharsis* n'est pas pour lui une question essentielle : purification ou purgation, cela ne fait pas grande différence. Car dans les deux cas, l'erreur d'Aristote est la même : elle consiste à croire que les affects tragiques résident dans « deux émotions déprimantes : la terreur et la pitié ». Or il n'est pas vrai que la tragédie purge ou purifie (l'âme, le corps ou les passions, peu importe) ; même si la tragédie procure, périodiquement, un « amoindrissement » des affects, au bout du compte elle les fortifie [3]. C'est un tonique, un stimulant, non un calmant. Pour cesser d'interpréter l'effet esthétique de la tragédie en termes médicaux-moraux, il faut comprendre que le dionysiaque est « la clef du sentiment tragique » : « au-delà de la

---

1. Aristote, VIII, 7, 1341 *b* 32-1342 *a* 16.

2. *Cid*, « Ce que je dois aux Anciens », § 5.

3. *HH I*, IV, § 212 ; voir mon article « Le problème de la tragédie : Nietzsche avec Platon contre Aristote » dans *Hommage à l'Académicien Evanghélos Moutsopoulos pour son 80ᵉ anniversaire*, première partie : Philosophie ancienne, Diotima 39, 2009, p. 111-127.

terreur et de la pitié, *être soi-même* la volupté éternelle du
devenir – cette volupté qui inclut généralement la *volupté
d'anéantir*[1]… »

La plus grande erreur d'Aristote aux yeux de Nietzsche est
d'avoir posé à propos de la tragédie un problème de *définition*,
d'avoir voulu en dégager les éléments, en poser les règles et
en analyser les effets. Avec cet énoncé définitionnel Aristote
opère en quelque sorte une *kátharsis* sur la tragédie elle-même.
Il la purge de ses éléments irrationnels : la bonne intrigue doit
répondre à des exigences de cohérence, d'unité et de complé-
tude, exigences plus logiques que strictement poétiques.
Une intrigue bien composée doit faire surgir l'intelligible
de l'accidentel, l'universel du singulier, le nécessaire ou le
vraisemblable de l'épisodique, et elle doit avoir pour effet une
purification ou purgation des passions, autrement dit avoir un
effet éthique. Logique, éthique, la tragédie selon Aristote est
tout sauf tragique. La faute ou plus généralement la faillibilité
humaines sont les concepts qui permettent de rendre la
catastrophe intelligible au prix de la caractéristique la plus
propre de la tragédie grecque, à savoir le sentiment qu'elle
communique de l'inintelligibilité fondamentale de l'existence.

La conception aristotélicienne de la tragédie procède de la
conviction sous-jacente que les choses auraient pu se passer
autrement, et le malheur être évité. Mais peut-on *définir* la
tragédie autrement ? La *Naissance de la tragédie* ne propose
pas une autre définition, elle nous force à réfléchir sur la légitimité d'une opération définitionnelle appliquée à la tragédie.
Pour la définir, il faut s'en tenir à distance, ne plus s'en sentir ou
s'en pressentir le héros, être un spectateur qui peut tout aussi
bien être un lecteur, bref en faire un objet esthétique et non pas
l'expression d'une « compréhension du monde du point de vue

1. *CId*, « Ce que je dois aux Anciens », § 5, repris dans *EH*, « *NT* », § 3.

de la souffrance ». L'interprétation nietzschéenne n'est peut-être pas le produit d'un « génial délire », comme l'ont pensé les philologues allemands du temps : affirmer que le tragique est de l'ordre de l'irrationnel n'est pas une affirmation nécessairement irrationnelle et cela a au moins le mérite de délivrer la tragédie grecque des platitudes dont la recouvrent les lectures éthico-politiques, Cela dit en faveur de la *Naissance de la tragédie*.

L'autocritique

Dans l'« Essai d'autocritique », le *Crépuscule des idoles* et *Ecce Homo*, le regard porté par Nietzsche sur sa première œuvre est à la fois un regard devenu étranger et hostile à tout ce qui lui semble romantisme et indécent hégélianisme, et un regard indulgent qui se réapproprie les vrais problèmes qui y étaient posés. En quoi la *Naissance de la tragédie* sent-elle « assez scabreusement l'hégélianisme » ? En ce qu'elle posait alors une « "Idée" – l'antithèse du dionysiaque et de l'apollinien », ce qui, traduit en langage métaphysique, signifie « l'Histoire elle-même conçue comme développement de cette "Idée" ; l'antithèse dépassée vers une unité supérieure par la Tragédie »[1]. L'existence est considérée comme un phénomène esthétique, l'histoire comme le développement d'une unité originairement contradictoire atteignant sa vérité quand elle est conçue comme une tragédie où se réconcilient apollinien et dionysiaque. Qu'il existe entre ces deux pulsions un rapport d'*objectivation* et qu'on puisse donc le considérer comme une transposition du rapport schopenhauerien entre volonté et représentation est balayé d'une seule phrase : « seules quelques formules conservent

---

1. *EH*, « *NT* », § 1.

le relent de croque-mort qui s'attache à Schopenhauer[1].»
Les «petites choses» qu'il faut oublier pour rendre justice
à l'ouvrage seraient donc principalement ses allégeances à
la dialectique hégélienne. Mais si la tragédie n'est plus pour
Nietzsche la réconciliation de deux pulsions opposées, cela
peut vouloir dire soit que ces pulsions ne sont pas réellement
contradictoires, soit qu'elles le sont mais ne peuvent se réconcilier. L'«Essai d'autocritique» repose la question en ces
termes : «Que signifie, précisément chez les Grecs de la meilleure époque, (…) le mythe *tragique*? Et le prodigieux phénomène du dionysiaque? Et, née de lui, la tragédie[2]?» Non
seulement l'apollinien n'est plus originaire et n'est même plus
mentionné, mais la vision d'une surabondance de vie, d'un
excès de plénitude se délivrant de la souffrance des contradictions qu'il porte en lui dans le monde éternellement changeant
de l'apparence apollinienne est qualifiée de «métaphysique
fantaisiste, arbitraire et oiseuse». La *Naissance* a eu toutefois le
mérite de voir dans le dionysiaque une des racines de l'art grec,
et dans le socratisme un facteur de décomposition : «La "rationalité" *contre* l'instinct. La "rationalité" à tout prix, puissance
dangereuse qui sape la vie[3].» D'où ce second problème : «que
signifie toute science, en général, comme symptôme de la
vie?» Car le «problème de la science est indiscernable sur le
terrain de la science»[4]. C'est là que Nietzsche voit l'innovation
principale de son premier livre : *découvrir la perspective sous
laquelle un problème devient discernable, donc découvrir la*

---

1. Michel Haar (*Nietzsche et la métaphysique*, Paris, Tel-Gallimard, 1993,
p. 65-78) montre que la principale rupture avec Schopenhauer tient à ce que la
contradiction et la douleur sont inscrites dans l'Un originaire, donc ne résultent
pas de l'individuation.
2. *EA*, § 1.
3. *EH*, «*NT*».
4. *EA*, § 2.

nécessité de sortir de la perspective où il se dissimulait comme problème. Sur son propre terrain, la science semble offrir toutes les garanties. Mais rapportée à un instinct vital et évaluée sur le terrain de la vie, elle apparaît comme un « faux-fuyant » devant le pessimisme, une « défense subtile contre – la vérité », contre cette vérité que la vie exclut toute vérité, tout sens, toute finalité. La science fait preuve de lâcheté devant la réalité, elle construit

un monde fictif supportable, donc, en elle-même, elle est « artiste », elle fait partie de l'art consistant à se préserver de la vérité. C'est cela que veut dire « examiner la science dans l'optique de l'artiste » – l'appréciation des formes de connaissance historique du point de vue de leurs avantages et de leurs inconvénients pour la vie était déjà une application de ce principe. La science n'est ni apollinienne ni dionysiaque, elle est une forme particulière de l'idéal ascétique et elle est son meilleur allié. Elle a pour la vie l'utilité qu'ont pour elle le mensonge et l'erreur. L'art aussi doit être examiné sur un autre terrain que le sien, donc dans une autre perspective qu'une perspective « esthétique » ; l'art pour l'art est un symptôme de décadence, mais l'art peut être un stimulant de la vie ou un narcotique (comme l'est la musique de Wagner). Il relève d'évaluations contradictoires selon que, consciemment ou inconsciemment, il sert la morale, lui-même, ou la vie. Mais l'art est un mensonge loyal, il ne prétend pas produire autre chose que des apparences et ne prétend pas transmettre autre chose que des affects. Il peut simplement être sain ou malade, classique ou romantique, exalter ou affaiblir la vie. Enfin, la morale aussi doit être vue dans l'optique de la vie [1], et c'est là la plus lourde question. Elle n'était pas posée dans la *Naissance de la tragédie*, mais si au regard du Nietzsche de 1886 son livre

1. *EA*, § 4.

souffre d'un excès de métaphysique, celle-ci, au moins, n'était pas morale : s'annonce déjà une philosophie qui ose ranger la morale parmi les illusions, maquillages, mirages, erreurs. « C'est donc *contre* la morale que (…) s'était jadis tourné mon instinct », un instinct qui

> intercédait en faveur de la vie et s'inventa par principe une contre-doctrine et une contre-évaluation de la vie (…). Mais comment la nommer ? En philologue, en homme du langage, je la baptisai non sans quelque liberté – mais qui saurait au juste le nom de l'antéchrist ? – du nom d'un dieu grec : je l'appelai *dionysiaque* [1]. –

Justifier l'existence sans pourtant la dire bonne ne peut, selon le Nietzsche de cette époque, s'accomplir qu'*esthétiquement.* Il rompra plus tard avec cette sorte de justification tout en y reconnaissant le signe indubitable, et louable, d'un immoralisme, donc d'un anti-christianisme sur lequel le livre garde « un silence prudent et hostile ». Ce n'est en tout cas pas comme contribution à l'avancement de la science esthétique que la *Naissance de la tragédie* lui semble pouvoir être défendue. Dire « hégélienne » l'opposition de l'apollinien et du dionysiaque est une manière d'en affranchir le dionysiaque et de l'arracher à « l'esthétique ». Car lorsque, après avoir disparu de l'horizon pendant quatorze ans, Dionysos fait sa réapparition dans *Par-delà Bien et Mal*, c'est en philosophe qu'il réapparaît :

> Le fait que Dionysos est philosophe, et que donc les dieux aussi philosophent, me paraît déjà une nouveauté qui n'est pas sans danger et qui pourrait sans doute éveiller de la méfiance chez les philosophes [2].

1. *EA*, § 5.
2. *PBM*, IX, § 295.

DIONYSOS PHILOSOPHOS

Le dernier disciple

Dans les fragments posthumes des années 1884-1885, le nom de Dionysos est suivi (comme il convient à un dieu grec) d'un ou de plusieurs des attributs de sa puissance : il est l'Éducateur (*der Erzieher*), le Secourable (*der Beiträger*), le Destructeur (*der Vernichter*), le Créateur (*der Schöpfer*), le Comédien (*der Schauspieler*), c'est un Juge (*ein Richter*), et il est « *Dionysos philosophos* ». Il fait publiquement retour dans *Par-delà Bien et Mal* sous la forme d'un dieu-tentateur (*Versucher-Gott*), d'un « grand caché », d'un « grand ambigu », « dont l'art consommé inclut ce trait d'exceller à paraître (*scheinen*) – non pas ce qu'il est » mais ce qui peut le plus inciter les âmes « à le suivre de manière toujours plus intime et plus radicale »[1] – il n'a donc plus besoin d'Apollon *der Scheinende* pour *ré*apparaître. Il est d'abord présenté, sans être nommé, comme possédant « le génie du cœur »[2]. Génie du *cœur*, c'est à *l'oreille* et à la *main* de ses disciples qu'il dispense principalement son enseignement ; « trouver des oreilles, trouver des mains » pour ses vérités est ce que Nietzsche, pour sa part, ne s'attend guère à trouver « aujourd'hui »[3]. Il faudra d'abord que les hommes, ou au moins certains d'entre eux, acceptent de recevoir l'enseignement du Génie du cœur. Celui-ci leur dit qu'ils doivent apprendre « à prêter l'oreille », à faire silence, à désirer que leurs âmes restent « immobiles comme un miroir pour que se reflète en elles le ciel profond » : le Génie leur

---

1. *PBM*, IX, § 295.

2. *Das Genie des Herzens*, de ce cœur qui a permis au Dionysos du mythe orphique de renaître ; *das Herz* est aussi un des mots clés du *Ganymède* et du *Prometheus* de Goethe (inspiré à l'époque par Lavater), et plus généralement du panthéisme du *Sturm und Drang*.

3. *EH*, « APZ », § 1.

enseigne l'état de silence et d'immobilité calme où doit se mettre celui qui cherche la connaissance. Il prescrit également à leur main trop prompte de se retenir de réagir. Il devine qu'une « goutte de bienveillance et de douce spiritualité » est le seul moyen de deviner la « pépite d'or » enfouie dans le sable et la boue : il leur enseigne comment deviner la valeur des aspects les plus longtemps calomniés de l'existence. Enfin, quiconque l'approche sera plus riche, non d'une quelconque « révélation » étrangère, mais de lui-même, d'incertitude et d'espérances encore informulables. Il sera empli « d'une volonté et d'un flux nouveaux, empli d'un refus (*Unwille*) et d'un reflux nouveaux », il sera capable d'affirmer et de vouloir sans être certain, de nier et de détruire simplement parce qu'il espère. Mais jusqu'ici, celui qui a parlé de ce « génie du cœur » n'a pas dit son nom, et il l'a loué devant des « amis » qui ne sont guère enclins à croire en Dieu et sont trop rigoureux pour croire même à *des* dieux (des « libres esprits », des « positivistes » qui ont par conséquent besoin de l'enseignement du dieu pour devenir des esprits libres). Le nom de Dionysos n'est prononcé par celui qui parle que lorsqu'il s'en déclare le disciple, le *dernier* disciple. Le dieu est celui auquel il a « sacrifié » dans la *Naissance de la tragédie*, mais « entre-temps » il a appris beaucoup, beaucoup trop de choses sur la philosophie de ce dieu. Entre-temps, Nietzsche a en effet appris que Dionysos était philosophe ; c'est lui qui lui a enseigné à philosopher, c'est avec lui que Nietzsche « dialoguait », mais Dionysos le « précédait toujours de bien des pas », le tirait toujours plus loin. Nietzsche dialoguant avec Dionysos, c'est Nietzsche qui en sait moins dialoguant avec Nietzsche qui en sait plus. Si Dionysos est celui qui en sait plus, n'est-ce pas parce qu'il possède courage, probité, véracité, amour de la sagesse ? Dionysos a décidément toujours de l'avance, puisqu'il réplique : « Je – n'ai nulle raison de couvrir ma nudité ! » Il n'a nulle raison de la couvrir de ces vertus qu'on prête au philosophe. C'est l'avantage d'être divin, on peut manquer de pudeur, ne pas prendre de masque, en particulier pas celui de l'idéal ascétique, et séduire quand même. Le dieu nu dit alors crûment qu'il aime l'homme, cet animal « agréable, courageux, inventif », mais qu'il réfléchit « à la manière de le rendre plus fort, plus méchant, plus profond » : en un mot plus immoral. Entre-temps, donc, Dionysos a cessé de faire couple antithétique avec Apollon, c'est au Crucifié qu'il s'oppose, il est devenu littéralement l'Antichrist.

La renaissance de Dionysos est renaissance du lien entre philosophie et tragique, philosophie et mythe, philosophie et art. Ce nœud caractérisait les « premiers philosophes », mais la philosophie est née à l'époque tragique des Grecs : comment pourrait-elle renaître à une époque qui en est l'exact opposé, qui est devenue nihiliste puisque, entre les deux, s'est déroulée la comédie sinistre du christianisme dont Dionysos a été spectateur ? Pour qu'il redevienne acteur, il lui faut un disciple en qui s'est effectuée l'auto-suppression de la morale.

> Le dire-oui à la vie, même dans ses problèmes les plus étranges et les plus ardus ; la volonté de vie sacrifiant allégrement ses types les plus accomplis à sa propre inépuisable fécondité – c'est *cela* que j'ai appelé dionysiaque, c'est en *cela* que j'ai cru reconnaître le fil conducteur vers la psychologie du poète *tragique*. (…) Et par là je touche de nouveau l'endroit d'où je suis parti jadis. – la *Naissance de la tragédie* fut ma première transvaluation de toutes les valeurs. Par là je me replace sur le terrain d'où grandit mon vouloir, mon *pouvoir* – moi le dernier disciple du philosophe Dionysos, – moi qui enseigne l'éternel retour[1]…

---

1. *CId*, « Ce que je dois aux Anciens », § 5.

Nietzsche retourne là d'où il est parti, mais non plus comme un savant en science esthétique : comme un philosophe tragique. Il installe la philosophie sur le terrain où ont grandi son vouloir et son savoir, c'est-à-dire dans un champ pulsionnel, il la rend inséparable de ces affects que sont joie et douleur, et il lui donne pour tâche de « chanter le chant qui a pour nom "Encore une fois" et qui veut dire "À tout jamais" » [1].

« Je n'ai plus d'esthétique ! »

Qu'en est-il alors du rapport de « l'esthétique » et de la philosophie ? « je n'ai plus d'esthétique [2] ! » Nietzsche n'a plus d'esthétique au sens où il ne veut plus élaborer de théorie, encore moins fonder une science de l'art : les valeurs esthétiques ne relèvent plus de critères esthétiques parce que les pulsions esthétiques sont purement et simplement des pulsions physiologiques. Le passage d'une science esthétique à une physiologie de l'art résulte de l'extension de la notion d'« art » à toute imposition de forme. Que deviennent alors les « pulsions bipolaires » de la *Naissance de la tragédie* ? « Que signifie l'opposition conceptuelle (*der Gegensatz-Begriff*) entre *apollinien* et *dionysien* que j'ai introduite en esthétique, toutes deux considérées comme des espèces d'ivresse (*als Arten des Rausches*) [3] ? » Le dernier disciple de Dionysos décide que, depuis le début, il a vu en ce dieu le dieu unique de l'art, et le rêve apollinien devient avec une superbe désinvolture une « espèce » du genre « ivresse ». Apollon disparaissant, l'ivresse « apollinienne » n'est plus en effet qu'une sorte d'ivresse locale qui excite l'œil et le rend voyant et visionnaire, alors que dans l'état dionysiaque « c'est tout le système des affects qui est

---

1. *APZ*, IV, « Le chant du marcheur de nuit ».
2. FP XII, 7 [7].
3. *CId*, « Divagations d'un "inactuel" », § 10.

irrité et amplifié en sorte qu'il décharge d'un seul coup tous ses moyens d'expression, en expulsant sa force de représentation (*die Kraft des Darstellens*), de reproduction (*Nachbildens*), de transfiguration, de métamorphose, toute espèce de mimique et d'art du comédien (*alle Art Mimik und Schauspielerei*)»[1]. Il n'existe entre les deux formes d'ivresse qu'une différence d'investissement du corps : il est partiel ou total, selon que la compulsion est une compulsion de vision ou une compulsion à l'orgiasme[2]. L'essentiel est la métamorphose : l'état dionysien «primitif» et «normal» pour l'homme consiste à reproduire et représenter corporellement tout ce qu'il sent ; quand il s'exprime dans la musique, il devient pulsion contrôlée comme l'est celle du mime et du comédien. L'expression dionysiaque ne présente et ne représente plus que ce qu'elle sent, c'est-à-dire elle-même, il n'y a plus d'Un originaire, – ni même d'originaire tout court –, à exprimer. Ce n'est pas seulement parce que tout art procède d'un même état physiologique, l'ivresse, qu'il n'y a plus qu'une seule source, c'est parce que tout art est comédie, mimique, double jeu : en ce sens, tout art est vaniteux, il ne s'oublie jamais lui-même, il se complaît à se représenter dans tout ce qu'il représente. La musique n'est plus «métaphysique», elle n'est qu'une mimétique d'affects, «un résidu de l'histrionisme dionysien»; résidu, car la musique s'est développée en immobilisant un certain nombre de sens, donc à leur détriment. L'ivresse est l'unique condition physiologique indispensable pour qu'il y ait de l'art, mais quand elle investit le corps tout entier, elle peut être ralentie, concentrée, simplifiée et donne alors lieu à un style *classique* qui transmet cet état de victoire sur soi-même, état inverse de celui qui consiste à se laisser envahir par des pulsions «romantiques». Elle conserve

---

1. *CId*, « Divagations d'un "inactuel" », § 10.
2. FP XIV, 14[36].

donc son ambivalence et désigne soit le sentiment d'une plénitude démesurée de vie et d'accroissement de puissance, soit
une excitation physiologique correspondant à « un état d'ali-
mentation maladive du cerveau »[1] (consciemment ou pas, où
Nietzsche répète la division du *Phèdre* en « délires divins » et
délires résultant « d'humaines maladies »). Mise à part cette
différence de *tempo* entre deux styles, l'un maîtrisant et transmettant une surabondance de puissance, l'autre déversant névrose
et décadence, Nietzsche n'a effectivement plus d'esthétique
parce qu'entre-temps il est devenu le disciple du *philosophe*
Dionysos.

Il a donc forcément compris ceci à propos des philosophes :
« Leur "connaître" est *créer*, leur créer est une législation, leur
volonté de vérité est – *volonté de puissance*[2]. » Ce n'est pas
chez l'artiste que se rencontre la force véritable de l'art, ce n'est
pas lui qui a le courage de tendre à Méduse le miroir de Persée,
miroir multiplié par Zarathoustra. Celui qui a un savoir tragique
de l'existence, c'est le philosophe. Les artistes n'organisent
que quelques fragments du monde, mais ils ont au moins le
mérite d'être étrangers à l'idéal ascétique : il ne signifie rien
pour eux. L'art des « artistes » n'a pas à être métaphysique et ne
doit surtout pas se croire métaphysique (comme l'a cru Wagner
sous la pernicieuse influence de Schopenhauer). Nietzsche ne
demande plus qu'un « art insolent, planant dans les airs,
dansant, moqueur, enfantin et bienheureux »[3], un art qui doit
stimuler la vie, l'alléger et la faire danser, non l'alourdir,
l'affaiblir et la droguer.

1. FP XIV, 14[68].
2. *PBM*, VI, § 211.
3. *GS*, II, § 107.

Dionysos et Ariane

Dionysos est un dieu qui exige qu'on le célèbre même si on est philosophe. Quand Nietzsche prétend qu'il est l'inventeur du dithyrambe, il veut dire qu'il est l'inventeur du dithyrambe en l'honneur de Dionysos *philosophe*. Un de ces dithyrambes est « Le chant nocturne », « la plainte immortelle de celui que la surabondance de lumière et de puissance, sa nature solaire condamnent à ne pas aimer »[1]. Le chant nocturne chante la solitude d'un penseur qui ne peut plus apprendre que de lui-même, qui ne peut plus prendre mais seulement donner, qui répand sa lumière mais n'en reçoit pas : « Injuste contre ce qui illumine ; au plus profond de son cœur, froid envers les soleils – ainsi gravite chaque soleil. » La réponse à un tel dithyrambe sur l'isolement dans la lumière serait Ariane, mais « Qui, à part moi, sait ce qu'est Ariane ! » Qui, en effet ? Ce que Nietzsche nous en dit est qu'elle est pour Dionysos la preuve qu'il aime les humains, qu'elle a les mêmes oreilles que son amant divin mais que celui-ci souhaite que ses oreilles soient plus longues, et que Dionysos est son labyrinthe. Il lui prête une plainte qui n'est pas lamentation sur son abandon passé mais un chant inspiré par la crainte du dieu inconnu dont elle pressent la venue. Dionysos aime une femme qui ne l'entend pas toujours très bien, mais c'est pourtant elle qui pourrait apporter remède à sa solitude.

Sur ce qu'est Ariane, les interprétations ne manquent pas. Pour ma part, j'écarterai ce que Nietzsche aurait peut-être appelé une psychologie de bazar : la femme, la mère, la sœur, Cosima, etc. L'hypothèse qui suit n'est qu'une hypothèse, et elle est sans doute naïve, mais vaut quand même d'être risquée. Dionysos en sait trop sur la vérité et la valeur de la vérité, et il est seul. Il en sait aussi trop sur la vie humaine, ce qui ne

---

1. *APZ*, II.

l'empêche pas d'être séduit par elle et par elle seulement, et de désirer en être entendu. Mais Ariane croit qu'un labyrinthe est ce dont il faut sortir, elle croit que connaître impose de sortir de ce labyrinthe de contradictions et d'énigmes qu'est la vie. Ariane est la vie humaine qui refuse de sombrer dans l'abîme et qui s'invente pour cela l'illusion qu'elle appelle la connaissance. Lorsque Dionysos lui expose pédagogiquement sa conception d'une physiologie morale, guidé par « le fil conducteur du corps », Ariane s'impatiente devant cette philosophie « à coups de groin », en jouant avec « ce fil célèbre », *son* fil : la raison. « Et c'est ainsi qu'il apparut qu'Ariane, en fait de culture philosophique, était en retard de deux mille ans[1]. » Son amour pour Thésée a permis à celui-ci de triompher du monstre mi-animal, mi-homme : la vie humaine a aimé une connaissance qui l'a libérée de son animalité, et qui a fini par la trahir. Thésée en est le symbole, et il a conscience que le courage qui lui a permis de tuer le Minotaure est né de sa peur : « C'est de la peur qu'est née ma vertu à moi qui s'appelle le Savoir. La peur des bêtes sauvages est celle qui a été le plus longtemps inculquée à l'homme (…) y compris cette bête sauvage qu'il porte en lui et dont il a peur (…). Cette longue et très ancienne peur, enfin affinée, spiritualisée, est, à ce qu'il me semble, ce qu'on appelle "Science"[2]. » La connaissance rationnelle, la sagesse d'Athéna, a fini par abandonner une vie qu'elle a laissée seule sur le rivage, dépourvue de sens et se détestant elle-même. Le sommeil, Hypnos, s'est emparé d'elle, et son jumeau, Thanatos, la Mort, n'est jamais très loin : la vie dont s'est séparée la connaissance s'est endormie. Seul Dionysos peut la faire revivre, il veut que la vie humaine, mortelle, Ariane, l'entende et s'unisse à lui car seule sa sagesse – sagesse

1. FP XI, 37[4].
2. *APZ*, IV, « De la science ».

dionysiaque contre sagesse d'Athéna – peut lui donner l'éternité : la pensée de l'éternel retour est l'anneau nuptial offert par Dionysos à Ariane. La parole suprêmement sage est le « oui » dionysiaque à l'existence entière, et Ariane ne pourra l'apprendre que de Dionysos *philosophos*. Car lui seul peut distinguer la plainte d'Ariane de celle du vieil Enchanteur[1]. Elles sont identiques à la dernière strophe près et ne changent de sens qu'en fonction de qui les profère. L'enchanteur, c'est le grand comédien, le fieffé menteur, l'artiste dégoûté de lui-même, le magicien qui cherche la grandeur justement parce qu'il *n'est pas* grand. Son art peut imiter la plainte de la vie délaissée et prétendre être à la recherche d'une autre forme de connaissance et de sagesse capables de la ressusciter[2], mais il n'y a pas un mot de vrai en lui. Cependant, Ariane a peur du dieu inconnu, la vie humaine n'a pas encore appris à se dire oui à elle-même, à s'aimer elle-même, à reprendre vie. La vie humaine ne s'aime plus elle-même mais elle a encore de quoi séduire la vie divine car elle possède chaleur et fragilité, elle est ce manque dont manquent les dieux. « À Ariane en pleurs ne peut se comparer même Aphrodite au doux sourire » écrit Nonnos de Panopolis[3]. Et le poète continue ainsi la plainte d'Ariane : « Envers moi, Sommeil lui-même est implacable. (…) Mais moi, j'étais aveugle quand j'ai aimé le compagnon de la sage Athéna. (…) Quoi de commun de Pallas à la déesse de Cythère ? Bacchos, écoutant ces plaintes, en était ravi. (…) Et de sa voix persua-

---

1. *APZ*, IV, « L'enchanteur », cf. *Dithyrambes de Dionysos*, « Plainte d'Ariane ».

2. La cible est encore et toujours Wagner, et le romantisme dans son ensemble.

3. Poète du Ve siècle, qui a écrit ses *Dionysiaques* à une époque où le christianisme était devenu religion officielle de l'Empire : pour lui, déjà, c'était Dionysos contre le Crucifié. C. Vatin (voir p. 440 note 2) a traduit une partie du chant XLVII.

sive, ainsi parla Bacchos : (…) "pour toi je ferai une couronne d'étoiles" ». La vie humaine était aveugle quand elle a désiré une forme de connaissance qui ne pouvait que la renier, et l'a aidée à détruire ses instincts vitaux, sacrifiant la nature à la culture. Les larmes d'Ariane sont la seule chose qui puisse séduire Dionysos, car c'est à lui, à la vie féconde et divine qu'elles font appel, même si Ariane ne le sait pas. Être entendu et aimé d'Ariane est la seule chose que Dionysos puisse vouloir *encore*; ce qu'il veut n'est ni la vérité ni, comme Thésée, le triomphe de l'intelligence humaine, c'est faire entendre aux hommes cette parole d'immortalité qu'est l'éternel retour. On a là un thème constant du *Zarathoustra* : Zarathoustra, dans sa richesse, a comme unique besoin qu'on ait besoin de sa richesse, il veut pouvoir la déverser : « C'est parler que je désire. » La plainte de surabondance qu'est « Le chant de la nuit » est la réponse à la *Plainte d'Ariane* des *Dithyrambes de Dionysos*, plainte que le vieil enchanteur parodie. Entre la vie et la vie humaine, le mensonge s'insère toujours. Mais de quelle sorte de mensonge a désormais besoin une vie qui sait ce qu'est le mensonge ?

Le philosophe tragique

Si Nietzsche écrit des *Dithyrambes*, n'est-ce pas la preuve que pour lui le philosophe doit être artiste, poète, peut-être même « poète seulement », en tout cas plus poète que philosophe ? À lire les gentillesses proférées par Zarathoustra sur les poètes, c'est-à-dire les artistes en général, on peut en douter : les artistes sont « trop superficiels », ils sont « des mers sans profondeur », ils ne sont « pas assez propres », leur esprit « est le paon entre tous les paons », ils ont besoin de spectateurs, « fussent-ils des buffles »[1]. En outre, l'art produit l'apparence

1. *APZ*, II, « Des poètes ».

d'un monde simplifié et prétend ainsi apporter une solution à l'énigme de la vie alors qu'il ne fait que la rendre supportable «en plaçant au-dessus le voile de la pensée indécise»[1]. Toutefois, en sanctifiant le mensonge et en donnant bonne conscience à la volonté d'illusion, l'art «est par principe bien plus opposé à l'idéal ascétique que la science»[2], il «"veut du bien" à l'apparence»[3]. Le philosophe peut donc voir en lui, de ce point de vue, un allié. Mais il doit bien, lui aussi, être artiste pour donner forme à ces événements que sont ses pensées et réussir ainsi à transmettre les états dont elles procèdent, et également parce que la connaissance est création (et destruction). Il doit être artiste, il ne doit pas être *un artiste*. Car il est également assez homme de science pour trouver cela dur à supporter, que la connaissance ne soit que création. Un philosophe ne doit pas imaginer, inventer, délirer, il doit avoir des méthodes, une logique, des concepts, même s'il est assez lucide pour savoir que ses méthodes sont des arts d'interpréter, sa logique l'effet d'un jeu d'instincts, ses concepts les résultats aussi fluctuants et incertains que le devenir dont ils émanent et qu'ils traduisent. Mais il n'est pas pour autant *un savant*, car tous les savants se sont faits les serviteurs de l'idéal, donc de la morale. Dans leur probité et leur véracité, ils ne veulent que déterminer «des états de choses», et en cela s'opposent à l'instinct de structurer, surmonter, maîtriser, vouloir, légiférer qui est celui du philosophe. Portant en lui les deux pulsions contraires de l'art et de la science, le philosophe est sans illusion à l'égard des vérités que l'un comme l'autre ont la prétention de dire, il veut détruire leurs mythes, mais il est capable de vouloir en inventer un autre et de l'affirmer comme

1. *HH I*, IV, § 151.
2. *EGM*, II, § 24.
3. *GS*, II, § 107.

tel, et c'est cette volonté qui seule, désormais, est tragique. Mais s'il en est ainsi, que signifie être philosophe ? L'art et la science ont ceci de commun qu'ils projettent leur sujet et croient que ce sujet – l'artiste, le savant – existe et peut être déterminé dans ses particularités, son génie, ses talents ou ses vertus. La philosophie, pour sa part, n'a réussi à engendrer son sujet qu'en le désincarnant et l'universalisant. Pourtant, deux philosophies ont construit du philosophe le personnage : il est leur illusion, une illusion qui n'a rien de « transcendantal » car elles ne la formulent qu'avec des points d'interrogation : « Y a-t-il aujourd'hui de tels philosophes ? Y eut-il déjà de tels philosophes ? Ne *faut-il* pas qu'il y ait de tels philosophes[1] ? ... » Ce n'est pas un simple écho platonicien qui se fait ici entendre, c'est du Platon tout pur. Celui qui a inventé le philosophe – Platon – et celui qui veut le faire tragiquement renaître ne peuvent que faire suivre son existence, passée, présente et à venir, d'un point d'interrogation. Ce n'est pas sa philosophie, ni la philosophie qui peut engendrer un philosophe : c'est la vie, la « nature » (la *phusis*). Comme Dionysos, le philosophe naît et renaît, s'exile et fait retour, sans que jamais soient assurées ni sa renaissance ni son retour. « Philosophe » n'est ni un prédicat ni un idéal, mais l'événement où s'incarne l'éternel et incertain avènement d'une pensée nouvelle.

En concluant ainsi, j'ai souhaité montrer chez Nietzsche la volonté de renouer le « nœud gordien » tranché par Socrate, celui du mythe et de la rationalité. Il s'agit bien d'un nœud et non pas d'une antinomie ou d'une contradiction. Le mythe ne pense que par événements et complexes d'événements, la rationalité par concepts : renouer le nœud, c'est faire passer l'un dans l'autre, sans pourtant les confondre. Dans un mythe,

---

1. *PBM*, VI, § 211.

tout événement dit quelque chose du divin, de sa présence ou de son absence. En évacuant d'elle tout « divin » – pour éviter tout malentendu, disons « tout enthousiasme » – et tout événement, la philosophie est devenue logique, discursivité, argumentation. Elle risque d'en mourir si personne n'est plus le disciple du philosophe Dionysos. Il ne faut toutefois, nous avertit Nietzsche, pas voir dans l'événement « Socrate » une puissance seulement négative et dissolvante : une expérience significative – le rêve lui enjoignant de faire de la musique[1] – « nous oblige à nous demander si, entre le socratisme et l'art, il y a *nécessairement*, et simplement, un rapport antagoniste et si après tout la naissance d'un "Socrate artiste" est quelque chose de contradictoire en soi »[2]. Contradictoire, à coup sûr, mais porteur d'une contradiction qui est la philosophie elle-même. Socrate musicien, ce ne serait pas une mauvaise façon de décrire Nietzsche, et l'amputer de l'une ou l'autre de ces dimensions c'est ne pas avoir le genre d'oreilles que le premier philosophe tragique requiert. Premier philosophe tragique et dernier disciple de Dionysos : premier et dernier n'ont aucun sens chronologique, ils indiquent que quelque chose se répète et s'inaugure, la transposition du *pathos* dionysiaque en *pathos* philosophique. Se répète, car les premiers philosophes ont été, à des degrés divers, des philosophes tragiques et même pour Platon les philosophes sont des bacchants[3]. Si la philosophie est définitivement dégrisée, si aucun philosophe n'a plus la force d'affirmer que la philosophie est son propre mythe mais que ce mythe permet de se tenir sur les cordes légères de toutes les possibilités tout en connaissant l'abîme, Ariane continuera de dormir à Naxos et deviendra, passivement, doucement, nihiliste.

1. *Phédon*, 60 *e*-61 *c*.
2. *NT*, § 14;
3. *Phédon*, 69 *c*-*d*.

INDEX DES NOMS PROPRES

Époque moderne

TABLE DES MATIÈRES

PREMIÈRE PARTIE
INTERPRÉTER

TROISIÈME PARTIE
L'ANTINOMIE DE LA MORALE

DU MÊME AUTEUR

Le Naturel philosophe. Essai sur les Dialogues de Platon, Paris, Vrin-Les
   Belles Lettres, 1985, 3ᵉ éd. corr., Paris, Vrin, «Tradition de la pensée
   classique», 2001. Traduction italienne *La natura filosofica* par
   C. Colletta, Napoli, Loffredo, 2003.
Platon et la question de la pensée. Études platoniciennes I, Paris, Vrin,
   «Histoire de la philosophie», 2000.
Métamorphoses de la dialectique dans les Dialogues de Platon, Paris, Vrin,
   «Bibliothèque d'histoire de la philosophie», 2001.
Platon. Le désir de comprendre, Paris, Vrin, «Bibliothèque des
   philosophes», 2003. Traduction arabe d'Habib Jerbi, Tunis, Centre
   National de traduction, 2011.

Ouvrages collectifs dirigés par l'auteur :
Jeanne Delhomme, Paris, Cerf, «Cahiers de la nuit surveillée», 1991.
Contre Platon.
– vol. 1 : *Le Platonisme dévoilé*, Paris, Vrin, «Tradition de la pensée
   classique», 1993.
– vol. 2 : *Renverser le platonisme*, Paris, Vrin, «Tradition de la pensée
   classique», 1995.
Querelle autour de La Naissance de la tragédie, textes choisis et annotés
   par M. Dixsaut (textes et lettres de Nietzsche, E. Rohde, U. von
   Wilamowitz-Möllendorf, Richard et Cosima Wagner, Ritschl), Paris,
   Vrin, «Tradition de la pensée classique», 1995.
La Fêlure du plaisir. Études sur le Philèbe de Platon.
– vol. 1 : *Commentaires,* Paris, Vrin, «Tradition de la pensée classique»,
   1999.
– vol. 2 : *Contextes,* Paris, Vrin, «Tradition de la pensée classique», 1999.

La Connaissance de soi. Études sur le traité 49 de Plotin, Paris, Vrin, « Tradition de la pensée classique », 2002.

(et Aldo Brancacci) *Platon, source des Présocratiques. Exploration*, Paris, Vrin, « Histoire de la philosophie », 2002.

(et John Dillon) *Agonistes. Essays in Honour of Denis O'Brien*, Aldershot, Ashgate, 2005.

Études sur la République *de Platon.*

– vol. 1 : *De la justice. Éducation, psychologie et politique*, Paris, Vrin, « Tradition de la pensée classique », 2005.

– vol. 2 : *De la science, du bien et des mythes*, Paris, Vrin, « Tradition de la pensée classique », 2005.

Traductions :

Platon. La République, livres VI et VII, traduction, introduction et commentaire, 1980, 2 e éd. corr., Paris, Bordas, 1986.

Platon. Phédon, introduction, traduction nouvelle et notes [1991], 2 e éd. corr., Paris, GF-Flammarion, 1991.

Imprimerie de la manutention à Mayenne - Août 2012 - N° 928828G

Dépot légal : Août 2012

Imprimé en France